国家社科基金
后期资助项目

有教无类：中晚明士人教化宦官行动研究

Moral Education without Prejudice:
A Study on the Actions of Enlightening the Eunuch by
Scholar-officials in the Mid-Late Ming Dynasty

吴兆丰　著

社会科学文献出版社
SOCIAL SCIENCES ACADEMIC PRESS (CHINA)

国家社科基金后期资助项目
出版说明

后期资助项目是国家社科基金设立的一类重要项目，旨在鼓励广大社科研究者潜心治学，支持基础研究多出优秀成果。它是经过严格评审，从接近完成的科研成果中遴选立项的。为扩大后期资助项目的影响，更好地推动学术发展，促进成果转化，全国哲学社会科学工作办公室按照"统一设计、统一标识、统一版式、形成系列"的总体要求，组织出版国家社科基金后期资助项目成果。

全国哲学社会科学工作办公室

目　　录

绪　论……………………………………………………………………………001

第一章　以"攻宦"为名：明成化年间名臣王恕的政治形塑…………017

第一节　"攻宦"与王恕名节的建立……………………………………018

第二节　"攻宦"与王恕"格君"的努力………………………………022

第三节　成化末王恕的政治形塑与可能用意……………………………027

小　结……………………………………………………………………038

第二章　《大学衍义》宦官历史书写及其在明代的反应…………041

第一节　《大学衍义》宦官历史书写……………………………………042

第二节　明代中前期的反应………………………………………………048

第三节　明代中后期的调适与修正………………………………………056

小　结……………………………………………………………………066

第三章　"化宦"：明中期士大夫对宦官的新认知与行动…………067

第一节　"化宦"成因……………………………………………………068

第二节　"化宦"言论与思考……………………………………………077

第三节　"著述"与"化宦"行动………………………………………088

第四节　内书堂之制与"化宦"施行……………………………………098

小　结……………………………………………………………………109

第四章　中晚明士大夫教化宦官"运动"：以内书堂为中心 ………… 111

　第一节　中晚明：作为"化宦"平台的内书堂 ……………… 112

　第二节　多彩与同趋：内书堂"化宦"实践 ……………… 119

　第三节　官定与挑战：内书堂"化宦"读本迭见 ……………… 134

　小　结 ……………………………………………… 143

第五章　明儒王畿所撰"化宦"书《中鉴录》的流传、

　　　　编刊与内容特色 ……………………………… 145

　第一节　《中鉴录》的流传、影响及其版本问题 ……… 146

　第二节　《中鉴录》编纂过程与王畿推广努力 ……… 158

　第三节　太监孙隆、刘成：《中鉴录》的初刊与复梓 …… 168

　第四节　《中鉴录》的内容特色 ………………… 197

　小　结 ……………………………………………… 203

第六章　晚明宦官史鉴书籍的编纂与宦官历史教育 ……… 206

　第一节　内书堂与宦官历史教育的展开 ……………… 207

　第二节　善恶并呈类史鉴书籍与宦官历史教育 ……… 209

　第三节　集合总成类史鉴书籍与宦官历史教育 ……… 226

　小　结 ……………………………………………… 234

第七章　模范与教化：循吏文化与明中后期镇守中官善政塑造 …… 236

　第一节　明中期镇守中官模范的确立与塑造 ……… 237

　第二节　正德年间镇守中官刘璟的德政塑造 ……… 256

　第三节　实政纪、生祠与万历年间矿监税使德政教化 …… 275

　小　结 ……………………………………………… 284

结　语 ……………………………………………… 286

附　录 ··· 292

　　一　新辑明代宦官诗二十六首 ······························· 292

　　二　新辑明代宦官作序跋文十一篇 ························· 295

　　三　丘濬《世史正纲》中的宦官条目评论与按语 ·········· 302

　　四　张元忭《内馆训言》 ··································· 309

　　五　孙隆《进陈善图表》 ··································· 314

　　六　《陈善图册》内容条目 ··································· 315

　　七　《御世仁风》序跋、卷次目录 ························· 318

　　八　《御世仁风》征引书籍 ··································· 322

　　九　王畿《中鉴录·中鉴答问》 ··························· 323

　　十　王畿《中鉴录》按语 ··································· 328

参考文献 ··· 335

后　记 ··· 372

图表目录

图 4 - 1　《徐显卿宦迹图·司礼授书》所见内书堂教习场景 ………… 119

图 4 - 2　太监冯保的"印章" ………… 125

图 4 - 3　太监孙隆、宋晋自称"选士"之印章 ………… 125

图 5 - 1　日本内阁文库本《中鉴录》跋文 ………… 147

图 5 - 2　日本内阁文库本《中鉴录》目录首页 ………… 150

图 5 - 3　故宫博物院本《中鉴录》目录首页 ………… 151

图 5 - 4　日本内阁文库本《中鉴录》相关书影 ………… 152

图 5 - 5　故宫博物院本《中鉴录》相关书影 ………… 153

图 5 - 6　《御世仁风》《瑞世良英》载金忠"自画像" ………… 157

图 5 - 7　《御世仁风》载"贤宦"图 ………… 158

图 5 - 8　《陈善图册》载帝尧事迹 ………… 174

图 5 - 9　《御世仁风》卷 1 题款及金忠自撰跋文末的印章 ………… 196

表 1 - 1　明代王恕奏疏集版行概况 ………… 035

表 2 - 1　《大学衍义》各目卷数分布 ………… 043

表 2 - 2　《大学衍义》"齐家之要"善恶书写分布 ………… 045

表 2 - 3　《大学衍义》"内臣忠谨之福"所列贤宦及真氏评论 ………… 045

表 2 - 4　《圣学心法》对《大学衍义》的征引情形 ………… 050

表 2 - 5　《大学衍义》与《大学衍义节略》"齐家之要"
　　　　善恶书写对比 ………… 058

表 2 - 6 《大学衍义》与《皇明绳武编》"齐家之要"
善恶书写对比 ·· 063

表 2 - 7 《大学衍义》与《博物典汇》"齐家之要"
善恶书写对比 ·· 065

表 5 - 1 内阁文库本《中鉴录》与故宫博物院本内容差异简况 ····· 148

表 5 - 2 《中鉴录》内容取材 ·· 163

表 5 - 3 王畿推广《中鉴录》的书信编年 ····························· 166

表 6 - 1 明代宦官历史教育情况 ·· 207

表 6 - 2 《宦寺考》卷次内容 ·· 230

表 6 - 3 《宦寺考》收录宦官分布 ······································ 233

表 6 - 4 《历代内侍考》收录宦官分布 ································· 233

表 7 - 1 正德《福州府志》载录福建镇守太监参与地方事业情况 ····· 243

表 7 - 2 弘治、嘉靖《宁夏新志》表彰镇守中官善政 ··············· 254

表 7 - 3 《萃美录》内容分布 ·· 259

表 7 - 4 《萃美录》所载感惠祠序记文 ································· 260

表 7 - 5 《萃美录》所载颂扬刘璟平寇序记文 ······················· 263

表 7 - 6 《萃美录》所载赠别刘璟序记文 ····························· 264

表 7 - 7 《两广去思录》所载赠行刘璟序记文 ······················· 267

表 7 - 8 李维桢《实政纪叙》内容差异 ································· 278

绪　论

明代中叶，著名学者唐枢（1497～1574）在本朝优秀人物传记集《国琛集》中，收录十多位明代开国以来至嘉靖初年贤良宦官事迹，指出孔子"有教无类"的教育理念应扩展及向来被士人鄙弃的宦官，号召教化宦官，达到治平的政治理想。值得一提的是，唐枢是王阳明（1472～1529）和湛若水（1466～1560）的门人。无独有偶，明中期河东学派传人贡汝成（1476～1539）在《三礼纂注》中宣称"（宦官）亦吾人也，皆乾父坤母所生，其性亦吾人之性也"，主张士大夫发扬"一体之仁"，以积极的姿态教化宦官，使其成为仁人义士，从而改善政治。可见宋明理学确为明代儒者士大夫改造客观世界提供了重要思想资源，他们因应时代和政治形势变化，善于转化，敢于实践，积极投身到改善政治和社会等各项事业之中。

本书试图从政治与思想、制度与文化交互影响的角度，探析中晚明士人对待宦官政治和宦官群体的态度转变与相应行动，讨论士大夫群体在"一体之仁"的精神指引下教化宦官的思维理路与行动意义，揭示其在明代思想史和政治史研究中的价值意涵。

一　从政治制度到政治文化

研习中国史的学者对于中国古代宦官群体殊不陌生，相关综论性著作不断涌现。[①]古代宦官一般被视为皇权衍生物，而宦官权势的增长则是君

---

① 参三田村泰助《宦官秘史》，王家成译，台北：新理想出版社，1977年；顾蓉、葛金芳

主专制进一步强化的表征。① 余英时更将宦官制度视作君权"独占性"以及传统政治中"君尊臣卑"和反智识主义倾向的最好诠释。②

20 世纪 40 年代末丁易所撰《明代特务政治》，以宦官为明代君主独裁的"特务"，全面论析明代宦官在政治、经济、军事、外交、司法等方面的恶劣影响，并认为其促使明朝走向灭亡。③ 此书所论虽有偏颇之处，④ 但其探讨了明代司礼监职权和厂卫功能，地方镇守和守备太监分布以及内廷宦官与外廷士大夫关系等方面的内容，具有开创之功。卫建林《明代宦官政治》沿袭丁氏框架展开。⑤ 王春瑜和杜婉言合著《明朝宦官》在丁书基础上进一步论析宦官对明代政治、经济、军事等方面的影响。⑥ 蔡

《雾横帷墙：古代宦官群体的文化考察》，陕西人民教育出版社，1992 年；余华青《中国宦官制度史》，上海古籍出版社，1993 年；马良怀《士人　皇帝　宦官》，岳麓书社，2003 年；王寿南《唐代的宦官》，台北：台湾商务印书馆，2004 年；等等。中国古代宦官制度研究回顾，参冷东《建国以来宦官制度研究综述》，《中国史研究动态》1989 年第 9 期，第 9～15 页；刘咏聪、冷冬《近四十年来港台地区宦官史研究述评》，《中国史研究动态》1990 年第 12 期，第 21～26 页；冷东《二十世纪九十年代中国宦官研究综述》，《史学月刊》2000 年第 3 期，第 123～132 页。

① 冷冬：《被阉割的守护神：宦官与中国政治》，吉林教育出版社，1990 年。
② 余英时：《"君尊臣卑"下的君权与相权》，氏著《中国思想传统及其现代变迁》，广西师范大学出版社，2004 年，第 328 页。
③ 丁易：《明代特务政治》，群众出版社，1983 年。
④ 王天有指出，《明代特务政治》一书"对明代宦官问题黑暗一面揭露有余，而理性分析、全面评价似显不足"。见王天有《有关明史地位的四个问题》，《明清论丛》第 7 辑，紫禁城出版社，2006 年，第 7 页。
⑤ 卫建林：《明代宦官政治》，山西人民出版社，1991 年。
⑥ 王春瑜、杜婉言：《明朝宦官》，紫禁城出版社，1989 年。明代宦官与经济，另参郑克晟《明代中官及中官庄田》，《社会科学战线》1981 年第 2 期，第 155～160 页；王春瑜、杜婉言《明代宦官与经济史料初探》，中国社会科学出版社，1986 年；杜婉言《明代宦官与浙江经济述论》，《浙江学刊》1988 年第 6 期，第 47～53 页；陈建勤《论明代的宦官庄田》，《扬州师院学报》1991 年第 4 期，第 105～110 页；杜婉言《明代宦官与广东经济》，《中国社会经济史研究》1992 年第 2 期，第 40～49 页；李庆新《明前期市舶宦官与朝贡贸易》，《学术研究》2005 年第 8 期，第 102～107 页；黎宏韬《明代广东的市舶太监》，《汕头大学学报》2008 年第 1 期，第 80～85 页。万历间矿监税使研究，参杨涛《明朝万历年间矿税大兴的原因初探》，《云南师范大学学报》1985 年第 6 期，第 23～28 页；南炳文、李小林《关于万历时期的矿监税使》，《社会科学辑刊》1990 年第 3 期，第 95～101 页；赵连稳《明万历年间矿税监乱鲁述略》，《齐鲁学刊》1991 年第 4 期，第 102～106 页；赵连稳《矿税监高淮乱辽事评》，《东北地方史研究》1991 年第 3 期，第 65～71 页；林枫《万历矿监税使原因再探》，《中国社会经济史研究》2002 年第 1 期，第 13～19 页；田口宏二郎《畿辅矿税初探》，《中国社会经济史研究》2002 年第 1 期，第 20～31 页。

石山 *The Eunuchs in the Ming Dynasty*（《明代宦官》）将宦官置入政治结构总体框架加以分析，揭示明代宦官具有与士大夫官僚体系同等重要的地位，指出明代宦官不是干预政治的宫廷奴仆，而是行政体系中建制完备的权力集团，是明代政治二元架构的证示。[1] 要之，视宦官为君主的特务，势必强调其对国家政治的危害；[2] 以宦官为政治架构的组成要件，则会突出其在国家行政中的实在影响。[3]

关注明代宦官机构设置、制度演进及权力运作是近年来研究的趋势。Robert B. Crawford 注意到开国皇帝朱元璋有意培植宦官势力，使其成为抗衡士大夫官僚阶层的力量，而这是宦官权力扩展的根本原因。[4] 黄彰健详细梳理洪武朝宦官制度建立过程和司礼监职权演变后指出：清修《明史》所载明太祖在宫内竖立铁牌不许宦官干政以及不许宦官读书识字，并不属实；正是"御内侍甚严"的明太祖开始使用识字的宦官并加以委任，"明制帝集权于上，以内臣监视外臣，视内臣为亲信……溯源于洪武时也"。[5] 质言之，明太祖时期奠定的宦官制度和任用宦官的基本国策，使得宦官成为明王朝政治体制和国家权力的重要组成。[6]

---

[1]　Shih-shan Henry Tsai, *The Eunuchs in the Ming Dynasty*, New York: The State University of New York Press, 1996.

[2]　论述明代宦官干政成因及其危害，见赵令扬《论明代之宦祸》，（香港）《联合书院学报》第 3 期，1964 年，第 1~34 页；张存武《说明代宦官》，《幼狮学志》第 3 卷第 2 期，1964 年，第 21~43 页；郭厚安《假皇权以肆虐的奴才——论明代的宦官》，《甘肃师范大学学报》1980 年第 1 期，第 60~71 页；陈清泉、金成基《略论明代中后期的宦官擅权》，《历史教学》1980 年第 3 期，第 25~29 页；朱诗琳《明代宦官在政治上的地位及其影响》，《史学会刊》第 12 期，1983 年，第 155~183 页；王春瑜《明代宦官简论》，氏著《明清史散论》，东方出版中心，1996 年，第 13~26 页；冯天瑜《明代宦官干政及其对明代文化的影响》，氏著《明清文化史散论》，华中工学院出版社，1984 年，第 306~336 页；杨永安《宦官权力之形成与消减》，氏著《明史管窥杂稿》，香港：先锋出版社，1987 年，第 65~85 页。

[3]　何伟帜：《明初的宦官政治（增订本）》，香港：文星图书有限公司，2002 年。

[4]　Robert B. Crawford, "Eunuch Power in the Ming Dynasty," *T'oung Pao* 49.3 (1961), pp. 115–148.

[5]　黄彰健：《论〈祖训录〉所记明初宦官制度》，《中央研究院历史语言研究所集刊》第 32 本，1961 年，第 77~98 页。

[6]　方志远：《明代国家权力结构及运行机制》，科学出版社，2008 年，第 13 页；胡丹：《洪武朝内府官制之变与明初的宦权》，《史学月刊》2008 年第 5 期，第 41~47 页；胡丹：《明太祖禁止宦官干政"祖制"之考辨》，《济南大学学报》2010 年第 2 期，第 40~43 页。

　　明初废除代天子辅政的丞相，为弥补这个严重受损的政府结构而设置的内阁票拟奏章之制，是明代宦官得以在政治结构中占据重要位置并对政局产生深远影响的关键一环。换言之，内阁票拟制度的产生，最终使司礼监代君主"批红"，掌握国家中枢权力。吴缉华指出，内阁在票拟、条旨事上，无"丞相之名"而有"丞相之实"，既产生皇帝因见内阁条旨批答而不必与廷臣面议的弊病，又使司礼监取得照内阁条旨"批朱"的权力，为明代宦官"握有丞相实权专政之祸，铺出一条平坦的大道"。① 欧阳琛概述司礼监由一般宦官机构发展为内监第一署的过程，特别是司礼监与内阁"对柄机要"的权力格局。② 他认为明太祖驾驭宦官甚严之说并不可信，③ 不许内臣读书识字也不合实情，④ 指出明太祖"正是运用宦官这一机构，不断地巩固与加强其专制集权的统治"。

　　司礼监与内阁在国家中枢权力结构中的位置和相互关系，成为学界探讨的热点和重点。⑤ 除专门讨论明代内阁的论著，⑥ 另有可观的专门性论文。⑦

---

①　吴缉华：《明仁宣时内阁制度之变与宦官僭越相权之祸》，《中央研究院历史语言研究所集刊》第 31 本，1960 年，第 381～403 页。

②　欧阳琛：《明代的司礼监》，《江西师院学报》1983 年第 4 期，第 12～21 页。

③　相关讨论另参蒋丰《洪武年间委权宦官考实》，《南开学报》1982 年第 1 期，第 78～79 页；栾成显《洪武时期宦官考略》，《明史研究论丛》第 2 辑，江苏人民出版社，1983 年，第 90～113 页。

④　相关讨论另参欧阳琛《明太祖不许内侍识字之说的由来》，《江西师范大学学报》1986 年第 3 期，第 24～26 页。

⑤　田澍：《八十年代以来明代政治中枢模式研究述评》，《政治学研究》2005 年第 1 期，第 96～106 页。

⑥　杜乃济：《明代内阁制度》，台北：台湾商务印书馆，1967 年，第 158～187 页；王其榘：《明代内阁制度史》，中华书局，1989 年，第 350～352 页；谭天星：《明代内阁政治》，中国社会科学出版社，1996 年，第 75～92 页。

⑦　李天佑：《明代的内阁内监与君主专制》，《历史教学》1981 年第 1 期，第 18～22 页；李绍强：《皇帝、儒臣、宦官间的关系与明朝政局》，《齐鲁学刊》1988 年第 2 期，第 14～17 页；欧阳琛：《明内府内书堂考略——兼论明司礼监和内阁共理朝政》，《江西师范大学学报》1990 年第 2 期，第 56～61 页；郭厚安：《略论仁宣时期中枢权力结构的变化》，《明史研究》第 2 辑，黄山书社，1992 年，第 93～100 页；李洵：《明代内阁与司礼监的结构关系——明代官僚政治研究专题之一》，氏著《下学集》，中国社会科学出版社，1995 年，第 136～146 页；谢景芳：《假皇帝与代管家——朱元璋废相后的明代阁权之争及其批判》，《齐鲁学刊》1996 年第 2 期，第 42～47 页；张自成：《明代双轨运行中央辅政体制述论》，《求是学刊》1996 年第 3 期，第 104～109 页；刘晓东：《监阁共理与相权游移——明代监阁体制探赜》，《东北师大学报》1998 年第 4 期，第 54～60 页。

学界普遍认为明政府中枢决策权由皇帝之下两套顾问班子共同把持：即"监阁共理朝政"——内阁和司礼监彼此制衡，相互合作，共同对君主负责，令皇权不断强化，始终保持"独断和独裁性"。胡丹重新探讨司礼监权力形成和扩张过程。① 谷光隆指出，成化年间司礼监权势超过内阁，占据传统相权位置，理由如下：其一，因口吃等缘故，成化帝长期不与大臣会面，辍学不讲，君臣不隔，司礼监成为内阁与皇帝联系的唯一纽带；其二，司礼监权力进一步扩展，永久性取得提督京营军政，掌理东厂，并获得会同三法司录囚等权力。②

司礼监权力演进是明代宦官官僚体系发展的缩影。牟复礼等编《剑桥中国明代史》探讨皇权和以内阁为代表的士大夫官僚集团、宦官官僚集团三者之间密不可分的关系，③ 认为明太祖废除丞相是"明朝发展内阁和与正规官僚制度相应的宦官官僚制度的起点"，④ 由此"造成了内阁和主要的宦官之间棘手的关系，因为两者都被要求去填补这个空缺"。⑤《剑桥中国明代史》指出明代成化和弘治两朝"出现了宦官官僚政治进一步发展的情况"。第一，成、弘年间，宦官人员编制超过一万大关，这与"帝国政府中全部有品位的文官官职的数字"相等，而且"很快就超过了这个数字"。第二，司礼监太监成为皇位交替之时的顾命大臣，并按例参加三法司"大审"。⑥ 简言之，明代中期宦官实际权力增强，其已不再只是"干政""预权"的问题，而是在事实上成为国家权力结构的重要组成，并日趋制度化。

王天有认为明朝皇权之下有两套并行机构，即以内阁为代表的官僚机构和以司礼监为代表的宦官机构，而宦官机构被明人称为"衙门"，这"说明宦官在国家政权中的地位已相对稳定，成为国家权力机构的一个重

---

① 胡丹：《明代宦官研究：成果、困境和思考》，《中国史研究动态》2010 年第 2 期，第 8～14 页；《明代司礼监研究》，《明史研究论丛》第 9 辑，紫禁城出版社，2011 年，第 63～85 页。

② 谷光隆「成化時代における司禮監の地位」『東洋史研究』第 13 卷第 13 号、163—179 頁。

③ 参沈定平《西方学者研究中国明史的开创性著作》，《中国社会科学》1994 年第 4 期，第 131～146 页。

④ 牟复礼：《导言》，牟复礼、崔瑞德编《剑桥中国明代史》，张书生等译，中国社会科学出版社，2006 年，第 5～6 页。

⑤ 牟复礼、崔瑞德编《剑桥中国明代史》，第 355 页。

⑥ 以上参牟复礼、崔瑞德编《剑桥中国明代史》，第 355～357 页。

要组成部分"。① 王氏总结称：

> 明朝宦官机构之庞大，设置之完备，是空前绝后的，并足以与官僚机构相匹敌。外廷有内阁、吏部，内廷则有司礼监；外廷有翰林院、詹事府、通政使司，内廷则有文书房；外廷有尚宝司，内廷则有尚宝监；外廷有三法司，内廷则有东厂和与之相通的锦衣卫北镇抚司；外廷有五府、兵部、太仆寺，内廷则有御马监、兵仗局；外廷有工部，内廷则有内官监；外廷派往地方有总督、巡抚、镇守总兵官，内廷派往地方则有镇守太监、守备太监；外廷监军有御史，内廷监军则有宦官……甚至外廷有钦天监，内廷也有灵台与之相对应。总之，官僚系统所能拓展的地方，宦官的触角也随之进入。②

值得注意的是，明人王世贞（1526～1590）即谓："今夫司礼（监），阁辅也；内官（监），冢宰也；御马（监），司马也；御用（监），司空也；总营务、备留守（太监），则先公侯；镇守巨藩，并抚师行事而加重焉。"③ 此后，王天有重申明代宦官机构"衙门化"的意义，指出"明代士人反对宦官的大有人在，但很少有反对宦官衙门的"。④ 这与牟复礼揭示明代宦官官僚政治进一步发展异曲同工。

　　明代宦官官僚体系虽独立于文官官僚体系，⑤ 但相关研究集中于讨论司礼监权力和厂卫制度，⑥ 御马监、尚宝监等宦官机构运作，⑦ 以及地方

---

① 王天有：《明代国家机构研究》，北京大学出版社，1992 年，第 181 页。

② 王天有：《明代国家机构研究》，第 196 页。

③ 王世贞：《凤州笔记》卷 4《阉寺小纪序》，《四库全书存目丛书》集部第 114 册，齐鲁书社，1996 年，第 552～553 页。

④ 王天有：《有关明史地位的四个问题》，《明清论丛》第 7 辑，第 7 页。

⑤ 赵克生指出，明代出现"宦官官僚化"以及王府勋贵违制用阉，是私阉屡禁不绝的主要原因。见赵克生《明代私阉之禁》，《安徽大学学报》2002 年第 1 期，第 28～33 页。

⑥ 吴晗：《明代的锦衣卫和东西厂》，氏著《吴晗史学论文选集》第 1 卷，人民出版社，1984 年，第 495～505 页；韦庆远：《明代的锦衣卫和东西厂》，中华书局，1985 年；栾成显：《论厂卫制度》，《明史研究论丛》第 1 辑，江苏人民出版社，1982 年，第 226～247 页；怀效锋：《明代中叶的宦官与司法》，氏著《明清法制初探》，法制出版社，1998 年，第 10～55 页。

⑦ 方志远：《明代的御马监》，《中国史研究》1997 年第 2 期，第 140～148 页；方弘仁：《明

镇守中官制度运行与停废等。①明代宦官教育机构——内书堂，也因与司礼监关系密切而备受学界关注。内书堂既隶属于司礼监，又是日后司礼监官员的养成之所。欧阳琛概述内书堂规制，探析内书堂翰林教习官员与受教者形成特殊师生关系，指出进入内阁的翰林官员"以曾任内书堂教习的人为多"。② 方志远从宦官"知识化"角度探讨内书堂教育的意义。③梁绍杰对内书堂不同名称加以考订，指出内书堂早在明成祖时期已经设立，而非始于明宣宗年间。④ 郝黎对内书堂设置时间和渊源有不同看法。⑤总之，学界普遍认识到洪武年间已经开启宦官文化教育，内书堂建立是明初教育宦官政策和宦官政治不断发展的结果。

明代宦官教育导致预权祸国的看法已被学界扬弃。⑥ 游子安指出，宦官出身决定其政治表现，教育一端是改变其政治表现的关键。⑦ 宦官教育既是宦官全面参与政治的需要，为宦官官僚化提供基础，⑧ 又是宦官政治纳入儒家政治文化正轨的途径，提升了宦官的儒家文化修养与道德观念。朱鸿林指出，就宦官读书教育一端而言，外廷士大夫、宦官以及皇帝同享

代之尚宝司和尚宝监》，《明史研究专刊》第 3 卷，台北：明史研究小组，1980 年，第 75～101 页。

① 方志远：《明代的镇守中官制度》，《文史》第 40 辑，1994 年，第 131～145 页；野田徹「明代在外宦官の一形態について：鎮守宦官をめぐって」『九州大學東洋史論集』1996 年第 24 卷、25—54 页；田澍：《嘉靖前期革除镇守中官考论——兼与方志远先生商榷》，《文史》第 49 辑，1999 年，第 203～220 页；胡丹：《明代九边镇守内官考论》，《中国边疆史地研究》2009 年第 2 期，第 22～30 页；胡丹：《明代"三堂体制"的建构与解体——以镇守内官为中心》，《国立政治大学历史学报》第 32 期，2009 年，第 1～40 页；周裕兴：《明代宦官与南京》，《江苏社会科学》1995 年第 3 期，第 88～93 页；李建武：《明代镇守内官研究》，天津古籍出版社，2016 年。

② 欧阳琛：《明内府内书堂考略——兼论明司礼监和内阁共理朝政》，《江西师范大学学报》1990 年第 2 期，第 58 页。

③ 方志远：《明代宦官的知识化问题》，《江西师范大学学报》1989 年第 3 期，第 75～81 页。

④ 梁绍杰：《明代宦官教育机构的名称和初设时间新证》，《史学集刊》1996 年第 3 期，第 18～23 页。

⑤ 郝黎：《再论明代宦官教育机构的名称和初设时间》，《北京文博》2006 年第 2 期，第 70～72 页。

⑥ 何伟帜：《试论内书堂的建置与明代政治的关系》，《明清史集刊》第 3 卷，1997 年，第 97～118 页。

⑦ 游子安：《论明代宦官的出身与其政治表现的关系》，《新亚书院历史系系刊》第 6 期，1983 年，第 26～34 页。

⑧ 刘晓东：《明代丞相制度新论》，《明史研究》第 7 辑，黄山书社，2001 年，第 28～38 页。

一种政治文化，"宦官与皇帝都有着同样出身和训练的老师，他们的所学所习因而基本相同"，"学养好的太监，其书本、文字知识无疑足以胜任皇帝的宫中教师，而事实上他们也多是皇帝的启蒙老师"。[①] 换言之，宦官因为教育一途掌握到来自儒家士大夫的道德文化，又将它转而影响给皇帝。

总之，学界由论明代"宦祸"转向探讨明代宦官制度运行、宦官官僚化等议题，这为从政治文化角度拓展明代宦官研究奠定基础。随着宦官政治与制度不断发展成熟，学古为官的明代士人如何回应与应对？面对宦官处于政治格局关键位置的局面，饱含得君行道热情的明代儒臣如何重新定位宦官、认识宦官的政治角色，如何调整思维以落实儒家的政治理念？在宦官官僚化、知识化乃至儒臣化的演进中，明代宦官如何看待自身身份与政治位置？对以上问题加以具体探析，势必会推动明代政治史和宦官史的深入研究。

二　由标签化到具体化

明代宦官官僚体系与文官官僚体系并驾齐驱，双轨运行，使得外廷士大夫与内廷宦官既相互合作，又彼此竞争对立，这成为二者关系的主调。由于受传统史观和道德观念影响，对明代士人与宦官关系的认识，易陷入"标签化"境况。学界要么讴歌"守身清正"的士大夫与宦官决裂、抗争，[②] 要么对"柔媚取容""没有骨气"的阉党予以无情批判。[③]

天启年间魏忠贤（1568~1627）及其阉党与东林君子的对立，自然成为学界研究的焦点。[④] 但即便是向来被视为"清流"的东林人士，其与

---

① 朱鸿林：《明神宗经筵进讲书考》，《华学》第 9、10 辑，上海古籍出版社，2008 年，第 1367~1378 页。明末司礼监太监曹化淳成为清代顺治帝学习汉文典籍的"老师"，是学养好的宦官成为"帝师"的一个特别实例。见谢正光《新君旧主与遗臣——读木陈道忞〈北游集〉》，《中国社会科学》2009 年第 3 期，第 186~203 页。

② 李熊：《简论明代言官与宦官的关系》，《安徽大学学报》1991 年第 4 期，第 87~92 页。

③ 丁易：《明代特务政治》，第 113~145 页。

④ Ulrich Hans Richard Mammitzsch, "Wei Chung hsien（1568–1628）: A Reappraisal of the Eunuch and the Factional Strife at the Late Ming Court," PhD Thesis, University of Hawaii, 1968；苗棣：《魏忠贤专权研究》，中国社会科学出版社，1994 年；韩大成：《魏忠贤传》，人民出版社，1997 年；杜婉言：《失衡的天平：明代宦官与党争》，台北：万卷楼图书有限公司，1999 年；John W. Dardess, *Blood and History in China: The Donglin Faction and Its Repression 1620–1627*, Honolulu: University of Hawaii Press, 2002.

宦官关系也并非一成不变。林丽月指出，万历到天启年间，在不同政治环境下，鼓吹"君子""小人"之辨的东林党与内廷宦官关系，始则疏远，继而合作，终而对立。具体而言，万历年间东林领袖聚焦于制度法理与政治道德问题，而不是内廷大珰；光宗即位后，东林柄政，加强与司礼监太监王安合作，多项善政更得王安之力顺利推行；直到天启四年（1624）杨涟上疏弹劾太监魏忠贤，东林与内廷大珰终告决裂。尤值得注意的是，东林人士内部，主张不宜与权珰公然决裂的"调和"论者叶向高，不敌持"击内"的主流看法，才是最终酿成东林被一网打尽之惨局的主因。①

明清史著名学者孟森早即注意到如下历史现象："历代宦官与士大夫为对立，士大夫决不与宦官为缘。明代则士大夫之大有作为者，亦往往有宦官为之助而始有以自见……宪宗、孝宗时之怀恩，有美名，同时权阉若梁芳、汪直，士大夫为所窘者，颇恃恩以自壮，后亦未尝以比恩为罪。其他若于谦之恃有兴安，张居正之恃有冯保，杨涟、左光斗移宫之役恃有王安，欲为士大夫任天下事，非得一阉为内主不能有济。"② 然而，与其说这是明代士大夫向宦官妥协委屈，不如说他们是"屈服"于宦官处于明代政治结构特殊位置和关键性角色的现实。

丁易也留意到许多明代士大夫"既不愿（与宦官）苟合取容，但也不愿只求洁身自好，他们多半还想在困难情形之下建立一点功业，或是希望对宦官特务的横暴有点补救"。③ 这些士大夫包括：正统年间江南巡抚周忱；正德年间大学士李东阳、王鏊、杨廷和，兵部尚书王琼，地方大员杨一清、王守仁；以及万历至天启年间大学士沈鲤、刘一燝、叶向高；等等。丁易指出，以上诸人借着宦官力量，"补救了宦官的横暴，朝政的阙失"。于此可见，寻求宦官支持和合作，是有作为的明代士人的共同特征。万历八年（1580）进士李懋桧力劝东林人士李三才主动联络司礼监大珰陈矩，然李三才以"吾辈安可轻与通（近侍官）"委婉相拒。李懋桧反谓"只是顾自家一身名节，全不顾天下，非吾所望于子也"，于是李三

---

① 林丽月：《"击内"抑或"调和"？——试论东林领袖的制宦策略》，《师大历史学报》第 14 期，1986 年，第 35~56 页。
② 孟森：《明史讲义》，上海古籍出版社，2008 年，第 6~7 页。
③ 丁易：《明代特务政治》，第 101 页。

才改变想法，欣然应允。① 可见，志于补救时局的明代士人在"顾名节"与"顾天下"势不能兼顾的情况下，更倾向于后者，即便东林人士也概莫能外。

冷东对明代士大夫与宦官关系作了系列个案研究。他指出，政治改革家张居正是一位颇为实际的政治家，没有奢望取消宦官制度，而是重视处理好与宦官的关系，对宦官采取调和、妥协和利用的实用主义态度。② 冷东又探析叶向高与宦官关系，认为叶氏对宦官采取中庸、调和的"中间路线"，这是对历史教训和现实政治有深刻认识而有魄力的政治精英的共同特征。③ 冷东指出，包括张居正、叶向高在内，从明代正统年间"三杨"（杨士奇、杨荣、杨溥）到正德年间李东阳、杨一清、杨廷和、王阳明等，都是走"中间路线"的"中间人物"，他们对宦官的态度，既不像道德理想主义者那般疾恶如仇，又不混迹小人、阉党之列，他们希望宦官参政而不乱政，把与宦官合作视为稳定政局的手段，"其政治主张是和同而不是决裂，是正统派而不是斗士"。④

由冷东的研究可见，万历初年，张居正通过与司礼监太监冯保诚恳相处以及人格感化和必要的让步，利用冯保驾驭整个宦官系统，约束万历皇帝言行，为其政治改革提供保障。但张居正早年在《论时政疏》中对宦官评价近乎负面，认为宦官阻断君主与外廷正常联系，以致血气不通，百病丛出，这与他后来处理和冯保关系时的做法反差颇大。这种看似前后矛盾的现象，如实体现明代士人"对立统一"的精神特质：为争取君主时则竭力疏言削减宦官影响，⑤ 而在处理实际政务、实现"得君行道"理想时，只有与宦官合作、处理好与宦官关系一条路可以走。明人经常在奏疏

---

① 以上材料转引自小野和子《明季党社考》，李庆、张荣湄译，上海古籍出版社，2006年，第184~185页。
② 冷东：《张居正与宦官关系述评》，《汕头大学学报》1990年第2期，第31~37页。
③ 冷东：《叶向高与宦官关系略论》，《汕头大学学报》1995年第2期，第45~52页。
④ 冷东：《明代政治家与宦官关系论略》，《广东社会科学》1995年第2期，第60~66页；冷东：《严嵩与宦官关系论略》，《赣南师范学院学报》1998年第4期，第52~57页。按：严嵩与宦官关系类型不应属于"中间路线"，其利用宦官来打击异己，亲近世宗，毋宁是纯粹功利主义考虑而非"调和派"，故与张居正等人应不同。
⑤ 明代儒臣与宦官在争夺君主过程中的根本对立关系，见谢贵安《论明代儒臣与宦官在皇帝娱乐中的影响和较量》，《故宫博物院院刊》2008年第6期，第6~21页。

和政治性书籍中表达反对宦官窃权，高呼恢复祖制，① 所体现的正是士人"格君"或"谏君"的面向。而对于处理实际政务或怀抱"得君行道"理想的士人来说，他们既然无法改变宦官制度与政治的现状，那么妥善处理好与宦官的关系，才是他们必须用心权衡之事。② 也可以说，明代士人对奉迎宦官的极端利己行为不屑一顾，但对于与宦官合作以达至政治目标并不抗拒。

最近，研究者开始侧重于揭示士大夫与宦官二者之间的具体"连接"方式和社会关系。陈玉女指出，明代宦官生前所修建的坟寺成为文臣连接宦官的重要场所，同乡之情更强化了这层关系。③ 齐畅着重梳理明代宦官与士大夫"作为社会中的人的普通交往"，包括同僚之谊、师生之情和同乡关系等，④ 丰富了宦官与士大夫日常生活联系的历史。其实，明代士人给宦官撰作的墓志铭、传记、赠序、书序，以及士人与宦官之间唱和、同游等文字，都在在显示二者在政治生涯和日常生活中交集增多，相互之间的界限远非想象般泾渭分明。

总之，明代士人与宦官关系研究，由"标签化"的道德判断，转向探究二者在政治运作和日常生活方面具体复杂的多元关系结构。值得一提的是，对于实际"做"政治的明代士人而言，他们因应既有宦官制度不可撼动的现实，转而采取必要的与宦官合作的手段，施展或实现政治抱负。随着明代士人在政治和社会生活中与宦官交集增多，其在心理上对一贯鄙夷的宦官有无重新认识和省思？明代士人与宦官在政治文化上是否存在良性互动关系？对诸如此类问题的探究，将有利于更好地把握明代政治文化的基本内涵。

---

① 参解扬《冀复祖制与〈皇明四大法〉对明太祖政事的梳理》，《明史研究论丛》第 8 辑，紫禁城出版社，2010 年，第 229 ~ 243 页。

② 明末思想家李贽也不主张采取过激行动，主张与宦官合作。见冷东《明代思想家与宦官制度论略》，《学术月刊》1994 年第 10 期，第 56 ~ 62 页。

③ 陈玉女：《明代中叶以前宦官·僧官与廷臣的连结关系——透过对"坟寺"与"地缘"问题的探讨》，《国立成功大学历史学报》第 22 期，1996 年，第 283 ~ 303 页。

④ 齐畅：《从碑刻材料看明代宦官与士大夫的几种交往方式》，《아시아연구》（《亚洲研究》）2009 年第 4 期，第 43 ~ 59 页；齐畅：《明代宦官与士大夫关系的另一面》，《史学集刊》2008 年第 4 期，第 107 ~ 112 页。

三　信仰生活与文化品位

明代宦官的宗教信仰和精神生活，向来受到学界重视。清水泰次、郑克晟、王春瑜等对此都有关注。① 何孝荣系统梳理明代宦官与佛教关系，探析宦官崇信佛教的具体表现，包括向寺院布施、礼敬僧人、修建寺院、怂恿皇帝违例度僧建寺、吃斋念佛、逃而为僧、组织养老义会、死后葬于寺院等，并分析宦官信佛的原因。② 陈玉女探讨在京宦官的宗教信仰，阐明二十四衙门宦官兴佛活动对北京佛教产生的影响。③ 陈恭让、马明达、杜常顺等学者对宦官与佛教的关系加以进一步补充研究。④ 何孝荣《明代北京佛教寺院修建研究》详细考证明洪武至崇祯年间宦官在北京修建寺庙情形，尤资参考。⑤

如果说明代士人信仰儒家学说，孔庙是寄托其精神的场所，那么明代宦官偏向于崇信佛教，寺庙成为他们生前常往之所和卒后埋葬之地。刚铁祠是从明中期一直延续到清代的宦官"祖庙"，成为宦官认可自我价值的重要场所。梁绍杰探析刚铁祠的历史变迁，指出刚铁原型可能是明成祖时期的宦官王彦。⑥ 赵世瑜、张宏艳从社会史视角探讨塑造刚铁这位宦官祖神的意义，探讨刚铁祠庙合一结构的发展，揭示宦官群体与民间社会的密

① 清水泰次「明代の寺田」『明代土地制度史研究』大安株式會社、1968 年、205—220 頁；郑克晟：《明代政争探源》，天津古籍出版社，1988 年，第 192 ~ 193 页；王春瑜：《论明代宦官与明代文化》，氏著《明清史散论》，第 44 ~ 61 页。
② 何孝荣：《明代宦官与佛教》，《南开学报》2000 年第 1 期，第 18 ~ 27 页。
③ 陈玉女：《明代二十四衙门宦官与北京佛教》，台北：如闻出版社，2001 年；评议参见何孝荣《一部明代宦官史、佛教史研究的力作》，《明史研究》第 9 辑，黄山书社，2005 年，第 304 ~ 306 页。
④ 陈恭让：《明代太监与佛教关系考述（上、下）》，《首都师范大学学报》2002 年第 3、4 期，第 13 ~ 18 页，第 6 ~ 10 页；马明达、杜常顺：《明代宦官与佛教寺院》，《暨南学报》2004 年第 5 期，第 108 ~ 116 页；杜常顺：《明代宦官与藏传佛教》，《西北师大学报》2006 年第 1 期，第 64 ~ 69 页。
⑤ 何孝荣：《明代北京佛教寺院修建研究》，南开大学出版社，2007 年。
⑥ 梁绍杰：《刚铁碑刻杂考——明代宦官史的一个谜》，氏著《明代宦官碑传录》，香港：香港大学中文系，1997 年，第 286 ~ 324 页。王彦在靖难之役中攻城野战，居功最多，后镇守辽东，"在边三十余年"。参梁绍杰《狗儿（王彦）考略》，氏著《明代宦官碑传录》，第 250 ~ 285 页。

切联系。① 明代宦官多来自民间，② 其与佛教信仰、民间社会乃至家族之间确实存有不可分割的天然联系。③

　　文化和艺术水平高的明代宦官还是精英文化的一分子。明中叶著名理学家张元祯为内官监左监丞龚辇诗文集《冲虚集》作序，④ 明末文宗钱谦益盛赞司礼监秉笔太监郑之惠文史兼长，将郑氏之诗比为《诗经·小雅·巷伯》之诗。⑤ 可见明代宦官的诗歌水平，的确足以与文臣士大夫相酬和。王春瑜注意到明代宦官的诗歌水平。⑥ 杨立志则从《太岳太和山志》中辑出宦官歌咏武当山诗七首。⑦ 高志忠等较为系统地搜罗了明代宦官诗文创作及其存佚情况。⑧ 就笔者目力所及，明中期江西九江人王尚忠所编《石钟山集》，收录明代三位宦官即天秀、臧恩、朱奉诗作各一首。⑨ 检近人杜海军辑校《桂林石刻总集辑校》，共得明中叶镇守广西太监董荣、陈彬、傅伦的诗赋十余首。⑩ 弘治《贵州图经新志》中也录有镇守太监杨友诗一首。⑪

① 赵世瑜、张宏艳：《黑山会的故事：明清宦官政治与民间社会》，《历史研究》2000 年第 4 期，第 127 ~ 139 页。
② 明代宦官的构成和籍贯分布，参郑威《试析明代宦官籍贯的分布与变化》，《中国历史地理论丛》2004 年第 4 期，第 78 ~ 83 页；杜常顺《明代宦官中的非汉族成分》，《青海师范大学学报》2004 年第 6 期，第 60 ~ 64 页。
③ 宦官与家族、社会之间的联系，见陈支平《新发现的明代太监张敏资料释读》，《史学月刊》2011 年第 6 期，第 85 ~ 90 页。
④ 俞宪：《盛明百家诗》，《龚内监集》，《四库全书存目丛书》集部第 306 册，第 632 页。
⑤ 钱谦益：《牧斋初学集》卷 33《郑圣允诗集序》，上海古籍出版社，2009 年，第 966 ~ 967 页。
⑥ 王春瑜：《明清史散论》，第 294 ~ 295 页。
⑦ 杨立志：《明代宦官咏武当山诗考释》，《郧阳师范高等专科学校学报》2001 年第 4 期，第 33 ~ 36 页。
⑧ 高志忠：《明代宦官的文学作为——以诗文创作与作品存佚为中心》，《海南大学学报》2009 年第 5 期，第 549 ~ 555 页；高志忠、阮玉麟：《明代宦官诗考论》，《广播电视大学学报》2010 年第 3 期，第 49 ~ 53 页。
⑨ 王尚忠：《石钟山集》卷 1、2、4，《四库全书存目丛书补编》第 75 册，齐鲁书社，2001 年，第 632、636、654 页。诗见本书附录一。
⑩ 杜海军辑校《桂林石刻总集辑校》，中华书局，2013 年，第 455、502、509 ~ 512、520、528、531 ~ 532、536、541、544、557 ~ 559、568、575 ~ 577 页。诗见本书附录一。
⑪ 沈庠、赵瓒等纂弘治《贵州图经新志》卷 2《宫室》，《四库全书存目丛书》史部第 199 册，第 19 页。诗见本书附录一。

　　明代宦官对书法、琴曲、戏曲的掌握与爱好也引起学者关注。① 明代宦官还留下不少经史方面的著作。至今见存的，除晚明刘若愚《酌中志》外，② 另有扶安和晏宏纂《资治通鉴纲目集说》、王佐编《太岳太和山志》、李佑编《群贤要语》、冯保撰《经书音释》、金忠撰《御世仁风》和《瑞世良英》等。③ 这些著作是宦官对精英文化游刃有余的实例展现，然很少有学者对这些著作的思想史意义或政治文化意涵予以研讨。

　　除司礼监奉敕刻印书籍外，④ 明代宦官与士大夫一样，还对历史与文化具有同好，常刊刻各类书籍。⑤ 由宦官自行刊刻的书籍，见存或不见存的，加起来数量不少，内容涉及经、史、子、集等各方面，既有本朝和时人著述，也有前朝作品。总的来讲，明中前期宦官刊刻书籍一般不自为序跋，⑥ 中晚明宦官梓行书籍都自撰序跋，⑦ 可见其知识修养和文化自任明显增强。但这很少引起学者注意，也未见从士人与宦官二者文化互动角度进行的讨论。

　　总之，明代宦官是一个相当复杂的复合体，以简单的标签来定义他们

---

① 张金梁：《明代书学铨选制度研究》，上海书画出版社，2008 年，第 198 ~ 229 页；赵春婷：《从三本明代太监所作琴谱集看明代宫廷琴乐的演变》，《中央音乐学院学报》2009年第 1 期，第 58 ~ 68、75 页；高志忠：《明代宦官文学与宫廷文艺》，商务印书馆，2012 年。

② 赵凯：《明末宫廷内幕的珍贵史料——〈酌中志〉》，《云南大学学报》1987 年第 3 期，第 52 ~ 55 页；舒习龙：《明末宫廷史实研究的力作——〈酌中志〉评介》，《长江论坛》2007 年第 3 期，第 91 ~ 95 页。

③ 《御世仁风》一书的专门研究，见刘训茜《晚明宦官的致君之学——〈御世仁风〉思想史意义》，《北京社会科学》2017 年第 12 期，第 54 ~ 63 页。

④ Scarlett Jang, "The Eunuch Agency Directorate of Ceremonial and the Ming Imperial Publishing Enterprise," David M. Robinson eds., *Culture, Courtiers, and Competition: The Ming Court (1368 - 1644)*, Harvard University Press, 2008, pp. 116 - 185.

⑤ 张秀民著，韩琦增订《中国印刷史》，浙江古籍出版社，2007 年，第 309 ~ 311 页。

⑥ 如成化年间太监钱能刊《书经直指》《通鉴总类》，弘治年间太监贾性刻《群书集事渊海》，其详见后。正德十二年浙江庆元县教谕韩袭芳铜版印行《诸葛孔明心书》，前冠尚膳监太监曾敏序文，是为例外（见本书附录二）。曾氏自称"于圣贤传，古今史籍，公余之暇，未尝不留意讨论焉，故于此集批阅再三而不能去手也"，然"一寺人焉敢妄意窃附鄙谈于篇端"。见沈津《中国珍稀古籍善本书录》，广西师范大学出版社，2006 年，第 193 页。

⑦ 如万历年间孙隆、刘成分别刊行《中鉴录》和《通鉴总类》，天启年间李实刊《通鉴总类》，都由刊者撰作跋文，崇祯年间宋晋刻梓《字原正诂》更冠以手书序文。详见本书附录二。

无疑是不够的。明代宦官虽多半沉迷于佛教等宗教信仰，但也有不少受儒家文化浸染而成为儒家文化的精英分子：他们不仅优游文雅，而且自居清流，以辅养君德自任，具有政治担当，与外廷文士的文化爱好和理想追求并无别异。

本书除绪论和结语外，主要分为以下三个部分。

第一部分即第一章，考察明代成化年间政治名臣王恕的"攻宦"行动，揭示明中后期士人教化宦官的"内在理路"。成化朝是明朝政治文化的分水岭，宦官官僚体系发展成熟，君主不与朝臣面见议政，王恕此时果敢弹劾云南镇守太监钱能，并由此建立名节。其后王恕以"攻宦"来"格君"，虽于事无补，却愈挫愈勇，既以弹劾权贵名闻当时，又以直谏君主制造政治声誉。深入探析王恕"攻宦"行动过程和遭遇，可见明中后期士人对宦官采取传统思维与行动的困境所在。严厉"攻宦"或"格君"，除了彰显谏诤者理想政治姿态或成为政治运作的手段之外，别无实际意义或实效。这促使明中后期士人改换思路与行动方式，以教化宦官为号召。

第二部分即第二、三章，讨论明中后期士人教化宦官的思想表征。第二章以宋儒真德秀所撰著名的《大学衍义》中宦官历史书写为中心，探讨其在明代所获反应及其在同类著作中的修正情形，论析明中后期士人思考宦官问题的新变化。《大学衍义》以惩戒宦官预政为第一要义，大量陈述宦官历史恶例。明中后期士人对此并没有"照着讲"，而是考虑到宦官在政治架构中的独特位置，相信宦官可以教化得善。名儒湛若水据《大学衍义》体例而作《圣学格物通》，即从儒家心性论出发，指出宦官"善心一而已矣"，重在教化为善，是其中代表。

第三章探析明中后期士人对宦官的新思维。传统儒家文化认为宦官是宫中洒扫使令的奴仆，视其为理想政治的隐患。中晚明士人如丘濬、何瑭、湛若水、贡汝成、唐枢、王畿等，已认识到宦官在政治体制中不可取代的地位，他们重新省思宦官，主张利用明代宦官教育机构内书堂以及撰写宦官教化用书落实教化宦官行动。换言之，明中后期士人将改善政治和影响皇帝的希望，寄托于最能接近和影响皇帝的宦官身上。

第三部分即第四章至第七章，探析明中后期士人教化宦官的行动表现。第四章以内书堂为中心，论析中晚明士人重视内书堂教育的原因，探讨担任内书堂教习的翰林官员形式多样的道德劝诫与德化教育，以及编纂、重订内书堂教化读本，以见中晚明士人利用内书堂教育机制教化宦官的努力。

第五、六章探析晚明涌现的宦官教化用书及其历史意义。王畿于万历初年编纂的《中鉴录》，是晚明有影响力的宦官教化用书，收录近百位古今宦官传记，分为忠、逆等十二类。第五章着重探讨《中鉴录》的撰作背景、用意和刊行经过。《中鉴录》首刊者孙隆早年受过内书堂良好教育，是万历皇帝的内廷老师。旨在教化宦官以引君于道的《中鉴录》，由志于辅导君德的太监孙隆刊行，构成晚明政治文化的独特景观。第六章全面考察与《中鉴录》一书性质相似的宦官教化性专书或史鉴书籍，包括张世则《貂珰史鉴》、徐学聚《历朝珰鉴》等，厘清诸书撰作背景与用意、内容特色与境遇。

第七章以镇守中官和守备太监为中心，探析明中后期士人利用循吏文化传统，塑造镇守中官模范，展开教化宦官的相应行动。镇守中官和守备太监是明代地方政治运作的重要环节。明代中后期地方官员和士绅通过褒扬贤良镇守中官美政，塑造和树立镇守中官模范，实现教化镇守中官的目标。本章深入探讨弘治年间邓原和麦秀成为镇守中官模范，正德年间镇守太监刘璟地方德政文本的编刊过程，以及明末守备太监杜茂美政文本的现实意义等，揭示明代中晚期地方官员和士绅通过褒扬贤良镇守中官美政，塑造镇守中官模范，从而形成教化镇守中官的广义场域。

第一章

以"攻宦"为名：明成化年间
名臣王恕的政治形塑

　　士人批评、弹劾乃至抗击宦官，是明代政治文化中既突出又惯常的现象。"攻宦"之举，既是士人用以谏诤"格君"的激烈形态，也体现孔子以来以道自任的士阶层根据"道"的最高理想对"无道"政治的鞭挞。①然现代研究者多从道德层面考虑"攻宦"所呈现的士人不屈的气节，或探究士人对宦官采取所谓中庸、调和的"中间路线"，或探析二者在政治上对立之外"作为社会中的人的普通交往"，至于"攻宦"的历史背景、过程和实效，反而少见详说。

　　明成化年间名臣王恕（1416～1508）以敢于抗击宦官、直言谏诤闻名于当时与后世。② 时人称他"可谓一代伟人"，③ "国朝第一正人"，④

---

① 中国古代士人阶层根据"道"和"道统"所具有的文化力量抗衡、驯服"政统"的努力及二者之间的紧张关系，参余英时《中国知识人之史的考察》《古代知识阶层的兴起与发展》《道统与政统之间——中国知识分子的原始形态》，氏著《中国知识人之史的考察》，广西师范大学出版社，2004年，第1～24、25～99、122～146页。宋代以后，"士"身上"志于道"和"以天下为己任"的精神气象进一步强化，参黄进兴《李绂与清代陆王学派》，郝素玲、杨慧娟译，江苏教育出版社，2010年，第44～58页。
② 黄宗羲视王恕为明代关学第一人，专列"三原学案"，案前小序称包括王恕在内的三原学派"多以气节著"。见黄宗羲《明儒学案》卷9，沈芝盈点校，中华书局，2008年，第158页。
③ 王鏊：《震泽集》卷29《太子太保吏部尚书赠特进光禄大夫左柱国太师谥端毅王公墓志铭》，《四库全书》第1256册，上海古籍出版社，1987年，第432页。
④ 成化年间内阁大学士刘珝以"国朝第一正人"称许王恕。见焦竑《国朝献征录》卷24《太宰王公传》，《续修四库全书》第526册，上海古籍出版社，1995年，第252页。

始终"完名"。① 清修《明史》称赞他"刚正清严，始终一致"。② 现代研究者也无一例外地视他为伟大人物并加以评述。③ 本章无意于重申王恕的刚劲气节，而着重于探讨王恕建立名节的"攻宦"之举的历史背景，展现其进一步以"攻宦"来"格君"的后续努力与反响，进而探析他的政治形塑和可能用意。希望借助这一个案研究，既展现士人"攻宦"所具有的复杂历史面向，又为研讨明中期以后士大夫教化宦官的新思考与行动提供比照。

第一节　"攻宦"与王恕名节的建立

王恕不是一贯与宦官为敌的"攻宦"英雄。王恕，陕西三原人，正统十三年（1448）进士，选庶吉士，授大理评事，进左寺副，出知扬州，超擢江西右布政使，升河南左布政使。成化元年（1465），以右副都御史抚治南阳、荆、襄流民，进左副都御史巡抚河南，迁南京刑部右侍郎，总督河道，改南京户部左侍郎。成化十二年以左副都御史巡抚云南。④

成化十二年之前，王恕几近三十年的任官生涯，有不少与宦官共事的交集，但他平生奏疏合集中收其任大理寺评事至云南巡抚前共三十篇题疏，没有一篇是为弹劾宦官或为解决宦官问题而上的，⑤ 也没有其他相关记载显示他批评宦官。虽然王恕前此治绩可圈可点，但为他赢得举国皆知的名气，令他"直声动天下""声震远迩"，则缘于他在成化十二年、十三年担任云南巡抚期间，竭力弹劾当时不为舆论所许、举国声讨的"恶

---

① 《明武宗实录》称王恕"方严伟特，扬历中外四十年，以身负天下之重，屡疏时政，多所匡救。大臣完名，终始如恕者，盖不易得云"，视他为一代完臣。见《明武宗实录》卷37，正德三年四月己卯条，台北：中研院历史语言研究所，1962年，第883页。
② 张廷玉等：《明史》卷182《王恕传》，中华书局，1974年，第4837页。
③ 王问靖：《两京十二部　独有一王恕——王恕（1416～1508）评传》，《孝感学院学报》2002年第1期，第28～32页；唐圣玲：《王恕研究》，硕士学位论文，安徽大学，2010年。
④ L. Carrington Goodrich and Chaoying Fang, eds., *Dictionary of Ming Biography*, *1368 - 1644*, New York：Columbia University Press, 1976, pp. 1416 - 1419.
⑤ 王恕：《王端毅奏议》卷1、卷2，《四库全书》第427册，第456～493页。

宦"钱能。① 王恕的崇拜者、官至内阁大学士的王鏊（1450～1524），称王恕在任云南巡抚前，"所至有异政，然犹未甚为人知也"，② 可谓道出实情。

王恕被命为云南巡抚，一开始便被赋予弹压镇守太监钱能的使命。洪武间，明太祖朱元璋命沐氏家族世守云南。仁宗朱高炽之后，朝廷又陆续派遣太监镇守，对云南军政实施监督协管。③ 正统间，因统一军事行动，设文官巡抚云南，然随设随撤。④ 成化十二年八月，云南巡抚再置，⑤ 亦属特立。这从大学士商辂（1414～1486）同年所上《修德弭灾疏》可知。

商辂《修德弭灾疏》论及八事，依次为节财用，却贡献，开言路，慎刑罚，省工役，足军饷，饬边备，重地方。⑥ "却贡献"直接针对云南等地镇守太监大肆搜刮宝物"孝顺"明宪宗以致"暴横生灵，激变地方"而发，希望宪宗杜绝玩好。"内外之臣，敢自以玩好之物上进者，治罪不宥"。"重地方"则借永乐年间安南"守镇非人，不恤夷情，遂至激变"的历史教训，向宪宗敲响警钟，要求设立云南巡抚，弹压镇守太监钱能。

商氏之疏直切时弊，可谓内外兼攻。在内，太监梁芳等以左术见用，滥用非人，大兴工程而致国家财政受困。在外，以钱能为代表的梁芳党与，敛财进献，为乱地方。对商氏之疏，宪宗答以"卿等所言皆为国为民，切于时务，节财用，朕自斟酌，余悉准行"。⑦ 可见，钦命王恕担任云南巡抚，是商辂上疏议行的结果。《明宪宗实录》即称重设云南巡抚，

---

① 王鏊：《震泽集》卷29《太子太保吏部尚书赠特进光禄大夫左柱国太师谥端毅王公墓志铭》，第432页；李东阳：《怀麓堂集》卷80《明故光禄大夫柱国太子太傅吏部尚书致仕赠特进左柱国太师谥端毅王公神道碑铭》，《四库全书》第1250册，第842页；《明武宗实录》卷37，正德三年四月己卯条，第882页。
② 王鏊：《震泽集》卷29《太子太保吏部尚书赠特进光禄大夫左柱国太师谥端毅王公墓志铭》，第432页。
③ 历任云南镇守太监，见郭晓航《元明时期云南的出镇藩王与镇守中官》，博士学位论文，复旦大学，2010年，第165页。
④ 正统间工部左侍郎郑辰、左佥都御史丁璇，均曾任云南巡抚一职。见《明英宗实录》卷16，正统元年四月癸丑条，台北：中研院历史语言研究所，1962年，第313页；卷74，正统五年十二月己巳条，第1429页。
⑤ 《明宪宗实录》卷156，成化十二年八月辛未条，台北：中研院历史语言研究所，1962年，第2843页。
⑥ 商辂：《修德弭灾疏》，《商文毅疏稿》，《四库全书》第427册，第443～447页。
⑦ 《明宪宗实录》卷155，成化十二年七月癸亥条，第2834页。

乃"从大学士商辂等奏请增设也"。① 清修《明史》也称"商辂等以云南远在万里，西控诸夷，南接交趾，而镇守中官钱能贪恣甚，议遣大臣有威望者为巡抚镇压之"。② 文史兼长的王世贞更一语"道破玄机"："朝议……镇守中贵横甚，欲借恕弹压之，恕心知所谓，单车携二童子以往。"③ 质言之，再设云南巡抚，目的是以文官镇服日益肆横的镇守太监钱能。

钱能，号素轩，女直人，生卒年不详，正统二年选入内廷，④ 成化四年至十六年任云南镇守。⑤ 他和太监韦眷、王敬等，都是在朝专权用事大珰梁芳的党与。⑥ 韦眷始任广东市舶提督，旋升两广镇守。王敬后被派往江南采办公干，他被王恕弹劾的情形，留待后文再论。钱能之弟钱义（1435～1484）是宪宗东宫旧侍，后擢御用监太监。⑦ 钱义也是梁芳同道，与方士李孜省（？～1487）交结，以方术逢迎宪宗。⑧ 简言之，以梁芳和钱能为代表的内外大珰，"假贡献，苛敛民财，倾竭府库，以结（万）贵妃欢"，⑨ 用权弄事。这一严重而明显的朝政大弊，稍有政治敏感的官员断不会不加理会，更何况举朝侧目的"恶宦"钱能最擅于"苛敛民财"，而其不法之事又已东窗事发。⑩

可见，对钱能开刀，既是朝廷设立云南巡抚的题中之义，又是充任者能否允孚公论、成就名节的大事。事实证明，王恕"心知所谓"，颇明此义，到任云南便放开手脚，竭力弹劾钱能之罪。从成化十二年九月被命为巡抚，至十三年十一月升任南京兵部尚书，王恕在任一年，"疏凡二十

① 《明宪宗实录》卷 156，成化十二年八月辛未条，第 2843 页。
② 张廷玉等：《明史》卷 182《王恕传》，第 4832 页。
③ 王世贞：《吏部尚书王公恕传》，焦竑：《国朝献征录》卷 24，第 247 页。
④ 万安：《大明御用监太监钱公墓志铭》，梁绍杰：《明代宦官碑传录》，第 110 页。
⑤ 钱能种种恶绩，参古永继《明代驻滇宦官考》，《中国边疆史地研究》1999 年第 4 期，第 39～48 页；杨三寿《明宪宗时期的云南镇守太监钱能》，《云南师范大学学报》2002 年第 3 期，第 53～55 页。
⑥ 张廷玉等：《明史》卷 304《宦官传一·梁芳》，第 7781 页。
⑦ 万安：《大明御用监太监钱公墓志铭》，梁绍杰：《明代宦官碑传录》，第 110 页。
⑧ 张廷玉等：《明史》卷 307《佞幸传一·李孜省》，第 7881 页。
⑨ 张廷玉等：《明史》卷 113《后妃传一·宪宗万贵妃》，第 3524 页。
⑩ 张廷玉等：《明史》卷 304《宦官传一·钱能》，第 7782 页。

上，直声动天下"，① 尽发钱能及其部下的不法罪状。王恕行动迅速果断，不负众望，赢得声誉名节。

从王恕在云南所上奏疏内容看，可知他有意配合商辂整顿宦官弊政的举措。王恕与商辂虽非同科，但二人曾与岳正（1418～1472）、彭时（1416～1475）同学于国子监祭酒李时勉（1374～1450）。② 王恕奏疏集共收其在云南所上十件奏疏，第二、三、六、七件均为弹劾钱能而作。第二件指出，勾结外夷犯法人员，皆钱能主使，疏请将钱能及其胁从"拿送法司，明正其罪，以为后世事君而有二心及生事边陲、扰害夷方者之戒"。③ 第三件继续声讨，称钱能"到于云南，侮慢自贤，罔遵圣训"。④ 第六件除弹劾钱能外，还引述商辂《修德弭灾疏》，谓此疏既已准奏，当即执行，禁止钱能"贡献"，并"通行各处守备、镇守内外官员，今后除常例、岁贡外，其余一应花草禽鸟宝石玩好物件，一切禁止，不许贡献"。⑤ 王恕继而引《尚书·旅獒》召公诫武王"不宝远物，则远人格"，以及《论语》"远人不服，则修文德以来之"，劝谏宪宗克绝玩好，"留心圣学，专意政事"。⑥ 第七件谓"昔者交趾守镇非人，因而失陷地方"，而钱能等勾结外夷"所为之事，殆有甚焉"。⑦ 这与商辂《修德弭灾疏》"重地方"之论，互为呼应。王恕有意配合商辂之处，可见一斑。

综上所述，王恕力攻钱能，是商辂等议立云南巡抚的主要目的，也是外廷舆论所向，故他大可无后顾之忧。王恕到任后，的确不负所望，表现异常果敢，有力配合商辂抑制宦官、谏言宪宗之举。然而，虽然王恕弹劾钱能不遗余力，但宪宗只是处理了钱能的附从人员，对钱能本人则置而不问，仅予切责而已。⑧ 直到成化十六年五月，钱能才因病暂回南京闲住，⑨

---

① 张廷玉等：《明史》卷182《王恕传》，第4832页。
② 过庭训：《本朝分省人物考》卷1《岳正传》，《续修四库全书》第533册，第41页。
③ 王恕：《王端毅奏议》卷3《奏解犯人及参镇守官奏状》，第501页。
④ 王恕：《王端毅奏议》卷3《参镇守官跟随人员扰害夷方奏状》，第502页。
⑤ 王恕：《王端毅奏议》卷3《乞却镇守官进贡禽鸟奏状》，第507页。
⑥ 王恕：《王端毅奏议》卷3《乞却镇守官进贡禽鸟奏状》，第507页。
⑦ 王恕：《王端毅奏议》卷3《驾帖不可无印信疏》，第508页。
⑧ 《明宪宗实录》卷174，成化十四年正月癸巳条，第3151页。
⑨ 《明宪宗实录》卷203，成化十六年五月丙午条，第3558页。

而此前被王恕弹劾的指挥使姜和、李祥，也因钱能乞恩获免罪罚。①

宦官在外敛财为乱，根源是宪宗默许、纵容。故在"攻宦"之际，王恕不忘规谏宪宗讲明圣学、勤于政治。但从实际情形看，除了成就自身"直声"之名外，其他目标均未如愿：既未将罪首钱能绳之以法，又不能使宪宗幡然醒悟，却天下"贡献"。王恕直接弹劾钱能的四件奏疏，也只有《奏解犯人及参镇守官奏状》，得旨"（钱）能果有罪，奏来处分"。②其他三件奏疏不仅未见于《明宪宗实录》，且弘治十五年（1502）王恕自撰履历明确称第六、七两件奏疏"俱留中"。③

质言之，王恕在云南"疏凡二十上，直声动天下"，却没有产生足以"动天下"的实效。正德十六年（1521），何孟春（1474~1536）上《陈革内官疏》，其说殊堪玩味："成化间钱能镇守云南，以巡抚都御史王恕之德望，累形于建白而竟不获伸……不获伸者，时有公论，卒成名臣。"④王恕建白虽"不获伸"，但并未妨碍他成为"名臣"。所谓"时有公论"，正是包括王恕在内的明代"攻宦"者的重要支撑与出发点。⑤

第二节 "攻宦"与王恕"格君"的努力

"攻宦"带来的卓著名节，使王恕越发以批评权幸自任，以"格君"自重。成化十三年，随着商辂抗击大珰汪直失败而仕，王恕也很快离任云南，改调南京兵部尚书。⑥ 南京任上，王恕没有大力"攻宦"，这或是

① 《明宪宗实录》卷182，成化十四年九月乙酉条，第3292~3293页。
② 《明宪宗实录》卷168，成化十三年七月乙亥条，第3042~3043页。王恕任云南巡抚期间，另有《处置边务奏状》和《乞严赏罚以禁盗贼奏状》，分别得旨"诏可其奏""诏从之"。分见《明宪宗实录》卷166，成化十三年五月庚寅条，第3016~3018页；卷169，成化十三年八月甲子条，第3070~3071页。
③ 王恕：《王端毅公文集》卷6《石渠老人履历略》，《四库全书存目丛书》集部第36册，第221页。
④ 何孟春：《何文简疏议》卷8《陈革内官疏》，《四库全书》第429册，第192页。
⑤ 成化年间，南北言路对朝政之弊敢于集体发声，并获阁中重臣声援，"公论"遂告形成。清修《明史》注意到天顺以后尤其是成化年间，言路之官，"振风裁而耻缄默，白天子、大臣、左右近习无不指斥极言。南北交章，连名列署。或遭谴谪，则大臣抗疏论救，以为美谈"。见张廷玉等《明史》卷180《张宁等传》"赞"，第4803页。
⑥ 张廷玉等：《明史》卷182《王恕传》，第4832页。

没有出现举国皆讨的"恶宦"之故。成化十六年至二十年，王恕任南直隶巡抚。其间他弹劾梁芳的党与江南采办兼织造太监王敬，为史称道。

如果说王恕弹劾钱能是奉命而为，不得不为，那么他竭力弹劾太监王敬等，就是借"攻宦"来"格君"，通过批评宦官来箴规宪宗。王恕奏疏集共收录他在南直隶巡抚期间所上二十一件疏稿。第三、四两件奏状要求宪宗停织造，罢进贡，止烧造。在第三件奏疏中，王恕又引用《尚书·旅獒》召公训诫武王"不作无益害有益，功乃成；不贵异物贱用物，民乃足"的话，希望宪宗"深思而力行之"，[1] "凡织造官一切取回，珍玩奇货，令四方无来献"。[2] 但两疏均未见宪宗答覆，王恕也自言所奏皆"不报"，[3] 清修《明史》则称此时王恕"先后论列，皆不纳"。[4]

上乞休等疏之后，成化十八年七月，王恕题疏要求取回以买玩好为职务的太监王敬。此疏严重其辞，以收回王敬为题，针砭时弊。王恕责问："当此饥荒之际，朝廷正宜裁冗费，却贡献，禁奢侈，抑侥幸，慎爵赏，重名器，轻徭役，惜民力……夫何织造旁午，贡献络绎，奢侈之风竞起，幸进之门大开，遂使爵赏冗滥，名器混淆，徭役繁兴，财力日屈，欲斯民之不贫且盗，欲天下如泰山之安，得乎？"[5] 王恕自称"若隐忍不言"，不仅不是忠臣，且有愧于"皋、夔、稷、契、伊、傅、周、召"。"皋（陶）、夔、（后）稷、契"是舜时贤臣，"伊（尹）、傅（说）"是商时良相，"周（公旦）、召（公奭）"更是周时硕辅。王恕讥讽以万安（约1417~1488）为首的当局不能以道事君，"格君心之非"，更显示他以"伊、傅、周、召"自任之义。

王恕题疏未见宪宗回应，他随即于同年十一月进《陈言圣学疏》，公开向宪宗陈言圣学，彰显他以"格君"自任、以"伊、傅、周、召"自重之情。此疏先是直接针对成化十八年八月宪宗遣派太监杜福友往江南一带搜罗玩好一事，后随即转谈圣学。王恕称帝王身兼治教之责，学"不

[1] 王恕：《王端毅奏议》卷5《奏报灾伤因言织造进贡劳民伤财奏状》，第537页。
[2] 王鏊：《震泽集》卷29《太子太保吏部尚书赠特进光禄大夫左柱国太师谥端毅王公墓志铭》，第433页。
[3] 王恕：《王端毅公文集》卷6《石渠老人履历略》，第221页。
[4] 张廷玉等：《明史》卷182《王恕传》，第4833页。
[5] 王恕：《王端毅奏议》卷5《乞取回买玩好王太监奏状》，第546页。

在乎博，在乎知其要"，而其要则在"学二帝三王之道，身体而力行之"，只要取《尚书》"二典、三谟，与夫《太甲》、《说命》、《无逸》、《旅獒》诸篇而读之，复取《汉（书）》、《唐书》有关于治乱成败者三二策而涉猎之"，便可以"开广圣心，资助化理"。王恕且谓："土阶三尺，茅茨不翦，尧也；恶衣菲食，禹也……若能以尧禹之心为心而撙节之，即今日之尧禹也。不迩声色，不殖货利，汤也；视民如伤，望道而未之见，文王也；不泄迩，不忘远，武王也。若能心汤之心，行汤之道，即汤也；心文武之心，行文武之道，即文武也。夫何不可及之有？凡此皆为圣学之急务也。"① 王恕陈说尧、禹、汤、文、武之道，以此反讽宪宗怠政，宠信万贵妃，亲佞远贤，喜于玩好。

《陈言圣学疏》措辞严厉，清初查继佐（1601～1676）直谓是针对宪宗"顾不省，乃及此"的谏诤。② 王恕提醒宪宗着重体味《尚书》"二典""三谟"及《太甲》《说命》《无逸》《旅獒》诸篇，其用意也都颇为严重。"二典"即《尧典》《舜典》，"三谟"即《大禹谟》《皋陶谟》《益稷》，合起来就是《尚书·虞书》，所载都是尧舜圣君善德善政，贤臣良辅"告君"之言及君臣同游之乐。《太甲》《说命》《无逸》《旅獒》四篇，分别是伊尹、傅说、周公、召公所作，都是当时贤相告诫君王不可好逸恶劳，应亲于政务之训。王恕借此希望逸豫荒淫的宪宗勤于政事，绝于玩好，也向他传达奏疏所以"直言而不隐"，即如"伊、傅、周、召"之"告君"训王。

《陈言圣学疏》亦遭"留中"，③ 未令宪宗回心转意。成化十八年末，王恕又上乞休疏。随后再次以严厉"攻宦"来"格君"，对派到江南搜刮的太监王敬大肆纠弹。成化十九年，他连上三份奏疏弹劾太监王敬。《论中使扰人因乞休致奏状》论王敬扰民之罪，《论中使科扰民所得物件奏状》详列太监王敬搜刮物件清单，《纠劾奸人拨置中使扰乱地方奏状》弹劾王敬及其党与，要求惩治。在《论中使扰人因乞休致奏状》中，王恕提及前此所上乞休疏中宪宗的批语，并加以发挥道："臣有以见陛下不以

---

① 王恕：《王端毅奏议》卷5《陈言圣学疏》，第548页。
② 查继佐：《罪惟录》列传卷11上《王恕传》，浙江古籍出版社，2012年，第1659页。
③ 王恕：《王端毅公文集》卷6《石渠老人履历略》，第221页。

犬马视臣，而以耆旧大臣之礼待臣，虽成汤之先民时若，成王之寿考无遗，不是过也。臣虽无似，岂不感激圣德？然陛下既以大臣之礼待臣，臣敢不以大臣之道自勉！"① 王恕自矜以大臣之道"格君"，显见无余。他所以间隔上疏乞休，正是对宪宗屡屡不理其"攻宦"和"格君"之疏的抗议。

《明宪宗实录》对王恕弹劾王敬之事只字未录，可见王恕弹劾王敬的诉求未为宪宗采纳。王敬也没有因王恕弹劾而致受惩，相反还"公干回京，称旨受赏"。② 一直到"中官尚铭亦发（王）敬奸状，乃下敬等狱，成其党十九人，而弃（王）臣市，传首南京"，③ 王敬才受到应有惩罚。换言之，是宦官内部斗争令王敬最终受罚，而不是因王恕之"攻宦"。王鏊称王恕有"回天之力"，④ 显为夸大之词⑤。

王恕连连受挫，但仍不断进言。成化十九年，他又上《陈言制治保邦奏状》《陈言治安奏状》《敷陈古训奏疏》，都是他愈以"格君"自任的体现。《敷陈古训奏疏》尤堪玩味，备列先圣格言，均取材于《尚书》：首之以益告舜之言，次之以禹告舜，仲虺告成汤，伊尹告太甲，傅说告高宗，召公告武王和成王，终之以周公告成王。此疏首尾部分称：

> 古之尧、舜、禹、汤、文、武之为君，圣君也；皋、夔、稷、契、伊、傅、周、召之为臣，贤臣也。当是时，君不自以为圣而必取人以为善，臣不以君为圣而必责难以为恭……汤武之圣，岂仲虺、召公能过之哉？太甲、高宗、成王之贤，亦岂出于伊、傅、周、召之下哉？然而仲虺、伊、傅、周、召，屡进直言，恳恳切切而不顾者，以其食君之禄，受君之托，职分之当为也。在他人听之，若有所不堪，

① 王恕：《王端毅奏议》卷5《论中使扰人因乞休致奏状》，第550页。
② 王恕：《王端毅奏议》卷5《申救常州府知府孙仁奏状》，第558页。
③ 张廷玉等：《明史》卷182《王恕传》，第4833页。
④ 王鏊：《震泽集》卷29《太子太保吏部尚书赠特进光禄大夫左柱国太师谥端毅王公墓志铭》，第433页。
⑤ 王鏊之说，为《明武宗实录》采信，称王恕"劾中官王敬、千户王臣科索罪。（王）敬被收，（王）臣枭首于市，中外快之"。见《明武宗实录》卷37，正德三年四月己卯条，第882页。

而汤、武、太甲、高宗、成王，皆受之而不拒而不罪者，知其立言之意，为国为民为天下而不为己私也。有是君，有是臣，所以共成雍熙泰和之治，泽被当时，名垂万世而无已也。仰惟陛下聪明圣智，孝友宽仁，承祖宗之大统，为亿兆之君师，可以比隆二帝三王而轶乎太甲、高宗、成王远矣。臣生当斯世，陟兹崇阶，沐仁义之膏泽，睹道德之光辉，何啻亲见尧、舜、禹、汤、文、武之圣君矣。欲效皋、夔、稷、契、伊、傅、周、召之敷言以尽忠，愧乏其才。欲默默以自全，尤恐负陛下之深恩。日夜思惧，计无所出，是以撮拾前言以为陛下献。惟陛下于清燕之时，召二三儒臣于便殿，逐句而详解之，复以今日之事，逐件而体比之。其有合者行之，不合者改之，可儆戒者儆戒之，可效法者效法之。务俾有益于圣德，有益于治道，有益于国家，有益于生民而后已。如此是陛下以皋、夔、稷、契、伊、傅、周、召之任待臣，臣以皋、夔、稷、契、伊、傅、周、召之道事陛下也。①

王恕以"伊、傅、周、召"自命自矜无疑，乃至不啻夫子自道。王恕向宪宗表明，他之所以勤勤恳恳弹劾宦官，责难君主，是"以皋、夔、稷、契、伊、傅、周、召之道事陛下"，故宪宗理应"以皋、夔、稷、契、伊、傅、周、召之任待臣"。王恕最后还称，如果宪宗采纳他的忠言谠论，则有如引他"日侍左右"，否则就干脆让他休致归田。这自然反映王恕拥有"君子以道事君、不可则止"的气魄，但更透露他俨然将自己看作"致君尧舜"的贤臣，迫使宪宗做出合于道的决定。

宪宗对王恕的"抗议"置之不理，只是又将他改任南京兵部尚书。终成化朝，王恕一直羁留在南京任上，不能北调进入权力核心。成化二十年，再度改任南京兵部尚书的王恕，更加正色直言，"侃侃论列无少避"，"先后应诏陈言者二十一，建白者三十九，皆力阻权幸"，令"贵近皆侧目，帝亦颇厌苦之"。②虽然"天下倾心慕之"，乃至时有"两京十二部，

---

① 王恕：《王端毅奏议》卷 5《敷陈古训奏疏》，第 560～562 页。
② 张廷玉等：《明史》卷 182《王恕传》，第 4833 页。

独有一王恕"之谣，但王恕危言正论仍无实效。拿王恕疏救林俊（1452～1527）的事件来看，结果也是"不报"，只因"会星变，梁芳诸人惧，乃乞还俊官"，[1] 林俊才获免罪。成化二十二年，宪宗起用传奉官，王恕"谏尤切"，终因"好直言"，"不得立朝"，致仕还乡。[2] 王恕"攻宦"和"格君"的举措暂告一段落。

综上所述，无论是"攻宦"还是"格君"，王恕都是通过奏疏，以激烈而严厉的正论直言展开。对宦官，他毫不假借，竭力弹劾在地方搜刮"贡献"的太监。对宪宗，他以"伊、傅、周、召"自任，正言责难，毫无规避。虽然没有产生实际效果，朝政依然弊坏，宪宗仍我行我素，不为所动，但王恕热情不减，愈挫愈勇。

第三节 成化末王恕的政治形塑与可能用意

成化中后期的朝政日趋颓弊，王恕直节抗争的形象更加突出。成化朝多秕政，"一坏于汪直，再坏于李孜省，传奉满朝，贪谀成风"，"万安、刘吉、彭华、尹直同在阁……万、刘由贵妃进，彭、尹由李孜省进……浊莫甚此时"。[3] 崔铣（1478～1541）称成化时"内则宦戚，外则阁部，各引私朋，置清显。及阉汪直、吏李孜省、嬖戚万氏骤宠，又进退大僚矣。惟王端毅公著节焉"。[4]

"无道"政治之下，敢于言人不敢言的王恕，自然极受士人尊敬，被视为标帜，乃至达到"闾巷小人日谈其德，如稗官野史称说古人之事，琅琅可听"的境地。[5] 王恕巡抚南直隶，江南一带文士已对他推崇备至：

> 王端毅抚江南，公（姚丞）以诸生上诗，有儿童走卒知司马，
> 白日青天见仲淹之句，舆论以为允惬……宪庙殛二人（王敬、王

① 查继佐：《罪惟录》列传卷11上《王恕传》，第1659页。
② 张廷玉等：《明史》卷182《王恕传》，第4834页。
③ 黄景昉：《国史唯疑》卷4，《续修四库全书》第432册，第60、54～55页。
④ 崔铣：《洹词》卷6《明臣十节》，《四库全书》第1267册，第511页。
⑤ 顾璘：《息园存稿文》卷8《启张司马》，《四库全书》第1263册，第580页。

臣），以谢抚臣，公复有诗志喜，识者曰此石徂徕《庆历圣德诗》也。①

吕夷简（978～1044）罢相，宋仁宗赵祯进用范仲淹（989～1052）等人。国子直讲石介（1005～1045）作《庆历圣德颂》，以庆朝廷退小人、进君子。从引文可见，王恕显然已被舆论标为"宁鸣而死、不默而生"的范仲淹化身。

"奸人播恶东南，中外有心者忧，有口者议，然竟无一人敢当其前，诿曰时不可言也。"在此情形之下，王恕"奋不顾身，起而排其奸"，自然赢得四海倾心。时任翰林编修、苏州人王鏊致信王恕，誉之为"古之所谓大臣"，"有爱君之心，有致君之术，有告君之体，有格君之诚"，乃当今"天下一人"。② 成化十六年秋，南京国子祭酒、常州武进人王儞（1424～1495）受王恕之托，作《三原王氏族谱序》，称：

> （王恕）巡抚南畿，悯生民之疾苦，慨时政之阙失，目睹心隐，形于章疏，匡拂时病，磨切贵近，皆人所不能言不敢言者……如公者不谓之以道事君之大臣？如吾皇上不谓之从谏不拂之圣主乎？君臣相得，道洽政治，虽古所称茂弘之在晋，叔介之在唐，子明之在宋，殆不是过。③

王儞视王恕为"以道事君"的社稷大臣，可与东晋王导（276～339）、唐王珪（570～639）、北宋王旦（957～1017）等历史上之同姓名相比肩齐美。

成化二十年秋，南京礼部左侍郎、江西泰和人尹直（1427～1511），为王恕历官以来所得诰敕及交游之文的汇编本《余庆集》作序，盛称其德：

---

① 董其昌：《容台集》文集卷9《廷贡畸艇姚公墓表》，《四库禁毁书丛刊》集部第32册，北京出版社，2000年，第392页。
② 王鏊：《上大司马三原王老大人书》，朱昱纂修嘉靖《重修三原志》卷16，《四库全书存目丛书》史部第180册，第561～562页。
③ 王儞：《三原王氏族谱序》，朱昱纂修嘉靖《重修三原志》卷15，第544页。

（王恕）见义勇为，忧国如家……至于政令有不便于民，奸宄有或干于政，则连章累牍，恳款剀切，婴鳞触讳，死生以之……盖宗社有所倚毗，君子有所视效，憸壬有所畏惮而不敢肆。望重中外，惠流迩遐。斯文清议，方之中流砥柱，不约而同，诚可谓社稷之臣矣。昔之大臣若周勃之重厚，杨绾之清俭，韩休之峭直，寇忠愍之刚果，范文正之先忧后乐，皆兼而有之。①

江西南昌人、翰林编修张元祯（1437～1506），居家作《砥柱图赞》，以赠王恕，② 可见"斯文清议，方之中流砥柱"，并非无因。值得注意的是，周勃（？～前169）在汉初有拨乱反正之功，杨绾（718～777）是安史之乱后唐代宗李豫时期名相，寇准（961～1023）力挽北宋社稷于倾覆，范仲淹更是宋仁宗时改革贤相。可见，尹直等已然将王恕推至拯救当下时弊之关键人物和"中流砥柱"。

王恕与成化初"翰林四谏"之一、卜居南京定山不出的庄昶（1437～1499）屡有见面，"论古今天下之事"，相为推重。成化二十一年，庄昶为王恕作寿序，从中亦可见时人如何推许王恕：

天下之大，可一人有，不可以一人治。苟不得人以共理之，天下不可以平治也。于是付之皋陶，付之稷契，付之伊傅，付之周召，厥后汉、唐、宋之时，又付之丙、魏、房、杜，付之司马光，付之韩琦，付之范仲淹、富弼……若南京参赞机务大司马三原王公，岂非其人哉……朝廷系其重轻，天下以为安危，君子赖之得以自安，小人畏之而不敢肆。天下之士，无贵贱，无小大，莫不熟公之德，知公之名，望之为泰山乔岳，仰之为青天白日也。始公之来南京也，旧邦之人，各相自庆，谓如东人之得周公，西土之得司马温公……公何以得此于天下哉？是皆天以我列圣为尧舜、为禹汤、为文武，而愁遗是老，俾之以辅成唐虞三代之治故也……今年公上章求去，圣天子以公

① 尹直：《王氏余庆集序》，朱昱纂修嘉靖《重修三原志》卷15，第545页。
② 张元祯：《砥柱图赞赠大司马三原王老先生》，张信纂修嘉靖《重修三原志》卷16，《中国地方志集成·陕西府县志辑》第8册，凤凰出版社，2007年，第229页。

元老，不可一日去，朝廷勉留，如成王之留召公者，公不可辞。①

庄杲整篇寿序的立意，是将王恕放入"共理"天下的历代贤相谱系中，至径以周、召相标，以"辅成唐虞三代之治"相期。

然而，视王恕为辅导三代圣治的人物，并非庄杲特意。早在南直隶巡抚任上，王恕已被比作伊尹、周公。② 王恕再官南京兵部尚书，得王恕延见且"询以政务"的布衣学者、苏州人史鉴（1434～1496），赞许王氏为"力能扶社稷，功足庇民人"的召公。③ 翰林编修王鏊称许王恕"直辞正色横千秋，当今人物第一流"，并谓"天下还须用寇老，王所谁与为居州。愿公从此过百岁，留作国家伊傅周"，④ 不仅将王恕比作"伊傅周"，还暗示朝廷理应将他调入重用。成化末，王恕致仕还乡，太常卿童轩赠诗称王恕"忧国如家竭寸忠，四朝人物独归公""致主欲居尧舜上，许身应在稷夔中"，⑤ 亦见一斑。

可见，王恕以"伊、傅、周、召"自任，屡上谏诤，受挫而不顾；他的推崇者也数数将他看作救时贤宰，甚至以当代"伊、傅、周、召"视之。王恕的自诩与一众士人的推崇、期许如此默契一致，故在当时已遭物议，被人认为"造势"好名。这从山东寿光人、内阁大学士刘珝（1426～1490）的观感中可得佐证。

刘珝，正统十三年进士，和王恕是"同（国子）监同年"的好友。⑥ 刘珝仕途顺利，读书中秘，授翰林院编修，"历右中允，侍讲东宫"。⑦ 宪

① 庄杲：《庄定山集》卷7《寿大司马王公介庵七十序》，《四库全书》第1254册，第280～282页。
② 赵同鲁：《上巡抚三原王公书》，黄宗羲编《明文海》卷180，《四库全书》第1455册，第31页。
③ 史鉴：《西村集》卷4《寿司马三原王公七十》，《四库全书》第1259册，第756页。
④ 王鏊：《寿大司马三原王老先生七十》，朱昱纂修嘉靖《重修三原志》卷9，第465页。
⑤ 童轩：《送大司马王公致政还三原》，张信纂修嘉靖《重修三原志》卷9，第123页。
⑥ 刘珝：《古直先生文集》卷4《送三原王君宗贯》，《四库全书存目丛书》集部第36册，第26页。除此之外，刘珝文集还有多篇反映他与王恕交往的诗文。见刘珝《古直先生文集》卷5《送光禄寺卿李君之南京兼简王宗贯》，第30页；卷5《题王宗贯西囿清隐》，第32页；卷6《王宗贯琼林进士图赞》，第41页；卷12《赠资政大夫兵部尚书兼都察院左副都御史王公配周氏夫人神道碑》，第115页。
⑦ 张廷玉等：《明史》卷168《刘珝传》，第4525页。

宗即位，刘珝更是平步青云，成化十四年二月，以户部尚书兼文渊阁大学士预阁务，① 成化二十一年九月致仕。相较而言，王恕仕途坎坷，终成化朝，他都不能入调北京，只能留守南京，直至去官。史载刘珝"性疏直，自以宫僚旧臣，遇事无所回护。员外郎林俊以劾梁芳、继晓下狱，珝于帝前解之。李孜省辈左道乱政，欲动摇东宫。珝密疏谏，谋少阻。素薄万安，尝斥安负国无耻"。② 可见，刘珝并不像与他同时的大学士万安、刘吉等被指为道德败坏的人，而是伸张正义、弥补政治的直谅之士。王恕也尝言"若喜正嫉邪，培植国本，则古直刘公"。③ 王恕之子王承裕（1465～1538）更称许刘氏与其父"同心、同德、同笔砚、同科第、同操尚、同忠说"。④

但即便是刘珝，也觉得王恕敢言抗论，其形式大于实质，沽直成名的考虑多于力救时弊的思量。王恕任南直隶巡抚，累疏弹劾太监、进言"格君"而声名大起之际，刘珝有诗赠王恕云：

> 抚守南都荷至尊，寸心端只为元元。
> 寻常事我当行事，累次言人不敢言。
> 逸众声华传九有，尽忠人物说三原。
> 何时樽酒重相会，须把平生子细论。⑤

此诗看似揄扬王恕，实则"讽其言之太直"。⑥"累次言人不敢言"，对王恕气节表扬有加，暗含以直言博名博望却无益于世，只为自身赢得"逸众声华传九有，尽忠人物说三原"的盛名美称而已。

王恕对刘珝讽喻他好名颇为敏感，覆函相辩。王恕云："区区岂好为此哉？盖责任在己，不得已也……近观左右之所为，有若置斯器于通衢而不之顾也，此区区所以日夜为国家忧，所以言之至再至三……声华之有

---

① 《明宪宗实录》卷175，成化十四年二月庚戌条，第3159页。
② 张廷玉等：《明史》卷168《刘珝传》，第4526页。
③ 王承裕：《古直先生文集序》，刘珝：《古直先生文集》卷末，第160页。
④ 王承裕：《古直先生文集序》，刘珝：《古直先生文集》卷末，第159页。
⑤ 刘珝：《古直先生文集》卷4《送三原王君宗贯》，第26页。
⑥ 戴冠：《濯缨亭笔记》卷1，《续修四库全书》第1170册，第438页。

无，岂暇计哉？"① 王恕的崇拜者、苏州人戴冠（1442～1512），② 在其《濯缨亭笔记》中特录此函。戴冠视王恕为清流，所以谓刘珝之诗，乃欲使王恕缄默，"与己同流，不至于泾以渭浊耳"。③

先不论戴冠武断之处，且看王恕覆函中坦露之情。王恕称作为不能"居天子之左右"的巡抚官员，要建言的话，"非纸笔则不能达，言非切直则不能尽其情"，并承认"犯颜逆耳而难入，无益于成败"。"非纸笔则不能达"可以成立，直言抗争并无实效，也与上文所论吻合。"言非切直则不能尽其情"，则殊堪玩味。任南直隶巡抚的王恕与苏州人沈周（1427～1509）往来论说甚密，一日二人"论谏"，可见王恕对直谏确实有所偏好：

> 先生（沈周）曰："对章伏谏，非鄙野人所知。然窃闻之，礼上讽谏而下直谏，岂亦贵沃君心而忌触讳耶？"公（王恕）遽曰："当今之时，将为直谏乎，抑亦讽乎？"先生曰："今主圣臣贤，如明公又遭时倚赖，讽谏、直谏，盖无施不可。"公徐出一章，示之曰："此吾所以事君者，试阅之。"先生读毕，曰："指事切而不泛，演言婉而不激，于讽谏、直谏两得其义矣。"④

沈周主张讽谏以沃君心，而非直谏触讳，但他在王恕急问之下改变初衷，乃至说出"今主圣臣贤……讽谏、直谏，盖无施不可"的话，并有王氏疏"于讽谏、直谏两得其义"的两可之说。宪宗远非圣主，逆言直谏更难奏效，这一点王恕心知肚明。因此，"事无大小，辄肆口直言，所谓事君数者非乎？疏辱亦所不免"的王恕，⑤ 乐此不疲，坚持批鳞，除显示其

① 王恕：《王端毅公文集》卷3《答刘叔温阁老赠诗书》，第188页。
② 嘉靖二十六年，陆粲称戴冠"始游乡校，已刻意为古诗文，博览无所不通，而伉爽负气，高自许与，不能诎折徇物……王三原自巡抚江南时，则爱重先生（戴冠）。及是方掌铨，先生贻之书，条刺十事，皆经国大务，语不及私，三原为敛容降叹。李长沙为学士，小奇其义，皆不及荐也。"见戴冠《濯缨亭笔记》卷首，第429页。
③ 戴冠：《濯缨亭笔记》卷1，第438页。
④ 文徵明：《甫田集》卷25《沈先生行状》，《四库全书》第1273册，第184页。
⑤ 张岱：《石匮书》卷113《王恕列传》，《续修四库全书》第319册，第245页。

直节之外,表明他未将奏疏能否落实视为第一义,是否引起宪宗乃至朝野注意才是他上疏"切直"的主要考衡。换言之,王恕清楚严厉批评宦官、直言谏诤宪宗的利害关系,甚至以此进一步积攒政治声望。事实也正是如此,士人对其敢言之为,推许备至,朝野舆论"益归心恕",乃至有"两京十二部,独有一王恕"的谣语。

王恕如何沽名"造势",实可从他请好友王傅特为自己撰写传略可知。成化二十年,王傅作《大司马三原王公传》,旋刊行于世。因弘治初年御医刘文泰弹文,此传被令"烧毁板籍",① 不许流通。虽然《宝文堂书目》、《万卷堂书目》和《千顷堂书目》等私家藏书目录对该传均有载录,② 但今似不存。王傅《思轩文集》也没有收录。③ 我们只能从相关记载获知此传梗概。其一,此传对王恕备极赞誉,"称许太过"。④ 其二,该传详细载录王恕忠言正论,即成化年间所上"攻宦"与"格君"奏疏。其三,此传内容载及王恕"自比伊周之佐",且将其所上奏疏,"至不准者,皆书不报"。⑤ 王恕上疏"不报"确是普遍情况,至于他自比伊尹、周公,也是不争的事实。

王恕作传刻行,虽非刘文泰所说在于"彰先帝拒谏"之失或"谤君",但认为他"沽直"好名,借此向宪宗和士林显示"忠节",确中要害。王恕无罪辩护疏,也只反驳刘文泰说他谤君之诬,未辩及"沽名"之事。⑥ 一向对王恕颇多袒护的孝宗朱祐樘遂下旨,认定王恕"作传卖直

① 陆容:《菽园杂记》卷12,中华书局,1997年,第152页。弘治初年刘文泰弹劾王恕始末,参邱伟云《丘濬理学及史学思想研究》,硕士学位论文,高雄师范大学,2006年,第73~94页。
② 晁瑮:《晁氏宝文堂书目》卷中,上海古籍出版社,2005年,第115页;朱睦㮮:《万卷堂书目》卷2,冯惠民、李万健等编选《明代书目题跋丛刊》,书目文献出版社,1994年,第1078页;黄虞稷著,瞿凤起、潘景郑整理《千顷堂书目(附索引)》卷10,上海古籍出版社,2001年,第272页。
③ 《思轩文集》未收《三原王氏族谱序》,仅收录王傅于弘治初年为王恕所作《王氏先茔之碑》,见王傅《思轩文集》卷14,《续修四库全书》第1329册,第568~570页。
④ 沈德符:《丘文庄填词》,《顾曲杂言》,《四库全书》第1496册,第392页。
⑤ 《明孝宗实录》卷74,弘治六年四月癸丑条,太医院院判刘文泰奏言,台北:中研院历史语言研究所,1962年,第1396页。
⑥ 张廷玉等:《明史》卷186《王恕传》,第4836页。

沽名，本当究治，宥之，传并板，即令焚毁"。① 连同情王恕的陆容（1436～1494）也说："板刻之举，或出于门生故吏，而公以老成位冢宰，初无禁止之言，坐致奏讦以罢，不亦深可惜哉！"② 明末冯时可（隆庆五年进士）亦不无遗憾地称："（王恕）犹丐一传自表，名根之难去如此！"③ 何乔远（1558～1631）更感慨道："（王恕）在当时犹有渔色之讥，用是知士行之难也。"④

质言之，无论作传行世之事，是王恕"讽人为之"，抑或出自门生故吏之手，他在南京为官期间，公然谋划或默许出版一本将自己推举过高、自比伊周的传略流传海内，若不是表明他对不获宪宗重用的不满，则说明他想以此进一步制造政治声誉。

不独如此，请王傲作《大司马三原王公传》前后，王恕又积极筹度将自己向来所上奏疏结集出版。成化十八年，王恕开始酝酿出版奏疏集。⑤ 成化二十一年，他再官南京兵部尚书，奏疏集编辑完成，刊行以传。⑥ 王恕奏疏集首刻本今已不存（明代王恕奏疏集版本流传的情形，见表1-1），但它应梓于南京。⑦ 此书收录王恕担任南直隶巡抚及此前所上二百余篇奏疏。⑧ 其最大特点是"凡成化间留中之疏，俱书不报"。⑨ 有趣的是，这与《大司马三原王公传》载及王恕疏"至不准者，皆书不报"的情形竟相一致，有如呼应。可见，无论是《大司马三原王公传》还是奏疏集首刻本，都应是王恕意愿和个性的反映，并非出于撰者或刻者的无意。

---

① 《明孝宗实录》卷75，弘治六年五月丙戌条，第1438页。
② 陆容：《菽园杂记》卷12，第152页。
③ 谈迁：《国榷》卷42，弘治六年五月乙卯条，张宗祥校点，古籍出版社，1958年，第2646页。
④ 谈迁：《国榷》卷47，正德三年四月己卯条，第2916页。
⑤ 陈公懋：《介庵奏议序》，王恕：《王端毅奏议》卷末，第700～701页。
⑥ 程廷祺：《王公奏稿序》（成化二十一年三月），王恕：《王公奏议》卷首，台湾"国家"图书馆汉学研究中心影印日本内阁文库藏明嘉靖二十六年谢应徵刻本，叶1a～4a。
   按：嘉靖二十六年刻本《王公奏议》共六卷，书前另冠有刊行者谢应徵《刻三原王公奏稿小叙》；书末分列陈公懋《王公奏稿后序》（成化十八年十二月）、李东阳《书介庵王公奏稿后》（弘治五年四月）、杨循吉《介庵王公奏稿后跋》（弘治十五年十一月）、程启充《介庵奏稿书后》（正德七年十二月）。
⑦ 程廷祺：《王公奏稿序》，王恕：《王公奏议》卷首，叶1a～4a。
⑧ 陈公懋：《介庵奏议序》，王恕：《王端毅奏议》卷末，第700～701页。
⑨ 沈德符：《丘文庄填词》，《顾曲杂言》，第392页。

表 1-1 明代王恕奏疏集版行概况

刻本系统	奏疏范围	刊行时间	刊行地	主持者及作序跋者
首刻本《介庵王公奏稿》（佚）	大理寺评事至南直隶巡抚期间所上二百余篇奏疏	成化二十一年	南京	王恕子王承裕及王恕门生和支持者陈公懋、程廷珙编选刻行。陈公懋《王公奏稿后序》、程廷珙《王公奏稿序》、陈音《介庵王公奏稿序》①、李东阳《书介庵王公奏稿后》
六卷本《介庵王公奏议稿》（存）	从大理寺评事至再为南京兵部尚书期间二百余篇疏草中，选出八十六篇奏疏，分为六卷	弘治十五年	苏州	杨循吉编选，南直隶巡按王宪刻行。杨循吉《新刊介庵王公奏议后跋》
		正德七年	三原县	陕西三原知县程启充刻行，并作《介庵奏议书后》
		嘉靖二十六年	扬州	南直隶巡按御史谢应徵刻行，并作《刻三原王公奏稿小叙》
九卷本《吏部奏议》（佚）	官吏部尚书时所上奏疏，分九卷	弘治四年	北京	吏部员外郎孙交编刊。李东阳《冢宰王公奏稿序》（四库本《王端毅奏议序》）②
十五卷本《太师王端毅公奏议》（存）	合六卷本《介庵王公奏议稿》与九卷本《吏部奏议》为一编，共十五卷	正德十六年	三原县	三原知县王成章、陕西巡按御史曹珪刻行。王九思《太师王端毅公奏议序》③

注：①陈音：《愧斋文粹》卷 3《介庵王公奏疏序》，香港大学图书馆藏美国国会图书馆摄制北平图书馆藏明嘉靖刻本胶片，叶 14b~16b。

②李东阳：《冢宰王公奏稿序》，王恕：《太师王端毅公奏议》卷首，日本东京大学东洋文化研究所藏明正德十六年原刊清嘉庆十一年补刻本，叶 1~3。

③王九思：《太师王端毅公奏议序》，王恕：《太师王端毅公奏议》卷首，叶 1~2。

一般而言，危言极论的批评性疏草，士人会慎重对待，甚者焚稿，以避求名之嫌，如《晋书》即载陈元达"在位忠謇，屡进谠言，退而削草，虽子弟莫得而知也"，① 但王恕尚在为官之时，不仅让友朋或推崇者传阅所上疏稿，② 且倩人撰传，宣扬奏疏内容梗概，又积极谋划编刊奏疏集，将昭示他忠节伟业的留中之疏公之于世。换言之，王恕有意参与到成化末

① 房玄龄等：《晋书》卷 102《陈元达载记》，中华书局，1974 年，第 2679~2680 页。

② 王恕与沈周讨论"事君"疏稿即是一例。史鉴亦尝读王恕疏稿："读阁下（王恕）奏议，见其忧国忘家，嘉谋谠论，知无不言。不以居外自疏，不以宦成自满，不以非职自偷，拳拳恳恳，惟日不足。是真古人所谓责难于君，陈善闭邪者欤？"见史鉴《西村集》卷 5《上少保王三原书》，第 792 页。

舆论对他的极高赞誉与政治形塑之中。①

从王恕奏疏集的序跋看，编刊疏稿，可能有进一步的政治意图。江南布衣学者陈公懋作序称许王恕"历事三朝，扬历中外，几四十载，谠论满朝廷，忠名满天下"，将其奏疏集与诸葛亮（181~234）的《出师表》、唐陆贽（754~805）的奏议相提并论。诸葛亮和陆贽皆是忠臣贤相，陈氏无疑将王恕比为当代贤辅良相，且有对王恕不获重用甚表不满的隐义。王恕奏疏集所收疏议均"极言无讳"，多不见宪宗采纳，甚至被留中。所以陈氏又称："故用其言则国福以兴，弃其言则国祸以乱……陈其善，闭其邪，利害当机，极言无讳，己不求知而自为，人不见知而不悔，乌有嫌疑窥避哉？尽己而已矣……使今征求息而民力苏，权奸伏而士气作，君心明而成宪彰，是谁之功欤？"② 陈氏对奏疏不能见用于世，不被宪宗取信采用的遗憾之情，跃然纸上。

江西浮梁人、南京吏部郎中程廷珙（成化十一年进士），是王恕的门人和推崇者，他于成化二十一年三月所作《王公奏稿序》，显露王恕及其支持者刊行奏疏集与谋划入阁之间的可能关系：

> 盖先生自委质以来，遇事辄无隐，矧十数年来，四三刑人，祜宠毒民，无所不至，中伤台谏，中外讳言。先生于是以身任天下之重，累抗论疏，皆关社稷至计，苍生嘉谟，名教大经，直指权奸而不忌，力救正直而无阿，婉而不迫，直而不谲，颂而不谄，真得皋陶、伊、周、孔、孟、程、朱告君之遗意者。用能感悟圣衷，言无不听，计无不从，以行其道，以济于时，而下起膏泽也。先生之言，岂非纪德昭功而可传者乎？孔子曰："有德者必有言。"先生有焉。近者言事之臣，以为先生宜密勿禁近，备顾问，资启沃。疏进，上以留都根本重地，参赞节镇重寄，非先生不可，议乃寝。此殆成王以周公留后治洛

---

① 弘治初年，吴宽称王恕"切劘治道，启沃君心，往往见十章疏，大卜人皆传诵之"，可见王恕奏疏集影响之大。吴宽：《家藏集》卷36《敬义堂记》，《四库全书》第1255册，第303页。

② 陈公懋：《介庵奏议序》，王恕：《王端毅奏议》卷末，第700~701页。

之意，知遇何以加此？①

程氏以上称说极尽夸张之能事，至谓王恕"用能感悟圣衷，言无不听，计无不从"，全与事实相左。这很难完全归为门人有意奉承，至少王恕对此并无异议，乃至表示默许，甚至认为颇合其意。和王恕一直以来高自期许一致，程廷琪也视王恕"真得皋陶、伊、周、孔、孟、程、朱告君之遗意者"，并将王恕再官南京兵部尚书拟为"成王以周公留后治洛"，认为他简直是当时天下的"周公"。

程氏称"近者言事之臣，以为先生宜密勿禁近，备顾问，资启沃"，显示奏疏刊行与谋划入阁之间的关系。检诸史料，"近者言事之臣"实指成化五年进士崔陞（1439～1526）和成化十一年进士苏章。成化二十一年，时任兵部员外郎崔陞因"有星变，诏求直言，旬余亡应者"，遂与兵部主事苏章一同上奏云："今宠信内竖，使窃政权，彼在内则明荐妖僧邪术，在外则阴庇憸臣鄙夫，宜大施窜逐。忠勤如尚书王恕，今之伊傅，不宜弃之南京。"② 但据崔陞之子崔铣所说，崔陞等所上之疏"不报"，并非如程氏所说"疏进，上以留都根本重地，参赞节镇重寄，非先生不可，议乃寝"。

无独有偶，时为奏疏集撰序的陈音（1435～1493）和"读者"程敏政（1445～1499）等，也都有默契地透露他们对王恕入朝拜相的预想。陈音序末谓："使公（王恕）入相于朝，则其奏疏敷陈，又不止此，（王）承裕于是尚为公续集之。"③ 程敏政则称："三复华编思不禁，爱君忧国虑何深。忠言如出宣公手，恸哭谁知贾谊心。名字直应高北斗，文章宁止重南金。何时诏许归黄阁，坐遣苍生得傅霖。"④ "黄阁"借指相府，这是程敏政对王恕入阁的期待。

直至弘治初年，王恕入朝拜相的呼声一直未减。史称王恕"既归，

---

① 程廷琪：《王公奏稿序》，王恕：《王公奏议》卷首，叶 2b～3a。
② 崔铣：《洹词》卷 5《显考参政南郭君述》，第 489 页。
③ 陈音：《愧斋文粹》卷 3《介庵王公奏疏序》，叶 16b。
④ 程敏政：《篁墩文集》卷 72《读大司马三原王公奏议》，《四库全书》第 1253 册，第 521 页。

名益高，台省推荐无虚月"。① 成化二十二年九月，南京工部主事王纯将王恕比为"社稷之臣"汲黯，认为应召还为用。成化二十三年，"道出三原，谒致仕尚书王恕"的庶吉士邹智，疏言进君子、退小人，黜宦官预政之权，荐王恕"置要近之地"。明孝宗即位，御史汤鼐、姜洪等纷纷举荐王恕可大用，御史余濬直接疏荐"王恕堪内阁"。② 孝宗召用王恕为吏部尚书，御史曹璘、吴泰等人表示不满，上疏请将王恕"诏入内阁，与谋大政"，③ 并称"此乃公论"。④

总之，结合王恕对自己的一贯期许及门人把他比拟成周公，再考虑奏疏集刊行之际便有人上疏举荐他入阁拜相，乃至奏疏集撰序者、"读者"对他入相的一致预想，这些都指向奏疏集刊行是为王恕入阁营造声势与创造条件的可能。如奏疏集作序者程廷珙所说，王恕所上奏疏是"纪德昭功"就是最好的证明。王恕"留中"奏疏公之于世，不仅宣扬了他的忠君伟绩，而且为他入阁提供足以动人的文本凭借。

小　结

明中期名臣王恕以敢于抨击权幸、排弹宦官与直言谏诤闻名当时与后世。本章无意于论析作为名臣的王恕的历史伟绩，而着眼于根据其奏疏集等文本史料，将王恕置于具体的历史背景与场域中，探讨成化年间王恕以"攻宦"为主的"格君"行动及其政治形塑情形。

王恕步入仕途三十余年，并无严厉批评宦官，故"未甚为人知也"。成化十二年，大学士商辂议设云南巡抚，借以弹压日益肆横的镇守太监钱能。与商辂同学于国子祭酒李时勉的王恕，膺任巡抚之选。他不仅"心知所谓"，行动果敢，竭力弹劾钱能诸不法状，而且疏言宪宗应"却贡

---

① 张廷玉等：《明史》卷182《王恕传》，第4834页。

② 以上参张廷玉等《明史》卷179《邹智传》，第4755～4757页；卷180《汤鼐传》，第4785页；卷180《姜洪传》，第4790页；卷180《余濬传》，第4789页。

③ 《明孝宗实录》卷11，弘治元年二月乙亥条，南京监察御史吴泰等疏言，第237页。

④ 《明孝宗实录》卷8，成化二十三年十二月己丑条，巡按直隶监察御史曹璘疏言，第174页。成化末至弘治初年，推崇且举荐王恕的王纯、邹智、余濬、吴泰、姜洪、汤鼐、曹璘等，大多是新晋的言路官员、翰林庶吉士与六部属官。

献"而"勤圣学"，有意呼应商辂之策。王恕上疏虽多"不报"，未见取纳，但他"忠名满天下"，"声震远迩"。

"攻宦"带来的卓著声名，使王恕越发以批评权幸自任，以大臣"格君"自重。尤其是成化十六年后，他由南京兵部尚书改任南直隶巡抚，既竭力攻宦，又直接批鳞，乃至交互为用，希冀宪宗醒悟。王恕疏中屡以"伊傅周召"自命，反复向宪宗陈说《尚书》典谟训诰，针砭时弊，致主尧舜。虽然均不获回应，未见实效，但他乐此不疲，愈挫愈勇。

成化末年弊政愈显，王恕名节愈高，至"天下倾心慕之"。与王恕的自名针芥相投，推崇王恕的江南文士不仅以贤相硕辅相期，甚以"周召"相标，视其为当朝"中流砥柱"之人物。王恕不仅对时人几近夸大、有违事实的赞许未置可否，甚至有意自我形塑，既请友人王𤩽撰作彰显本人"忠节"的传略，刊行于世，又着手将其任官以来奏疏汇编出版。成化二十一年，王恕奏疏集首刊之际，便有朝士疏荐，称他堪"伊傅"之任。结合为奏疏集撰序者及其他"读者"对王恕入相的共同期许，可见奏疏编刊与谋划入阁之间的关系。直至弘治初政，朝士仍以王恕入相为期。①"素称正直"的王恕，甚至被朝野委以"须陈言将司理（礼）监批圣旨权柄归还阁下，如祖宗初制，使政不出于宦官，方是第一等大事，然后祸本可绝，天下可平"的重任。②

纵观王恕一生奏疏，他并不像成化初年给事中王徽疏言"法高皇帝旧制，毋令（宦官）预政典兵"，③也不同于成化末年给事中李俊谏言将宦官"奉使于外者悉为召还，用事于内者严加省汰"，④王恕始终未言及除废、改革宦官制度，只是批评恶宦以及放纵的君主。换言之，敢于"攻宦"的王恕，无意对宦官问题提出解决方案，也没有要求彻底剥夺宦官之权。

① 冯忠：《嘉致仕大司马王老先生诏征入相》，张信纂修嘉靖《重修三原志》卷9，第123页。
② 贺钦：《医闾先生集》卷3《言行录》，武玉梅校注，辽宁人民出版社，2001年，第33页。
③ 张廷玉等：《明史》卷180《王徽传》，第4767页。
④ 张廷玉等：《明史》卷180《李俊传》，第4779页。

王恕在南京任官，不仅为太监梁端寿藏铭题额，[1] 而且与被他弹劾的钱能相得融洽。[2] 与王恕交往密切的沈周称钱能在南京受教于王恕："钱（能）为公（王恕）慑服，不敢妄作威福。公亦屡加戒谕，钱益感公教。王公请休致归，钱见公，抱持以泣，自言：'能实粗鲁无状，赖先生裁益赐教，益能多矣。能方学为人道，老死于门下，不意先生一旦弃去，使能何所倚？'复持而泣。公再三谕解。"[3] 值得注意的是，王恕屡以《尚书》典谟训诰疏谏宪宗，钱能在南京守备任上也特别重视《尚书》，称"《书》之为经，乃虞、夏、商、周四代帝王为治传心之法，至简至奥"，不仅"延师讲习，得其要领"，而且于成化二十年刊行《书经直指》。[4] 要之，此前被王恕竭力弹劾的钱能，后与王恕同官南京，可能受王恕感化而好学向善，这无疑从侧面昭示"德化"比"攻宦"来得有效之实。

总之，王恕的确不是狭隘的不与宦官为伍的贞士。他之所以"攻宦"，既有具体的历史背景，又是他借以"格君"谏诤的重要一环，这是他约束君权，乃至进行政治形塑的方式与策略。王恕"攻宦"之举虽无实际效果，但其道德意义愈益凸显，并且令个人名节急遽提升。随着明中期宦官制度发展成熟，君臣丕隔，士人开始反省"攻宦"有名无实的困局。就在王恕"攻宦"名震天下之际，反对"好名矫激"的经世名臣丘濬（1421~1495）便在所著《世史正纲》中指出宦官同样具有"秉彝好德之良心"，亦是"常人"，明确提出教化宦官以为朝廷之用的理念，号召将直接"攻宦"转变为"化宦"而放入切实改变政治的行动中去（详见本书第三章）。王恕的"攻宦"个案，无疑为探讨丘濬等开启的"化宦"思考与行动提供了比较观照。

① 梁绍杰：《明代宦官碑传录》，第83页。
② 王世贞：《吏部尚书王公恕传》，焦竑：《国朝献征录》卷24，第248页；张廷玉等：《明史》卷182《王恕传》，第4833~4834页。
③ 沈周：《客座新闻》卷6《三原王公德化宦官》，《续修四库全书》第1167册，第199~200页。
④ 钱溥：《书经直指序》，徐善述：《书经直指》卷首，《四库全书存目丛书》经部第49册，第236~237页；童轩：《题新刊书经直指后》，徐善述：《书经直指》卷末，第381页。

第二章

《大学衍义》宦官历史书写
及其在明代的反应

真德秀（1178～1235），字希元，号西山，宋宁宗庆元五年（1199）进士，是朱子之后南宋最为重要的朱子学者之一。他撰著的《大学衍义》（以下简称《衍义》），在14世纪后的明代中国极负盛名。间野潜龙、朱鸿林、李焯然等中外学者分别对《衍义》在宋元明三代备受尊崇的表现，真德秀撰作背景与书中主题关系，该书在君主教育中的位置等，进行了深入讨论。[①] 然而，《衍义》一书所涉及的具体议题，特别是书中宦官历史书写，及其在宦官政治高度发达的明代所获反应，还没有得到充分研究。本章从文本接受史角度，从《衍义》一书宦官历史书写的背景与特点出发，重点探讨明代士人如何回应、调适乃至修正《衍义》的宦官历史书写，进而探析其对宦官的思考侧重所在。

概言之，对于真德秀在《衍义》中大衍宦官恶例、偏重惩戒宦官，明人并没有"照着讲"，而是另有侧重地"接着讲"。明人考虑到宦官在现实政治框架中的位置和对君德提升的重要性，相信宦官可以教化得善，并积极加以鼓励。嘉靖初年，湛若水因《衍义》体例而作的《圣学格物通》，

---

① 间野潜龍『明代文化史研究』同朋舍、1979年、138—149頁；朱鸿林：《理论型的经世之学——真德秀〈大学衍义〉之用意及其著作背景》，氏著《中国近世儒学实质的思辨与习学》，北京大学出版社，2005年，第1～19页；李焯然：《〈大学〉与儒家的君主教育——论〈大学衍义〉及〈大学衍义补〉对〈大学〉的阐发与发挥》，《汉学研究》第7卷第1期，第1～16页。

便从儒家心性论出发，认为宦官"善心一而已矣"，重在教化为善，是其中的代表。

第一节 《大学衍义》宦官历史书写

《衍义》编纂于南宋理宗宝庆元年（1225），草成于绍定二年（1229），于端平元年（1234）被进呈给刚刚亲政的理宗皇帝。[1] 朱鸿林研究指出，《衍义》只推衍《大学》格物、致知、诚意、正心、修身、齐家，而不及治国、平天下，并在内容上特别强调"诚心"的理念，不"纯是学说理念变改的结果"，实是真氏"针对宋理宗个人的弱点，而非针对南宋全局而立言"的缘故。[2]

朱氏所说客观有据。书中"齐家之要"一目的设置，即在在证示《衍义》有为而作的特色。《大学衍义》共43卷（此书各目卷数分布，见表2-1），"齐家之要"共8卷，其下又分重妃匹、严内治、定国本、教戚属四个子目，涵盖后宫、宦官、太子和外戚四类对象。真德秀作于绍定年间的《大学衍义序》认为，书中"帝王为治之序"和"帝王为学之本"是纲，"格物致知之要"、"诚意正心之要"、"修身之要"和"齐家之要"为目，"四者之道得，则治国、平天下在其中矣"。[3] 然而在写于端平元年的进书札子中，真氏以理学家擅长的"体用"理论称：

> 圣人之道，有体有用。本之一身者，体也。达之天下者，用也……盖其所谓格物、致知、诚意、正心、修身者，体也；其所谓齐家、治国、平天下者，用也。[4]

---

[1] 孙先英：《〈大学衍义〉成书时间及版本考述》，《图书馆理论与实践》2008年第5期，第67~69页。《大学衍义》研究，另参向鸿全《真德秀及其〈大学衍义〉之研究》，台北：花木兰文化出版社，2008年；康世统《真德秀〈大学衍义〉之研究》，台北：花木兰文化出版社，2009年。

[2] 朱鸿林：《理论型的经世之学——真德秀〈大学衍义〉之用意及其著作背景》，氏著《中国近世儒学实质的思辨与习学》，第13页。

[3] 真德秀：《大学衍义序》，《大学衍义》卷首，华东师范大学出版社，2010年，第3页。

[4] 真德秀：《尚书省札子》，《大学衍义》卷首，第5页。

真德秀于同年的讲筵中谓"若吾道则有体有用，寂然不动者，体也；感而遂通天下之故者，用也"。① 可见真氏更重视"体"的重要性，所谓"用"不是处理实实在在"事务"的相关知识和解决方案，而只是"体"的"感而遂通"。这与他在《衍义》中特别强调"诚心"也是相关的。但真氏并没有回答如下的问题：既然格致、诚正和修身构成的"体"如此重要，为何又在《衍义》中特别推衍在他看来属于"用"的"齐家之要"呢？

表 2 - 1 《大学衍义》各目卷数分布

篇目	卷次
帝王为治之序	卷 1(1 卷)
帝王为学之本	卷 2 至卷 4(3 卷)
格物致知之要	卷 5 至卷 27(23 卷)
诚意正心之要	卷 28 至卷 34(7 卷)
修身之要	卷 35(1 卷)
齐家之要	卷 36 至卷 43(8 卷)

"齐家之要"一目的设置，看似与真德秀在札子中所说矛盾，却恰是真氏根据对时局之了解对宋理宗作出特别警诫的表现。真德秀主要政治经历是在宋宁宗、宋理宗朝。宋宁宗之前的光宗，统治仅五年，朝政由李皇后操控，时见宦官弄权之象。宁宗之位，是知枢密院事赵汝愚（1140～1196）在外戚韩侂胄（1152～1207）支持下，征得高宗皇后的许可，令光宗"禅位"而得的。此后外戚韩侂胄权势骤增，操持内外朝政。宋宁宗开禧三年（1207），韩氏北伐失败，外戚史弥远和杨皇后秘密策划，诛杀韩氏，将其首级送给金人，结束韩氏前后长达十三年的专权时期，此后朝政又把持在杨皇后和外戚史弥远手中。宋宁宗驾崩，史氏与杨皇后废掉被立为太子的赵竑，立宋宗室赵昀为帝，是为宋理宗。直到绍定六年史氏病卒为止，朝廷大权一直被史氏掌控，理宗如同傀儡。总之，外戚与后宫把持朝政而令皇权旁落，是当时政治的写照，也是真德秀切身感受到的严

---

① 真德秀：《讲筵进读手记》，《全宋文》第 314 册，上海辞书出版社，2006 年，第 12 页。

重政治问题。

　　在外戚与后宫交相弄权而皇权孤立的情况下，皇帝更可能倚重宦官。这对于特别重视借鉴东汉宦官专权历史的宋儒而言，是自然而然的忧虑。真德秀对此早有警觉。在权臣韩侂胄倒台的嘉定元年（1208），时为学士院权直的真德秀曾作《馆职策》，提醒皇帝总揽大权，注意防范权臣窃国、后宫越权和宦官用事，并专列"亟当图者"诸事项，首以"戒近习"相示。真德秀说：

　　　　万一主意少移，谗谄面谀，乘之而入，则贵为天子，不得自由之言，有时而荧惑矣。正论不闻，谗谄得志，威福之柄，不归之近习而谁归哉？愚故谓近习用事之萌，不可以不戒也。①

　　不独如此，嘉定二年，真德秀时为秘书省校书郎，又上疏四事：一曰亲正人，二曰抑近幸，三曰除壅蔽，四曰去贪残。其中第二事"抑近幸"，实因目睹"近者一二诏旨或从中出，廷尉之官，不得守法，环列之职，骤畀非人"之故。真氏责问宁宗"左右近习之私，甘言卑辞之请，未能以尽绝之乎"。② 可见，早在嘉定年间，真德秀便对宦官用事的危机相当敏感和警惕，这是他对时局认识和君德弱点用心省视之所然。换言之，《衍义》"齐家之要"的设置，正是真德秀重视这些关乎皇权旁落与否的现实政治因素（外戚和后宫侵权的问题）和隐忧（宦官预权用事的问题）的表现。

　　列举关乎皇权旁落的大量历史"恶"例，借以警诫宋理宗所应注意的要项，是《衍义》"齐家之要"一目书写的重要特色。这不仅表现在《衍义》中用 8 卷之多的篇幅，征引历代奸邪之臣的行事，③ 也可见于书中对历代后妃、宦官和外戚的书写安排。"齐家之要"一目中，引述后妃

---

① 真德秀：《馆职策》，《全宋文》第 313 册，第 297～306 页。
② 真德秀：《己巳四月上殿奏札》，《全宋文》第 312 册，第 172 页。
③ 《大学衍义》"格物致知之要"下分"明道术"（10 卷）、"辨人才"（10 卷）、"审治体"（2 卷）和"察民情"（1 卷）四个子目。"辨人才"之下，除"圣贤观人之法"和"帝王知人之事"各占一卷外，其余八卷全与历代奸邪之臣史事有关。

干政的史事达 21 条,只有 6 条是后妃进谏有益之事;引述宦官预政招祸
之事有 38 条,宦官拒绝干政而有善终之例只有 8 条;载录历代外戚行恶
之事达 80 条之多,却只用了 8 条来记录他们为善之事(见表 2 - 2)。以
《衍义》中宦官书写而言,如表 2 - 2 所示,善恶书写比例达 1∶5。值得注
意的是,宦官恶例,除"内臣预政之祸"的 38 条之外,《衍义》举历代
奸邪之臣中,还有至少 15 条是有关"恶宦"史事,其中 13 条列入"奸
臣",① 2 条列入"谗臣"。② 这样,《衍义》中宦官恶例便占 53 条之多。

表 2 - 2 　《大学衍义》"齐家之要"善恶书写分布

类别	细目	条数
后妃	赖规警之益	6 条(善)
	宫闱预政之戒	21 条(恶)
宦官	内臣忠谨之福	8 条(善)
	内臣预政之祸	38 条(恶)
外戚	外家谦谨之福	8 条(善)
	外家骄恣之祸	80 条(恶)

　　"内臣预政之祸"大量罗列历代宦官用权召祸之史迹,先于其前的
"内臣忠谨之福",同样可见真德秀的苦心。真德秀列举七位值得效法的
历代宦官事例,"表而出之"。这些宦官分别为春秋晋国的寺人披,西汉
的史游,东汉的良贺和吕强,唐代的刘贞亮、马存亮和严遵美。结合真德
秀对他们的评论可知,真氏心中理想宦官,均具有忠君爱国、谨慎自持、
乐于退隐,而非邀功用事、揽权自重的特征。

表 2 - 3 　《大学衍义》"内臣忠谨之福"所列贤宦及真氏评论

贤宦姓名	真氏评论
寺人披	披可谓知君臣之义矣……观其言曰:"君命无二,古之制也,除君之恶,唯力是视。"非贤而能之乎? 此不惟内臣所当法,凡为人臣,皆所当法也。

---

① 真德秀:《大学衍义》卷 18,第 285~299 页;卷 20,第 337~338 页。
② 真德秀:《大学衍义》卷 22,第 353~355 页。

续表

贤宦姓名	真氏评论
史游	《汉（书）·艺文志》，游有所著《急就篇》行于世。方是时，石显以中人管执枢机，肆为奸慝，而游乃勤心纳忠，有所裨益，可谓贤矣……游于侍从之暇，优游翰墨，著为《小学》之书，有补世用，身保宠禄，名垂方来，岂不美哉！岂不美哉！
良贺	晋文公得原，难其守，问于寺人勃鞮，以畀赵衰。夫衰，贤者也，举而得贤，则勃鞮亦贤也。后之议者，犹以为讥。盖中臣之职，承侍左右，从容纳忠可也，而荐引人才，则非其职矣。良贺能以景监荐商鞅为非，自谓"得臣举者，匪荣伊辱"，贤矣哉！
吕强	吕强虽处内侍之官，而有直臣之节。使当时处以大长秋之任，必能振起纲维，肃清宫省，使同类者相观而化，皆为忠良。而所事之主，适皆昏庸。凡所开陈，一不之用，乃以谗诼交缔，陷之刑网。观其慷慨就死，略无惴惧之意，可谓烈丈夫矣！或谓强之所职，非谏争也，而乃诐诐不已，毋乃侵官乎？是不然。古者官师相规，工执艺事以谏。工犹可谏，况内侍乎？《巷伯》刺谗之诗，亦寺人所作也，特不当招权挠政，然后为侵官尔。强虽坐直言以死，而千载之下，仰其芬烈，视彼同时诸貂珰辈，卖弄福威，取快一时，终不免于大戮者，凤凰鸱鸮，相去远矣！
刘贞亮	刘贞亮之忠不减吕强，至其排去奸邪之党，请立英明之嗣，有功于唐之社稷，又非强所及矣。自昔人臣凡与援立者，莫不以定策元勋自诡，怙权徼宠，虽以霍光之贤，有不免焉。贞亮，内臣也，既居近密，又著勋劳，而乃退然自处，委政庙堂，无秋毫侵紊，岂不贤哉！
马存亮	存亮以一身捍人主之难，可谓忠矣。又以一言全宋申锡阖门之命，不几于仁乎？呜呼！贤哉！
严遵美	严遵美之为人，知分义，明去就，盖贤者也。方其时，为枢密使、为中尉者，鲜不以怙权宠致覆败，独遵美抗冥鸿之志，投簪绂，隐山林，以寿考终，非贤而能之乎？

比较真德秀之前宋儒对贤宦的举例，真氏的侧重和用意显露无遗。司马光（1019～1086）在《资治通鉴》尽举历代贤宦，常为后儒征引。朱熹（1130～1200）《资治通鉴纲目》便加转引，司马光称：

夫寺人之官，所以谨闺闼之禁，通内外之言，安可无也？如巷伯之疾恶，寺人披之事君，郑众之辞赏，吕强之直谏，曹日升之救患，马存亮之弭乱，杨复光之讨贼，严遵美之避权，张承业之竭忠，其中岂无贤才乎？顾人主不当与之谋议，进退士大夫，使有威福足以动人耳。果或有罪，小则刑之，大则诛之，无所宽赦。如此，虽使之专横，孰敢哉？①

与真德秀所举贤宦相较，良贺、史游、刘贞亮，这些乐于退隐的宦官，是司马光、朱熹没有提及的；而司马光、朱熹予以表扬的郑众、曹日升、杨复光和张承业，多是建立功勋的宦官，真氏却有意不收。

尤其受到司马光、朱熹二人称许的郑众，不仅未在《衍义》贤宦之列，反被载入"内臣预政之祸"中，以示惩诫。这是因为郑众为人"虽贤于其徒"，但开启东汉宦官预政之端，"开端作俑，终为汉世大患"。②张承业也是包括朱熹在内的宋儒公开表彰的唐末贤宦，③ 真德秀也有意不予采录，称："欧阳修作《五代史记》，叙后唐张承业本末，谓其事甚伟，反复称道之。迹其本末，如修言不谬。顾其时与事，有不可为后法者，故略之。"④ 换言之，为宋儒称许的张承业等宦官，或军权在握，或国政在手，正是真德秀所说"不可为后法"的"时与事"。

贤宦的增录与不录，表明真德秀看重的标准并非宦官的功业多寡，而是用权预政和乐于退隐与否。在真氏"内臣预政之祸"相关评论中可见他一贯的强调，他指出，宦官不贵于"有功"：

> 东汉宦官之祸，起于郑众等之有功。夫人臣而有功，夫岂不善？而祸之起，顾由此，何哉？盖妇寺之职，均在中闱。婉嬿淑谨，妇之善者也。柔顺忠笃，寺之善者也。妇不贵于有能，则寺亦岂贵于有功哉？有功则宠，宠则骄，骄则横，虽欲无祸，得乎？故安、顺、桓、灵之世，寺人之宠日盛，宠盛则为害愈深，为害深则被祸愈酷。至于

① 朱熹：《资治通鉴纲目》卷53，《朱子全书》第11册，上海古籍出版社，2010年，第3119～3120页。
② 真德秀：《大学衍义》卷39，"内臣预政之祸"第3条下真氏评论，第621页。
③ 宋儒胡寅赞许张承业称："虽缙绅士大夫有远不能及者，可以为内侍之师法矣。效职一也，竭忠二也，奉公三也，有守四也，尽义五也。为晋养民畜财，军不乏兴，职也。受（李）克用顾托，不敢违负，忠也。行法不宽贵戚，不以官物为私礼，公也。晋王属以酒，欲使分过，终不承命，守也。居唐官终其身，义也。食人之禄者，愧之多矣。使中常侍率此道，乌有斋宫之刺、故郡之徙、投河之窘，千百辈尽诛之酷哉？"见胡寅《致堂读史管见》卷27，《续修四库全书》第449册，第220页上。
④ 真德秀：《大学衍义》卷39，第618页。

陈蕃、窦武图之而不胜，汉以益乱。袁绍图之而胜，汉遂以亡。曹节、王甫、赵忠、张让之徒，最其魁桀，无一能全其首领者。然则，宠而骄，骄而横，是乃殒身丧元之招也。曷若史游、良贺之徒，优游终始，无所疵吝之为得邪？①

东汉太监郑众"虽贤"却因"有功"而处于《衍义》贬黜之列，史游、良贺因"优游终始"得以许为后世楷模。于此不仅可见真德秀与宋儒司马光、朱熹看法的差异，也显示真氏对贤宦要求更加严格而有所甄别，对宦官预权更不能容忍，树立劝惩宦官的森严标准。

统言之，对于特别重视"诚心"的真德秀来说，宦官被他视为"得君行道"中的消极因素。在他看来，宦官预政越少，政治清明的机会就越大；减一分宦官的影响，则多一分政治的改善，反之亦然。从嘉定初年真德秀上疏论及"戒近习"，到他撰写《衍义》时对贤宦的严格甄别并大衍特衍宦官为害史事，以致善恶书写比例严重失调，都是这一认识的反映。

第二节　明代中前期的反应

对后世尤其是明代的士大夫而言，《衍义》的宦官书写，既成为他们认知、处理宦官问题的重要凭借和基本指示，又是警诫皇帝注意宦官预权的重要理据。但书中过分强调"诚心"的理念和对历代奸邪之臣的过多着墨，以及"齐家之要"之目在全书位置之特殊，都显示《衍义》是具体针对南宋晚期政局和宋理宗个人弱点而作的事实。因此，一旦时局改变，书中倡导的原则的应用性和实用性，也自然要发生变化。② 宋代宦官权势整体上无法与士大夫官僚群体抗衡，然而明代宦官却足与外廷文官群体分庭抗礼。如果说真德秀在《衍义》中为警惕宋理宗而大加阐发宦祸史还算适宜的话，那么到了明代仍以《衍义》来警诫君主，

---

① 真德秀：《大学衍义》卷39，"内臣预政之祸"第15条下真氏评论，第632~633页。
② 朱鸿林：《理论型的经世之学——真德秀〈大学衍义〉之用意及其著作背景》，氏著《中国近世儒学实质的思辨与习学》，第13~16页。

试图压倒宦官乃至清除宦官预政源流的做法，则显得不合时宜、不知变通了。

一 洪、永之际的变化

除明太祖特别看重《衍义》外，明代后来的君主并不见得推崇并施行书中的理念。吴元年（1367），明太祖命"书《大学衍义》于两庑壁间"，① 用以观省。洪武四年（1371），太祖阅至《衍义》"人君不穷兵黩武，则能生之而不伤"，② 深感自戒。太祖不仅以《衍义》为自修之具，还于洪武十七年令"儒臣日与太子诸王讲说（《衍义》）"。③《衍义》为明太祖取重，④ 可见一斑。

太祖称宦官"自古以来求其善良，千百中不一二见。若用以为耳目，即耳目蔽矣。以为腹心，即腹心病矣。驭之之道，但常戒敕，使之畏法，不可使之有功。有功则骄恣，畏法则检束，检束则自不敢为非也"。⑤ 这与真德秀在《衍义》中强调宦官不贵于"有功"，若合符节。可见，《衍义》强调防备奸臣以及勿令宦官预政，与太祖所思所行相契，受到太祖垂青。

到永乐时情况即有不同，这可以从永乐七年（1409）成祖亲自撰写序文的《圣学心法》篇目结构中获得证实。《圣学心法》是成祖以程朱理学为整体架构的自撰帝学之书。⑥ 一方面，《衍义》仅成为《圣学心法》占比较小的征引对象。从被征引条数来看，《衍义》远离前列。另一方

---

① 《明太祖实录》卷25，吴元年九月癸卯条，台北：中研院历史语言研究所，1962年，第380页。
② 《明太祖实录》卷68，洪武四年九月丙辰条，第1273页。
③ 《明太祖实录》卷161，洪武十七年四月庚午条，第2489页。
④ 明太祖对包括《大学衍义》在内的经史书籍颇为重视，参朱鸿林《明太祖的经史讲论情形》，《中国文化研究所学报》第45期，2005年，第141~171页。
⑤ 《明太祖实录》卷44，洪武二年八月己巳条，第861页。
⑥ 《圣学心法》研究，参 Wm. Theodore de Bary, *Neo-Confucian Orthodoxy and the Learning of the Mind-and-Heart*, New York：Columbia University Press, 1981, pp. 158 – 167；毛佩琦《从〈圣学心法〉看明成祖朱棣的治国思想》，《明史研究》第1辑，黄山书社，1991年，第119~130页；李焯然《治国之道——明成祖及其〈圣学心法〉》，《汉学研究》第9卷第1期，第211~227页。最新研究，参朱冶《元明朱子学的递嬗——〈四书五经性理大全〉研究》，人民出版社，2019年，第120~147页。

面，如表 2-4 所示，《圣学心法》中虽有 16 个篇目引用了《衍义》，却有 13 个篇目未见征引。这表明随着时代变化，永乐朝君臣认为《衍义》在帝王之学理应注意的条目和内容上有所欠缺，并非全能之书。

表 2-4　《圣学心法》对《大学衍义》的征引情形

卷目	子目	征引《衍义》的条数	子目	征引《衍义》的条数
卷 1	统言君道	8	—	—
卷 2	学问	4	法祖	无
	敬天	4	谨好恶	无
	法天	无	勤励	1
	祀神	无	戒谨	2
卷 3	德化	1	用人	3
	正内治	1	纳谏	无
	睦亲	无	辨邪正	1
	仁政	3	修礼乐	无
	育材	1	正名分	1
卷 4	礼臣下	无	驭夷狄	1
	明赏罚	无	征伐	无
	慎刑	无	父道	无
	理材	无	子道	1
	节俭	1	臣道	4
合计	29 个子目，共引 37 条			

《衍义》中本来特别强调的地方和取舍，在《圣学心法》中也没有得到相应的体现。《衍义》中篇幅颇多的"辨人才"一节，《圣学心法》相应子目为"辨邪正"，篇幅不多，且只引用《衍义》一次。而《衍义》中惩戒后宫和宦官预政的"严内治"，在《圣学心法》中名为"正内治"，也仅引述真氏之说一次。① 此外，《圣学心法》中所"正"之"内治"，皆为后宫妃匹之事，对于宦官之事并无片言及之，全书也没有其他地方涉及，全不顾及真氏在《衍义》中对宦官侵权预政的劝惩和警诫。

---

① 朱棣：《圣学心法》卷 3，《四库全书存目丛书》子部第 6 册，第 212 页。

《圣学心法》没有涉及历来颇为重视的宦官问题，个中缘由颇耐人寻味。这其中必有隐情和受时事影响的因素存在，至少《圣学心法》的实际修撰者——儒臣士大夫们知道其中的利害。同样值得注意的是，明太祖朝敕修书，如洪武六年《祖训录》及其后修订本《皇明祖训》以及洪武十三年《臣戒录》等书，均包含对宦官训诫的内容。但永乐以后的敕撰书，无论是成祖时的《圣学心法》还是宣德年间敕撰的《五伦书》、《御制官箴》和《帝训》，或是《历代臣鉴》等，均不涉及宦官。① 以宣德年间敕修的《帝训》为例。其书今虽不存，但从宣宗《御制帝训序》可知，该书与《圣学心法》在性质和体例上相似，分君德、奉天、法祖、正家等二十五个子目。从序文所叙各子目内容梗概可知，最有可能讲说惩戒宦官的"正家"一篇，所谈也尽是后宫后妃之事。②

从永乐朝开始，讳言宦官的情形甚至成为惯例。景泰元年（1450），山西天城卫令史贾斌上言："汉、唐、宋信用宦官，驯致败亡。今宜法高祖，事无大小，必归宸断，阉人不许窃柄。臣于历代忠义之臣，撮其尤者为《忠义录》，及恃宠宦官附之。乞刊布臣僚，庶宦者不得行其奸宄矣。"贾斌此奏及其所撰《忠义录》显是"惩（宦官）王振之乱也"，但礼部以此前有宣宗敕撰《历代臣鉴》一书而指《忠义录》为不必之作，贾斌也因擅自离役而被"押发回卫"。③ 成化年间，编给东宫阅读的《文华大训》，"篇目多本《大学衍义》，独事涉中人者，悉不以书"。虽然浙江宁波籍名儒杨守陈（1425～1489）抗议此事，"撮其（宦官）贤否得失之故，分注一条，议者不能夺"，④ 但已属儒者的个人行为。

总之，明太祖颇为取重《衍义》一书，他所以重视惩戒宦官，可能是其阅读《大学衍义》等书籍影响所致。虽然外廷士大夫愈以《衍义》

---

① 明代敕撰书研究，参李晋华《明代敕撰书考》，燕京大学图书馆，1932 年；朱鸿林《明太祖的教化性敕撰书》，《徐苹芳先生纪念文集》，上海古籍出版社，2012 年，第 577～600 页；酒井忠夫《中国善书研究（增补版）》，刘岳兵、何英莺译，江苏人民出版社，2010 年，第 22～41 页。
② 《明宣宗实录》卷 38，宣德三年二月条，台北：中研院历史语言研究所，1962 年，第 934～935 页。
③ 沈德符：《万历野获编》补遗卷 4《著述·忠义录》，中华书局，1959 年，第 905 页。
④ 程敏政：《篁墩文集》卷 50《杨文懿公传》，《四库全书》第 1253 册，第 192 页。

为至理良言，但是永乐以后庙堂上出现讳言宦官的倾向。这多少与永乐以后宦官权力与政治不断发展的进程有关。《衍义》大谈惩戒宦官之义，因而失去了来自国家最高权力主宰——皇帝以及皇权代表宦官的认可。

二　景泰至弘治年间的情形

从传统儒家士大夫的价值和道德层面看，《衍义》不可挑剔。但它即便再"正确"不过，若被拿来重谈，便会被宫廷之内的君主和与之情深意洽的宦官视为无理挑衅而遭排斥。明代君主最清楚宦官在国家行政中的角色。也就是说，君主与宦官都不喜欢那些试图挑战现有政治架构的举动，或老调重弹地借《衍义》来给他们施压。当然，对于现实政治有敏锐认识和掌握、思维务实的儒臣来说，《衍义》仍是一本有用的政治书，只要能掌握其精神，调整并灵活运用书中理念即可。景泰初年李贤（1408～1466）的行动和言说，即是一例。

景泰二年，举朝以痛裁宦官权力、恢复祖制为诉求，但不见奏效。李贤《上中兴正本策》因具体条陈帝王之学所理应注意的要项而被采纳。①《上中兴正本策》包括勤圣学、顾箴警、戒嗜欲、绝玩好、慎举措、崇节俭、畏天变、勉贵近、振士风、结民心十目。十策除了提示景泰帝注意正心、修身之外，"勉贵近"一策实属特别，它不是要求皇帝如何警惕宦官窃权，而是强调时时劝勉宦官取法贤宦，同辅圣治。此策主要内容转引如下：

> 臣观前代中官正直忠良，有功于国家者，不为无人。若汉唐之世，史游、良贺、吕（强）、刘（贞亮）、马（存亮）、严（遵美），或勤心纳忠，有所裨益；或清俭退守，无所引荐；或清忠奉公，直言切谏；或排去奸邪，委政庙堂；或以一身捍人主之难；或辞两军抗冥鸿之志。千载之下，仰其芬烈，视彼招权挠政，卖弄威福，取快一时，不旋踵而遭大僇者，一薰一莸，相去远矣。

---

① 《明英宗实录》卷201，景泰二年二月丁丑条，吏部文选清吏司郎中李贤所上书，第4278～4287页。

今陛下左右内侍之臣，大非前日之比，率皆小心畏谨，恪勤匪懈，守祖宗之家法，绝外人之交通，盖能以覆辙为戒也。犹望陛下时加勉励，不使怠忽。且陛下一日之间，接文武群臣之时少，亲左右贵近之时多，若能辅成今日中兴之治，皆其功也，可不勉哉？果能取法于前人，兴循理好善之念，存正直忠良之心，载之方册，传之万世，后之人仰而美之，曰当时贵近之臣，某也正直，某也忠良，如此则播令名于无穷，岂不美哉？①

李贤所举历代"正直忠良"的中官，明显出自《衍义》，与真德秀所列完全吻合。然《衍义》虽列"内臣忠谨之福"，其更大篇幅侧重书写宦官预政之祸，借以警诫君王。但李贤没有寄望于景泰帝能特立独行，压制宦官权力，也没有指陈宦官的危害，而是从《衍义》中历代贤宦的举例出发，结合"今陛下左右内侍之臣，大非前日之比，率皆小心畏谨"的现身说法，建议景泰帝鼓励内官向善，指出宦官可以也应该被"改造"和"教化"。

李贤的思维显得积极而务实：既然宦官权力不会因大臣建言而受挫，君主"一日之间，接文武群臣之时少，亲左右贵近之时多"又是现实政治中最明显不过的实情，引导宦官一起辅成君德，就比消除他们的政治影响来得实在。李贤没有明言君主应讲读《衍义》，以对宦官加以警戒或裁抑，而是有意举出书中所举之贤宦来鼓励宦官有所取效。这与其说是李贤对《衍义》内容灵活运用的体现，毋宁说是《衍义》对宦官苛刻要求和惩戒的部分，因不全符合明代政治的实情而在实践中得到更正。

成、弘年间，以博学著称的江苏太仓人陆容即注意到《衍义》宦官历史书写因过分谴责和苛求宦官，使其善恶史例比例严重失衡，导致脱离本朝实际的问题。他说：

《大学衍义》一书，人君修齐治平之术，至切至要，非迂远而难行者。其中三十九、四十卷《齐家之要》，历引前代宦官之事，忠谨

---

① 李贤：《古穰集》卷1《上中兴正本策》，《四库全书》第1244册，第492页。

之福仅八条，而预政之祸四倍其多。纵使人主知读之，左右其肯使之一见哉？苏人陈祚，宣德间为御史，尝上章劝读此书。上怒，逮祚及其子侄八九人，俱下锦衣狱，禁锢数年。上宾天，始得释。成化初，闻叶文庄亦尝言之，不报。①

陆容虽认为《衍义》是一本对君主"修齐治平"有用的书，但他从本朝陈祚（1382～1456）和叶盛（1420～1474）分别在宣德和成化年间"上章劝读此书"不果的事情，认识到《衍义》宦官历史书写以惩戒为主的内容编排和侧重，很难让宦官接受，乃至引起反感的现实。万历时人沈德符（1578～1642）对此说得更为直接："真西山《大学衍义》，其讲修齐甚备，而治平则略之。然杂引前代宦官旧事，分为二款，其忠谨受福仅八条，而预政蒙祸者四十余条，故中官辈极憎之，不得时呈乙览。"② 也就是说，虽然陆容相信《衍义》"非迂远而难行者"，但他也不得不承认《衍义》中宦官历史书写因善恶比例极为不均，不能尽合时宜，难能发挥实际作用。换言之，作为帝王修己治人不可多得的有用之书，《衍义》中善恶宦官书写比例，可以也理应加以调整。只有这样，《衍义》才可以被宦官接受，皇帝进而才能获得取鉴。

同时期以博学和讲求经世知识身闻于当世、见称于史传的丘濬，在其《大学衍义补》中，③ 并没有专列宦官一目。这被批评者视为"有所避而不书"，借以讨好宦官。朱鸿林认为这是一个误解。一方面，《大学衍义补》是为补真德秀《大学衍义》所阙"治国"和"平天下"而作，既然《大学衍义》已述宦官，则《大学衍义补》无再补的必要。另一方面，《大学衍义补》中有很多提及宦官的地方，并无讳言。④

---

① 陆容：《菽园杂记》卷 14，第 170～171 页。

② 沈德符：《万历野获编》卷 25《著述·大学衍义》，第 634～635 页。

③ 《大学衍义补》著作背景、意旨及其深远影响，参 Hung-lam Chu（朱鸿林），"Ch'iu Chün and the *Ta-hsüeh yen-i pu*：Statecraft Thought in Fifteenth-century China，" PhD diss.，Princeton University，1984；朱鸿林《丘濬〈大学衍义补〉及其在十六七世纪的影响》，氏著《中国近世儒学实质的思辨与习学》，第 162～184 页。

④ Hung-lam Chu，"Ch'iu Chün and the *Ta-hsüeh yen-i pu*：Statecraft Thought in Fifteenth-century China，" p. 93；荒木见悟看法与之相似，参荒木见悟「丘瓊山の思想」『中國思想史の諸相』福岡中國書店、1989 年、107—108 頁。

实际上，《大学衍义补》卷首便有警诫君主防止宦官专权的内容。《大学衍义补·诚意正心之要·审几微》为丘濬新立子目，"审几微"子目下又分"谨理欲之初分"、"察事几之萌动"、"防奸萌之渐长"和"炳治乱之治先"四个细目。其中"防奸萌之渐长"下共引六条经史言论，所论均为遏制小人近幸预权坏政。前三条内容均选自《易经》，分别为《坤·初六》、《大畜·六四》和《姤·初六》，都是士人为惩戒宦官窃权而常加称引的经典之训。但是，丘濬这里所引所论，总体上较为隐晦曲折。"防奸萌之渐长"主要为防范宦官而写无疑，却因作者的有意淡化，看起来像是笼统针对防备小人预权。尤其是第三条正文之后，丘濬在按语中所引"先儒之言"最能说明问题：

> 先儒有言，豕方羸时，力未能动，然至诚在于蹢躅，得伸则伸矣。如唐武宗时，李德裕为相，君臣契合，莫能间之。近幸帖息畏伏，诚若无能为者，而不知其志在求逞也。其后继嗣重事，卒定于其手，而德裕逐矣。几微之间，所当深察。①

丘濬以上引文出自南宋朱子学者叶采（淳祐元年进士）《近思录集解》一书。第一句本为《近思录》引北宋名儒张载（1020~1077）之言。第一句之后的内容，则是丘濬对叶采论说的改写。叶氏原来言论中"宦寺之徒""宦者之手"，丘濬分别以"近幸"和"其手"这类并非专门指涉宦官的词语予以代替。② 可见，丘濬并没有错过在《大学衍义补》中向皇帝举说宦官窃权的危害以及应对办法的机会，他甚至向君主直接阐发应对宦官的终极办法在于恢复成周旧制，以外廷吏部掌握黜陟和纠核宦官之权。③ 但他毕竟不愿意采取真氏那样大张旗鼓的方式，倾向于用最少的文字和篇幅，表达最核心的主意。因为丘氏既要尽力不与宦官冲撞和对抗，

---

① 丘濬：《大学衍义补》卷首《诚意正心之要·审几微·防奸萌之渐长》，《四库全书》第712册，第22~23页。
② 陈荣捷：《近思录详注集评》，台北：台湾学生书局，1992年，第479~480页。
③ 丘濬：《大学衍义补》卷118《治国平天下之要·严武备·宫禁之卫》第2条，《四库全书》第713册，第382~383页。

又要做到令皇帝相信并认可他在书中提出的一整套改革时弊的方案。① 更何况，《衍义》在明代宫廷不受欢迎的事实，足以令循名责实的丘濬深有取鉴，故而采取一种缓和、克制的姿态，用理性和智慧的办法来提醒皇帝惩戒宦官。

综上所述，景泰年间以来，务实的官员和儒者并没有"照着讲"——继续大谈《衍义》中惩戒宦官的道理，而是意识到"皇帝可以被说服，而不能被强迫；宦官可以被利用，而不能与之对抗"的本朝政治文化与现实，② 用不同的方式反思并回应《衍义》中宦官历史书写存在的问题。陆容和丘濬显然认为在本朝实际政情之下，大谈惩戒宦官是不合适的。李贤的举动更显示，明代中期以来的士人更乐意激励与教化宦官，而不是大加惩戒宦官。

第三节　明代中后期的调适与修正

嘉、万时期，学者型官员对《衍义》宦官历史书写予以更为积极的调适与修正。从中可见明代中期以来士人对宦官问题的思考与侧重。

一　正、嘉之际：杨廉《大学衍义节略》

仍以《衍义》为伟大著作的儒臣们，为扭转该书不能对帝王发挥实际影响的被动局面，将它"辑短截长"成简明的读本。③ 表面看来，这纯粹属于节略的工作，但一定程度上改变了《衍义》中内容畸轻畸重的情况。嘉靖初年，江西丰城人杨廉（1452～1525）将真氏43卷《衍义》删减一半以上，成《大学衍义节略》20卷，便是较好的例证。

杨廉，《明史·儒林》有传，与同时期巨儒罗钦顺（1465～1547）关

---

① 丘濬的务实灵活策略在一定程度上获得成功。沈德符指出《大学衍义补》"独不立阉宦一门，以故内廷德之，因而大用"。见沈德符《万历野获编》卷25《著述·大学衍义》，第635页。

② Hung-lam Chu，"Ch'iu Chün and the *Ta-hsüeh yen-i pu*：Statecraft Thought in Fifteenth-century China，" p. 96.

③ 杨廉：《进大学衍义节略表》，《大学衍义节略》卷首，东京大学东洋文化研究所藏嘉靖四年刻本，叶6a。

系密切，是共同追求"居敬穷理"之学的朱子学者。① 杨氏曾在弘治年间上了四疏，以程颐（1033~1107）"君德成就在经筵"的论说，向明孝宗强调以《衍义》作为帝王经筵和日讲优先讲读之书。② 杨氏备陈优先讲读《衍义》之必要："今经筵、日讲，率用《四书》、诸经，或间以《贞观政要》、《通鉴纲目》，或《大学衍义》。臣愚妄谓此数书者，比他书已为紧要，又不若《大学衍义》之尤要也。盖此书专为开导人主，萃经史之精华，悉圣贤之格论，事类极简，该括甚详。中人之性，一览可得其概，况陛下以圣人之资乎？望特敕凡进讲止用《衍义》一书，每讲宜于一二日内尽一卷，不得数易，无所照应。此书讲熟之后，方及他书，则奸邪之情状毕陈，而圣学之功效可必矣。"③ 此后杨廉应有反思，觉得《衍义》部头太大，不易令君主很快掌握。在世宗即位不久的嘉靖元年（1522），杨氏上《大学衍义节略》一书，就是希望世宗能在尽量短的时间内掌握《衍义》的要点。

杨廉认为帝学的重心"在于一敬"。④ 为《大学衍义节略》作序的朱实昌（正德三年进士），也领悟到杨氏著书的用意，指出"《衍义》之训，惟敬则行，惟怠则废"而已。⑤ 在杨廉看来，既然《衍义》的核心价值在于"主敬"，只要让君主在最短的时间内掌握此精神实质就好，因此长达43卷的《衍义》就有必要大加删减。换言之，以帝王之学而言，《衍义》的价值渐渐落在精神、形式层面，至于书中具体内容，则不必理会。

《大学衍义节略》内容、思想及其著作背景自待深入研究，但原先《衍义》中某些不均的内容分布和安排在《大学衍义节略》中得到调整，是不争的事实。如表2-5所示，外戚善恶书写比例由1:10降至近1:2；后妃善恶书写比例则由近1:4"逆转"为2:1。以宦官部分而言，《大学衍义节略》"内臣忠谨之福"共选4条，分别为寺人披、吕强、刘贞亮和

① 张廷玉等：《明史》卷282，第7248页。
② 杨廉：《南京礼部尚书臣杨廉为进呈书籍事》，《大学衍义节略》卷首，叶1a。
③ 《明孝宗实录》卷149，弘治十二年四月辛丑条，第2627页。
④ 杨廉：《进大学衍义节略表》，《大学衍义节略》卷首，叶6b。
⑤ 朱实昌：《大学衍义节略序》，《大学衍义节略》卷首，叶4a。

严遵美，而"内臣预政之祸"却锐减至9条。换言之，在《衍义》中宦官善恶书写比例近1:5，到《大学衍义节略》中差不多只有1:2了。

表2-5　《大学衍义》与《大学衍义节略》"齐家之要"善恶书写对比

类别		《大学衍义》	《大学衍义节略》
后妃	赖规警之益（善）	6条	6条
	宫闱预政之戒（恶）	21条	3条
宦官	内臣忠谨之福（善）	8条	4条
	内臣预政之祸（恶）	38条	9条
外戚	外家谦谨之福（善）	8条	5条
	外家骄恣之祸（恶）	80条	11条

《大学衍义节略》的善恶书写比例变化，表面看来是节略《衍义》的必然，但实际出于杨廉的有意。明朝后妃之中几无恶迹，外戚虽有犯法扰民的张鹤龄之流，但总体上如史家所称，有明一代，"后妃居宫中，不预一发之政。外戚循理谨度，无敢恃宠以病民，汉、唐以来所不及"。① 杨廉在节略《衍义》时显然照顾到了现实的情况，适时地将外戚与后妃的善恶书写比例予以调整，尤其是将后妃预政的史迹大幅削去，而将后妃有益圣躬的史例保持不减。② 与后妃、外戚相比，明代宦官预政的情形要严重得多，而杨廉却将其善恶比例保持在与外戚几乎相等的水平上，无疑是"有心"之举。

杨廉在"内臣忠谨之福"第2条吕强事迹下的评论，是他在《大学衍义节略》一书宦官部分唯一的按语，也可以说明问题。他说：

臣廉尝考朱熹学者告熹曰："甘昇（南宋孝宗年间宦官）有言，士大夫以面折廷争为职，以此得罪，人皆高之。宦官以承顺为事，犯颜取忤，谁复见称？"熹曰："何见之谬！东汉吕强，后世无不贤

① 张廷玉等：《明史》卷300《外戚传》，第7659页。
② 杨廉在"赖规警之益"末之评论，显示他注意与鼓励后妃补益圣躬："窃谓自樊姬而下，皆主于规益其君。然樊姬不食禽兽之肉，卫姬不听郑卫之音，此以身谏也。班婕妤之稽古善讽，徐贤妃之书辞藻丽，此以言谏也。"杨廉：《大学衍义节略》卷17，叶4a。

之。"又考程颢谓:"昨春边事权罢,李舜举之力也,今不幸适丧此
人。"程颐门人马伸亦荐邵成章。盖舜举、成章,俱宦官。舜举尝罢
泾原用兵。成章尝疏黄潜善、汪伯彦误国,金人胁之,不仕不从,
曰:"忠臣也,吾不忍杀之。"遣之金币而去。孰谓宦官之贤者而卒
无人以称道之也哉?①

真德秀在吕强事迹的按语中,反驳宦官言事"乃侵官"之论。杨廉
举出宋儒朱熹、程颢(1032~1085)之论来支持他,并进一步指出"不
以人废言",宦官为国言事,值得鼓励和称道。换言之,宦官预政祸国固
需惩戒,而他们的贤言善行更当表彰。以上杨廉的有意补充和论说,正是
特意鼓励宦官向善福国的表现。

《衍义》中宦官善恶书写的不对等,到《大学衍义节略》时已有所改
观。杨廉《大学衍义节略》对宦官历史书写的调整,后为王玭《大学衍
义通略》继承。后者只是在"内臣预政之祸"第 6 条和第 9 条中增加按
语,所论也都以劝勉宦官向忠习善为核心要义。第 6 条按语,王玭与真德
秀论说侧重殊为不同,王氏竭力称许唐朝宦官高力士"其言皆近于理"。
第 9 条按语,王玭虽力主仿效成周之制,但其主意在于强调宦官"教道
不正则忠谨不闻""劝威不昭则效忠以从善者沮",重在劝贤效忠。② 嘉
靖年间士人甚至将《衍义》中所举贤宦归为忠、孝、贤、良四种类型,
以此感劝宦官为善:"汉之黄门令史游心勤纳忠,有所补益,可谓忠矣;
中常侍良贺清俭奉母,不妄举荐,可谓孝矣;唐之刘贞亮荐贤举能,委政
朝堂,可谓贤矣;严遵美任重不骄,寿考终身,可谓良矣。是以史氏书
之,垂美万世,以劝后人者也。若后之人慕古人之风而为善者,万一史氏
失其传,则孰肯为善焉?"③ 可见,以《大学衍义》贤良宦官史例劝勉宦
官向善较为普遍。

真德秀强调惩戒宦官预政,本是宋代宦官权势无法与士大夫抗衡以及
他们实际政治权力有限的表现。而包括杨廉在内的明代儒臣,既一贯重视

---

① 杨廉:《大学衍义节略》卷 18《严内治·内臣忠谨之福》第 2 条,叶 4b~5a。
② 王玭:《大学衍义通略》卷 9,《四库全书存目丛书》子部第 5 册,第 90~95 页。
③ 佚名:《黑山会流芳碑记》,梁绍杰:《明代宦官碑传录》,第 46 页。

警诫宦官预政，同时又特别意识到鼓励宦官为善的必要：惩戒宦官虽是必要之举，激劝宦官更是必须之途。这所反映的是，面对政治格局中宦官地位重要且不可替代的实情，士人在态度和方式上的自我调适。

二　嘉靖年间：湛若水《圣学格物通》

惩戒宦官预政与鼓励宦官为善，这一"二元"取态，在新学倡导者湛若水所著《圣学格物通》中体现得更为明显。湛若水是 16 世纪最为重要而有影响力的学者之一。他与倡导"心学"的王阳明既是好友，又是论学的对手。湛若水以"随处体认天理"为宗旨，讲学授徒，"从游者殆遍天下"。① 嘉靖初年湛若水撰写的《圣学格物通》，是他"根据明世宗诏令文臣直解经史以进御览之旨精心撰著的帝学用书"，并在精神和体例上沿袭了宋真德秀《衍义》等书。②

《圣学格物通》"齐家格"子目"御臣妾"，与《衍义》"齐家之要"子目"严内治"一样，都是关于后妃、宦官之事。湛若水为警诫世宗，在《圣学格物通》中所列宦官的条目，虽几乎都是负面例子，却另有强调。如同湛若水不参与左顺门哭阙，反对用过激手段与人君相抗一样，他也反对与宦官决裂或攻击宦官，认为这样做是"事之无益而徒以杀身"，"忠而未智"。③ 更重要的是，湛若水在《圣学格物通》中尤其强调"得宦"，即君德或国家之治理离不开宦官的齐心协力。如在唐宦官"仇士良愚君固宠之术"条按语中设喻道：

> 天下如一舟也。君相者，舟师之执柁者也。勋戚、臣庶、内宦、壁近，皆舟中之人也。其济其溺，死生共之。今仇士良乃教其党类，愚弄迷惑其人主，是犹同舟者鸩毒其舟师，俾破凿其舟，折毁其柁，及舟溺身死而不悟。然则士良之术，巧乎？拙乎？害人乎？害己乎？

① 见黄宗羲《明儒学案》卷 37，第 875 页。
② 《圣学格物通》著作背景和用意、内容特色与影响，参朱鸿林《明儒湛若水撰帝学用书〈圣学格物通〉的政治背景与内容特色》，氏著《中国近世儒学实质的思辨与习学》，第 220～258 页。
③ 湛若水：《格物通》卷 42，《四库全书》第 716 册，第 369 页。

其党虑不下千百人，无一人灵觉者，何也？噫！后世内外之臣，不知此义，而终日凿舟自溺者多矣。臣故附其说于御臣妾之后，庶闻者（宦官）亦当倾听，平心以共济于大治也哉。①

湛若水的设喻无非想说服《圣学格物通》的潜在读者——宦官能明哲保身，辅养君德，以共济大治。

湛若水不仅将宦官与臣庶等同视为"舟中之人"，而且把宦官看作影响国家政治发展尤其是君德成败的积极因素。"御臣妾"引《尚书·周书·囧命》之言，并评论说：

> 文、武之君，既聪明齐圣，而小大之臣，又咸怀忠良，如此似无待于侍御仆从之承弼者。然此时左右奔走，皆得正人，以承顺正救之，故于出入起居，无时不敬，号令无有不善，故民敬顺而国治美也。夫文、武，君圣臣良，尚有赖于侍御仆从之臣如此，况其下者乎！此穆王所以拳拳于伯囧之命也。后世人主视此（指宦官）为贱品而不知择，曾不知朝夕与居，气体移养，常必由之。所谓潜消默夺于冥冥之中者为功甚多，而明争显谏于昭昭之际抑末矣。②

从引文可见，湛若水对宦官养成君德的观察和思考异常现实：周文、武之时君德尚有赖于"侍御仆从之臣"，更何况后世如他所在"君臣丕隔"的明代中后期呢。在湛氏看来，相比于朝臣进谏纳忠，情远人疏而事难有成，"明争显谏于昭昭之际抑末矣"，宦官因与人君"朝夕与居"，情近人密，故得宦官帮助，"为功甚多"。

湛若水至少还在以下两处按语中直接说道："仆臣之贤否，系君德之轻重，如此不可不择其人也。"③ 又谓："夫君德之成，由于迩臣之习，而民之所瞻，又在夫人君之德也。是故迩臣必得正直端庄之士、道德纯备之

---

① 湛若水：《格物通》卷42，第368页。
② 湛若水：《格物通》卷41，第357页。
③ 湛若水：《格物通》卷41，第357页。

人以居之，则规益既多，而君之习染亦日与之化。"① 可见，湛若水对君主身边宦官的重视，可谓三致其意：宦官择选得人，则"君之习染亦日与之化"，国可享久，民获其福。

不独如此，湛若水在《圣学格物通·任相》中，对天顺年间外以李贤为相，内以"耆旧之宦"为辅，终成一代之治的史事进行评论，更值得称引：

> 夫臣有内外，性无内外，其善心一而已矣。在人主慎择之也。英宗皇帝外知李贤之公而委任之，内择耆旧之宦而加重之，诚得古人敬大臣、正侍从之道矣。盖大臣者，有经纶之道，有忠贞之节，有休戚之义，其力足以任重，其色足以消邪，其德足以变化，譬之太阳行空而群阴尽伏也。若夫中官之耆旧老成者，其血气定，其阅历多，其持守正，其勋名尊，使新进近昵之人，皆敬而效之，以归于正，以旦夕与人主燕处，匡其不及，绳愆纠谬，格其非心，尤为亲切，如丹所近者之必赤也，墨所近者之必黑也。②

宦官对皇帝和朝政的影响至为关键，一代之治既有赖于外廷任贤得人，更需内廷贤良宦官同心相辅。这也与湛若水在嘉靖初年所上奏疏认识一致："尤择内臣之老成忠厚者，俾给侍左右，以责其旦夕承弼之益。外则有辅相之贤，内则有侍从之正，出则有正学之程，入则有游息之规……则君德成而万化理矣。"③湛若水从儒家心性论出发，提出"臣有内外，性无内外，其善心一而已矣"，认为宦官同具"人"的本性之善，其着眼点正是想鼓励宦官志为贤良，共图大治，从而为我所用，造福国家。

总之，从理论或原则上说，湛若水毫无意外地反对宦官干政，故他在《圣学格物通》中要求世宗懂得驾驭宦官之道。但从政治与现实考虑，湛

---

① 湛若水：《格物通》卷41，第359～360页。
② 湛若水：《格物通》卷71，第647～648页。
③ 湛若水：《湛甘泉先生文集》卷19《初入朝豫戒游逸疏》，《四库全书存目丛书》集部第57册，第31页。

氏又在《圣学格物通》中强调"得宦"的重要性,认为宦官也具有与常人一样的"善心"而可以被引导和教化,鼓励他们立志为贤。这实体现明中叶士大夫对宦官态度与处理方式正在发生微妙而关键性的转变。

三 万历年间:吴瑞登《皇明绳武编》

同样的情形还见于万历中江苏武进学者吴瑞登(活跃于万历年间)所作的《皇明绳武编》。吴瑞登,清修《明史》无传,《毗陵人品记》中有他的传记。① 因为他力反王阳明姚江之学,清初张夏将他录入《洛闽源流录》,视他为正统的朱子学者。② 他的著作之中,《两朝宪章录》是续薛应旂(1500~1574)《宪章录》之作,③《皇明绳武编》则是仿照《衍义》的篇目结构而以明朝掌故予以充实的著作。④

《皇明绳武编》虽然在形式上与《衍义》一致,但它的内容与《衍义》不尽相同。⑤具体到善恶书写比例上,如表2-6所示,相异之处更为显见。以宦官部分而言,《皇明绳武编》承继《衍义》的篇目和结构,将宦官分为"内臣忠谨之福"和"内臣预政之祸"两部分,分别选录7条、8条,善恶占比几乎相当,这与《衍义》大为不同。

表2-6 《大学衍义》与《皇明绳武编》"齐家之要"善恶书写对比

类别		《大学衍义》	《皇明绳武编》
后妃	赖规警之益(善)	6条	7条
	宫闱预政之戒(恶)	21条	3条

① 毛宪撰,吴亮增补《毗陵人品记》卷10,《四库全书存目丛书》史部第110册,第128~129页。
② 张夏:《洛闽源流录》卷19,《四库全书存目丛书》史部第123册,第296页。
③ 薛应旂生平及著作,参吴兆丰《明儒薛应旂的生平及其学术思想的演进》,《燕京学报》新27期,2009年,第169~204页。
④ 张九一:《皇明绳武编序》,《皇明绳武编》卷首,《四库全书存目丛书》史部第123册,第337页。
⑤《皇明绳武编》共34卷,书中"格物致知之要"占23卷,比重超过《大学衍义》。"格物致知之要"子目"辨人才"5卷,比《大学衍义》少5卷,篇幅大减。多出来的5卷增至子目"明道术"之下细目"天理人伦之正"中,共计10卷,这是《皇明绳武编》着重强调和特色之处。

类别		《大学衍义》	《皇明绳武编》
宦官	内臣忠谨之福（善）	8 条	7 条
	内臣预政之祸（恶）	38 条	8 条
外戚	外家谦谨之福（善）	8 条	4 条
	外家骄恣之祸（恶）	80 条	5 条

具而言之，《皇明绳武编》"内臣忠谨之福"除第 1 条引述明太祖之训外，其他 6 条均是本朝以来贤宦事迹，分别为韦贵、沐敬、阿丑、金英、兴安、李芳 6 位太监事迹。《皇明绳武编》"内臣预政之祸"前 3 条引太祖之训，绍述祖制，第 4 条是成化初科道官上疏宦官干政之事，余下 4 条都是明初以来太监祸国史迹，涉及马骐、王振、汪直、刘瑾 4 人。概言之，吴瑞登借此向皇帝申明祖训的用意是明显不过的：不仅在"内臣预政之祸"直接引述 3 条祖训，还在第 2 条之下评论道："愿皇上申明祖训，则不惟国家治安，而宦寺亦可以保宠泽矣。"① 又在第 5 条太监马骐恶迹下评论称："自此而后，盖有不可得而禁者，胡不味太祖之成训耶。"② 然而即便如此，从其表彰的本朝宦官有 6 位而贬抑的宦官只列 4 位的情况来看，相较于惩戒宦官，吴瑞登更重视鼓励宦官向善。

吴瑞登在选录本朝贤宦事迹和评论中，更见他激励宦官向善的倾向。吴氏不吝文墨，对本朝宦官建立文武功业大为嘉许。他称许奉敕镇守武当山兼守湖广行都司提督三省八郡军民太监韦贵"扶持宇宙，且有赖焉"；③ 对金英、兴安"大有功于社稷"，赞许不已。④ 对"忠于朝廷而善于箴警"的沐敬和阿丑，也颇多称道，谓其"深有取焉，以示劝云"。⑤ 此外，对敢言直谏、以"儒臣望君之意"责君的李芳，更是大加赞许，以

① 吴瑞登：《皇明绳武编》卷 32，第 632 页。
② 吴瑞登：《皇明绳武编》卷 32，第 633 页。
③ 吴瑞登：《皇明绳武编》卷 32，第 629 页。
④ 吴瑞登：《皇明绳武编》卷 32，第 630 页。
⑤ 吴瑞登：《皇明绳武编》卷 32，第 629 页。

为"可以为训矣"。① 吴瑞登对"内臣忠谨之福"的总评，更可见他是以此数例来证实《衍义》中表扬的贤宦在本朝在在有人：

> （我朝）沐敬之直言，阿丑之讽谏，一（史）游也，（严）遵美也；金英决议守城，而兴安深信于谦，一吕强也，马存亮也；至于李芳之疏，骨切圣躬，功高于儒臣之上。②

吴氏以此提示君主任贤去佞，且鼓励和劝勉宦官仿行。简言之，吴瑞登激劝宦官忠君为善的热情，高于警诫宦官预政祸国。崇祯年间，黄道周（1585～1646）编纂资治类书《博物典汇》卷7实简写《衍义·齐家之要》并增以自己的评论，其宦官善恶书写甚至出现善多恶少的情况（见表2－7）。③

表2－7 《大学衍义》与《博物典汇》"齐家之要"善恶书写对比

类别		《大学衍义》	《博物典汇》
后妃	赖规警之益（善）	6条	4条
	宫闱预政之戒（恶）	21条	5条
宦官	内臣忠谨之福（善）	8条	7条
	内臣预政之祸（恶）	38条	3条
外戚	外家谦谨之福（善）	8条	7条
	外家骄恣之祸（恶）	80条	7条

总之，无论是正嘉之际的朱子学者杨廉还是新学代表湛若水，抑或万历年间在野学者吴瑞登，他们都通过著录方式对《衍义》宦官历史书写予以调整甚至修正。在这个过程中，他们表达了对宦官的新思考：宦官并非纯属恶类，他们也可以被引导和教化好；惩戒宦官预政，没有激励宦官向善来得有效和实际。

---

① 吴瑞登：《皇明绳武编》卷32，第630页。
② 吴瑞登：《皇明绳武编》卷32，第631页。
③ 黄道周：《博物典汇》卷7，《续修四库全书》第1246册，第518～522页。

小　结

本章从晚宋名儒真德秀《衍义》一书宦官历史书写出发，重点探讨书中讨论宦官的意见与方式在实际政情发生改变的明代的接受情形。真德秀《衍义》认为宦官是国家政治层面的消极因素，惩戒宦官预政是其第一要义，因此对历代宦官预权害政的反面史例大衍特衍，构成该书宦官历史书写的核心内容与特色。这一书写特点符合宋代儒者士大夫对宦官的历史认识与价值判断，却与明代尤其是永乐以降宦官政治不断发展的政情相抵牾，使该书在庙堂之上的实际影响趋于式微。

明代中前期务实的学者型官员对《衍义》宦官历史书写有所反思与调适。成化年间陆容注意到《衍义》之受冷落与书中宦官书写善恶比例畸轻畸重不无关系。丘濬于成、弘之际撰作的《大学衍义补》对宦官问题涉及的方式显示，他更愿意采取一种理性而克制的姿态来提醒君主注意宦官预政的问题，而不像真德秀那般大张旗鼓。李贤于景泰初年所上《上中兴正本策》中"勉贵近"一策，采取变通和灵活的方式，以《衍义》所举贤宦，倡言鼓励宦官向善，开启并预示着一种对宦官问题的全新思考。

明代中后期儒者士大夫，力图改变乃至修正《衍义》宦官历史书写善恶比例失衡的问题。正、嘉之际程朱学者杨廉和万历年间吴瑞登在各自的著作中，改变《衍义》宦官善恶书写，表达鼓励宦官为善的急切心情。嘉靖初年新学代表湛若水在其按照《衍义》体例撰作的《圣学格物通》一书中，强调宦官对于政治和提高君主德性的重要性，认为宦官"善心一而已矣"，重在鼓励宦官为忠，教化宦官向善。实际上，如本书第三章所示，中晚明儒者士大夫确实逐渐意识到宦官在政治体制中不可取代的地位与角色，从而改变对宦官的传统偏见，重新省思宦官，认为宦官具有与常人一样的道德可塑性，进而朝着教化宦官的方向努力并见诸行动。

第三章

"化宦"：明中期士大夫对宦官的
新认知与行动

　　余英时基于宋明两代不同政治生态，得出明代儒学思想基调转换的观察。宋代士大夫可以和皇帝"共治天下"，士人将救世的理想落在"得君行道"的上行路线上。由于皇权专制独裁和政治高压，明代士人对政治取向的"得君行道"产生低落情绪，上行路线逐渐让位于社会取向"移风易俗"或"觉民行道"的下行路线。① 这一宏旨在近来展开的有关明清士人投身乡约与基层社会事业②、举行讲学讲会③、推行社会教化实践④的研究中，得到进一步证实。然而，明人尤其是中晚明士大夫对"致君尧舜上"的政治诉求并没有完全失去兴趣。朱鸿林的深入个案研究显示，明代以改善君主德性和改良政府运行为直接目标的经世思想、知识与

---

① 余英时：《现代儒学的回顾与展望——从明清思想基调的转换看儒学的现代发展》，氏著《中国思想传统及其现代变迁》，第 218～260 页；余英时：《明代理学与政治文化发微》《从政治生态看朱熹学与王阳明学之间的异同》，氏著《宋明理学与政治文化》，广西师范大学出版社，2006 年，第 10～60、346～362 页。

② 朱鸿林：《二十世纪的明清乡约研究》，《历史人类学学刊》第 2 卷第 1 期，第 175～196 页；朱鸿林：《明代嘉靖年间的增城沙堤乡约》，氏著《中国近世儒学实质的思辨与习学》，第 259～311 页。此外，张艺曦《社群、家族与王学的乡里实践——以明中晚期江西吉水、安福县为例》（台北：台湾大学出版委员会，2006 年）对中晚明阳明学者基层社会事业展开富有深度的探究。

③ 吕妙芬：《阳明学士人社群——历史、思想与实践》，台北：中研院近代史研究所，2003 年；陈时龙：《明代中晚期讲学运动》，复旦大学出版社，2007 年；刘勇：《中晚明士人的讲学活动与学派建构——以李材（1529～1607）为中心的研究》，商务印书馆，2015 年。

④ 晚明儒者吕坤等人对社会普通民众特别是妇女、儿童教化的思想史意义，见 Joanna F. Handlin, *Action in Late Ming Thought: the Reorientation of Lü K'un and Other Scholar-Officials*, Berkeley: University of California Press, 1983。

行动，别具脉络。① 虽然政治生态不利，明代士人对解决政治问题的热心却不见得减少。

明代士大夫甚至变被动为主动，化不利因素为有利条件，落实和施展儒家政治理想与抱负。著名思想家王阳明得意弟子王畿（1498～1583）在万历初年撰成旨在通过教化和感召宦官来助养君德的《中鉴录》一书，即是很好的例证。该书以宦官为题材和预设读者，借对历代善恶宦官传记的选录、分类以及极具鲜明的评论来劝诫、教化宦官向善去恶（详见第五章）。实际上，王畿利用教化宦官间接辅养君德，即以"化宦"来"格君"的思考与行动，绝非仅有。本章以明中期儒者士大夫对宦官的新认识为中心，展现其借"化宦"以影响皇帝与政治的共识和行动努力，进而揭示明中期以后儒家思想变化和政治文化新动向，为明代经世思想史和政治史研究提供参考。

第一节　"化宦"成因

宦官在传统儒家文化中被视为理想政治的隐患。减一分宦官的影响，则多一分政治的改善，这是宋明以来理学家的常谈。换言之，在士大夫的主观世界中，宦官与政治生活无关，他们只是宫中洒扫使令的奴仆，甚至都不是完整意义上的"人"。② 但这一认知在明中叶之后逐渐发生改变。明末若干例子在在展示士大夫改变宦官认知的要义所在。

久困场屋的颜季亨（1581～?）在《经世急切时务九十九筹》中专列"善御中使"一筹，提出宦官"位任宜限""体统宜惜""羽翼宜戢""钩党宜禁""法令宜肃"后称："此数者，驭之使无所乘而不为非，是一道也。然而亦有公忠宜录者，才用宜简者，老旧宜庸者，文史宜优者，讹误

---

① Hung-lam Chu, "Ch'iu Chün and the *Ta-hsüeh yen-i pu*: Statecraft Thought in Fifteenth-century China"；朱鸿林：《丘濬〈大学衍义补〉及其在十六世纪的影响》，氏著《中国近世儒学实质的思辨与习学》，第162～184页。此外，解扬《治政与事君——吕坤〈实政录〉及其经世思想研究》（三联书店，2011年）讨论晚明吕坤在改善地方政府上的思考与成效。经世思想研究最新综述，见解扬《近三十年来有关中国近世"经世思想"研究述评》，《新史学》第19卷第4期，第121～152页。

② 宋明士大夫话语中常以"刑余"、阉人等称呼宦官，可见一斑。

宜略者。此数者,又驭之使无所虞而劝于善,是又一道也。盖中人之性,未始与人异也。而其智能愿欲,亦未始与人异也。有所以杜之,而又有所以励之,何至有汉、唐、宋之患哉!"① 换句话说,理论上要尽量杜绝宦官专权,但宦官"未始与人异也",故在政治现实中教化、勉励宦官向善,显得更为重要。

著名复社成员方以智(1611~1671)在《中涓议》中也指出:"宦者亦人耳,既用之,当教之而制之。吾党平视,不疾如仇,亦何乱焉?勃貂、管苏,功于楚晋。景监、缪贤,著庸秦赵。巷伯嫉恶,赵整刺昵。寺人披奉命,曹日升解围。郑众辞诛横之赏,吕强励直谏之忠。马存亮遣将诛张韶之逆,杨复光感岌伸讨贼之义。严尊美逊避枢权,通青城以寄迹。张承业请立唐后,甘饿殒以明志。我朝金英,叱辍南迁。覃吉倾诚辅导,怀恩申救林俊之枉,宁瑾力白(刘)大夏之诬。若曹麟凤,士君子亦有愧之者,又况张涉、薛邕之为所嗤笑乎?"② 一言之,"宦者亦人耳",教化宦官要比"与之决裂"务实和可取,"化宦"才是"制宦"的最佳归宿。③

明遗民吴肃公(1626~1699)在《阐义》一书中说得更加直接明白。他在书中专设"义奄"一卷,收录汉代至南明贤良宦官49人,其中明代宦官35人(含明亡和南明死义内侍22人),谓:

> 且夫奄亦人耳,而或者曰是生而无一善类也者,彼吕强、张承业,抑何以称焉……使古今奄寺,尽(吕)强、(张)承业其人者,安在不可假之事权……而有比德于(吕)强与(张)承业者,乃俱足以志矣,表而出之……而为奄寺者,亦有以自厉焉耳。④

---

① 颜季亨:《经世急切时务九十九筹》卷8《善御中使》,《四库禁毁书丛刊》史部第51册,第310页。颜季亨生平,参杨绪敏《颜季亨与明代军事史编纂成就初探》,《史学史研究》2013年第2期,第24~29页。

② 方以智:《浮山文集前编》卷4《中涓议》,《续修四库全书》第1398册,第237页上。

③ 方以智认为,相比于张璁"结主知"而罢各镇守内臣,张居正对待宦官"宽之使不吾畏,结之使不吾贰,乃以展吾志而安行",杨一清"用张永除逆瑾",都属"一几也""一时也",可遇不可求。士大夫"平心待之,不示以隙",感化和引导宦官向善,"教忠谨微""养其廉耻",才是切实之举。

④ 吴肃公:《阐义》卷11《义奄》,《四库禁毁书丛刊》子部第11册,第73页。

吕强和张承业分别是东汉和唐末宦官中的贤良之辈。在吴氏看来，宦官"亦人耳"，他们可以因感召和教化而变为善类君子。若宦官教化得善，"假之事权"又有何妨。换言之，可怕的不是宦官预权，而是宦官不能被教化。

明末内臣殉国者"不下二十人"，而以司礼太监高时明及其名下十人死义为最。清初理学家孙奇逢（1584～1675）颇为感慨，撮取高氏生平大略"表而出之"：

> 或谓余曰："张茂则，宋元祐间宦官之贤者也，借程正叔（程颐）一顾不可得，子为云峰（高时明）表墓，不亦甚乎？"余曰："凡为臣子，官有内外，义无偏全。忠君一念，总以淋漓足色为极诣。公（高时明）之阖门殉义，得之中官一流，更为奇绝。正叔而在，当急为搦管，以扬休美。余尚愧衰年软笔不能传公（高时明）……乌忍辞？"①

在孙奇逢看来，政治架构中虽有内臣外僚之别，但在仁义道德扩充与践行上并无差异。清初王源（1648～1710）谓"怀恩之救林俊、张黻，覃吉辅导东宫，又何其毅然笃悫君子也。人之贤不肖，固不必以其伦欤！"② 换言之，内臣亦可为仁人义士，不必一概而论。正如浙江山阴人张岱（1597～1689）所说："如以为阉人而遂弃之，是先待之以金士宵小矣，彼亦何所慕而复为君子哉！"③ 明末钱谦益（1582～1664）亦谓："奄亦人臣也。怀恩、覃吉，可与（王）振、（刘）瑾同科乎？王守仁、杨一清，不尝用张永乎？先帝（光宗）二十余年之储宫，三旬之尧舜，皆赖此老奴（王安）之力。"④

以上诸人相信宦官也有"人"的本性，并主张"化宦"，不排除是出

① 孙奇逢：《夏峰先生集》卷10《司礼监掌印云峰高公墓表》，《孙奇逢集》，中州古籍出版社，2003年，第837～838页。
② 王源：《居业堂文集》卷2《司礼监高时明传》，《续修四库全书》第1418册，第116页。
③ 张岱：《石匮书》卷214《宦者列传·张永》，《续修四库全书》第320册，第247页。
④ 钱谦益：《牧斋初学集》卷50《都察院左副都御史赠右都御史加赠太子太保谥忠烈杨公墓志铭》，第1273页。

于反思天启年间阉党与东林殊死斗争的结果。叶向高对东林贸然攻击魏忠贤的举动颇不以为然。叶氏在自撰年谱《蘧编》中评论称："盖此诸公（东林）虽立身持论皆有可观，不随俗波流，而争名躁进之念，终未能忘，于出处进退、存亡得失大关键，全不虑及。余惓惓言之而不听，亢而取悔，卒杀其身，以败天下事，名不及范滂、李膺，而祸同于李训、郑注，深可痛也。"叶氏本人倾向于以言行诱导、教化大珰，自谓"在阁每以正言相规劝，（魏）忠贤多唯唯。凡有传谕至阁，其不可行事，余辄执争，甚至拂衣欲去，忠贤亦不恨也"。①

早在万历年间矿监税使四出为扰之际，冯梦祯（1548～1606）就不无感慨地称："夫内珰亦人耳，彼其心虽欲以利媚上，兼以自肥，而是非利害故自晰也。士大夫实以褊心客气临之，或因以为名。彼始嚣然自外，而恣其不肖者之为。堤防一决，末流无所不至。"②换言之，士大夫不当为图名节，以"褊心客气"对待宦官，这样做于事无补，而应改变思维，相信"内珰亦人耳"，与之诚心相处，重在感召教化，进而裨益地方之政。

无独有偶，讲致良知之学的杨东明（1548～1624）致信分守汝南道黄炜（万历二十六年进士）时也称：

> 夫竖珰用事，布满域中，恶孽日深，势必成乱，生民涂炭将不旋踵至矣。尊札谓"调停则宵小泛驾，激搏则惧于谴逮，今之处宦竖，无逾此两者"。然逆瑾之祸，成于一激，此后世之炯鉴也。无已则惟有调停一节，而泛驾为虞，无亦调停之有未至乎？昔者薛文清（薛瑄）不饯金英，则恶文清者宜莫如（金）英矣，乃其称于人曰："南京好官，惟薛卿耳。"然则此辈良心无亦有未尝尽泯者乎？感孚有道，驾驭得方，或者就吾条理，未可知也。昔阳明先生处宸濠，措置规画，每出经常之外，故卒收平乱之功。今日处中使，当亦有道存

① 叶向高：《蘧编》卷16，《北京图书馆藏珍本年谱丛刊》第54册，北京图书馆出版社，1999年，第238页；卷17，第246～247页。
② 冯梦祯：《快雪堂集》卷5《贺大中丞用斋刘公抚浙九年奏最序》，《四库全书存目丛书》集部第164册，第109页。

焉。而局曲焉，守绳默、较是非，斗之不胜，则思一拼，以罹一朝之患，非所以语处变微权也。①

要言之，宦官也有"良心"，只要"感孚有道"、教化得方，使其"就吾条理"，则获实效。杨东明好友吕坤（1536～1618）也主张调停救正："矿税中常之贤者，每荐拨几人以慰之，左右赞御之贤而获上者，一言能代百疏，则厚交而奖劝之。"② 他又称："僧道、宦官、乞丐，未有不许其为圣贤者，我儒衣儒冠且不类儒，彼顾得以嗤之，奈何以为异类也而鄙夷之乎！"③

与杨东明交往论学的邹元标（1551～1624）也有相似之见。邹元标致信保定巡抚汪应蛟（1550～1628）谓：

> 近日有志者，视内差为寇仇。弟窃以为此主上之命，父母有命，人子恶得而违之？王人虽微，列于诸侯之上，未有不诚心直道与之相处而得其心，未有不得其心而使地方百姓受福者。与之相角，不过门面上做，流毒百姓，何济于事？吾兄即有时委屈，此真正赤子心。赤子心能刚能柔，能大能小，世儒看此赤子心太硬了。今日世界，能言者为下，惟默默调停为上。显而有名者，从名根起念，隐而济事者，从苍生起念，兄图之。④

与宦官直接抗争只是从"名根起念"，不仅无济于事，甚且流毒百姓；调停和感化宦官是为"苍生起念"，"隐而济事"，福惠地方。邹元标还坐言起行，他致信江西税使潘相，即以宦官普遍信仰的佛教教理示感化："佛之道以慈悲度人为主，区区有其心而无其位，门下一注念而西江即西方、即

① 杨东明：《山居功课》卷7《覆汝南道黄公祖缜轩》，邹建锋等编校《北方王门集》，上海古籍出版社，2017年，第1004页。
② 吕坤：《去伪斋集》卷5《又答孙月峰》，《吕坤全集》，中华书局，2008年，第213页。
③ 吕坤：《呻吟语》卷4《品藻》，《吕坤全集》，第806页。
④ 邹元标：《邹公存真集》卷1《東汪登原中丞》，《四库禁毁书丛刊补编》第76册，北京出版社，2005年，第15页。

净土，修行捷径更无逾此者。敢以此为门下谢，知门下亦素向佛道。"①

官至内阁首辅的李廷机（1542～1616）也深刻意识到"矿税使出，得无骚动，势既不可止，则所为调停镇抚之者良多苦心"，②称"吾辈当尽心，责不独在中贵也"。③李廷机反对"徒以笔舌与之争，即颖秃舌敝，恐终不能有救"，④或"以忤中贵而得名"，⑤主张"处中官如处士大夫，即中涓可感也"，⑥"此曹（宦官）不可以士大夫法度律之，却当以士大夫礼数处之，有以压服其心，而又务驯扰其气，救得一分，即宽吾民一分"。⑦

首辅沈一贯（1531～1615）也由东汉党锢之祸反思道："党锢之事，其由始于君子独为，而不欲使众人共为，龙门峻绝……又分别宦官，若以为此辈皆豺狼，非天地一气所生。彼（宦官）既不列于人数，而势又足以稔毒，安得而不逞哉？"⑧要之，宦官并非"豺狼"，实"天地一气所生"，士大夫不可自分彼此，邀名害实，无补实际。

以上冯、杨、邹、李等人所见如出一辙，其要旨如李廷机所说"姑置其所不可为，而尽力于其所可为"，⑨亦即相信宦官"亦人耳"，也有人的"良心"，以感召和教化宦官为职志，使宦官"就吾条理"，进而改善治理。这是后文讨论的明中期士大夫共同理念的延续。

明中期士大夫思维模式的更变，整体上受以下两种相伴而生、递相发展的"实际"政情决定。首先，明代皇权独裁已是学界共识，尤其明中期以后皇帝罕御经筵和日讲，甚至长期不理朝政，稀见臣僚，形成内外悬隔之局面。⑩中国历史上"士"阶层向来有着根据"道"或"道统"所

① 邹元标：《邹公存真集》卷1《答潘少溪内相》，第24页。
② 李廷机：《李文节集》卷13《与窦淮南郡侯》，台北：文海出版社，1970年，第1244页。
③ 李廷机：《李文节集》卷14《报郑昆岩》，第1328页。
④ 李廷机：《李文节集》卷13《报李介石》，第1275页。
⑤ 李廷机：《李文节燕居录》，《四库禁毁书丛刊》史部第44册，第680页。
⑥ 李廷机：《李文节集》卷13《报施二华主政》，第1251页。
⑦ 李廷机：《李文节集》卷13《报汪颐所》，第1282页。
⑧ 沈一贯：《喙鸣文集》卷8《功名论》，《续修四库全书》第1357册，第245页。
⑨ 李廷机：《李文节集》卷14《报王四洲》，第1297页。
⑩ Hung-lam Chu, "Ch'iu Chün and the Ta-hsüeh yen-i pu: Statecraft Thought in Fifteenth-century China," pp. 87–88.

赋予的文化权威抗衡、驯化以皇权为核心的"政统"的理想与努力。① 明代皇权专制和难以接近导致的神秘性，无疑令这一理想变得异常难以实现。② 但不利的政治现状反过来倒"逼"务实的儒臣纷纷借助"化宦"影响君主。嘉靖四十四年，泰州学派罗汝芳（1515~1588）建议首辅徐阶（1503~1583）"劝主上以务学为急，然必于其左右赞御焉先之。公（徐阶）诚能使诸大阉知向学，即启沃上心一大机括也"。③ "化宦"以"格君"的路线，在王学左派王畿《中鉴录·中鉴问答》中表现得更加淋漓尽致：

> 客曰："先儒（程颐）云'人主接贤士大夫之时多，近宦官宫妾之时少，然后可以涵养气质，成就德性'，则何如？"予曰："此亦概言之耳，未究其势也。国初有起居注、弘文馆，左右载笔，以纪人主之言动；有翰林、春坊，朝夕轮次入直，以备顾问。今皆无之。与外臣相接之时益罕，纵使日御经帏，相临不过片时。讲官撷取世儒之常谈，申缀数语，谓之纳诲。片时謦欬，欲以收启沃之功，吾见其亦难矣。外此皆深宫燕处，耳目之所役，食息之所需，不得不与宦官、宫妾相接。人主刚明，不惑他志，又能素教预养，前后左右，俱取端良老成之人，譬之鱼贯以宠，众有得舆之载，其视人主，休戚系焉。非惟无所投间，脱遇人主邪思欲念之萌，且将随事箴规，多方引譬，较之外庭献纳谏诤，事半而功且倍之。夫外庭之臣遐而情疏，宦官、宫妾昵而情亲。情疏则志暌，其言有所讳而难尽；亲情则志应，其言无所疑而易入。"④

① 余英时：《中国知识人之史的考察》，第1~99、122~146页；黄进兴：《李绂与清代陆王学派》，第44~58页。

② 明清两代君主代表"政统"侵占和压制士大夫集团"道统"个案研究，参黄进兴《道统与治统之间：从明嘉靖九年孔庙改制论皇权与祭祀礼仪》《清初政权意识形态之探究：政治化的道统观》，氏著《优入圣域：权力、信仰与正当性》，中华书局，2010年，第108~137、76~105页。

③ 王时槐：《近溪罗先生传》，罗汝芳著，方祖猷等编校《罗汝芳集》，凤凰出版社，2007年，第857页。

④ 王畿：《中鉴录》卷1《中鉴答问》，《故宫珍本丛刊》史部第61册，海南出版社，2001年，第71页。

引文中程颐所云是程朱学派有关"格君"的重要立说，饱读理学典籍的士人对此常加征引献纳，视为圭臬。但在王畿看来，想要引君入道，只有感召和教化君主身边的宦官一路可走。这正是对时势变化进行的积极响应：起居注、弘文馆既不能复兴，经筵、日讲时间短促且易落入俗套，君主又多"深宫燕处"，君臣互动几成困局；与此同时，宦官与人君相处"亲情而志应"，对君德乃至政治影响更为直接显著。① 要之，政治形势的此消彼长，令明代士大夫不得不以"化宦"拓展被严重挤压的政治空间。换句话说，明代帝王与儒臣仅维持某种"礼仪型关系"，而君主与宦官更多地表现为一种"宠：信—任型关系"。② 这种关系结构决定了帝王教育亟待宦官教化的展开与提升。

其次，明洪武朝已奠定宦官制度基础，尤其是朱元璋（1328～1398）废除丞相，至仁宣年间变为内阁票拟之制，宦官司礼监遂有代天子"批红"之权，掌握国家中枢权力。换言之，就制度规模或中枢权力结构而言，宦官俨然一变而成为政治生活关键一环。对此有认真思考的士大夫，都不会一味排抑宦官，拒斥这一政治制度架构中的现实。从明中期开始，有识之士对此已有认识。天顺年间大学士吕原（1418～1462）就指出，内廷所设监、司、局等"二十四衙门"，是"我国家酌古准今"之制，"具载《祖训》"，不可更易，其要在任以"谨敏"才能之辈。③ 弘治初，大学士徐溥（1428～1499）为内官监太监黄氏作《奎章录记》更称：

> 夫惟内外皆得其人，此成周之治所以盛也。国朝之制，设部院以分理天下之事，若夫上所服食器用之类，则设监局而以中贵人掌之。然至于事之大者，如礼文、军旅、工役、刑狱，亦皆得以预焉。列圣

① 万历年间，首辅申时行亦认为"显谏不若潜移"，得宦官辅助以规劝君主更为有效。见申时行《赐闲堂集》卷40《杂纪》，《四库全书存目丛书》集部第134册，第825页。
② 侯旭东将古代君臣关系分为"礼仪型"和"信任型"，参侯旭东《宠：信—任型君臣关系与西汉历史的展开》，北京师范大学出版社，2018年，第12页。
③ 吕原：《吕文懿公全集》卷12《明故内官监太监阮公墓表》，《故宫珍本丛刊》集部第533册，第401页。

相传，用人惟慎，故百二十年以来，内外之事，皆得其序，而一人端拱于上，世道之盛，追及乎成周而无愧也。①

徐溥意识到宦官参掌外廷"礼文、军旅、工役、刑狱"之事，是开国以来相承之制，既然宦官制度成为政治架构有机组成部分，故其关键在于宦官能否"得人"。徐溥在另一则宦官墓志铭中称：

> 昔在高皇帝当平定天下之后，建官分职，以理庶务，又仿《周礼》，即御府设监、局、库，以内臣分理之。若司礼监，其一也。自宣德、正统以来，司礼之选益重，盖其职专掌礼仪、参预机务，其系不轻，非积学制行、通达政事，鲜克当之。②

概言之，司礼监"专掌礼仪、参预机务，其系不轻"，故充任者是否"积学制行、通达政事"是为关键。不仅如此，徐溥认为内侍对皇帝言行和君德培养愈显重要，"君德多由侍从功，要知培养在深宫"，③ 因此宦官得人尤为急切。正德年间，国子祭酒王云凤（1465～1518）亦以宦官"得人"与否为君德成败关键："左右近习之与人君朝夕亲昵，情颜稔熟。得其人，则善言正事，潜滋暗培，君德日进，万事可理。非其人，则淫亵戏弄之事，千变万态，日渍月化，君心自圣，志惑意昏，而一身之间，动作皆乖，一家之内，至亲胡越矣。"④

与徐溥同一时期的程敏政也称："惟高庙定制，宫府一体，既设台部百司以敷政于外，又设诸监局以治事于内，内外相峙，庶务毕张，事相涉者，然后参用以相成。其大要得人则事济，非其人则事斁，不可不慎也。"⑤ 要言之，明中期士大夫虽仍一贯地热心批判宦官预权干政，但在

---

① 徐溥：《谦斋文录》卷2《奎章录记》，《四库全书》第1248册，第591页。
② 徐溥：《徐文靖公谦斋集》卷5《司礼监太监覃公墓志铭》，台湾"国家"图书馆藏明嘉靖八年义兴徐氏家刻本，叶52a。
③ 徐溥：《徐文靖公谦斋集》卷1《内侍》，叶14a。
④ 王云凤：《面奏武宗皇帝七款疏》，觉罗石麟等监修《山西通志》卷186，《四库全书》第549册，第142页。
⑤ 程敏政：《篁墩文集》卷35《太监陈公荣贺序》，《四库全书》第1252册，第624页。

宦官处于政治结构重要环节之既成"事实"下，宦官能否"得人"才是他们切实忧心所在。正如隆、万年间王祖嫡（1531～1590）所说："人咸谓阉寺不可近，而吕强、张承业辈又表表不可掩，此何说也？翁（崇王府内侍）事君以义，教弟以忠，持己以礼，毋论貌珰，即循循诵法孔氏者能之哉？惜乎！止于藩国，靡竟厥施。假使象应皇侧，礼备中门，入直法宫，出侍宸扆，其所启沃，视外廷者不事半而功倍耶？"① 既然以为宦官"人才"培养刻不容缓，反思并主张教化宦官，使其学善为忠，自然便是题中之义。

第二节 "化宦"言论与思考

成化到嘉靖年间，士大夫群体中集中出现重新思考宦官及"化宦"言论。当中有经世名臣，也有在野之士，有程朱理学型官员，更有心学思想人物。可见这是明中期士大夫共识性新认知，已非孤立现象。

成、弘年间经世名臣丘濬公开主张"化宦"。以博学和讲求经世知识见称于史传的丘濬在"化宦"方面的深沉思考，② 主要反映于成化十七年撰成的《世史正纲》一书中。《世史正纲》仿效朱熹《资治通鉴纲目》体例编成，是一部上起秦统一天下、下至明代建国的简明中国史。该书比同时编纂的丘氏经世名著《大学衍义补》略早完成，其要旨乃为落实《大学衍义补》的经世方案而希望君臣持有共同的历史与价值取向。③ 书

① 王祖嫡：《师竹堂集》卷10《送北泉赵翁荣还崇国序》，《四库未收书辑刊》第5辑第23册，北京出版社，2000年，第128页。
② 丘濬对宦官的态度，前人认识流于道德评判。批评者以丘濬《大学衍义补》一书未专列宦官一目，称其"有所避而不书"，以此讨好宦官（详见本书第二章）。而欣赏丘濬的人称他"诗文满天下，绝不为中官作"。见黄瑜《双槐岁抄》卷10《丘文庄公言行》，《四库全书存目丛书》子部第239册，第556页。然丘濬至少为两位太监作文。其一，成化十八年，丘濬作《明故司设监樊公墓志铭》，见梁绍杰《明代宦官碑传录》，第96～98页。其二，弘治四年，丘濬应司礼监太监博容之请作《博氏先茔之记》，见郭汝诚修、冯奉初等纂《顺德县志》卷20《金石略二》，台北：成文出版社，1974年，叶10b～13a。
③ 《世史正纲》撰作用意及其与《大学衍义补》的关系，见 Hung-lam Chu, "Ch'iu Chün and the Ta-hsüeh yen-i pu: Statecraft Thought in Fifteenth-century China," pp. 246–283。《世史正纲》的史学思想，见李焯然《丘濬之史学——读丘濬〈世史正纲〉札记》，《明史研究专刊》第7卷，台北：明史研究小组，1984年，第163～208页。

中记录大量历代宦官史事，部分附有丘濬评论。① 这些评论多半与先儒之说并无二致，只是重申须防范宦官危害政治。然有两处按语乃发先儒所未发。其一，东汉灵帝建宁元年（168）"太傅陈蕃、大将军窦武奏悉诛宦者曹节等，为节等所杀，遂迁太后于南宫"条，丘濬评论道：

> 人之生也，皆具天地之理，故其性莫不皆好善而恶恶。秉彝好德之良心，不以彼此而殊也。当桓帝之时，宦者虽曰专权恣肆，其中岂无明理达义之人，知其党类之非者？而蕃、武不分轻重浅深，一概施之以诛戮，不复有所分别。是以人人自危，无由自白，缔构奋激，而奸谋愈深，遂为国家莫大之祸。②

其二，东汉灵帝光和二年（179）"封中常侍吕强为都乡侯，不受，上疏陈事，帝不能用"条，丘氏称：

> 秉彝好德之良心，人人所同有也。天地生人，初不以其人之所处而异其所禀。彼宦侍亦人也，同得天地之气以为体，同得天地之理以为性，其形体虽有不全，其心性初无少欠。论人者乌可因其所处之地，而遂疑其所存之心哉？观吕强之清忠奉公，虽士夫亦鲜其比。窃意古今宦臣如强比者，固亦不少。但作史者，因其类而并恶之，或至见遗，亦未可知也。后世秉史笔者，其存至公之心，片善不遗，寸长必录，使世之善人君子，不幸而处此，咸有向上之心，而无自绝之念。则内外皆得其人，而人君左右前后，莫非正人，天下后世，有阴受其赐者矣。虽然，所言者为中人以下者发也，若夫中人之资，其生生不息之心，固不以人之绝之而自绝也。③

---

① 宦官史事之下附有评论的共40处（详见本书附录三）。其中丘濬按语25处，引用先儒之言，依次为真德秀（9处）、胡寅（7处）、范祖禹（7处）、苏轼（1处）、司马光（1处）、欧阳修（1处）。
② 丘濬：《世史正纲》卷9，《四库全书存目丛书》史部第6册，第266页。
③ 丘濬：《世史正纲》卷9，第269页。

以上这两则按语各有侧重又交相呼应。前者指出一味攻击或排斥宦官无益反害，后者强调教化宦官向善必要可行。其共同基调则是：宦官也是常"人"，并非异类，皆"好善而恶恶"而有"秉彝好德之良心"。

丘濬以内外均"得其人"为一贯的政治主张。他在《大学衍义补》中说："有大臣理国之政，有亲臣在君之侧，二者皆得其人，则君之左右，所闻所见者，无非正理，国之任用，所施所行者，无非仁政，任官如此，天下岂有不治哉？"① 内臣对君德养成乃至天下治理尤为关键，正是丘濬提出"化宦"的内在政治逻辑。丘濬首次将理学家心性学说扩展及被士大夫一向视为"非我族类"的宦官身上。他不再只是提醒君主警戒宦官预权，而是要求饱读儒家经典、讲求"万物一体"的士大夫，抛弃与宦官作殊死对抗的态度，积极转换思维，为教化宦官尽力。

丘濬的"化宦"思考可谓别开生面。这与其身处的政治环境有直接关系。撰写《世史正纲》的成化十三年至十七年，丘濬任国子监祭酒，此前则在翰林院历官。他不仅目睹明宪宗退避朝政、宠信近幸、疏于经筵讲论的情形，且屡见皇帝难以死谏相动，宦官更非严"攻"所能撼摇的实况。也就是说，丘濬另辟蹊径强调"化宦"，与其说是他一贯务实思维的体现，不如说是形势倒"逼"出来的选择。

丘濬的主张与政治名臣李贤的态度颇为接近。李贤是一位思想上崇尚笃行，政治上更求实际的儒臣。② 景泰初年李贤进言《上中兴正本策》，其"勉贵近"一策并非老调重弹指摘宦官危害，而是鼓励宦官向善，强调宦官"教化"的重要。清修《明史》称"自三杨以来，得君无如（李）贤者"，③ 因其善用开导而不是一味对抗的方式来辅导君主，得行其志。李贤不主张激化与宦官的关系，故不喜负气矜名的激进官员与宦官作明知无效的抗争。成化初，"言者历诋中人之恶，谓不可使与国政，得补外，而或咎公（李贤）不申救者。公曰：'此事何可激也，甘露之变，

---

① 丘濬：《大学衍义补》卷5《治国平天下之要·正百官·总论任官之道》，《四库全书》第712册，第79页。
② 暴鸿昌：《李贤与天顺政局——兼论李贤的理学及经世思想》，《求是学刊》1997年第6期，第103~108页。
③ 张廷玉等：《明史》卷176《李贤传》，第4677页。

党锢之祸，诸君独不知之?'"① 在李贤看来，宦官与政是既成事实，一味抗争，不为博名出位，即属徒劳，甚至会激化矛盾，并不利于补救政治。翰林前辈李贤尤欣赏丘濬，二人关系密切，② 故丘濬的"化宦"思考可能受到李贤影响。

"化宦"思考也是务实儒臣面对政治现实而作思维调整的共同趋向。丘濬好友何乔新（1427~1502）便认为"后世专用奄竖"，外廷大臣"不得与闻宫禁之事"，"人君燕游居养，大臣不复知矣"，以故"有志于格心训志"的士大夫必须直面这样的政治生态而有所补救。③ 何乔新进一步指出"侍御仆从之官，朝夕近于王者"，其要"必日教之道艺"，"使左右近习之人，皆亲儒生以成德行，然后王心无为，以守至正，而朝廷百官、四方万民，无不正矣"。④ 质言之，"土木之变"确实使士人对宦官干政痛心疾首，其力图恢复祖制，然都无果而终。这也使思维和行事务实的儒臣调整思维，省思如何引导和教化宦官，进而改善政治与治理。

丘濬的"化宦"主张有可见的影响。留存至今的《资治通鉴纲目集说》彰显宦官深受理学文化浸润情形。是书由司礼太监扶安（1454~1525）纂辑，⑤ 其门生晏宏（1463~1534）"阅二十余寒暑"补纂完成，嘉靖八年刻梓以传。晏宏"性恬约，被服儒素"，"图史外，无他玩好"，初为孝宗东宫旧臣，后"督京通仓储，搜革积弊，关节弗入，人目为晏御史"，正德朝"杜门"不仕，嘉靖初历任陕西镇守、南京兵备，"兴坠补弊"，"尤重文教"，缙绅称贤。⑥ 林文俊（1427~1536）称晏宏"清名

---

① 程敏政：《篁墩文集》卷40《光禄大夫柱国少保吏部尚书兼华盖殿大学士赠太师谥文达李公行状》，《四库全书》第1253册，第11页。
② 朱鸿林：《丘濬与成化元年（1465）大藤峡之役的关系》，《中国文化研究所学报》第47期，2007年，第115~134页。
③ 何乔新：《周礼集注》卷1，"内宰"条，《四库全书存目丛书》经部第81册，第181页。
④ 何乔新：《周礼集注》卷1，"宫正"条，第206页。
⑤ 扶安撰《登太和山》诗，见方升等编《大岳志略》卷4《艺文略》，陶真典、范雪锋点校《武当山明代志书集注》，中国地图出版社，2006年，第253页。
⑥ 严嵩：《钤山堂集》卷30《南京守备晏公墓志铭》，《四库全书存目丛书》集部第56册，第258页。

俭德重当时，道路人传即口碑"，"门无杂客迹如扫，案有残书手自披"。① 钟芳（1476～1544）谓晏宏"冰霜松桧狎，编简缙绅亲。入陕闲兵略，临淮咏道真"。② 晏宏曾翻刻陈选（1429～1486）所纂《小学句读》一书，有志增注《小学》。③ 可见，晏宏是明中期"儒化"宦官典型。④《资治通鉴纲目集说》撰作与成化至正德年间先后敕修《续资治通鉴纲目》《历代通鉴纂要》的背景有一定关系。⑤《纲目集说》为增益、补备和"羽翼"《纲目》之作，大量吸收并采入宋元明治纲目名家著作与论说。⑥ 此书对历代宦官史事与相应评议毫无避忌和回护，对丘濬《世史正纲》中两则"化宦"评论予以全文采录。⑦《纲目集说》虽面向学者士子，⑧ 然明代公私书目不录此书，⑨ 但它颇受内廷宦官喜爱。《酌中志》称："今经厂所贮晏公纲目板一部，宏遗物也，内臣多爱重刷印之。"⑩ 此外，明中后期普及性纲鉴类史书《通鉴节要大成》等都转录丘濬的"化

---

① 林文俊：《方斋存稿》卷10《题南京守备太监晏公卷》，《四库全书》第1271册，第843页。

② 钟芳：《筼溪文集》卷27《内守备晏》，《四库全书存目丛书》集部第64册，第131页上。

③ 陈察：《都御史陈虞山先生集》卷1《小学序》，中研院傅斯年图书馆影印日本内阁文库藏明陈于陛序刊本，叶16a。

④ 晏宏自建的晏公祠体现其儒家信仰。王源记载"晏公祠"最为详细："于中峰之阴，凿石室，不以奉佛老，琢圣贤石像，上则三皇五帝三王，左皋、夔逮孔、孟，右历代诸大儒。壁石龛五，藏经。外一石亭，列钟簴、干戚之属，左龙马，毛旋五十五数，如河图；右洛龟，甲四十五数，如洛书。室后垒石为洞，洞壁标先儒格言及咏道诗。东堂三楹，壁刻历代忠臣孝子图，而书其行事，以告观者。於戏！晏亦中官也，异哉！谓非豪杰之士乎？"见王源《居业堂文集》卷19《晏公祠记》，第255页。姜应甲作晏公祠诗谓："空山石祠堂，落穆跨深壑。肖象古圣贤，高下坐渊漠。殿墀列龟龙，如出自河洛。煌煌先儒语，所为忠孝作。性理累百卷，题壁见大略。历览感我心，人传晏公凿。厥志在尼山，高邈得所托。愧哉彼檀施，衅血涂丹腰。"见英廉、于敏中纂《钦定日下旧闻考》卷103《郊坰》，《四库全书》第498册，第562页。

⑤ 乔志忠：《李东阳〈历代通鉴纂要〉及其在清代的境遇》，《中国史研究》2014年第4期，第177～191页。

⑥ 刘玑：《通鉴纲目集说序》，扶安、晏宏：《资治通鉴纲目集说》卷首，哈佛大学哈佛燕京图书馆藏明嘉靖八年陕西刊本，叶1a～2a。

⑦ 扶安、晏宏：《资治通鉴纲目集说》卷12，叶8b、28ab。

⑧ 晏宏：《纲目集说本始》，扶安、晏宏：《资治通鉴纲目集说》卷首，叶22a。

⑨ 于敏中等：《天禄琳琅书目》卷8，《清人书题跋丛刊》第10册，中华书局，1995年，第165页。

⑩ 刘若愚：《酌中志》卷22《见闻琐事杂记》，《续修四库全书》第437册，上海古籍出版社，1995年，第575页。

宦"评论。① 要之，丘濬"化宦"议论着实影响到内廷宦官和外廷士人，成为他们共同的政治识见。

与丘濬时代相近的儒者贺钦（1437~1510），在弘治初年的政治行动足以显示明中期儒臣"化宦"的必然转向。贺钦是名儒陈献章（1428~1500）弟子，② 成化二年进士，旋以病告归，终身不仕。贺氏崇尚"直节劲气"，③ 主张将司礼监"批圣旨权柄归还阁下，如祖宗初制，使政不出于宦官，方是第一等大事，然后祸本可绝，天下可平"。④ 他称"今之为官者甚是难为，盖无处无内宦故也"，又谓"朱文公（朱熹）除官，因其处有奄竖循习与监司为宾主，遂力辞其官。嗟乎！今监司之于内竖，则犹弟子之于严师矣"。⑤ 要言之，贺氏选择不仕与他不向宦官妥协、讲求气节颇有关系。

贺钦与明前期儒者的宦官取态并无不同，⑥ 但他在成、弘之际的连续举动反映出明中期士大夫政治思考的微妙变化。孝宗即位，贺钦被荐起用，他以母表上疏恳辞，且陈言"资真儒以讲圣学"、"荐贤才以辅治道"、"遵祖训以处内官"和"兴礼乐以化天下"四事，洋洋近万言。⑦ 然贺氏所陈，与其说是切中时弊的可行议案，不如说只是理想政治愿景。以"遵祖训以处内官"为例，贺钦希望孝宗拔本塞源，将"内而职掌天下奏牍得预大政，外而镇守各处地方掌握兵权"，乃至厂卫等一切宦官之

---

① 《新刊宪台考正通鉴节要大成》卷9，哈佛大学哈佛燕京图书馆藏明隆庆三年余氏敬贤堂刻本，叶3a。
② 黄宗羲：《明儒学案》卷6，第99页。贺钦学问特色，参张兆裕《贺钦之学与成化弘治年间的学术》，《明史研究论丛》第9辑，第186~196页。
③ 贺钦：《医闾先生集》卷6《书李汉章遗行于其挽卷》，第91页。
④ 贺钦：《医闾先生集》卷3《言行录》，第33页。
⑤ 贺钦：《医闾先生集》卷3《言行录》，第26页。
⑥ 吴与弼和薛瑄对宦官态度是明代前期儒者代表。吴与弼称："宦官、释氏不除而欲天下之治，难矣！吾庸出为？"宦官预政与天下治理不能两立，这是吴氏不出而退为讲学的重要理据。见黄宗羲《明儒学案》卷1，第15页。薛瑄虽没有旗帜鲜明地表态，但以一生政治实践表达绝不屈从于宦官的气节。薛瑄各种传记资料，占据较大篇幅的是他正统年间不屈于太监王振和景泰年间不往拜中贵金英的史事。清初查继佐因此谓薛瑄"风格太露，几于不免。使非（王）振仆霉下之哭，文清徒气节闻千载矣"，批评他"当是过激"。见查继佐《罪惟录》列传卷10《薛瑄传》，第1582~1583页。
⑦ 贺钦：《医闾先生集》卷8《辞职陈言疏》，第125~136页。

政予以废除。贺氏建言太过一厢情愿而不切实际，遭孝宗斥以"浮泛难行"，① 乃是意料之中的事。上疏无果，但贺钦得知辽东镇守太监韦朗即将回京，随即致函韦氏，希望代为建言恢复祖制。贺氏在信中概述上疏原委及疏中"遵祖训以处内官"内容要点后称：

> 阁下虽亦内臣，然在边疆，身先士卒，亲冒矢石，奋勇杀贼，自少而壮，壮而老矣。与其他镇守内臣不理边事、害下罔上者殊科。若阁下者，实忠义为国，不私其党者也。且闻参戎罗帅尝言，阁下今秋决欲辞老，请释边寄，区区之心，益深敬仰。以为阁下解一己之事权，固已见其善，然未可谓之至善也。岂若充平日忠义为国、不私其党之本心，上章极论，使自今内臣一遵太祖高皇帝祖训之为至善哉！如汉之内臣吕强，以忠直流芳，既恳辞在己之侯爵不受，复上疏直诋其党弄权坏国，不应封侯，违高祖重约。至今千百载，香名伟绩，载之青史，传颂万方，当与天壤俱弊也。阁下历览前史，夫岂不知？今阁下忠义为国之本心，何让乎吕强？然岂可使吕强专美于前，而不致思齐之力，以求俪休并美，同垂不朽耶……用敢备录为书，并录吕强当时所上汉帝奏疏以献，阁下试于静中令知书者讲读数过，决意行之，使天下之人皆曰："韦公者，当今之吕强也。"不其伟哉！不其伟哉！孟子曰："人皆可以为尧舜。"吕强云乎哉？惟阁下勉之，无负区区之望。②

贺钦此函作于上疏被斥之后，其用意颇为明白：直接上疏无果，则感化宦官代为陈言，用图实效。贺钦在信中称引孟子"人皆可以为尧舜"之言，并反复称举东汉内臣典范吕强史例，无疑希望借此感召韦朗见贤思齐而敢于行动。

虽然贺钦教化韦朗难能如愿，③ 但他在同一信中的自问自答，在在透

---

① 《明孝宗实录》卷 15，弘治元年六月乙卯条，第 380 页。
② 贺钦：《医闾先生集》卷 6《与韦中贵书》，第 100~101 页。
③ 韦朗作为成化间臭名昭著的太监梁芳同党，难任其责。见夏燮《明通鉴》卷 30，《续修四库全书》第 365 册，第 168 页。《明史》径称"宪宗时，郑忠镇贵州，韦朗镇辽东，（钱）能镇云南，并恣纵，而（钱）能尤横"。见张廷玉等《明史》卷 304《宦官传一·梁芳》，第 7781 页。此外，贺钦主张太过激进，与成、弘年间宦官政治进一步发展情形相悖，根本不可行。

露明中叶儒者士大夫思维转向的信息。

> 或者又曰："子进谏于君可矣，而又告之镇守内臣，使言于上，盖虑己力之薄，而反求借其党之力以攻之耶？"
>
> 曰："不然也。余之进谏于君，盖希慕为忠臣也。而又告之韦公者，知公之忠，不私其党，力能行此，故以告之而成之为忠臣。"①

设问鉴于现实权力中儒臣难为，只能借宦官之力，行谏君之实。所答虽套上理学家惯常用语，但个中意涵明白不过：直接谏君往往难以成功，只能成为忠臣；教化宦官成为忠臣来"格君"，或能补益政治。贺钦的行动显示，在"致君尧舜上"的追求中，明中期儒臣觉得君主不可"致"时，则思考感召和教化宦官以达致目标。

嘉靖初年广东增城人湛若水对宦官的思考与丘濬等人一脉相承。湛若水在思想上虽与刻意中兴朱子学的丘濬不同，但他欣赏丘氏品节及其改革时弊的经世胸怀。有门人问："丘文庄最称博物洽闻，操概亦自表表。自今言之，《大学衍义》之补，殊有关系，然不从祀尼庭，意者有谤乎？"湛若水答称："文庄吾之乡先达，平生只住一间小房，至极品不易，平生不交内臣，平生手不释卷，真有前辈之风，至于他不敢知。博物洽闻则有之，及著《大学衍义补》，则吾自少时不悦。盖西山非遗天下国家事，而天下国家之事寓于格致诚正修之中，正所以明一本之意，最为深切。文庄乃欲补之，是所谓'漆了断文琴，规了方竹杖'也。然其书中有关于今日天下国家之事，不可废，当时只合作别书名可也。"②

湛若水不仅在《圣学格物通》中阐发"臣有内外，性无内外，其善心一而已矣"，同时还见诸行动。时为南京礼部尚书的湛若水，与南京司礼监太监丘得来往密切。丘得，字惟学，号静斋，又号紫泉，河北新城人，成化十八年选入宫，为司礼太监傅容门下，弘治间入内书堂读书，受业于翰林史臣王鏊、刘忠（1452～1523），历任南京守备太监、御马监太

---

① 贺钦：《医闾先生集》卷6《与韦中贵书》，第100页。
② 湛若水：《湛甘泉先生文集》卷10《问疑录》，《四库全书存目丛书》集部第56册，第628页。

监、凤阳守备太监，嘉靖初调南京司礼监太监，不久致仕。丘得"读书好学""恂恂如儒者"，为政以宽简"无事"为主，故人"但乐其德"。① 嘉靖十四年，湛若水为丘氏作寿藏记，不无感叹地称"使若斯人者十数在人主左右，则所以旦夕承弼，岂不有助乎"，② 并引用《诗经》中召公甘棠遗爱典故，谓："始也，公所欲赖寺以永其寿藏，及其终也，寺宇反赖公以永庇于无恙。然则物重于人耶？人重于物耶？人固有同天地以悠久、凋万物而不朽者矣！"③ 其后湛氏撰丘氏像赞称："高谢尘氛，闹市闭门，宦其质而儒其文乎！吾尝若见其人斯！若人其异迹同心，郑众之伦欤！拔其萃而离其群欤！"④ 嘉靖十七年，湛若水作丘氏墓表，更不无激动地称：

> 古有之："同声相应，同气相求，同明相照，同类相形。"孔子"有教无类"，孟子称"出乎其类，拔乎其萃"，岂特圣人然哉？尺有所短，寸有所长，夫物则亦有然者矣，而况于人乎？而况于君子乎？古之人吾不可得而见也，今之人吾不可得而尽知也，若前守备丘公者，其殆出其类而绝长者乎……嗟夫！天下古今之人，其尽可以类求耶？若紫泉公者，其拨乱反正之功，未知其于郑众何如？其犯颜敢谏之事，未知其于吕强何如？然而其心其行则同之矣。使得若人者十数在人主左右，则所以旦夕承弼，以养其德者，岂尽出于士夫荐绅之下乎？其好学不倦、闭门寡交，岂尽出于仕而失守、流荡忘返之士之下乎？其朴直简默、言诺不二，岂尽出于躁妄反复之流之下乎？其服用俭约，岂尽出于食前方丈、声技满前、放侈之儒之下乎？是故予尝观人于天下，不敢复以其类求之矣。夫微显阐幽，盖自古已然也，余特为表而出之。⑤

---

① 湛若水：《泉翁大全集》卷63《明南京守备司礼监太监丘公墓表》，钟彩钧、游腾达点校，台北：中研院中国文哲研究所，2017年，第1581~1582页。
② 湛若水：《甘泉先生文集》卷15《重修崇因寺司礼太监丘公寿藏记》，北京大学图书馆藏嘉靖十五年刻本，叶21b。
③ 湛若水：《甘泉先生文集》卷15《重修崇因寺司礼太监丘公寿藏记》，叶22a。
④ 湛若水：《泉翁大全集》卷34《司礼监太监紫泉公像赞》，第908页。
⑤ 湛若水：《泉翁大全集》卷63《明南京守备司礼监太监丘公墓表》，第1581~1582页。

湛若水在这则墓表中强调，士人不应将宦官模式化地看作一类群体而简单地予以鄙弃，他们之中"出乎其类"的贤良之辈，比之士人毫不逊色。在湛若水看来，士人当以孔子"有教无类"的胸怀，鼓励宦官为善成贤，只要其中有品德高尚、有助国家者，便当大加表彰，许其与君子之列。要言之，这是他对《圣学格物通》中宦官"善心一而已矣"论调的进一步推演。

与湛若水论学甚密、具有独立思想立场的儒者何瑭（1474~1543），[1] 更从宦官制度的总体定位中思考宦官教化。何氏认为《大学》一书兼备"体用之大全"，儒学本于"明德"而重在"新民"，主张学以政为大，讲求经世实务。[2] 正德初，何瑭以不跪拜刘瑾、谢病致仕闻名士林。[3] 李梦阳（1473~1530）之狱，何瑭看到只有深为刘瑾赏识的康海（1475~1540）可以救李氏于不死，当康海准备同另一御史向刘瑾求情时，何氏建议"此可独往，不可与他人同也"。[4] 可见，何氏不仅行节高尚，还是一个通权达变的儒臣。[5] 嘉靖五年，时为南京太仆寺少卿的何瑭为南京司礼监太监何绶作《南京司礼监太监何公字廷贵说》（以下简称《字说》），足以证示他务实的经世儒者之样貌。兹转引《字说》重要文字如下：

> 德以为体，政以为用，君子所以见贵于天下后世者多矣，岂直以名位之贵哉？公可以知所用其心矣！我太祖高皇帝法古建官，内设监局衙门以掌内政，外设文武衙门以掌外政，体统相维，表里相应，圣谟盖宏远矣。司礼监日侍天颜，掌管御前一切文字，盖所谓辅养君德、典司政本者，咸有赖焉，视各衙门尤为枢要，非老成练达者不

---

① 何瑭的学行，见黄宗羲《明儒学案》卷49，第1161~1172页。
② 何瑭：《何瑭集》卷6《儒学管见序》，中州古籍出版社，1999年，第160~161页。
③ 众多何瑭传记都记载他不为刘瑾所屈。马理更将何瑭的形象描绘成"行既峻洁，言多法语"，见马理《大明资善大夫南京察院右都御史柏斋何先生神道碑铭》，《何瑭集》，第449页。
④ 张治道：《翰林院修撰对山康先生状》，黄宗羲编《明文海》卷433，《四库全书》第1458册，第223页。
⑤ 黄景昉称何瑭："不屈节于逆瑾，而能赞成康海救李梦阳，且为附耳画策，曰：'此可独往，不便偕人。'怪柏斋道德名儒，乃亦怜及文章士，通于权变，孰谓儒尽迂者！"见黄景昉《国史唯疑》卷5，第71页。

在兹选。公向用有日，则所以资德而资政者，宁不知所以用其心乎？世之论者，于内臣外臣，往往各有偏主。予窃以为，人之所以可贵可贱者，在君子小人耳。事君忠，临民仁，处事公，则君子也；事君不忠，临民不仁，处事不公，则小人也。内臣未必无君子，外臣未必无小人。论者亦致辨于此而已矣，内外何择哉？古之人若巷伯之疾恶，寺人披之事君，吕强之清直，张承业之忠义，皆内臣之可贵者也，虽名公卿何以加焉？公明达而温雅，有君子之质，于资德资政一加意焉，奚古人之不可及哉？贵于天下，贵于后世，吾于公乎有望矣！①

《字说》全文词义畅达，何氏欲以《大学》之道、君子之学，勉励职任司礼监的何绶勇于担当、修德资政。既然宦官制度是太祖以来国家政治体系"体统相维，表里相应"的重要组成，尤其司礼监举足轻重，关乎政治成败和君德优劣，故教化宦官学为君子是一个务实儒臣理应思考的严肃议题。何瑭呼吁士大夫抛弃"各有偏主"之见，强调"内臣未必无君子，外臣未必无小人"，只要"事君忠，临民仁，处事公"就是君子，反之便是小人，其用意正是鼓励宦官在国家治理中发挥作用，教其学为君子。②

综上所述，贺钦的政治行动，预示着明中期士大夫由直接谏言格君向教化宦官代为效忠的思维转变。成化年间丘濬和嘉靖初年湛若水，将儒家心性论扩展及于宦官，号召士大夫以教化宦官为政治要务。嘉靖年间何瑭进一步以《大学》君子修身为政之道，鼓励宦官志为君子仁人，鼓吹士大夫应不分彼此，"化宦"用以成治。丘、湛、何等人从为学特色、从政经历、思想要旨到政治主张皆有所差别，但均认为宦官具有和常人一样的

---

① 何瑭：《何瑭集》卷9《南京司礼监太监何公字廷贵说》，第241页。按：湛若水与何绶也有来往，见湛若水《湛甘泉先生文集》卷21《南京司礼太监何公砚铭》，《四库全书存目丛书》集部第57册，第74页下。

② 弘治年间，吏科右给事中林廷玉上疏亦谓："夫外臣、内官，其中皆有君子、小人，必须深思密察，灼见其实，然后从而亲之远之，则用舍明而天下治矣。"见林廷玉《保治八箴疏》，叶溥、张孟敬纂修正德《福州府志》卷34《文翰志》，海风出版社，2001年，第433页。

道德可塑性，宦官可以且理应被教化好，这构成明中期儒臣士大夫对宦官的共识性新认知。①

第三节 "著述"与"化宦"行动

在明中期儒臣的群体性思考中，宦官与常"人"无别，他们由政治生活的缺席者变为政治运作的关键环节，"化宦"成为落实"得君行道"理想的重要步骤。万历初年，王畿撰写的宦官教化书《中鉴录》正是这一理路下的产物。实际上，丘濬最早提出以著作来"化宦"。如前所述，丘氏主张以"至公之心"，对古今宦官"片善不遗，寸长必录"地加以著述，使宦官获鼓舞而"咸有向上之心"。② 丘氏身后，儒臣黄佐（1490～1566）、方鹏（1470～1540）也有意在著作中表扬贤能宦官，以作劝勉。

黄佐博学多识，思想独立，③ 所撰《广州人物传》举录古今广东籍贤宦三人，尤其称许成化年间顺德籍太监陈准事迹，称其"篸诸士君子之班，殆无愧色，汉吕强不能过也"。④ 值得注意的是，黄佐《广州人物考》载陈准事迹，实取材于弘治年间李承箕所纂《顺德县志》，而后者之所以收太监陈准传记，是因时任广东右布政使刘大夏（1436～1516）"述其（陈准）事，语知县吴廷举，且令存恤其家"。以故吴廷举谓："汉有吕强，班固书之。唐有张承业，欧阳公记之。我朝有陈准，微东山公，孰知之？"⑤ 黄佐不主张一味排斥宦官，他相信宦官可以服善为良，"内侍岂无忠智之人，善自为谋者？士大夫苟能陈祖宗故事，及近古之失就，使之

---

① 李贤、丘濬、湛若水、何瑭等翰林出身的文臣，与宦官互动较密，甚至有师生之谊。他们与宦官的实际交往，无疑对其认识到"宦官也是常人"有着积极作用。与之相较，贺钦等常年栖隐山林的儒绅与宦官接触相对较少，虽称引孟子"人皆可为尧舜"，然对宦官认识的深度自不能和丘、湛、何等人同日而语。

② 丘濬：《世史正纲》卷9，第269页。

③ 黄佐生平思想，参黄宗羲《明儒学案》卷51，第1198～1220页；朱鸿林《黄佐与王阳明之会》，《燕京学报》新21期，2006年，第69～84页。

④ 黄佐：《广州人物传》卷22《宦者序》，广东高等教育出版社，1991年，第536页。

⑤ 刘大夏：《刘忠宣公文集》，《刘忠宣公年谱》卷1，《四库未收书辑刊》第6辑第29册，第589页上。

谋其同类，岂不可也"，故"作传以为内侍之劝"。①

江苏昆山人方鹏与黄佐可谓同调。方鹏学宗朱子，② 对王阳明思想甚为不满。③ 嘉靖五年，他撰成《责备余谈》，是其对历来言行"不近于人情，不合乎中道"的直接批评。④ 北宋马伸（1078～1128）弹劾时相黄潜善（1078～1130）、汪伯颜（1069～1141），宦官邵成章向宋钦宗上言黄、汪之罪而被黜，马氏因此称许邵氏之贤。⑤ 但宦官向为士人不耻，以故时人称马伸"趋向不正，至于贬死"。方鹏对此不以为然，他认为士人不可"以其人而没其善"，而且"凡若此者，正当表章奖借，使其实繁有徒，感发兴起，以进于善，国家之福也"。方氏为此专门著录宋宦官王昭明、黄经臣、邵成章三人善迹，称他们"立心制行，有非缙绅所能及者"，足以与周之巷伯、汉之吕强一同"垂光简策，百代不泯"。⑥

概言之，明代中期儒臣对贤宦的表扬，是相信教化宦官为善比纯粹与宦官决裂来得实际的表现。王琼（1459～1532）指出，文臣误国者不少，而宦官贤能者可听可用："若谓赵高、李斯之罪大相远，勃鞮虽贤而不可听，恐于理终有未安。书曰'稽于众'，又曰'仆御侍从，罔匪正人'，舜好察迩言，孟子论用贤，初及左右。故询于刍荛，不遗荜菲，惟求其合理得中，不偏于一途也。孔子曰'君子不以言举人，不以人废言'，果如（柳）宗元之论，是以人而废言矣，予不能无疑焉。"⑦ 顾应祥（1483～1565）亦反对南宋留正（1129～1206）所谓"惟宦官、女子非所当言"之论："自朝廷之政体而言，则宦官不当言大臣之得失。若夫国步艰难之际，彼亦臣子也，岂可坐视君父之难而不一言之乎？"⑧ 嘉靖年间王洙重

① 黄佐：《广州人物传》卷 22《太监陈公准》，第 549 页。
② 方鹏批评程敏政《道一编》，维护朱子学，谓"今日为学，惟居敬穷理四字"。见方鹏《矫亭存稿》卷 7《复魏子才》，《四库全书存目丛书》集部第 61 册，第 579 页。
③ 方鹏：《矫亭存稿》卷 7《与王阳明》，第 580～581 页。方鹏甚至称《传习录》可付销毁，见方鹏《矫亭存稿》卷 12《杂著·论学》，第 634 页。
④ 方鹏：《责备余谈》卷首《责备余谈引》，《四库全书存目丛书》史部第 282 册，第 1 页。
⑤ 脱脱等：《宋史》卷 469《宦者列传·邵成章》，中华书局，1977 年，第 13667 页。
⑥ 方鹏：《责备余谈》卷下《宦官之贤》，第 44 页。
⑦ 王琼：《双溪杂记》，《四库全书存目丛书》子部第 239 册，第 574 页。
⑧ 顾应祥：《静虚斋惜阴录》卷 9，《四库全书存目丛书》子部第 84 册，第 166 页。

视鼓励宦官向善，反对与宦官决裂。他在《宋史质》一书"叙略"中称"昔人尝以宦者为妇寺，然而妇或以节，宦或以忠，是故杨园之什，小雅所录也"，又在宦官传记末"总论"中称："若夫蓝继宗之乐于园池苑卉，张惟吉之请命宰相，甘昭吉之洒扫陵寝，张茂则之食不重味、衣不易裘，李舜举之十九字，冯世宁之严夜禁，邵成章之不以功自归，求之缙绅，亦为难事，为草薙禽狝之说者，乌足以知此哉？"① 嘉、隆之际，邓球（嘉靖三十八年进士）更对先正所云"远宦官宫妾"提出质疑，他称明朝宦官如金英等贤能之辈，"人主朝夕近之，其承弼之益，顾不大哉"。他还尤为推举覃吉，称："若吉者，虽称良弼，何愧哉！"②

嘉靖年间史家陈建（1497～1567）对以著作"化宦"有具体考虑。陈建以捍卫朱子学及撰写本朝编年通史《皇明通纪》为世所重。他推崇丘濬经世学问，对明中叶政治、军事、经济等方面出现的问题提出一些"斟酌改革"的议案。这些议案体现在其所著《治安要议》中，也反映于《皇明通纪》中。③ 他注意到宦官因亲近皇帝而有比外廷更为直接实在的影响。《皇明通纪》成化十四年三月"皇太子出阁"条，陈氏评论称：

> 教谕太子，慎简外朝讲读之官，不如简内廷侍从之臣。盖内廷之臣，其势亲，其情浃，其为言易入，苟得正人焉，其视外廷盖不啻事半而功倍。是故，孝宗惟得一覃吉，遂基命仁贤，而弘治之治，至于今仰之。武宗在东宫，所与宴游者，乃马永成、刘瑾等之八党，卒荡为流连荒亡之失，虽外廷讲读吴宽、刘忠辈之多贤，亦将如之何哉！盖外廷讲读造次多虚文，而内廷朝夕侍从乃实益。呜呼！此有天下者，当务之至急！至急与！④

国家治理系于为君之德，君德能否隆圣存乎宦官得人与否。为使宦官变为贤良有益之臣，陈建有以下两项倡议。

① 工洙：《宋史质》卷首，台北：大化书局，1977年，第4～5页；卷88，第429页。
② 邓球：《皇明泳化类编》卷122《内侍》，台北：明文书局，1991年，第595、604页。
③ 向燕南：《中国史学思想通史（明代卷）》，黄山书社，2002年，第200～232页。
④ 陈建：《皇明通纪》卷22，中华书局，2011年，第882～883页。

第一，《大明会典》当载入内臣职掌，从法制上约束宦官不能为恶："《会典》不列载内臣职掌，诚一大缺典。当时纂修诸臣，非不知载此，盖避中贵之嫌，而不欲载也。若诚如霍文敏（霍韬）所议修入，则一展卷而知孰为祖宗成法当守，孰为后来弊政当革，昭然灼然矣"。① 嘉靖八年前后，詹事霍韬（1487～1540）被命大明会典副总裁，上《修书疏》，谓"内臣监局官员，伏读《皇明祖训》，置职甚详。惟弘治年间儒臣失考，而不及纂述。致我圣明圣制，所以严内外之限，慎宫闱之防，建昭代之规，立万代之极者，人不得知之。伏望敕下礼部，行司礼监备查洪武年间各监局职掌何如，员数何如，列圣以来，钦差事例何如，今日员数何如，送馆稽纂焉"，"添修内臣职掌，编列礼典"。② 然此议虽被许为"最为卓见"，却"竟格不行"。③

第二，本朝传记集《名臣录》应增入贤善宦官传记，从道德与文化上鼓励、教化宦官向善。《皇明通纪》景泰四年"命太监阮安治张秋"条，陈建评论道：

> 祖宗盛时，内臣不预政，贤否皆泯于无迹。正统而后，司礼监用事，而后贤否分，而阮安、金英、怀恩辈，后先显名焉。弘治而后，内臣难乎若人之选矣。窃谓近日录名臣者，附录阮安辈二三人，系于卷末，如前史宦者传例，以示内臣表仪，亦不为过。④

明末沈国元《皇明从信录》悉数转引以上评论，并将末句略加改动，令意思更为畅达："窃谓近日录名臣者，附阮安辈二三人，以示内臣表仪，风劝在前，而人益知所以自励矣。"⑤ 明中前期出现多种名臣传记汇集，如列为《皇明通纪》"采据书目"的彭韶《皇明名臣录赞》、杨廉《皇明

---

① 陈建：《皇明通纪》卷28，第1026页。
② 霍韬：《霍文敏公全集》卷3上《修书疏》，广西师范大学出版社，2015年，第553～554页。
③ 来斯行：《槎庵小乘》卷9《内侍》，《四库禁毁书丛刊》子部第10册，第151页。
④ 陈建：《皇明通纪》卷16，第729页。
⑤ 沈国元：《皇明从信录》卷20，《四库禁毁书丛刊》史部第1册，第335页下。

名臣言行录》、徐咸《近代名臣言行录》，① 所载全为本朝名臣，内臣贤
者无一与列。此外，如徐纮《皇明名臣琬琰录》及《续录》均未有宦官
传。可见，陈建主张在《名臣录》等著作中增列贤宦，用意明确，颇具
针对性。

与陈建遥相呼应的是，嘉靖末年郑晓（1499～1566）也主张《名臣
传》类著作应增入内臣传记。郑晓称："近见叙名臣者多不及武臣……即
内臣如王岳、徐智、范亨、怀恩、覃昌、镇守陕西晏宏、河南吕宪，皆忠
良廉靖，缙绅所不及也。"② 文史大家王世贞拟加增益，称"武弁、中珰
之贵重者，与布衣之贤者，亦与焉"，③ 但现存明钞本《皇明名臣琬琰
录》并未见宦官碑铭、传记。④

值得注意的是，嘉靖年间，浙江归安人、嘉靖五年进士唐枢编纂本朝
人物传记集《国琛集》，首次收录明代足为"世宝"的 14 位宦官传。唐
枢思想上深受湛若水和王阳明的影响，⑤ 嘉靖初因谏言李福达之狱，被黜
为民，此后"留心经世略"。⑥《国琛集》所录明代宦官为云奇、阮安、
陈芜、沐敬、刘永诚、兴安、怀恩、王岳、何文鼎、萧敬、黄伟、吕宪、
晏殊（实为晏宏）和孙裕。收录本朝历史上的贤善宦官传记，是想以此
教化、鼓舞宦官向善。唐枢于宦官传记末总评中称：

> 孔子曰："有教无类。"以贤品人，则于我无党；以德容物，则
> 于人无比。每见缙绅道中珰多切齿，孰知有杰然者，架出吾辈上，为
> 缙绅所不能为之事乎？故君子以虚应天下，能收群美，以共归有极，
> 则治理犹反掌。若王（岳）、何（文鼎），今长老尚能道其行事，敬

---

① 陈建：《皇明通纪》卷首，第 12～13 页。
② 郑晓：《今言》卷 2 第 115 条，《四库全书存目丛书》史部第 48 册，第 667 页。
③ 王世贞：《皇明名臣琬琰录序》，《皇明名臣琬琰录》卷首，《四库禁毁书丛刊补编》第 24 册，第 48 页。
④ 万历年间焦竑《国朝献征录》收录宦官传记资料，计"贤宦"23 人（云奇、沐敬、阮安、阮浪、成敬、柏玉、金英、兴安、陈准、阿丑、怀恩、覃昌、覃吉、钱能、何鼎、黄赐、张永、崔和、萧敬、麦福、滕祥、黄锦、张宏），"恶宦"5 人（王振、曹吉祥、汪直、梁芳、刘瑾）。
⑤ 黄宗羲：《明儒学案》卷 40，第 948 页。
⑥ 张廷玉等：《明史》卷 206《唐枢传》，第 5441 页。

礼之。若黄（伟）、吕（宪）、晏（宏），予亲见其贤，当效法之不暇，而能自外之乎？昔刘东山（刘大夏）者，孝宗几误加怒，而太监苗逵力救以解，遂成明良之遇。则若人者，不惟不相仇，反以为容于吾辈。回视吾辈，不为其所笑耶？①

孔子"有教无类"的对象并不包括宦官，历代也绝无此说，唐枢用这条儒家古训证示宦官可以被教育、教化好。"君子以虚应天下"的反面是鄙视和排斥宦官，其应有内容则是对宦官的务实姿态：认清宦官的地位和角色，勇于接纳他们，鼓励和教化他们向善，"以共归有极"，改善治道。

唐枢作为湛若水弟子，其"化宦"理念渊源有自，同时影响可见。唐氏门人李乐（1532～1618）对其师此举颇为推许，建议进一步增补《国琛集》中所收贤良宦官传记，称"公卿大夫小善微勋，文士大为揄扬，成书远播，乃中贵则忽之矣。吾师不忽人之所易忽，此虽未尽其人之善者，当俟后之君子续焉"。② 李乐认为正德年间协助杨一清（1454～1530）铲除专权宦官刘瑾的太监张永，③ 即应收录其中。嘉靖三十五年进士、江西德化人劳堪于万历初年编纂的《宪章类编》收录"历朝内官

---

① 唐枢：《国琛集》卷下，《明代传记资料丛刊》第 115 册，台北：明文书局，1991 年，第 607～608 页。

② 李乐：《见闻杂纪》卷 4，《四库全书存目丛书》子部第 242 册，第 255 页。

③ 杨一清以言论感召太监张永，借其铲除刘瑾事，见焦竑《国朝献征录》卷 117，《续修四库全书》第 531 册，第 594～595 页。除"著述"和内书堂外，杨一清等以言行诱导、感召大珰，也是明人"化宦"的重要途径。这从杨一清备受中晚明士人称道可知。张凤翼推崇杨一清"以张永除逆瑾"，反对士人"无委曲善处之术，以成光明正大之功，守赵良之寒心，执袁丝之变色，而概焉疏之、远之、弃之、绝之"，称"中官之中，若左悺、曹节、鱼朝恩者不少，若吕强、郑众、张承业者，亦未必其尽无也。亲其贤者则足以制其不贤者，不但不为所制而已"。见张凤翼《处实堂集》卷 6《奏记太宗伯陆师》，《四库全书存目丛书》集部第 137 册，第 381 页。张维四称许杨一清是"本朝经济国手"，且大有仿行之势。见申时行《赐闲堂集》卷 20《光禄大夫柱国少师兼太子太师吏部尚书中极殿大学士赠太师谥文毅张公神道碑铭》，第 403 页。唐鹤徵谓杨一清乃"济世之全具也"，"借令汉唐诸人，稍得其梗概，何至有党锢、甘露之祸也"。见唐鹤徵《皇明辅世编》卷 3《杨文襄一清》，《续修四库全书》第 524 册，第 603 页。江盈科称杨一清与"陈平交周勃以安汉，狄仁杰引张柬之以安唐"，千载同符。见江盈科《皇明十六种小传》卷 3《机类·杨一清计诛刘瑾》，《四库全书存目丛书》史部第 107 册，第 654～655 页。胡维霖谓杨氏"借宦官去宦官，尤为济变妙手"。见胡维霖《冷斋漫评·杨文襄公一清传》，《胡维霖集》，《四库禁毁书丛刊》集部第 164 册，第 639 页上。

（贤）"和"历朝内官（劣）"两类。"历朝内官（劣）"依次载录明太监王振、曹吉祥、汪直、王敬、李广、刘瑾（八党）史迹。而"历朝内官（贤）"则全部抄自《国琛集》，因其书止录正德朝以前历史，故对《国琛集》黄伟、吕宪和晏宏三位宦官传记未予抄录。①

给《国琛集》作序的王畿，② 或也受唐枢的影响。王畿与唐枢关系密切，相为讲学频繁。嘉靖三十二年，唐枢与王畿讲学于浙江嘉兴平湖；嘉靖四十三年，王畿邀唐枢往杭州天真书院讲学。③ 嘉靖四十年，王畿为好友唐顺之（1507~1560）所纂《历代史纂左编》一书所录各类人物传记"诠系数语"。王畿在宦官类传记中评论称：

> 宦者之设，其来尚矣……其间岂无挈然自爱、不缁于习，如吕强、马存亮、张承业辈之贤者乎……虽然此辈虽非全气，类亦相同，利害未尝有异于人，特胶于夙习，偶未之觉耳。人主苟视以为同类，不忍过为之防，慎选师模，朝夕以训迪之，择其左右常侍之可与言者，开其是非之本心，使脱然知安分之为利，而擅逆之为害，此转祸为福之机。情志专良，不为私媚，人人务为自爱，固将进之以稀苓也，岂日乌喙视之已乎？④

东林人士亦认为若"内无张永，外无杨一清"，则直接攻宦不仅不能成功，且为国家之祸。分见陈鼎《东林列传》卷4《缪昌期李应升列传》《周宗建黄尊素列传》，《四库全书》第458册，第218、222~223页；钱士升《赐余堂集》卷6《与姚孟常》，《四库禁毁书丛刊》集部第10册，第489页。陆云龙鉴于天启年间魏珰之祸，称"天下事有激之适以相轧，徐而挽之适以柔其奸而为我用"，称许杨一清等为"维挽"败局的能臣，谓其"乘其同类之争权，诱以忠君而脱祸，遂使肘腋之元凶，除于顷刻，非所谓以宦竖攻宦竖，巧于引之欤"。见陆云龙《翠娱阁近言》卷2《正德三臣论》，《续修四库全书》第1389册，第118~119页。

① 劳堪：《宪章类编》卷36，《北京图书馆古籍珍本丛刊》史部第46册，书目文献出版社，1988年，第1095~1096页。

② 王畿：《王畿集》卷13《国琛集序》，吴震点校，凤凰出版社，2007年，第353~354页。

③ 吴震：《明代知识界讲学活动系年（1522~1602）》，学林出版社，2003年，第190、253页。

④ 王畿：《历代史纂左编凡例并引》，唐顺之纂《历代史纂左编》卷首，《四库全书存目丛书》史部第133册，第6页。

在王畿看来，宦官具有常人一样的是非"本心"，"转祸为福"的关键不在于抗言敢谏，而在于施行教化。若宦官"人人务为自爱"，教化得行，则其非但不是国家毒瘤，还将变为治理的"稀苓"良药。这无疑为其后王畿撰写专门性宦官教化书《中鉴录》提供了张本。①

与《国琛集》合契的是，万历年间，浙江淳安人童时明《昭代明良录》亦载录 11 位内监名臣（云奇、沐敬、阮安、金英、覃吉、怀恩、阿丑、陈准、何鼎、萧敬和李芳）。万历三十四年至四十年，时任常熟县丞童时明撰刻《昭代明良录》。② 除本纪外，《昭代明良录》收录开国、靖难、翊运、馆阁、卿贰、理学、直节、循良、忠义、武胄、外戚、隐逸和内监共 13 类名臣传，"直褒其善者，不敢概及疵类，惧伤时也，亦第取其足为后人师法焉尔"。③ 童时明指出"即若中涓，虽职供扫除，抑亦臣仆也"，④ 称内臣"皆若云奇、沐敬等，则朝廷之裨益讵渺尠也乎？君子之于人也，苟有善焉，无所不取。吾于斯人有取焉，取其善则恶者可戒矣"，⑤ 并谓：

> （宦官）贤与不肖也，关系甚重。故贤而如云，可消逆谋。贤而如沐，能止黩武。阮交趾多材而廉，覃广西识高而憨。如怀如丑，如陈如何，如萧如李，扶忠直、摧权幸、远势焰、节财用，庶几士君子之行谊乎？录中可独少此哉！国家熙洽，如洪、永两朝勿论，而守成致泰，则莫若弘治。虽孝庙之英睿，而内臣之贤者，胥此焉聚。以此思之，其故可知已，愿治者幸毋忽诸！⑥

---

① 王畿评论《左编》"幸佞之臣"谓："孟轲氏有云'居于王所，在于王所者，皆薛居州也'，王谁与为不善'，历观汉唐宋幸佞之臣，重有感焉。人情之好，必有所溺，则因其所好而投之。况人君之情，投之者众。或以嬖，或以权，或以方术，或以声玩，事虽不同，一有所溺，其为丧善，均也。故古之贤臣，慎选缀衣、常侍，谆谆于赘御之箴，其虑远矣。"见王畿《历代史纂左编凡例并引》，唐顺之纂《历代史纂左编》卷首，第 6 页。以上王畿引孟子之语还出现在《中鉴录》中，并谓君主"善与不善，系于所导之是非，非偶然也"。见王畿《中鉴录》卷 1《中鉴答问》，第 71 页。
② 钱茂伟：《童时明〈昭代明良录〉述略》，《文献》1990 年第 2 期，第 225～228 页。
③ 童时明：《昭代明良录》卷首《凡例》第 3 条，美国国会图书馆藏明万历刻本，叶 1b。
④ 童时明：《昭代明良录》卷首《昭代明良录序》，叶 3a。
⑤ 童时明：《昭代明良录》卷 20《内臣列传》篇首总论，叶 56。
⑥ 童时明：《昭代明良录》卷 20《内臣列传》篇首按语，叶 63a。

要之，国家"守成致泰"离不开君主"英睿"贤明，也离不开内监"贤者"相助相辅，故"愿治者"当高度重视感化并鼓励宦官向贤为善。童时明于书中载录明朝 11 位内监名臣善言善行，用意可谓明白无遗。

万历二十九年，湖南桃源人江盈科（1553～1605）撰《皇明十六种小传》，也载录 3 位"忠类"宦官传记。《皇明十六种小传》分忠、孝、廉、节等 16 种人物传："因阅国乘，摘出二百余年新异事，凡十六种，各缀缉其语而为之传……要于挺拔突兀，不经闻见，使人读之能有所耸动而感发焉。譬如燕会看演传奇全本，演完又于别本中抽演杂剧。夫杂剧非全本也，而实全本中之艳丽新特者也，故更尽酒阑之后醒人睡眼者，必杂剧也。然则兹编也，谓之国史中杂剧，不亦可乎？"① 江氏在忠类传记中收录金英、覃吉、怀恩三位宦官传记，乃为使宦官"读之能有所耸动而感发焉"。江氏评论金英称：

> 英之遏止南徙，推毂正人，及作婉词阴沮景皇易储之计，皆关系重大。其与怀恩申救林俊，覃吉辅导孝皇，皆中贵中之大贤人也。令中贵人人如此三君子，岂不造福国家，流芳史册也哉？特列忠臣传后，以风来者。②

江氏特收录宦官传于忠类，并称许金英等为"君子""贤人"，这与湛若水、何瑭和唐枢等对宦官采取有教无类的思想主张，若合符契。江氏论覃吉称："弘治十八年中兴盛治，为我朝臣子所艳慕者，固由圣性高明，上符商高宗、周成王，然当其幼时，所赖覃吉启沃不少矣。嘻！中贵如吉者，岂不令人敛衽起敬！"又谓怀恩"盖中贵中之最贤者，微恩，林俊鬼久矣"。③ 要之，基于宦官的特殊政治角色，江氏特于《皇明十六种小传》忠类收录三位宦官事迹，"以风来者"。④

---

① 江盈科：《皇明十六种小传自叙》，《皇明十六种小传》卷首，第 589～590 页。
② 江盈科：《皇明十六种小传》卷 1，第 600 页。
③ 以上见江盈科《皇明十六种小传》卷 1，第 601－602 页。
④ 《皇明十六种小传》另收录明朝宦官阿丑传，见江盈科《皇明十六种小传》卷 3《机类·阿丑》，第 662～663 页。

万历四十一年，东林党人钱一本（1546～1617）撰《四不如类钞》，其中《不如妇寺钞》载录古今"贤宦"43人（明代14人），① 其后评论称：

> 宦者列在《星经》，阍尹著于《月令》，莫可废也……圣人纪《秦风》，而首《车邻》，盖志戒也。夫秦，夷狄之国也。乃金茚以选人设近侍，元房用任子给内庭，夷狄之有君乎？弘惟我祖之训曰"无习文字，仅供扫除"，则《淮南子》所谓谨无为善，以全其天器者欤？而臣所撰述，无乃为名尸、为谋府、为猴之木乎？为狙之芋乎？南海之鯈、北海之忽乎？②

在钱一本看来，若宦官"无习文字，仅供扫除"，则其所录贤宦固为多余，然政治架构和现实却是宦官既习书史又握重权，故引导其向善为贤，实为必要。

隆、万以来私修纪传体别史无不重视载录累朝贤宦事迹。邓元锡（1529～1593）《皇明书·宦官》概述明代宦官权力发展大势后谓："二百年中，中官中忠慎可纪者代有。正统中有阮安、金英，成化中有怀恩、陈赐，弘治中有覃吉，正德中有王岳、陈敏，而张永功乃大于过，足称云。"③《皇明书·宦官》收录明太祖朝杜安道、云奇，正统朝阮安、阮随，景泰年间金英，成化年间怀恩、覃吉、陈准，弘治朝何文鼎，正德朝福建镇守太监尚春等宦官贤者传记。其目的正如邓元锡所说"《小雅·巷伯》之诗，君子敬听焉"④，借此勉励宦官向善。除《皇明书》外，明末史书《识大录》和《名山藏》等也都详载列朝贤宦事迹。⑤

---

① 明代宦官分别为：云奇、沐敬、阮安、吴谅、金英、阮浪、覃吉、怀恩、何鼎、萧敬、钱能、崔和、张永、黄赐。
② 钱一本：《不如妇寺钞》卷中，线装书局，2003年，叶67。
③ 邓元锡：《皇明书》卷13《宦官》，《四库全书存目丛书》史部第29册，第173页。
④ 邓元锡：《皇明书》卷13《宦官》，第176页。
⑤ 除载录王振、曹吉祥、汪直、刘瑾等宦官史事外，《识大录》详载明朝贤宦20人，分别为：云奇、何洲、周恕、吴亮、沐敬、郑和、阮安、范弘、阮浪、金英、覃吉、怀恩、柏玉、陈准、阿丑、邓原、何鼎、萧敬、张永、周缙。何乔远《名山藏》因袭《识大录》，将王振、汪直、刘瑾等宦官史迹归入《宦者杂记》，将明朝贤宦传（沐敬、郑和、阮浪、金英、范弘、兴安、覃吉、怀恩、柏玉、萧敬、邓原、何鼎、张永、周缙）归入《宦者记》。

  总之，丘濬最早提出通过表扬贤宦之著述，使宦官"咸有向上之心"。陈建主张在诸如《名臣录》等系列著作中增入本朝内监名臣，"以示内臣表仪"。至唐枢《国琛集》首次列入本朝 14 位贤德宦官，提出"有教无类"，借以鼓舞、感化宦官向善。到万历初年王畿作《中鉴录》，形式上以专书出现、以宦官为专门读者，而内容上除表扬贤宦之外，同时补入惩戒恶宦的事例，并区别品类。晚明陆续出现与《中鉴录》性质相似的著作，① 可见著述乃至撰写专门书籍是中晚明士大夫教化宦官的重要方式。王门学者邹德涵（1538～1581）也曾计划写一本宦官教化专书，以东汉内臣吕强"以道事君"等历代贤善宦官事例为主要内容，惜未成书。邹氏撰作理路甚为清楚：东汉荀悦（148～209）称"教化之废，推中人而坠小人之域；教化之行，引中人而纳于君子之途"，既然实际政治生活中"中贵所系甚重"，则撰写专门性宦官教化书籍，正是引导宦官变为君子进而改善政治的理想途径。② 这也是中晚明士大夫着手编写宦官教化书的一致思路。

第四节　内书堂之制与"化宦"施行

  明中期士大夫不仅以著述乃至撰写专书教化宦官，而且还寻求从制度上保障教化推行。内书堂——宦官教育机构和读书制度提供了这样的平台。汉唐以来，以外廷文士教授宫人或宦官，但没有形成如明代内书堂等专门宦官教育机构。③ 内书堂，又称内书馆或内馆、司礼监书堂、内府书堂、禁中学馆等，是明代设在内廷供年幼宦官读书的教育机构。内书堂定制，由翰林词臣五六人轮流担任教习，教授小学和基本儒家经典。在内书

---

① 这些专门性宦官教化书包括张世则《貂珰史鉴》、徐学聚《历朝珰鉴》、胡良臣《内臣昭鉴录》和刘元卿《六鉴举要》等。以上诸书或存或佚，撰写背景和内容侧重有所不同，详见本书第六章。
② 邹德涵：《邹聚所先生文集》卷 6《书中贵杨纯庵册》，《四库全书存目丛书》集部 157 册，第 384～385 页。
③ 顾炎武：《日知录》卷 13《宦官》，张京华校释，岳麓书社，2011 年，第 429～430 页。另参张邦炜《北宋宦官问题辨析》，氏著《宋代政治文化史论》，人民出版社，2005 年，第 69 页。

堂读书的宦官人数在二三百人，与内阁对柄机要的司礼监秉笔太监，一般是内书堂出身。内书堂的重要性，正如嘉靖间担任教习的杨瀹（嘉靖十一年进士）所说："内府有书堂，在司礼监，皆近侍太监名下之俊秀者于此读书学字，名曰文书房出身，犹云进士出身也，异日始得入司礼监执笔，见中外臣工章奏军国大事，所关系匪轻哉。"①

然而，内书堂的重要性并非一开始便被明人看到。这是客观实情一时难以被主观认知的问题。明代中前期便出现因重"士节"而鄙弃教事的现象。名儒杨守陈的立场可谓典型。杨守陈，景泰二年进士，天顺二年（1458）授翰林院编修，成化年间历官至詹事府少詹事兼侍讲学士，弘治元年升吏部右侍郎，二年卒于官，谥文懿。② 弘治年间，提督浙江市舶太监张和，早年读书内书堂，杨守陈曾"受命为师教之。公（张和）既莅浙，隆师之礼，始终不替，而待文懿公子弟，犹异姓兄弟，厚之道也"。③张和百倍珍重他与杨守陈的师生之谊。然天顺二年，杨氏被命内书堂教习之际，④ 力辞教务，未获批准。⑤ 成化三年，同年好友翰林修撰王献（1435～?）丁忧守制，"有阴厚之者，请于朝，乞起复（王）献内馆教书"。⑥"有阴厚之者"究竟其指，已无从获知。但以友道自任的杨守陈，认为以教事"夺情"起复，情礼不符，致信严词劝说。信中透露杨氏多年前力辞内书堂教习的心路历程：

> 向者内馆之命，仆初闻骇叹，以为污辱，亟欲辞避。徐而思之：文武仆御，固匪正人；汉世侍郎，亦用儒者。今偅貂珰之徒，蚤服诗书礼乐之诲，意犹近古。兹本祖宗之制，有司遵用久矣。正如宋之奉

---

① 杨瀹：《杨翰林集》卷6《内府发蒙》，香港大学图书馆藏美国国会图书馆摄制北平图书馆藏明隆庆四年杨九经刻递修本胶片，叶19。
② 《明孝宗实录》卷31，弘治二年十月壬寅条，第697～699页。
③ 杨守阯：《碧川文选》卷2《锡命受服诗序》，《四库全书存目丛书》集部第42册，第62页上。
④ 天顺二年，杨守陈服阕，授翰林院编修，"预修《大明一统志》，寻被旨授徒内侍监"。见程敏政《篁墩文集》卷50《杨文懿公传》，《四库全书》第1253册，第191～192页。
⑤ 何乔新：《椒邱文集》卷30《嘉议大夫吏部右侍郎兼詹事府丞谥文懿杨公墓志铭》，《四库全书珍本》第5集，台北：台湾商务印书馆，1974年，叶44a。
⑥ 《明宪宗实录》卷46，成化三年九月丙子条，第957页。

祠，虽道学诸儒不能不就也，故勉而受命。然心恒不屑，而无间可脱。今始得以满考为辞而力脱焉，若蝉蜕于污浊，若鱼泳于清泠，若仙子之谪降尘凡者复归于清都紫微之天也，执事能复为仆之所不屑者耶？①

虽以内书堂设置"意犹近古"，然却对教事心有不屑，是明代中前期多数儒臣内心真实写照。心既不屑，甚至以为污辱，则将内书堂视为"化宦"重要机制并付诸行动，自然也就无从谈起。与杨守陈类似，弘治六年进士、苏州人顾清（1460～1528）与"同年生毛澄、罗钦顺、汪俊相砥砺以名节"，②教习内书堂，"不令生徒与子弟相接，尝曰：'此辈如秽物，远之犹恐其污，况近之乎？'"③

将政治理想直接寄托于君主身上，视宦官为"格君"道路的对立因素，是杨守陈鄙夷内书堂教习的要因。成化中，杨守陈任经筵讲官，"每进讲必积诚意，傅经训，冀纳忠以感悟上心"，他甚至以"后世人主，有深拱禁中委政内侍者，召阉乐之祸"为说，令"左右听者悚然"。④成化十八年，给太子阅读的敕纂书《文华大训》成，该书"篇目、条例多本《大学衍义》，独事涉中人者，悉不以书"，杨守陈"撮其（宦官）贤否得失之故，分注一条，议者不能夺"。⑤弘治元年，杨氏又上疏孝宗"开大小经筵，日再御朝"，任用贤臣，排抑宦官。⑥可见，杨守陈以君主为落实政治理想的直接对象，而宦官是他实现这一理想最需克服的障碍。换言之，排除宦官对君主的负面影响才能"格君"。

明中前期士人对内书堂缺乏好感，乃至有提议废除翰林教习之制者。弘治元年七月，杨守陈疏言亲贤远佞之际，监察御史曹璘（成化十四年进士）上疏谓：

---

① 杨守陈：《杨文懿公文集》卷15《与王惟臣书》，《四库未收书辑刊》第5辑第17册，第516页。
② 张廷玉等：《明史》卷184《顾清传》，第4888页。
③ 孙承恩：《文简集》卷54《故南京礼部尚书顾文僖公墓志铭》，《四库全书》第1271册，第630页下。
④ 程敏政：《篁墩文集》卷50《杨文懿公传》，第192页。
⑤ 黄佐：《翰林记》卷13《修书》，《丛书集成初编》本，商务印书馆，1936年，第165页。
⑥ 张廷玉等：《明史》卷184《杨守陈传》，第4876页。

　　且内官内使，近又特设书馆，命翰林词臣教之。词臣多缘此而显擢，内官亦假儒术以文奸。乞罢内官之倚任，革内馆之教书，一遵成宪，出宸断，亲近儒臣，以求治道。①

　　曹璘建言虽被斥以"言多轻率"，② 然从其所言可知时人之认识：内书堂不仅是翰林教习谋取高位的功利场，也是宦官祸政愈深的症结所在。③ 曹璘敢于发出如此大胆言论，不是有重臣支持，则必有同调者在。曹璘推崇理学名儒陈献章自得之学，④ 也是名臣王恕的支持者。⑤ 弘治初年，杨守陈、王恕分任吏部右侍郎和吏部尚书，二人"协心为政，相得甚欢"。⑥ 给予曹璘支持的，很可能就是以名节自居的杨守陈和王恕等人。

　　总之，以杨守陈为典型的明中前期朝臣，将政治理想直接寄托于君主身上，又以宦官为"格君"的对立因素，甚至视内书堂为宦官权力生长坐大的致因，⑦ 要求废除翰林教习之制，故内书堂的重要性自然不会被他

---

① 《明孝宗实录》卷16，弘治元年七月甲戌条，第394页。
② 《明孝宗实录》卷16，弘治元年七月甲戌条，第395页。
③ 明末李邦华指出以翰林教习内书堂并非祖制："高皇帝朝，内官不过仅识数字，不谙文理，时未有教习专官也。永乐间始以听选教授领其职，亦未尝用翰林也。及英庙幼冲，王振擅国，阴蓄异志，乃以翰林检讨官任之，藉其声名，资其藻采，盖奸雄之长虑，不轨之秘谋也。当其教习之日，彼此各在闲曹，情孚意洽，相识不忘。一二十年后，词林通显，浸与执政，内珰循资，渐近天颜。于是不约而同，互相朋比，表里交通，盗弄福威矣。"李邦华：《文水李忠肃先生集》卷1《请法祖制用人疏》，《四库禁毁书丛刊》集部第81册，第22页。
④ 金恩辉、胡述兆编《中国地方志总目提要》，"《正德襄阳府志》"条，台北：汉美图书有限公司，1996年，第1100页。
⑤ 成化二十三年，曹璘疏荐王恕入阁并召用陈献章。见《明孝宗实录》卷8，成化二十三年十二月己丑条，第174页。
⑥ 何乔新：《椒邱文集》卷30《嘉议大夫吏部右侍郎兼詹事府丞谥文懿杨公墓志铭》，叶44。
⑦ 嘉靖年间，张时彻认为宦官读书是宦官干权乱政的"祸始"。见张时彻《芝园集·外集》卷23，《四库全书存目丛书》集部第82册，第808页。明末尹守衡称："内府开设书堂，而领以翰林检讨正字官，于是内官之知慧益多，才任稍广，遂足以损秽帝德矣。"见尹守衡《皇明史窃》卷25《宦官传》，《续修四库全书》第317册，第73页。清初顾炎武谓："驯致秉笔之奄，其尊侔于内阁，而大权旁落，不可复收，得非内书堂阶之厉乎！"见顾炎武《日知录》卷13《宦官》，第430页。清修《明史》称："设内书堂……用是多通文墨，晓古今，逞其智巧，逢君作奸。"张廷玉等：《明史》卷304《宦官列传序》，第7766页。

们认真思考。①

　　然而，在宦官权势高涨的正德年间及嘉靖初年，开始出现翰林官员认真对待教事且满怀期望的多个实例。正德三年进士景旸（1476～1524）"教内书馆，叹曰：'君子无弃人，矧此辈为近君者邪？'每引时事，谕之于正"。② 景旸与同年吕柟（1479～1542）、崔铣、何瑭一样，刚正不阿，不依附刘瑾，表现出高尚士节。③ 但在宦官权势不断膨胀又难以改变的情况下，依附也好，抗节也罢，毕竟于事无补，也无法避免历史重演。由上可见，景氏并不以抱节守贞为已足，他看到内书堂独特的政治意涵：国家治理仰赖君主个人德性，君主表现又深受身边宦官影响，故担负教育君主身边宦官之责的内书堂实属重要。景氏不满内书堂只限于训释文义的知识教育，特增添"时事"教育内容。结合刘瑾专权的背景，所谓"时事"教育，应是古今宦官得失利害的道德说教。要言之，加强内书堂道德教化，借此令小宦官知所趋向，忠君报国，是景旸借重内书堂教事的目的。

　　正德四年教习内书堂的何瑭也想有所作为。据载，何瑭"奉旨教诸中官，日以仆臣正道诲之，诸中官咸信服，目为伊川先生"。④ 所谓"以仆臣正道诲之"，即在文字教育之外，强化宦官道德教育。这与景旸"每引时事，谕之于正"，异曲同工。何、景担任内书堂教习时间相近，可能为同事，二人也有交谊。⑤ 可见，当时翰林官员们已达成重视教事、加强内书堂道德教化的共识。

　　与何瑭有过从、以博学著称的陆深（1477～1544），同样看到内书堂

---

① 与中晚明时期相比，以杨守陈为代表的明中前期士人对内书堂的态度显得消极，但这不表示他们任教内书堂都玩忽职守。如杨守陈"严戒规，正师道"，令"素贵幸者，皆肃然承教，罔敢肆"。见何乔新《椒邱文集》卷30《嘉议大夫吏部右侍郎兼詹事府丞谥文懿杨公墓志铭》，叶42。再如正统元年翰林待诏陈赟"授中使书于内馆，诸生熏其教化，成才者众"。见焦竑《国朝献征录》卷70《太常寺少卿进阶亚中大夫陈公赟墓志铭》，《续修四库全书》第528册，第769页。又如弘治年间教习内书馆的沈焘"严而善诲"。见过庭训《本朝分省人物考》卷21《沈焘传》，《续修四库全书》第533册，第431页。

② 顾璘：《景伯时旸行略》，焦竑：《国朝献征录》卷74，《续修四库全书》第529册，第123页。

③ 焦竑：《国朝献征录》卷19《景中允旸传》，《续修四库全书》第526册，第19页。

④ 马理：《大明资善大夫南京察院右都御史柏斋何先生神道碑铭》，《何瑭集》，第449页。

⑤ 何瑭：《何瑭集》卷11《吊前溪景伯时》，第367页。

的意义所在。陆深与湛若水同年，因慕杨一清"风猷"，遂"及门受业"。① 正德十三年，陆深教习内书堂，"多所成就"。② 陆深称内书堂"生徒几三百人，皆权贵，难制驭，而批授、问难，极为劳攘"，③ 但仍积极教事，自谓"职业不敢惮也"。④ 嘉靖十九年，陆深应其内书堂所授弟子内官监太监王逊之请，撰司设监太监董智墓志铭，追忆正德年间担任教习情形称：

> 予往岁以翰林编修官，奉命教内书堂，每见生徒中少年敬谨者，必加礼之，且致厚望。以为此皆他日圣天子心膂之寄，与吾辈外庭体貌之臣殊。盖君父之心，虽出一致，而远迩势分，终不若亲且密者之易于纳忠也。故今生徒之柄用者，往往不忘予为师范。⑤

正德年间宦官权势尽数演绎，武宗对经筵及外廷大臣的冷漠，让陆深完全体会和相信：与处于"圣天子心膂之寄"的宦官比起来，外朝士大夫只是"体貌之臣"。这是陆氏对君臣关系新情势的深刻体会，也是他重视教事、借内书堂教化宦官，以使其将来"纳忠"于君的原因所在。质言之，内书堂已成为儒臣教化宦官进而间接"格君"的寄托之所和最好平台。

同里后辈徐阶可能受到陆深的影响。陆深曾为徐阶母亲撰写墓志铭。⑥ 徐阶为陆深文集作序，称"往年尝获侍公，窥公之志，盖毅然以经济自许"。⑦ 徐阶，嘉靖二年进士，受业于王阳明弟子聂豹（1487～1563）而得名王氏学者，既是王门讲学健将，⑧ 又是嘉、隆年间内阁名臣。⑨ 嘉

① 唐锦：《龙江集》卷12《詹事府詹事兼翰林院学士俨山陆公行状》，《续修四库全书》第1334册，第583页。
② 唐锦：《龙江集》卷12《詹事府詹事兼翰林院学士俨山陆公行状》，第584页。
③ 陆深：《俨山集续集》卷10《奉宗溥从兄》，《四库全书》第1268册，第731页。
④ 陆深：《俨山集》卷95《奉梅月伯父》，《四库全书》第1268册，第611页。
⑤ 陆深：《俨山集》卷72《司设监太监董公墓志铭》，第465页。
⑥ 陆深：《陆文裕公行远集》卷7《太恭人顾氏墓志铭》，《四库全书存目丛书》集部第59册，第272页。
⑦ 徐阶：《世经堂集》卷13《陆文裕公集序》，《四库全书存目丛书》集部第79册，第610页。
⑧ 黄宗羲：《明儒学案》卷27《南中王门学案三·文贞徐存斋先生阶》，第617～620页。
⑨ 姜德成：《徐阶与嘉隆政治》，天津古籍出版社，2002年。

靖六年，以翰林编修教习内书堂的徐阶对教事颇为热心：

> 故授书者，晏入早出，一切以苟简文具而已。公（徐阶）曰：
> "勿易此曹，此曹能偾天下事。"于是寅而入，申而出，课业必谨，
> 约礼详说，毋不欣欣倾听。时上严，亡所假贷，中人为流言，以不如
> 正德时饶者。公谓："正德时，何可得？若曹晚不能悉旧事。今虽
> 严，宽于宪、孝朝多矣。且正德以饶故，贵人亡不用僇坐法。若曹不
> 睹宪、孝诸冢茔甲第相望耶？"咸拱手曰："命之矣。"①

《徐文贞公年谱》所载更为详尽：

> 先是，教书者鄙诸内侍，率晏入早出，或有疑义，问拒不答。授
> 书不能诵，责之即已，不计其终能诵否也。公独寅而入，尽申乃出，
> 孜孜训告，无敢厌斁。书或不能诵，使立案前读；又不能，使跪户外
> 读；又不能，使跪庭中读，期于成诵乃已。自正德来，中贵人骄横相
> 踵，谓为当然。上即位，稍裁抑之，小大咸怨。公每因讲说经史为
> 言："祖宗之制，诸监局官止四品，不预政事。宣德以后，始被宠
> 泽，衣蟒腰玉，间持政权，至正德而极，非可为训。且刘瑾、张雄辈
> 骄横愈甚，得祸愈惨。要之于身有害无利，岂足美慕？皇上今日之待
> 公等，视正德时则薄，视祖宗时则已优厚。且正所以保全诸公，不宜
> 反以为怨也。"闻者感悦。居三年，胥谓公善教。②

翰林词臣因鄙视宦官，对教事不热心，"苟简文具而已"，于此可见。徐
阶对内书堂教事用心并刻意振兴，是他深刻认识到内书堂与政治改善之间
关系的缘故。内书堂能否教出好宦官，关系到国家能否长治久安，"勿易
此曹，此曹能偾天下事"。与景旸、何瑭一样，徐阶注重在内书堂常规教

---

① 王世贞：《弇州四部稿续稿》卷136《明特进光禄大夫柱国少师兼太子太师吏部尚书建
极殿大学士赠太师谥文贞存斋徐公行状（上）》，《四库全书》第1284册，第3页。
② 吴伯与：《国朝内阁名臣事略》卷7，《徐文贞公年谱》（上），《北京图书馆古籍珍本丛
刊》史部第15册，书目文献出版社，1998年，第252页。

育之外加入德育教化，借讲述本朝宦官成败历史，令其知所趋正，向善去恶。徐阶的举动还有勉励同道之效。嘉靖六年，王教（1479～1552）教内书堂，"诸内竖望之颜然，无敢弗率者"。①

如上所述，负责教习内书堂的翰林官员中出现通过内书堂教化宦官的努力，内书堂制度变成有识之士心中教化宦官的重要机制与保障。对内书堂看法的改变，体现了儒臣士大夫由直接"格君"变为通过内书堂"化宦"间接"格君"的思维调整。这从嘉靖初年贡汝成和万历年间周如砥（1550～1615）不谋而合的言论中，可见一斑。

贡汝成，字玉甫，正德八年举人，安徽宣城人，出身官宦世族，② 得家学渊源，"尤探极理蕴"，博学"与梅鹗齐称"。③ 嘉靖九年，贡汝成奉敕与修《祀仪成典》，④ 进《郊庙赋》，授翰林待诏，上复古制策十五事，"凡三万七千余言"。嘉靖十七年，世宗生母章圣太后丧，贡汝成两次上疏"请复三年制"，不报，卒于官。⑤ 贡汝成以传河东之学的王鸿儒（1459～1519）为师。⑥ 夏言（1482～1548）称许贡氏为"海内博雅学者"。⑦ 贡汝成著述丰富，其《三礼纂注》一书共49卷，撰成于嘉靖九年进入翰林"益尽中秘"之后。⑧ 贡氏对是书颇为自负，称"如有用我，

① 欧阳德：《欧阳德集》卷24《少司马中川王公墓志铭》，陈永革点校，凤凰出版社，2007年，第629页。
② 贡汝成是元代名臣贡师泰后裔，其父贡鏞"学宗伊川"，工诗词，隐而不仕；其叔父贡钦，成化二十年进士；族人贡珊，正德六年进士，均著述颇富。见梅鼎祚《宛雅初编》卷8《贡鏞》，《四库全书存目丛书》集部第373册，第84页。
③ 梅鼎祚：《宛雅初编》卷8《贡汝成》，第87页。同郡梅鹗、梅鷟兄弟，以博贯群籍名于时，参姜广辉《梅鷟〈尚书考异〉考辨方法的检讨》，《历史研究》2007年第5期，第95～118页。
④ 徐阶被诏兼修《祀仪成典》，与贡氏同事。见王世贞《嘉靖以来首辅传》卷5，《四库全书珍本》第5集第317册，台北：台湾商务印书馆，1974年，叶1b。
⑤ 梅鼎祚：《宛雅初编》卷8《贡汝成》，第88页。
⑥ 贡汝成：《寄王凝斋先生》《春兴呈凝斋先生》，梅鼎祚《宛雅初编》卷8，第89页。王鸿儒生平思想，见朱冶《王鸿儒与明中期河东理学》，《廊坊师范学院学报》2018年第2期，第51～59页。
⑦ 梅鼎祚：《宛雅初编》卷8《贡汝成》，第89页。
⑧ 陈俊：《三礼纂注后序》，《三礼纂注》卷末，《四库全书存目丛书》经部第106册，第635页。

执此以往，至是而可以自信矣"。① 贡汝成高度重视宦官对君德养成与国家治理的影响："公卿大臣，其内外也有限，其进退也有时，而其敷奏也有常，且望高不敢亵德，德重而易以严至。于朝夕起居而无不与共者，则斯人（宦官）也。所以变换人主之耳目，而移其好恶，蛊其纯真，阴夺其权者，往往皆是人也。是故其品性最微，其资望最薄，而其系于人主之心术，关乎国家之理乱最切。"② 为此，贡氏在书中考察三代成周设官之意，既提出宦官职权统于宰相的理想政制目标，③ 又酌古斟今以求变通补救之策，力主"化宦"求治。他在"内竖掌内外之通令"条下所作按语，如一篇首尾该备的精彩"化宦"政论，兹征引如下：

> 后世奄宦出入省闼，动逾万人。其爵皆列三公，其服皆赐蟒，其与政分席，皆在公卿上，擅窃国柄，作威福，干国纪，乱天下，非一朝一夕之故矣。有志世道者，莫不欲杜其渐，防其奸，褫其权。然扑于前而炎于后，能制之于开创英明之主，而不能禁止于守成宴安之朝，卒之祸乱相寻，而莫之救也，何哉？夫士大夫皆知防奄寺之乱，而不知所以处之；知恶其为人而弃绝之，不知预有以教之也。至于其心术坏，势焰张，始图所以去之，则斯人之不良，未必皆斯人之过，亦吾士大夫经济之略疏、一体之仁不足之过也。彼虽奄人，非必罹宫刑也。名为刑余，亦吾人也，皆乾父坤母所生，其性亦吾人之性也。性同则善同，独患无以教之耳。今之计，遴少小奄童十五以上、二十五以下者，聚于（内书）馆，用文臣端方正直、有学术、通道艺者教之，导其良心，禁其邪习，发其本明之知，开其忠孝之路，使其心乐为仁人、乐为义士，而不甘心于憸夫佞人之归，皆有好古之志、慎修之行，而不愿入于妒贤病国之党。则人君左右前后，罔非正人矣。盖人君与此辈相亲相习之时多，与士大夫相见之时少，其势则然，莫之变也。苟此辈皆教成而贤者众，则人君相亲相习者多贤人，则古所

---

① 贡汝成：《周礼汪颜识》，《三礼纂注》卷1，《四库全书存目丛书》经部第105册，第75页。
② 贡汝成：《三礼纂注》卷1《天官冢宰第一》"缝人"条，第84页。
③ 贡汝成：《三礼纂注》卷1《天官冢宰第一》"内宰"条，第82页。

谓涵养德性，熏陶气质，镇躁消邪，日迁善而不知者，固不必燕见士大夫而后受斯益也。且夫君、相苟不弃绝之而有以教之，彼之党类亦感吾一体之仁，不绝之于纲常名流之外，彼亦必思奋而进于善。宫中府中，相为一体，道德同，风俗一，固不必曲防过抑，以失其心，而内外之治成矣。①

历代不乏排斥或攻击宦官之士，但何以"扑于前而炎于后"？贡氏认为：这是因为士大夫常以鄙夷和"防堵"之态度与方式对待宦官，不能扩充万物一体之心，视宦官为"亦吾人"的同类，教化宦官令其为善。既然君主与文臣相接时少而与宦官"相亲相习"，教化宦官不仅能帮助成就君德，也是消弭宦祸的长远之策。在贡氏看来，内书堂正是施行道德教育，使宦官变为"仁人义士"的重要场所。

贡汝成称后世宦官"动逾万人"，反映明代中期宦官数量增长的事实。成化年间，宦官在编人数已破一万大关，其数量与外廷有品级的文官相若，且很快超过其数。② 宦官数量不断增长，既是宦官官僚体系进一步发展的体现，又可见其乃国家行政中不可忽视的重要力量。这正是贡汝成主张"化宦"的立足点。贡汝成关于万物"一体之仁"、宦官"名为刑余，亦吾人也，皆乾父坤母所生，其性亦吾人之性也"的论调，出自宋儒程颢的《识仁篇》及张载的《西铭》。"万物一体之仁"更是王阳明及阳明学派最显著的思想主张。③ 贡汝成的"化宦"理念基调可能受到王阳明思想的影响，然目前并无直接证据支撑这一推测。从贡汝成生平来看，他师事王鸿儒，与王阳明乃至王门并无交集。阳明后学罗洪先（1504～1564）和聂豹为贡汝成撰作的墓表、墓志铭，或称"未详其为人"，④ 或

① 贡汝成：《三礼纂注》卷1《天官冢宰第一》"内竖"条，第125页。
② 牟复礼、崔瑞德编《剑桥中国明代史》，第355页。
③ 岛田虔次：《中国思想史研究》，邓红译，《关于中国近世的主观唯心论——"万物一体之仁"的思想》，上海古籍出版社，2009年，第3～66页。
④ 罗洪先著，徐儒宗编校《罗洪先集》卷19《明故登仕郎翰林院待诏湖涯贡君墓表》，凤凰出版社，2007年，第770～772页。

谓"于予无一臂之交"。①

值得注意的是，万历初年，王畿去信弟子张元忭（1538～1588）称"内（书）馆之设，事几若微，于圣躬得养与否，所系匪轻……不知相继主教者，能悉领此意不作寻常套数挨过否"。② 王畿还在《中鉴录》一书中强调翰林教员要严于教事，主动与提督内书堂司礼监太监商讨教养之法，共谋成事，使宦官"日入于善而不自知"。③ 贡汝成长子贡安国于嘉靖十四年拜王畿为师，④ 师徒常相讲会，泾县水西会便是有名的例子。⑤从这一人际关系可见，贡安国"化宦"理念及其重视内书堂道德教化，倒是可能影响到王畿。

贡汝成长期在野，在政治上并无特殊建树，但他的内书堂"化宦"论调竟与积极投身内书堂"化宦"实践的周如砥契合，后者称：

> 或曰中人读书识字，我高皇帝盖有明禁，而宣皇帝至辟内馆，以词臣董之，词臣亦若乐与之游者，何居？此有说矣。谓结绳之朴不散于书契则不可，谓中古以来之治非得书契维之亦不可。且夫赵良寒心于景监，袁丝变色于同子，言士节也。若乃人性大同，藩篱安施？善是洗雪，形骸何有……是以天下无一不可为善之人，故息黥补劓，许由不拒。君侧不可有一不善之人，故缀衣虎贲，明王必谨。⑥

在周氏看来，宦官读书既是必然之势，以翰林词臣实施教化则是必要之事；不与宦官为伍的"士节"固然可贵，但不以宦官为鄙，相信"天下无一不可为善之人"，由内书堂"化宦"进而使"君侧"皆善，才能实际

---

① 聂豹著，吴可为编校《聂豹集》卷6《登仕郎翰林院待诏湖涯贡公墓志铭》，凤凰出版社，2007年，第193～196页。

② 王畿：《王畿集》卷11《答张阳和》，第285～286页。

③ 王畿：《中鉴录》卷1《中鉴答问》，第70～71页。

④ 吴震：《明代知识界讲学活动系年（1522～1602）》，第67～68页。贡安国传记，见洪亮吉等纂《嘉庆宁国府志》卷28《人物志·儒林·贡安国》，《续修四库全书》第711册，第533页；黄宗羲《明儒学案》卷25，第578～579页。

⑤ 吴震：《明代知识界讲学活动系年（1522～1602）》，第197～200页。

⑥ 周如砥：《周季平先生青藜馆集》卷2《刻中学始肆序》，《四库全书存目丛书》集部第172册，第207页。

补益君德和政治。

概言之，明中后期士大夫不仅认为宦官"其性亦吾人之性也"，而且正视宦官的显著位置与角色，称其居"圣天子心膂之寄，与吾辈外庭体貌之臣殊"，肯定宦官对朝政的正面作用，谓其"匡救扶持，必有外廷所不能得而内臣独得之者"。对宦官的重新思考与认识，是他们改变对内书堂看法，进而主张通过内书堂"化宦"的应有之义。

综上所述，明中期士大夫除以著述"化宦"外，还有意加强内书堂道德教育功能，从制度上保障教化施行。如果说著述或撰写宦官教化类专书所面向的是内廷中的大珰权要，内书堂则直接针对未来极可能在政治上崭露头角或在皇帝身边发挥重要影响的年幼宦官。明前期士人对内书堂不甚重视，正德年间及嘉靖初年负责教习的景旸、何瑭、陆深和徐阶等人，不仅严其教事，而且能于内书堂常规教育之外注入道德训诫的内容。嘉靖年间贡汝成在《三礼纂注》一书中更指出解决宦官问题的关键在于推行宦官教化，而内书堂正是教化宦官的理想之所。嘉靖以降直至明末，朝野普遍重视内书堂，直接负责教习的翰林文臣更展开形式多样的道德教化尝试与实践，内书堂遂变为"化宦"的试验场（详见第四章）。无论如何，士大夫改变了对宦官的传统认知，相信宦官亦是常"人"而具有道德可塑性，主张并推动宦官道德教化，已然成为明中期以降政治文化的重要内容。

小　结

宦官在传统儒家文化中被视为理想政治的隐患，他们只是宫中洒扫使令的奴仆，甚至不是完整意义上的"人"。明中期士大夫如丘濬、湛若水、何瑭、贡汝成、唐枢和王畿等有意转换思路，重新认识并思考原来被视为"刑余"的宦官。在他们看来，宦官并非异类，也具有与常人一样的善端和本心，可以因教化提升道德。不再将宦官看作政治对立面加以拒斥，希望将宦官教化为仁人忠士，进而补救政治，是这一认知转变的核心要义。

在士大夫世界中出现的"化宦"言论，是明中期以降政治文化中的重要现象，也是对政治现状与权力现实的积极响应。一方面，朱元璋废相后皇权独裁加强，明中期以后皇帝罕见臣僚，君臣悬隔几成定局，皇帝更信任常在身边的宦官。另一方面，宦官制度早在洪武开国时即已确定，废相以后内阁票拟制发展过程中，司礼监代天子"批红"，掌握中枢权力，一跃成为国家政治结构的重要环节。面对这一政治生态的变化，明中期士大夫变被动为主动，将政治理想落在教化宦官之上，希望从中补救政治，间接影响皇帝。

从明中期开始，士大夫本着"天地万物为一体"的宗旨，重新省思宦官"人"的一面，通过表扬贤善宦官的著述或撰写宦官教化性专书，以及利用宦官内书堂读书制度，展开教化宦官的行动，将改善政治和影响皇帝的希望寄托于政治结构中处于重要位置且最能接近皇帝的宦官身上，曲折地施展儒家的政治理想与抱负。由此可见，中晚明士大夫得君行道的兴趣并未衰退，经世之学实不因君权之高涨与心学之流行而无所表现。这是明代政治与文化、制度与思想交互影响的切实体现。

第四章

中晚明士大夫教化宦官"运动"：
以内书堂为中心

唐人杜甫（712~770）诗中所谓"致君尧舜上，再使风俗淳"，是中国近世儒家经世情怀的绝佳写照。[1] 用新儒家的话来说，"致君尧舜上"就是"格君"或"得君行道"，即影响和劝导皇帝，进而令政策得到制定和有效施行。[2] "再使风俗淳"实即"化民成俗"或"移风易俗"，乃是使基层社会保持淳朴风俗和井然秩序的理念、组织与措施。如以乡约为主的社区建设理念与行动，以普通民众为对象的管理与教化，都是明代士人"化民成俗"的表现。余英时综合考察宋明两代政治文化后指出，皇权独裁和政治高压使明人经世理想与追求由"得君行道"向"觉民行道"或"化民成俗"转变。这一观察具有启示性，但不能因此低估乃至忽视明代士人面对政治生态恶化所进行的积极应对、改变与努力。换言之，皇权代表的"政统"固然挤压士人所宣示的"道统"空间，但后者主动向"政统"渗透，使政治不致离"道"太远的努力，[3] 同样值得重视。

---

① 朱鸿林：《传记、文书与宋元明思想史研究》，《中华文史论丛》第 82 辑，2006 年，第 201~228 页。

② 明代士人"得君行道"个案研究，参朱鸿林《明儒湛若水撰帝学用书〈圣学格物通〉的政治背景与内容特色》，氏著《中国近世儒学实质的思辨与习学》，第 220~258 页。

③ 如明代儒臣向帝王讲论经史以提升其道德文化与治国知识的经筵和日讲，相关研究参 Hung-lam Chu, "The Jiajing Emperor's Interaction with His Lecturers," David M. Robinson eds., *Culture, Courtiers, and Competition: The Ming Court (1368 – 1644)*, pp. 186 – 230; 朱鸿林《高拱与明穆宗的经筵讲读初探》，《中国史研究》2009 年第 1 期，第 131~147 页；朱鸿林《申时行的经筵讲章》，载《屈万里先生百岁诞辰国际学术研讨会论文集》，台北：台湾"国家"图书馆，2006 年，第 509~533 页。

朱元璋废除丞相后皇权独裁专断已是学界共识，君主罕见臣僚甚至长期不理朝政也是明中期以后的政治实况，而宦官在明代政治制度与权力结构中处于关键位置更成为既成政治现实。如此不利的政治形势，无疑令士大夫直接"格君"的希望变得渺茫，从而倒逼其转换思路，主张宦官具有常"人"一样的"本心"、可以教化为善，将"格君"政治理想曲折地转化为教化常在君主身边、最能影响君主的宦官。隆庆六年（1572）末，王畿因明神宗年幼即位撰成旨在通过教化宦官来间接辅养君德的《中鉴录》一书，即是例证。该书以宦官为题材和预设读者，将宦官分为忠、贤、让、劳、能、准、逆、乱、奸、横、贪、残十二类，借对古今善恶宦官传记选录、分类以及极具鲜明的评论，劝诫、教化宦官向善去恶。除撰著专门性"化宦"书籍外，中晚明士大夫还重视并利用内书堂教化宦官。

本章着重呈现中晚明士大夫重视内书堂作为"化宦"平台的历史情状，探讨直接负责教习的翰林儒臣在内书堂开展形式多样的道德教化实践，以及随着"化宦"行动的深入展开，内书堂道德教育读本的编写、官定与挑战诸情形，进而揭示中晚明士大夫曲折而实在的"得君行道"路径——通过内书堂"化宦"来间接落实"格君"和影响君主的目标。①

第一节　中晚明：作为"化宦"平台的内书堂

如第三章所述，明中前期士人对内书堂缺乏好感，对其重要性认识有限。而正德年间及嘉靖初年，内书堂翰林教习人员如景旸、何瑭、陆深、徐阶等开始认真教事，且纷纷增添道德教育内容，视内书堂为"化宦"进而间接裨益君德的平台。

明中叶以后，重视通过内书堂"化宦"更成为有识之士的共识与努

---

① 包诗卿、梁绍杰等学者亦有相关探讨，但本章在文献材料、研究旨趣与结论等方面仍有补充或商讨之益。参包诗卿《明代宦官教育新析》，《史学月刊》2013 年第 10 期，第 46～54 页；梁绍杰《明代内书堂的设立与祖制》，李焯然等主编《赵令扬教授上庠讲学五十周年纪念论文集》，香港：香港中华书局，2015 年，第 161～188 页。

力所在。嘉靖十四年进士、浙江宁波人全元立于嘉靖二十四年至二十七年执教内书堂，他对内书堂"故事，多煦煦优容之"的情形颇为不满，"独侃侃，有弗率者，夏楚不贷"。全元立施教严格，以至于其孙万历十四年进士全天叙在万历年间教习内书堂时，"有长年巨珰，谈之动色"。①

同是嘉靖二十六年进士的李春芳（1511～1584）和胡杰（1520～1571）也表现出很高的热情。李春芳，江苏泰州兴化人，官至吏部尚书兼中极殿大学士，拜湛若水为师，又问学于王阳明弟子欧阳德（1496～1554），并向泰州学派创立者王艮（1483～1541）请益。② 李春芳称湛若水"语人则曰'随处体认天理'……舍天理非良知，舍随处体认非致良知。盖道一言一，而教亦一也。余尝亲炙门墙，面聆謦欬。忆自牛渚钱别，羁迹仕版，仪刑日远，趋步无由，惟奉六字心诀，日与周旋，盖将终身焉"。③ 嘉靖二十九年至三十五年，与徐阶关系颇密的李春芳担任内书堂教习，④ 表现积极。李廷机撰其行状谓：

> （李春芳）独计以为此曹它日且貂珰，而在上左右，不自今令稍知理法，习畏谨，而善逸自便，非所为起教远萌、童牛之牿之义也。于是度所能行，为立约设程，日课督之，不为假。一时受书中贵人，率严惮李先生。⑤

王锡爵（1534～1611）为李春芳撰传亦称："（李春芳）授书中贵人。故事，多文具。公以此辈日侍上左右，而惰游解嫚，渐以成习，即一旦管事奈何？乃为琐科条，教督之。于是皆留听承学，掖庭永巷，一时焕然。"⑥简言之，受过严格教育的宦官将来"在上左右"必能裨益"君德"，所以

---

① 申时行：《赐闲堂集》卷19《嘉议大夫南京工部右侍郎全公神道碑铭》，第393页。
② 李春芳：《贻安堂集》卷9《崇儒祠碑记》，《四库全书存目丛书》集部第113册，第261～262页。
③ 李春芳：《贻安堂集》卷4《甘泉湛先生文集叙》，第110页。
④ 王家屏：《明故光禄大夫柱国少师兼太子太师吏部尚书中极殿大学士赠太师谥文定石鹿李公暨配一品夫人徐氏状》，李春芳：《贻安堂集》卷10，第316页。
⑤ 李廷机：《李文节集》卷19《明故柱国光禄大夫少师兼太子太师吏部尚书中极殿大学士石鹿李公暨配一品夫人徐氏行状》，第1648～1649页。
⑥ 王锡爵：《太师李文定公传》，李春芳：《贻安堂集》卷10，第307页。

要认真对待。

胡杰与李春芳一同被命为内书堂教习，同样重视教事。胡杰，江西丰城人，授翰林编修，历官侍读、南京国子监祭酒等职。他后以词臣谪为广平通判，"习为吏事，举而人便"，任职南太仆寺，"议为义仓、社学、漏泽之园，以联属其民……署之民比于都邑，乃皆尸祝先生（胡杰）"。① 可见胡杰是一位敢于任事的实干官员。这种务实、实干精神，在他入教内书堂时也有所体现：

> 顷之，诏视诸谒者学。（胡杰）慨然叹曰："嗟乎！右貂非制也，汉置中常侍，犹选用士人，今独可师其意，令向为善，他日不损帝德。"诸常侍无不惮先生者乎。②

胡杰相信内书堂培养"为善"的宦官，必将有益圣躬，"不损帝德"。质言之，正德、嘉靖以后，翰林教习儒臣重视内书堂教事，正是基于其有裨圣德的考虑。

内书堂不仅受到翰林教习人员重视，而且成为中晚明朝野共同关注所在。万历初，首辅张居正（1525～1582）在经筵上称宦官"读书最好，人能通古今，知义理，自然不越于规矩"，强调"此中须有激劝之方"，要求提督内书堂的司礼监太监"访其肯读书学者，遇有差遣，或各衙门有管事缺，即拨用之，则人知奋励，他日人才亦如此出矣"。③ 这是想从内廷人事除授入手，激劝内书堂宦官好学读书。

明末颜茂猷（？～1637）也强调"教养内监"的重要性。颜茂猷，福建漳州人，崇祯七年（1634）由会试副榜特拨进士，授礼部主事，然"未任，即告归，终于家"。④ 颜氏所撰《迪吉录》是明末著名善书，共8卷，分官鉴、公鉴、女鉴，"善恶具载，劝戒毕彰，人尽天下之人，

---

① 申时行：《赐闲堂集》卷28《嘉议大夫南京太常寺卿剑西胡先生墓志铭》，第578页。
② 陈与郊：《隅园集》卷14《嘉议大夫太常寺卿国子祭酒剑西胡先生墓表》，《四库全书存目丛书》集部第160册，第594～595页。
③ 《明神宗实录》卷30，万历二年十月癸亥条，台北：中研院历史语言研究所，1962年，第732页。
④ 郑达：《野史无文》卷3《烈皇帝遗事上》，中华书局，1960年，第10页。

而事该天下之事，读之而有不勃然兴、悚然惧、避凶而趋吉者，非夫也"。① "官鉴"下设"内官"门，这在明末善书中颇为罕见。"内官"门下分列"内官忠善之报"8条、"内官横溢之报"15条史事。各条大多附有作者富有特色的评论、眉批和夹注，借由古今善恶宦官史例，并以因果报应之说相陈，使其知尽忠有福，为逆遭祸，用示劝诫。宦官"最信因果，好佛者众"，② 可见该书"内官"一门具有明显针对性。③ "内官忠善之报"开篇小序称：

> 天有宦侍之星，亲近御座，不可废也……然与人主最习，效忠尤易。周公所以辅导太子者，前后左右罔非正人，则内侍其吃紧也。若能因事纳规，匡救扶持，必有外廷所不能得而内臣独得之者。是一功可胜外臣百功，其于福国庇民，必万万矣。盖渠今生为内侍，亦是前业带来。然得为天子近臣，乃是大大根器，因此修持功德不小……积德遗福，冥冥中却自家受用，何等快活。又不犯外廷口舌，不惧行险犯法。生依日月，死上天堂。吃不尽处，又与来生咀嚼也。大略辅养圣德功居第一，保佑正人次之，赞成善事及吃力救失又次之。即今教养内监，最是重任，亦当以此义告之者也。能成就一个好司礼监，其利泽不少矣。④

既然"效忠尤易"的好宦官"利泽不少"，故"教养内监，最是重任"。

---

① 顾锡畴：《迪吉录序》，颜茂猷：《迪吉录》卷首，《四库全书存目丛书》子部第150册，第310～311页。《迪吉录》最新研究，参吴震《明末清初劝善运动思想研究》，台北：台湾大学出版社，2009年，第105～176页；吴震《颜茂猷思想研究》，东方出版社，2015年。明清善书研究，参前揭酒井忠夫《中国善书研究（增补版）》；游子安《善与人同：明清以来的慈善和教化》，中华书局，2005年。
② 刘若愚：《酌中志》卷22《见闻琐事杂记》，第575页。
③ "刘瑾谋反磔诛"条，颜茂猷评论称："内官每每布施奉佛，此极善缘，然得财不以道施，无益也。木佛不度火，心佛空里坐。但能平直事主，是奉弥陀法。慈悲救人，是奉观音法。佐天子仁四海，是谓开甘露门。劝同侪行善事，是谓泛圆觉海。如是布施，身即是佛。不如是布施，则物事所积，悉是怨毒所成。集众冤鬼以奉世尊，佛岂福之乎？故运量大，则佛缘亦大，天颜近则西天亦近，是在修之而已。"见颜茂猷《迪吉录》卷2，"内官横溢之报"，第408页。
④ 颜茂猷：《迪吉录》卷2，"内官忠善之报"小序，第399页。

在颜氏看来，一方面，要严格选任内书堂教习人员，"教内监便当择人了"；① 另一方面，须以"辅养圣德"、"保佑正人"和"赞成善事及吃力救失"等宦官善行善事，反复感化内书堂宦官。这些善行善事，实指明太监覃吉和怀恩两人事迹，前者以辅导孝宗闻名，后者以保护直节之臣林俊、王恕等见称。

正是鉴于天启年间魏忠贤乱政，② 颜茂猷重视内监在培养君德等方面不可替代的作用。他称汉"宣帝之贤，未必非（张）贺成之也"，③ 称覃吉为"格心大人""实实圣学""有用实学，识务俊杰""尤是圣人"，并谓："赖一贤监便成圣治，盖当其储养时，格心最易也。孝宗以刘健诸臣受遗辅政，非不得人，无如马永成、刘瑾辈已据其心腹矣。"④ 他于怀恩条末评论称："如覃吉、怀恩两内监，何处讨来，济利天下，功德无疆，是当与大臣、名臣，共垂不朽。其厌世而去也，必为大罗天上人矣。外臣匡救甚难，又有谴怒刑戮之患，又不得朝夕敷陈，故事倍而功半。内臣熟天子情性，得候时便，又素亲密，虽怒不获重谴，可以宛转深言，故事半而功倍。若得好司礼监重重相继，与良宰执同辅明时，而储君左右又是好人辅导之，何忧不万世太平哉？"⑤ 概言之，辅君德性和匡救时政，内臣比外臣更易着力，影响更为直接有效，国家治理尤赖"贤内监"和"好司礼"，是故内书堂培育贤才最为关键。明末陈龙正（1585～1645）颇推崇《迪吉录》，以其书中所载金英、覃吉、怀恩三位宦官事迹直接感化宦官，希望中官"高山仰止、景行行止，各随其位，同怀是心"。⑥

---

① 颜茂猷：《迪吉录》卷2，"内官忠善之报"小序眉批，第399页。

② "樊丰废立诛死"条上，眉批谓"数百年之上先有魏伴伴、客巴巴矣"。又，"王振纳赂覆国身诛族灭"条上，眉批谓"魏良卿前身"。见颜茂猷《迪吉录》卷2，"内官横溢之报"，第403、406页。

③ 颜茂猷：《迪吉录》卷2，"内官忠善之报"，第399页。

④ 颜茂猷：《迪吉录》卷2，"内官忠善之报"，第402页。

⑤ 颜茂猷：《迪吉录》卷2，"内官忠善之报"，第403页。

⑥ 陈龙正：《几亭全书》卷58《书中贵人刘扇》，《四库禁毁书丛刊》集部第12册，第626～627页。陈龙正称金英"好贤取人，虽学士大夫力祛悦佞之习者，无以过也"；称明孝宗"睿德凤成，致臻盛治，（覃）吉之默赞为多，此虽古大臣之正君心，亦何忝焉"。

不独外廷之士，明末宦官也视内书堂"化宦"为解决内廷弊病的关键。刘若愚（1584～？）《酌中志》对遭魏忠贤专权破坏殆尽的内廷典制提出补救建议和改进方案。刘若愚载司礼监之制称："如欲内廷有真正忠良才品，必先将内书堂振刷，优选聪明稳重慈善之人，加意训教，以储十余年或二三十年之后大用可也。"① 他述文书房又说："如欲君德昭明，左右得人，须先振刷内书堂起。"② 刘氏述内书堂再一次重申：

> 如欲痛改前辙，只在圣主右文主持于上，好印公提督掌司振饬于下，不吝教、不惮烦词林老师激劝于外，不倚势、有良心学长，晓事年长应之于中，不三五年即有成效，十年内外，国家自享真才之用，消元黄之战于庙堂，衍无疆福泽于亿世。③

补救内廷之政，先从内书堂教化出好的宦官入手，这是刘若愚反复陈说的要点，可谓再三致意。④

清初士人省思前朝旧事，肯定内书堂"化宦"之益。江苏武进人陈玉璂（康熙六年进士）称太监马氏不与魏忠贤合作、决意退守，与其早年受到内书堂良好教化关系密切：

> 张元忭为修撰，教习内书堂，时取《中鉴录》自为条解，又作训忠诸吟，令歌之，以为补救。以公为人观之，即生其时，亦何藉有此。罗圭峰为内官白江、傅容，御马监㧐罗撰志铭，人窃非之。以为即铭亦宜微文风刺，昭示令典，不宜从谀，使后世无戒……则或者之非圭峰，未为无见。而予之援引明祖训及张元忭所云，亦不宜偏废

---

① 刘若愚：《酌中志》，《内府衙门职掌第十六》，《四库禁毁书丛刊》史部第 71 册，第 143 页。
② 刘若愚：《酌中志》卷 16《内府衙门职掌》，《续修四库全书》第 437 册，第 504 页。
③ 刘若愚：《酌中志》卷 16《内府衙门职掌》，第 505～506 页。
④ 刘若愚念兹在兹，他又称："祖宗设内书堂，原欲于此陶铸真才，冀得实用。"见刘若愚《酌中志》卷 18《内板经书纪略》，第 546～547 页。

也哉！①

张元忭在内书堂"化宦"行动，后文将详论。罗圭峰即罗玘（1447～
1519），曾任内书堂教习，后为其弟子内官监太监白江、南京守备太监傅
容等撰作墓志铭。② 罗玘这一行为曾遭非议。明末诸生张自烈作《书罗圭
峰集后》非之，③ 即是一例。但在陈玉璂看来，遵守祖制、严守节气及利
用内书堂"化宦"，均具价值，同样重要，"不宜偏废"。值得一提的是，
天启年间，张自烈"愤珰乱，辑《宦寺贤奸录》"，④ 又为砥砺士节而撰
《惩奸录》，⑤ 主张恢复祖制，⑥ 认为内书堂教习之制与"祖法相戾"。⑦
但《书罗圭峰集后》行间评语称："张公元忭为修撰，奉旨教习内书堂，
云'若曹近皇位，不可去，可使习为善'，乃取《中鉴录》自为条解，又
作训忠诸吟，令歌之。按此亦补救之法。"可见，即便是主张法祖激进之
士，也毫无例外地认识到内书堂"化宦"对于补救现实政治不足的意义。
明末熊人霖（1604～1666）一语道破："明兴，高帝令中涓止供扫除，不
得识字。而后世乃开内书堂，简词臣教习之，弥缝宫府之间，赘御必正，
是或一道。"⑧ 简言之，内书堂"化宦"成为实现"宫府一体"政治理想
的重要制度架构。

总之，对于中晚明士人来说，内书堂"化宦"，既是间接落实"格
君"理想的可行方案，又是宦官政治既成事实之下的补救之方。内书堂
"化宦"不仅成为中晚明朝野之共同关注，而且变为翰林教习儒臣异彩纷
呈的道德教育实践。

---

① 陈玉璂：《学文堂集》序十一《内监马公诗序》，《四库全书存目丛书补编》第47册，
第155页。
② 罗玘：《圭峰集》卷13《故内官监太监白公墓道碑》《故南京守备司礼监太监傅公墓道
碑》，《四库全书》第1259册，第177～179页。
③ 张自烈：《芑山文集》杂著卷2《书罗圭峰集后》，《四库禁毁书丛刊》集部第166册，
第323页。
④ 张自烈：《芑山文集》杂著卷3《自撰墓志铭》，第326页。
⑤ 张自烈：《芑山文集》传记卷1《芑山自传》，第239页。
⑥ 张自烈：《芑山文集》策卷2《法祖下》，第293～295页。
⑦ 张自烈：《芑山文集》杂著卷2《书罗圭峰集后》，张自烈自识语，第323页。
⑧ 熊人霖：《熊山文选》卷10《中官传总论》，台北：台湾"国家"图书馆汉学研究中心
影印内阁文库藏明刊本，叶10a。

第二节　多彩与同趋：内书堂"化宦"实践

重视内书堂教事，增添以宦官史事与史例为主的道德教育内容，期使宦官知所趋正，向善去恶，渐成中晚明翰林教习儒臣的同趋。然在道德教育具体内容与方式上却呈现形式多样、推陈出新的特色。

图 4 - 1　《徐显卿宦迹图·司礼授书》所见内书堂教习场景

资料来源：来自网络。原图藏于故宫博物院。

一　善恶并呈

兼举历史上善恶宦官史事，是翰林教习开展道德教育的重要内容。与李春芳、胡杰同为嘉靖二十六年进士的亢思谦（1515～1580），山西临汾人，历官至四川左布政使，同情王学，① 主张"求六经于吾心，则经之道

① 亢思谦：《慎修堂集》卷 4《重刻阳明先生文粹后序》，《四库未收书辑刊》第 5 辑第 21 册，第 78 页。

全矣……六经亦陈迹矣"，① 但反对"师陆诋朱"，倾向于调和朱陆。② 他不仅是一位有思想有主见的独立儒者，还是一位注重实际胜于追逐名节的务实儒臣。③ 嘉靖三十一年，他受命教内书堂：

> （亢思谦）叹曰："此辈不患无材艺，患不知大义耳。"每取汉唐以来宦官事可为劝戒事者，反复训谕之。中人感动。④

亢氏强调内书堂教育不在知识文化传授，而在道德感召，故兼呈宦官善恶史事，劝惩并进，用作训化。

嘉靖三十五年进士、浙江会稽人陶大临（1526～1574）于嘉靖四十一年至四十五年任教内书堂，也将历史上宦官"清公奉法以令终者"与"贪暴负国参夷五宗者"并相陈说，"委曲辨析不已"，以作训化，"诸孺珰咸拱手曰：'此公异日谓我也'"。⑤ 陶氏劝惩并重的教育特色收效甚佳，乃至"至今中贵人称陶先生师范严，所称说古今，凛凛动听"。⑥

浙江嘉善人黄洪宪（1541～1600）施教与亢思谦、陶大临相仿。黄洪宪，隆庆五年进士，万历元年授编修，官至詹事府少詹事兼翰林院侍读学士。黄氏反感"好气为名高者"，⑦ 批评国本之争中的朝臣"求名博

---

① 亢思谦：《慎修堂集》卷12《六经论》，第216页。

② 亢思谦：《慎修堂集》卷15《朱陆异同辨》，第271～272页。

③ 亢思谦谓："人臣激烈以树声非难，雍容献纳而裨补不形者难也……夫批鳞面折，声振一时，节岂不赧哉？揆诸圣门之论谏，若莫可从者，非以无益于国耶？"见亢思谦《慎修堂集》卷8《贺方伯扈会溪升陟左使序》，第145页。亢思谦又称："事君之义，有言责者尽其忠，有官守者修其职……豪杰之士，不二心之臣，见事风生，发言盈庭矣。然或失则数，或失则激，于事亦奚济哉？故言而有裨于上下，虽鞠躬尽瘁而不已。言而空焉，君子不为也。"见亢思谦《慎修堂集》卷10《贺节推杨会江应召北上序》，第185页。

④ 张四维：《条麓堂集》卷26《通奉大夫四川布政使司左布政使水阳亢公墓志铭》，《续修四库全书》第1351册，第708页。另见王祖嫡《师竹堂集》卷20《通奉大夫四川布政使司左布政使水阳亢先生行状》，第227页。

⑤ 王世贞：《弇州史料后集》卷4《陶文僖公传》，《四库禁毁书丛刊》史部第49册，第260页。

⑥ 王锡爵：《王文肃公文集》卷5《陶文僖公神道碑》，《四库禁毁书丛刊》集部第7册，第136页。

⑦ 黄洪宪：《碧山学士集》卷15《与赵定宇》《柬邹南皋》，《四库禁毁书丛刊》集部第30册，第368～372页。

位，使朝廷之上为聚讼"，① 并谓"今一激而止，又置之罔闻矣，何时出
阁读书为早教谕地耶"。② 可见黄氏是一位踏实而实际的儒臣。万历二年，
黄氏在内书堂"化宦"之举，是他"读书有经世志，不专以词艺自喜"
的表现：

> （黄洪宪）曰："是且在天子股掌间，为祸福不细。"数举古今宦
> 侍为鉴戒，词色甚庄。③

黄氏施教劝惩兼重，且不局限于前代宦官事迹，重视与本朝实例交互为
用，以求感化。

万历五年进士、江西高安人敖文祯（1545～1602）亦是如此。敖文
祯，历官至礼部右侍郎，推崇大学士王家屏（1535～1603）、沈鲤
（1531～1615）的"相业"及邹元标的气节。④ 万历九年，敖氏与同年冯
琦（1558～1603）、余继登（1544～1600）等一同任教内书堂，⑤ "每举
前代吕（强）、张（承业）为劝，（曹）节、（王）甫为戒"，⑥ "诸群竖，
拱听懔然"。⑦ 吕强、张承业分别是东汉、唐末公认的贤良宦官，曹节、
王甫则是东汉恶宦代表。可见，敖氏在内书堂施行的也是善恶宦官史事并
举的教育方式。

敖文祯与邓以讚（1541～？）、曾同亨（1553～1607）为莫逆之交。⑧
邓以讚，江西新建人，与张元忭为同年密友，问学于王畿。⑨ 曾同亨，江
西吉水人，嘉靖三十八年进士，也是王门学者，与王畿论学密切。万历

① 黄洪宪：《碧山学士集》卷15《覆王荆石》，第374页；卷17《上王荆石相公》，第393～394页。
② 黄洪宪：《碧山学士集》卷17《与王辰玉》，第395页。
③ 王锡爵：《王文肃公文集》卷5《少詹葵阳黄公神道碑》，第146页。
④ 郭正域：《墓铭》，敖文祯：《薛荔山房藏稿》卷10，《续修四库全书》第1359册，第400页。
⑤ 《明神宗实录》卷112，万历九年五月丙子条，第2142页。
⑥ 郭正域：《墓铭》，敖文祯：《薛荔山房藏稿》卷10，第399页。
⑦ 张应泰：《传》，敖文祯：《薛荔山房藏稿》卷10，第405页。
⑧ 方从哲：《墓表》，敖文祯：《薛荔山房藏稿》卷10，第404页。
⑨ 黄宗羲：《明儒学案》卷21《江右王门学案六·文洁邓定宇先生以讚》，第490页。

初，王畿致信时任大理寺左少卿曾同亨，希望他为《中鉴录》作跋，刻梓以传。① 敖氏极可能以《中鉴录》施教内书堂，其所举贤宦吕强、张承业及恶宦曹节、王甫分别收入《中鉴录》忠、逆二类宦官传中。②

二 "贤可为法"

与善恶宦官史事兼举以起劝诫之用不同，专门举说历代贤善宦官，是以"正面史例"期使宦官"跃然兴起于善"。河南安阳人郭朴（1511～1593）即是一例。郭朴，嘉靖十四年进士，历官至吏部尚书、武英殿大学士，隆庆元年因受首辅徐阶排挤致仕，居乡二十余年，卒于家。③ 郭朴崇实黜虚，"深厌世儒高远之谈而矫之以实"，④ 重视经世致用之学，任职翰林期间，"凡历代及国朝故实，博综详究，务求适用，不徒掞藻竞长，由是经济日裕"。⑤ 督修昭陵工程太监杨氏廉洁自律，得到工部尚书朱衡称赏，其后督造宫楼，工部郎中贺幼殊对杨氏也有好评。邹德涵"因诘（杨氏）所自"，杨氏答谓：

> 非予师安阳郭公，予曷致此？往典教中贵者，路人视也。独安阳公不予弃，勤勤开迪，数举吕强、怀恩辈，示之准则。恨不能效，若为腼颜多矣，忍为污浼哉！⑥

杨氏行止端良而"推本安阳之教"，可见郭朴教习内书堂效果甚佳。这既是郭氏不以"路人视也"、重视教事的结果，更是他以历史上贤宦吕强和本朝良监怀恩事迹感召教化所致。

与郭朴同年的孙陞（1501～1560）和赵贞吉（1507～1576）二人，

---

① 王畿：《王畿集》卷12《与曾见台》，第304～305页。
② 王畿：《中鉴录》卷2《忠类·吕强》《忠类·张承业》，第78～80页；《中鉴录》卷5《逆类·曹节、王甫》，第105～108页。
③ 张廷玉等：《明史》卷213《郭朴传》，第5642～5643页。
④ 陈丁陛：《明光禄大夫少傅兼太子太傅史部尚书武英殿大学士赠太傅谥文简东野郭公墓志铭》，郭朴：《郭文简公文集》卷6，《四库未收书辑刊》第5辑第19册，第494页。
⑤ 李标：《明少傅赠太傅谥文简东野郭公传》，郭朴：《郭文简公文集》卷6，第489页。
⑥ 邹德涵：《邹聚所先生文集》卷6《书中贵杨纯庵册》，第385页。

与郭朴共襄教事。孙陞，浙江余姚人，以诗文名世，早年游学国子监，受陆深赏识，[1] 历官至南京礼部尚书。赵贞吉，四川内江人，《明儒学案》视其为泰州学派传人，[2] "以经世大业自喜，好讲古黄石《素书》"，[3] 位至内阁大学士。《酌中志》载三人任教情形：

> （王翱）嘉靖壬寅（二十一年）选入，时年十一岁，拨司礼监内书房读书，受业于郭东野、赵大洲、孙继泉先生，咸器重之，且曰："尔诸生系内史，不必学举业文章，惟讲明经、史、《（尚）书》、《（资治通）鉴》及本朝典制，以备圣主顾问，有余力，学作对与诗可也。"[4]

"作对与诗"并非授学重点，提高宦官对《尚书》、《资治通鉴》及本朝典制的掌握能力，才是三人施教的目标。

值得注意的是，以上三人所教也是明代儒臣希望君主着重掌握的经典、典章和经筵、日讲的重要内容。作为"外史"的翰林文臣，希望通过内书堂培养和教化出好的"内史"之臣，再由其辅导君主，成就圣德。儒家政治知识和道德文化，遂由内书堂间接渗透到皇帝身上。外廷士人视宦官为"备圣主顾问"的内史，内廷宦官也多以词臣和清流自命自居。明末沈德符称："司礼今为十二监中第一署，其长与首揆对柄机要，金书、秉笔与管文书房，则职同次相。其僚佐及小内使，俱以内翰自命，若外之词林，且常服亦稍异其宦官在别署者，见之必叩头称为上司，虽童稚

---

① 李本：《资善大夫南京礼部尚书季泉孙公陞行状》，焦竑：《国朝献征录》卷36，《续修四库全书》第526册，第740页。
② 黄宗羲：《明儒学案》卷33《泰州学案二·文肃赵大洲先生贞吉》，第746～759页。
③ 高启愚：《赵文肃公文集序》，赵贞吉：《赵文肃公文集》卷首，《四库全书存目丛书》集部第100册，第238页。赵贞吉的思想与经世志业，参陈世英《赵贞吉的学术思想》，《内江师范学院学报》2008年第3期，第18～27页；官长弛《赵贞吉与隆万革新》，《社会科学研究》1999年第2期，第122～126页；黄卓越《明儒赵贞吉的经世出世论：学渊与间架——兼论一种思想史的线索》，《明清论丛》第10辑，紫禁城出版社，2010年，第259～274页。
④ 刘若愚：《酌中志》卷22《见闻琐事杂记》，第573页。

亦以清流自居。"① 可与之印证的是，隆庆五年冯保《跋经书音释后》阳
文印章"内翰之章"（见图4-2），② 万历三十九年刘成《刻中鉴录跋》
阴文印章"读书中秘"，③ 以及万历二十三年孙隆《重刻通鉴总类跋》
"丁未选士"印章，④ 崇祯四年宋晋《合刻字原正讹序》"癸未选士"之
章（见图4-3），⑤ 都是宦官知识文化水平提升、以内史自任的实在体
现。宦官比附外廷士大夫乃至翰林词臣的情形，表明内书堂教育与教化使
得内外廷在儒家政治与文化上已然趋于一体，密不可分。

浙江鄞县人汪镗（1512~1588）与郭朴教法相近。汪镗，嘉靖二十
六年进士，授编修，累官至礼部尚书，"学识渊泓，笃厚持重，得大臣之
体"。⑥ 嘉靖三十三年至三十五年，汪氏教授内书堂，"每为谈《小雅·
巷伯》以下，保其专良之志"。⑦《诗经·小雅·巷伯》乃孟子所作。孟
子贤者，被谗而宫，故作诗以斥诬陷者。汪镗以历史上贤宦勉励小宦官，
"保其专良之志"，与郭朴"数举吕强、怀恩辈，示之准则"，异曲同工。

嘉靖三十二年进士姚弘谟（1531~1589）所行教法与郭朴、汪镗并
无二致。姚弘谟，浙江秀水人，官至吏部左侍郎。于嘉靖三十六年至三十
八年教习内书堂，"每谈说《小雅·巷伯》及累代宦竖之贤而奉法者，皆

① 沈德符：《万历野获编》补遗卷1《内监·内官定制》，第814页。
② 冯保：《跋经书音释后》，冯保：《经书音释》卷末，《四库全书存目丛书》经部第150
　册，第45页。跋文手书上版书法与《清明上河图》冯保题款如出一辙。《清明上河图》
　冯保题款分别钤有四枚阴文印章："侍御余清""冯永亭珍藏书画记""冯保印"
　"永亭"。
③ 刘成：《刻中鉴录跋》，王畿：《中鉴录》卷末，日本内阁文库藏明万历三十九年刻本
　（以下简称"内阁文库本"。未专门注明者，均为故宫本），叶2a。刘成的"读书中秘"
　印章应指曾入内书堂读书。天启二年，司礼太监李实重修《通鉴总类》并自撰跋文，
　亦谓"当奉御前，窃读中秘书"。见李实《通鉴总类跋》，沈枢：《通鉴总类》卷末，北
　京大学图书馆藏明万历二十三年孙隆刻天启重修本。按：李实，万历六年选入内廷，入
　内书堂，万历中选为光庙伴读，泰昌元年八月升司礼监秉笔太监，天启元年任提督苏杭
　织造太监。见刘若愚《酌中志》卷15《逆贤羽翼纪略》，第501页。
④ 孙隆：《重刻通鉴总类跋》，沈枢：《通鉴总类》卷末，台北：台湾"国家"图书馆藏明
　万历二十三年孙隆刻本，叶5a。孙隆"丁未选士"印章应指其入宫时间。
⑤ 宋晋：《合刻字原正讹序》，《六书字原》卷首，哈佛大学哈佛燕京图书馆藏明崇祯四年刊
　本，叶9a。除"癸未选士"印章外，另外两枚印章分别为"宋晋之印""司礼视篆"。
⑥《明神宗实录》卷212，万历十七年六月丁丑条，第3965页。
⑦ 沈一贯：《喙鸣文集》卷18《资政大夫礼部尚书兼翰林院学士远峰汪公行状》，第439~
　430页。

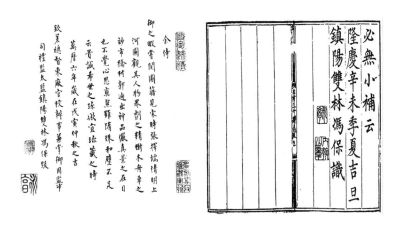

图 4 - 2　太监冯保的"印章"

图 4 - 3　太监孙隆、宋晋自称"选士"之印章

矍然悚听"。① 无独有偶，嘉靖三十五年进士、江西浮梁人金达，于嘉靖
三十九年至四十二年执教内书堂，也"述古寺人之忠且贤者，训勉
之"。② 可见，以历代贤宦实例为模范，鼓舞、感召内书堂宦官，是翰
林教习普遍采用的施教方法。内书堂读本《思齐录》的编刊，更具说
明意义。

---

① 申时行：《赐闲堂集》卷 25《通议大夫吏部左侍郎兼翰林院侍读学士赠礼部尚书姚公墓
志铭》，第 510 页。
② 乔溎修，贺熙龄纂道光《浮梁县志》卷 13《人物·贤良·金达传》，《中国地方志集
成·江西府县志辑》第 7 册，江苏古籍出版社，1996 年，叶 43a。

《思齐录》，嘉、隆之际刊行于世，今不存。① 该书作者李贵（1522～1571），江西丰城人，字廷良，别号文麓，改号浣所，嘉靖三十二年进士，与姚弘谟同年。李贵始职内书堂稍晚于姚氏，但他分别在嘉靖三十七年至三十八年、四十二年至四十五年，两度担任教习。② 《思齐录》正是李贵内书堂"化宦"实践的结晶。李贵少从游于邹守益（1491～1562），得闻王阳明致良知之学。③ 入仕后，他在京参与由徐阶等王门组织的讲学活动。④ 庶常馆读书及翰林任职间，李贵孜孜讲求天下治理，"编集古名臣相业，日自省览，慨然欲身任天下之重"，"自钟律、刑赋、兵车阵法，靡不综核，著为图论"。⑤ 用心内书堂授徒及编刊《思齐录》，也是李贵落实以"化宦"改善治理的表现。

李贵在内书堂"每卯而入，尽申而退，诸生鱼贯而进，督以课程，不敢废也"。他认为教化出好宦官，将获"圣天子侍御仆从，罔非正人，凡所任使，罔不称职"的收效，有"补圣治"。但内书堂不应"徒鳃鳃然惟课程之末是求"，当"申训以忠"，以历代"贤可为法"的宦官事例感化宦官为要。⑥ 这实是《思齐录》编写缘起和主导理念。

《思齐录》以历代"贤可为法"的宦官为收录对象，分忠谨、谏诤、保贤、建功、文学、节俭、恬让、伎巧八类。从分类情形看，《思齐录》应参考了北宋真宗年间纂修的资治类书《册府元龟·内臣部》。《册府元龟·内臣部》共分 16 个门类。《思齐录》忠谨、谏诤、保贤、建功、文学、伎巧各类，与《册府元龟·内臣部》忠直、规谏、荐贤、立功、才

---

① 吴椿：《太史李浣所公暨吴孺人行状》，李贵：《浣所李公文集》卷9，台北：台湾"国家"图书馆藏明万历十年湖广刊本，叶10b。
② 李贵：《浣所李公文集》卷5《思齐录引》，叶3b～4a；戴洵：《明故四川按察司副使浣所李先生偕吴孺人合葬墓志铭》，李贵：《浣所李公文集》卷9，叶15。
③ 吴椿：《太史李浣所公暨吴孺人行状》，李贵：《浣所李公文集》卷9，叶9a。李贵撰邹守益祭文，见李贵《浣所李公文集》卷9《祭东廓老师文》，叶2a～3a。
④ 戴洵：《明故四川按察司副使浣所李先生偕吴孺人合葬墓志铭》，李贵：《浣所李公文集》卷9，叶15a。
⑤ 戴洵：《明故四川按察司副使浣所李先生偕吴孺人合葬墓志铭》，李贵：《浣所李公文集》卷9，叶16a。
⑥ 李贵：《浣所李公文集》卷5《思齐录引》，叶3b～4a。

识、干事各门若合符节。① 但节俭、恬让两类为《册府元龟》所无，似属《思齐录》新创，可见李贵对宦官撙节寡欲、清廉奉公尤为重视。《思齐录》不录明朝贤宦事迹，作者称因"国朝贤者颇多，未有信书，恐恣遗误，姑俟详考以续之"。

李贵以贤宦史例施教内书堂虽非首例，但他有意撰著《思齐录》颇为重要。一如他在书序中所称，《思齐录》专为内书堂而设，"凡所以事主、莅官、淑身之道备载，使诸生观之，跃然兴起于善，人人思效忠，以齐于前贤"。②《思齐录》的直接影响目前虽无从获知，但它的撰刻无疑在客观上为内书堂提供了教育读本，并为翰林教习提供参考与施教范式。

李贵的事业后继有人。嘉靖四十四年，内阁大学士徐阶对内书堂教习选派资格进行改革，由翰林院"累资十年以上者"改为"用资浅者为之"。③ 其用意是防止如下可能：提督内书堂内廷大珰与资历深、交游广、门徒众的翰林教习官员夤缘相结，致其在政治上互为声气。④ 隆庆二年，新科一甲进士罗万化（1536～1594）、黄凤翔（1539～1614）、赵志皋（1524～1601）三人受命内书堂教习，即出自徐阶之手。李光缙（1549～1623）直接指出："故事，内书堂教书，用资深词臣，元相徐文贞公不欲其迹大珰，近关节为砧，乃以属新第三人。"⑤ 与李贵一样，三人还打算编写以贤善宦官事例为内容的内书堂读本。罗万化，浙江会稽人，王畿弟子，⑥ 与赵志皋关系密切，热衷于王门讲学。⑦ 赵志皋，浙江兰溪人，从

---

① 《册府元龟·内臣部》"才识"门详载内臣具有文学才艺者，与《思齐录》"文学"类，名异而实同。《思齐录》"取古奄寺勃鞮之属，善可为法者若干人"，可见所录首位宦官为"忠谨"类勃鞮。《册府元龟·内臣部·忠直门》所录首位宦官也是勃鞮。见王钦若等纂，周勋初等校订《册府元龟》卷666《内臣部·忠直》，凤凰出版社，2006年，第7681页。

② 李贵：《浣所李公文集》卷5《思齐录引》，叶4a。

③ 黄凤翔：《田亭草》卷7《教内书堂记》，《续修四库全书》第1356册，第135页。

④ 黄凤翔：《田亭草》卷7《教内书堂记》，第135页。

⑤ 李光缙：《景璧集》卷12《大宗伯仪庭黄先生传》，江苏广陵古籍刻印社，1996年，第1890页。

⑥ 王畿：《王畿集》卷7《龙南山居会语》，第166页。

⑦ 赵志皋：《赵文懿公文集》卷2《贺康洲少宗伯罗年丈五十叙》，《四库禁毁书丛刊》集部第180册，第660～661页。

学于钱德洪（1496～1574）、王畿，与徐用检（1528～1611）等相盟讲学。① 黄凤翔，福建晋江人，服膺蔡清（1453～1508）之学，"学术一禀紫阳，务躬行实践，不设道学之名"。② 三人学术不同，但关系密切，相得甚深。三人作为徐阶、李春芳所取之士，③ 其积极参与内书堂教事，受到此前同样热心内书堂教事的徐、李影响和鼓励，不无可能。隆庆三年八月，黄凤翔因病离任，作《教内书堂记》追述教习之事。黄氏指出，在内书堂学习的宦官平时"各自有师，其旦暮课业，一如塾师例"，教习者不应以"课书作对"为已足，当以使宦官"熟文义，达理道，它日为国家作好事"为职志。为此，黄、罗、赵三人商讨编纂旨在"鼓其（宦官）向善之心"、以历代宦官"英雄"事例为内容的教化读本：

> 往哲所称奄宦，自东汉迄后唐，惟数吕强、张承业两人，其称许太狭，俾供事披庭、豫参帷幄者，视为殊躅，不足鼓其向善之心。即两汉时如黄门令史游之勤款纳忠，多所补益；钩盾令郑众之一心王室，不事豪党；中常侍良贺之清俭退厚，不敢荐士；济阴丁肃、下邳徐衍、南阳郭耽、汝阳李巡、北海赵祐之清忠恬寂，靡争威权；小黄门甘陵吴伉之博达奉公，从容寺舍。所可称者奚啻吕强一人而已！迨于唐季，凶奄之煽祸极矣。然而强立持正，排挤邪党，则有如俱文珍。奋身定难，让功辞赏，则有如马存亮。痛嫉侪类，退隐青城，则有如严遵美。仗义矢节，饮泣平贼，则有如杨复光。皆庶几疾风劲草，狂澜砥柱，奚待至后唐乃称一张承业也。余乃谋诸罗、赵二君，

---

① 程子鳌纂万历《兰溪县志》卷4《人物类上·鸿业·赵志皋传》，《故宫珍本丛刊》史部第97册，第69页。

② 李清馥：《闽中理学渊源考》卷73《文简黄仪庭先生凤翔》，《四库全书》第460册，第702页。

③ 李春芳为隆庆二年会试考试官，徐阶为该年殿试读卷官，故三人都是徐、李门下士。李清馥称黄凤翔"身出其（徐、李）门，一事之以道"。赵志皋受李春芳知遇之恩，隆庆二年会试，李春芳赏其文，取为进士。赵志皋自称在李春芳"门下二十年，受知最深，蒙恩最重"。以上见李清馥《闽中理学渊源考》卷73《文简黄仪庭先生凤翔》，第702页；杨道宾《明特进光禄大夫柱国少傅兼太子太傅吏部尚书建极殿大学士赠太傅谥文懿瀫阳赵公行状》，赵志皋：《赵文懿公文集》卷末，第721～722页；赵志皋《赵文懿公文集》卷2《太师李文定公祠堂记》，第682页。

稍掇摭节略，汇次名籍，命书史编录成帙，以示诸小奄，命时时习读，间呼而问之，亦有能津津颂说者。①

黄氏苦心孤诣，有意"发现"汉唐间众多宦官善言善行，将其"编录成帙"，其用意是让宦官"时时习读"，潜移默化，化其为善。但从黄氏未题书名可知，该读本并未成书刊行，只具讲义性质，这与黄氏因病离任或有关系。然而，黄凤翔、赵志皋、罗万化三人尝试编纂内书堂讲义之举，可能影响到王畿。黄氏等三人之中，赵志皋、罗万化均从学于王畿。隆庆六年四月，赵志皋"册封吉藩"，取道返乡，② 其间可能与王畿会面，与其谈及编纂内书堂读本事情。职是之故，万历元年，王畿在给赵志皋信中称"《中鉴》之辑，自吾弟（赵志皋）起因"。③

三 歌诗之教

明人文集中经筵、日讲讲章比比皆是，但保存在张元忭文集中的内书堂讲义《内馆训言》，可谓罕见。《内馆训言》既是明代唯一可见的内书堂教化宦官的讲义，又是中晚明士大夫内书堂"化宦"实践深化的证明。④《内馆训言》显示，张元忭不仅讲说贤善宦官史例，以感召宦官，而且教以品行人伦，"诱之歌诗"。

张元忭，浙江山阴人，隆庆五年状元，王畿弟子。⑤ 他与罗万化、朱赓（1535～1609）读书里中，互为至交。⑥ 张元忭与赵志皋也有交谊。隆庆六年四月，赵志皋"册封吉藩"，张元忭赠诗谓："久从桑梓挹春风，

① 黄凤翔：《田亭草》卷7《教内书堂记》，第136页。
② 杨道宾：《明特进光禄大夫柱国少傅兼太子太傅吏部尚书建极殿大学士赠太傅谥文懿瀫阳赵公行状》，赵志皋：《赵文懿公文集》卷末，第721页。
③ 王畿：《王畿集》卷11《与赵瀫阳》，第289页。
④ 张元忭：《不二斋文选》卷6《内馆训言》，《四库全书存目丛书》集部第154册，第463～468页。《内馆训言》全文见本书附录四。
⑤ 黄宗羲：《明儒学案》卷15《侍郎张阳和先生元忭》，第323～329页。
⑥ 朱赓：《明奉直大夫左春坊左谕德兼翰林院侍读阳和张公行状》，张元忭：《不二斋文选》卷1，第329页。按：张元忭与朱赓有姻亲关系，张氏子张汝霖与朱氏女结为连理。

禁苑追随意气同。自向韦编参法象，不将词赋竞雕虫。"① 万历九年至十一年赵志皋隐居兰溪灵洞山房，张元忭亦有诗相赠。②

张元忭是一位学而自得的阳明学者，罗万化称其"远宗文成，而体验实践，自得为多"，以"力行"矫偏救弊。③ 虽从游于王畿，张氏歆慕唐枢躬行经济之学，自称"私淑其教"。④ 读书庶常馆，张氏"搜罗金匮宪典而研究之"，"聚徒讲求世务人才，相与籍记之……每抵掌论天下事"。⑤ 任翰林修撰期间，张元忭"于人材及边务，至他生民利病，皆手有记"。⑥ 无怪乎周汝登（1547～1629）说："昔闻肃皇帝之谓阳明子也曰：'王守仁是有用道学。'……世用之学，虽称孝称弟，犹为士之次；忠节比于东汉诸人，犹谓之无当于道，无救于时，而况其下者乎？此公（张元忭）所为重于世，而余深有叹乎近时之不易得也已！"⑦

隆庆六年十一月，鉴于神宗年幼即位，张元忭疏言当效明成祖故事，纂修《女鉴》并加宣讲："如此则慈母之亲，即为师保，缀衣之贱，皆化忠良，所以养成圣德、肃清政本者，其益岂浅鲜哉！"⑧ 然此疏"不报"，因其不为时相张居正置可，⑨ 但张元忭坚持"闺门实王化之原"，仍"搜拾经传之遗，稍删定之"，编成《内训》，以为"正家之一助"。⑩ 张氏通过加强宫内教化以提升君德的努力，可见一斑。

张元忭重视内书堂"化宦"，既是他一贯关切豫养君德使然，又受其师王畿影响。万历元年，王畿向在京王门同志推广《中鉴录》之际，张

① 张元忭著，钱明编校《张元忭集》卷16《送赵濒阳使长沙》，上海古籍出版社，2015年，第485页。
② 赵志皋：《灵洞山房集》卷下，《赵志皋集》，夏勇点校，浙江古籍出版社，2012年，第361～362页。
③ 罗万化：《明奉直大夫左春坊左谕德兼翰林院侍读阳和张公墓表》，张元忭：《不二斋文选》卷1，第336页。
④ 张元忭：《不二斋文选》卷4《赠王学博序》，第403页。
⑤ 王锡爵：《明奉直大夫左春坊左谕德兼翰林院侍读阳和张公墓志铭》，张元忭：《不二斋文选》卷1，第332页。
⑥ 孙鑛：《郡志小传》，张元忭：《不二斋文选》卷1，第337页。
⑦ 周汝登：《题阳和张先生文选序》，张元忭：《不二斋文选》卷首，第324～325页。
⑧ 张元忭：《不二斋文选》卷1《修实德求直言以谨天戒疏》，第343～344页。
⑨ 孙鑛：《郡志小传》，张元忭：《不二斋文选》卷1，第337页。
⑩ 张元忭：《不二斋文选》卷4《内训序》，第397页。

元忭送母回浙，①次年因其父病，请假省视，继丁父忧，万历六年服阕，除翰林修撰，②同年秋始入教内书堂。③这期间他与王畿联系甚密，讲学东南。④《中鉴录》论及内书堂称：

> 内学堂之制，相传谓起于宣德年间，选集小侍敦朴颖敏者三四百人，群聚其中。外取翰林五六品以上官六员教之，内设司礼监一员提督之，每日轮班入主教事。教之写字读书，谨其礼节，开其知见，随其根性高下，乘其机而导之。敦朴者务为疏通，颖敏者务于笃厚，悟疾徐于甘苦之外。使之潜消默化，习与性成，日入于善而不自知。今日年少之中官，即他日所用之近侍也。因与提督中官讲究教养之法，使知所以自爱，亦以信吾辈之为可亲，而不欲自外于缙绅。其法未尝不善，盖内外夹持之意也。后来人情玩弛，渐非初意，学者俱失其初，饮食宴游，习为玩嬉，彼提督者，绝不相见，盖文存而实废也。是岂立法之意哉？吾党与有过焉，不可不分任其责也。⑤

王畿希望翰林教习敢于担当，因材施教，使宦官"日入于善而不自知"，并主动与提督内书堂大珰商讨教养之法，共谋成事。张元忭入教内书堂，王畿更去信谓"内馆之设，事几若微，于圣躬得养与否，所系匪轻"，责问"不知相继主教者，能悉领此意，不作寻常套数挨过否"，⑥颇见殷切。可见，王畿对张元忭内书堂"化宦"行动确有影响，以故朱赓等直接称张氏以《中鉴录》施教内书堂。⑦

---

① 《明神宗实录》卷16，万历元年八月庚戌条，第471页。
② 朱赓：《明奉直大夫左春坊左谕德兼翰林院侍读阳和张公行状》，张元忭：《不二斋文选》卷1，第328页。
③ 张元忭：《不二斋文选》卷6《内馆训言》，第463页。
④ 彭国翔：《良知学的展开——王龙溪与中晚明的阳明学》，三联书店，2005年，第562~566页。
⑤ 王畿：《中鉴录》卷1《中鉴答问》，第70~71页。
⑥ 王畿：《王畿集》卷11《答张阳和》，第285~286页。
⑦ 朱赓：《明奉直大夫左春坊左谕德兼翰林院侍读阳和张公行状》，王锡爵：《明奉直大夫左春坊左谕德兼翰林院侍读阳和张公墓志铭》，张元忭：《不二斋文选》卷1，第329、332页。张岱《石匮书》及黄宗羲《明儒学案》等皆主此说。

　　然张元忭并非直接以《中鉴录》训化内书堂，可能只是参考而已。首先，《内馆训言》和《中鉴录》内容有出入，前者所举贤宦五人之中，曹腾未出现于《中鉴录》。① 其次，二者指向不同，前者以内书堂为对象，以贤良宦官史例感召诱导，而《中鉴录》兼载善恶宦官史事，并不专为内书堂而设。张元忭施教内容确实别具特色，《内馆训言》小序称：

　　　　余奉命教习内馆。盖诸竖虽微眇，然必教之于童时，使知趋向，而后用之于他日，庶无怼违，此圣祖深意也……余以为任无大小，莫非王事，矧兹教习，所关系非浅鲜者。故每如期而入，于常课之外，拟为训言八条，曰忠、廉、诚、慎、慈、俭、谦、和，各系以诗。又摘史传中贤宦事迹，各为训解。日取一条，令年长二人宣读二遍，诸童竖皆环立而听。讲毕歌诗，皆同声而和之。维时司礼老成者，闻馆中讲且歌，并相赞叹，诸竖亦勃勃鼓动。②

　　张元忭颇为不满的"常课"，即朱赓所说"乙其章句，课之对语"。③ 而张氏施教包括如下三项相辅相成的"节目"：先取史传中贤宦事迹，条训释解，励其志向；再分别讲说"忠、廉、诚、慎、慈、俭、谦、和"八训，塑其品质；又作八训之诗，令其歌咏，诱其德性。此举收效甚佳，以致提督内书堂司礼监太监都对此称许有加，小宦官受教之际也欢欣鼓舞。

　　张元忭在内书堂所实践的道德教育，明显受其祖师王阳明影响。王阳明《训蒙大意》反对童蒙教育只以"记诵词章"强开知见，倡导"教以人伦"，"惟当以孝、弟、忠、信、礼、义、廉、耻为专务"，即"诱之歌诗以发其志意，导之习礼以肃其威仪，讽之读书以开其知觉"。④ 张元忭受王阳明的启发，因此不满内书堂"常课"，而重视道德感召，教以品

---

① 《内馆训言》所举北魏宦官赵默与《中鉴录·忠类》赵黑实为同一人。
② 张元忭：《不二斋文选》卷6《内馆训言》，第463页。
③ 朱赓：《明奉直大夫左春坊左谕德兼翰林院侍读阳和张公行状》，张元忭：《不二斋文选》卷1，第329页。
④ 王守仁著，吴光等编校《王阳明全集》卷2《语录·传习录中·训蒙大意示教读刘伯颂等》，上海古籍出版社，2006年，第87页。

行，作诗歌咏，① 且将阳明教以"孝、弟、忠、信、礼、义、廉、耻"，变为"忠、廉、诚、慎、慈、俭、谦、和"。一方面，这是具体针对在宫廷生活和服务的宦官而做的调整，如"孝、弟"之教便不适用于宦官。另一方面，这也是张氏对宫内宦官所具品行的特别模塑，如"事君以忠""守己以廉""以诚行事"等品质，对宦官来讲尤为紧要。此外，张元忭没有刻意将宦官视作特殊群体，称之为"人臣"，② 认为宦官是"朝廷臣子"，③ 肯定他们能做"忠良之臣"，④ 鼓励他们"与国家出力，济得大事，做得好人"。⑤ 总之，张元忭在内书堂开展富有王学特色的道德教育，彰显王学的政治取向和对经世实业的追求。

综上所述，中晚明翰林教习儒臣重视且努力推行内书堂道德教化。亢思谦、陶大临、黄洪宪、敖文祯等以善恶宦官史例施教内书堂。郭朴、汪镗、姚弘谟、李贵、金达、黄凤翔等则以古今贤善宦官事迹感召宦官。张元忭不仅注重贤宦史例的感召，还模塑宦官最应具备的八种品行，反复训讲，并作相应诗歌，令其唱诵，循循善诱。形式多样的道德教育内容，彰显内书堂"化宦"行动已向纵深方面发展。以上诸人还具有"群体关联性"特征，这为中晚明士人内书堂"化宦"实践提供了重要的横切面观察视角。如李春芳、胡杰、亢思谦、汪镗均为嘉靖二十六年进士，姚弘谟和李贵是嘉靖三十二年进士，金达与陶大临都是嘉靖三十五年进士，黄洪宪与张元忭同为隆庆五年进士。此外，重视内书堂"化宦"的徐阶与以上多人关系密切。李春芳颇为推崇徐阶，加之乡里之谊，二人私交颇深。胡杰、汪镗和亢思谦三人都是徐阶执教庶常馆的弟子。李贵早年受到身为江西提学的徐阶赏识，入仕后又积极参与徐阶在京组织的讲会。王门后学陶大临也颇受徐阶器重，"数引与议国事"。⑥ 黄凤翔、赵志皋、罗万

---

① 王阳明重视歌诗音乐教育，参钱明《王阳明的音乐戏曲思想与实践》，《孔子研究》2006年第1期，第64~71页；陆永胜、刘小伟《王阳明的艺术美论》，《贵阳学院学报》2016年第4期，第20~28页。
② 张元忭：《不二斋文选》卷6《内馆训言·廉训》，464页。
③ 张元忭：《不二斋文选》卷6《内馆训言·忠训》，463页。
④ 张元忭：《不二斋文选》卷6《内馆训言·忠训》，464页。
⑤ 张元忭：《不二斋文选》卷6《内馆训言·诚训》，465页。
⑥ 王世贞：《弇州史料后集》卷4《陶文僖公传》，第260页。

化三人更是徐阶门下士。《中鉴录》作者王畿既与徐阶论学甚密，又与李贵、赵贞吉、陶大临等在思想上同属阳明后学，赵志皋、罗万化等更是其授学门徒，张元忭更直接受王畿影响，施行别具特色的内书堂教化。总之，相互交叉的人际关系网络显示内书堂"化宦"确乎成为中晚明时期尤为突出的政治行动。

第三节　官定与挑战：内书堂"化宦"读本迭见

嘉、隆之际，李贵和黄凤翔等已着手编纂以贤善宦官史例为内容的内书堂读本。万历中读本编纂更引起礼部高层重视，并最终促成官定读本的确立。但这也使得翰林教习儒臣自编内容更为贴近内书堂教育实际的读本随之出现，并与官定读本相抗衡。

一　读本呼声：沈鲤《典礼疏》

沈鲤，河南商丘人，嘉靖四十四年进士，官至内阁大学士，万历年间政治名臣。万历十四年，礼部尚书沈鲤上《典礼疏》。该疏"预教皇子之礼"一项是直接针对时龄五岁的皇长子教育问题而发。这与同年二月廷臣纷纷要求册立太子而不能成功的背景有关。沈鲤对国本争之甚烈，"率僚属请册建皇长子，进封其母，不许。未几，复以为言，且请宥建储贬官姜应麟等。忤旨谯让"。[1] 神宗表态"少俟二三年举行"，[2] 朝野大失所望。《典礼疏》"预教皇子之礼"，可视作争立国本失败的补救方案：

> 夫皇子生育深宫，不见异物，天性浑然完也。然上未知社稷之重寄，下不知稼穑之艰难，虽聪明之尽，亦必有左右侍从为之开导牖引，而后聪明圣智日广。如必待其稍长出阁讲学之日而后图之，计亦晚矣。

---

① 张廷玉等：《明史》卷217《沈鲤传》，第5733页。
② 谷应泰：《明史纪事本末》卷67《争国本》，中华书局，1977年，第1061页。

恭惟皇元子年已五龄，智识渐长。今日之蒙养，乃异日之圣功。使其所闻皆正言，所见皆正事，前后左右皆正人，谁与为不正者。则虽未离襁褓、出讲阁，而圣人之体段已具矣。古人保傅之教，已不可复考，臣以为简内廷侍从之臣而已矣。

尝稽我孝宗皇帝之在储也，始则有内官张敏……继则又有东宫内官覃吉者，儒雅端方，通书史，知大体，竭诚辅导，凡东宫一言一动，必引之正，所读《论语》、《大学》、《中庸》诸书皆出口授，暇则开说五府六部职掌与军国重务，及于民间农桑勤苦，以至宫闱之内，妃妾专宠阶祸、宦寺弄权蠹国，一一情弊，无不尽言。以是孝宗自在东宫时，圣德已闻于天下。及其即位，能开弘治十八年之太平，巍然为一代令主，是其效也。其后武宗以幼冲嗣位，所与游者，非马永成、谷大用，则刘瑾、魏彬之辈也。其所驰逐者，非击毬走马，则俳优杂剧之戏也。狎亵礼体，蒙蔽主聪，未几流毒搢绅，几危社稷。此内廷侍臣贤否得失之明验也，可以为鉴矣。今之内廷，岂无儒雅端方如覃吉者乎？岂无通书史、知大体如覃吉者乎？岂无爱主爱国、尽忠尽言如覃吉者乎？

伏乞……特命儒臣撰集古今中官善恶事迹为一传，付与翰林官教习，使之各知忠主上、爱身家、保富贵之道……如是而覃吉之贤不多见者，未之有也。①

覃吉辅导孝宗东宫教育事迹，最早见载于《明孝宗实录》。② 覃吉教育孝宗以儒学经典为主，同时重视以本朝典制和历代外戚、宦官专权祸国为内容的历史教育。"通书史、知大体"的覃吉，作为辅养帝王教育的典范，其后屡屡出现于明代朝臣奏章和各种官私史籍中。③ 隆庆二年，给事中张卤

---

① 沈鲤：《亦玉堂稿》卷4《典礼疏》，《四库全书》第1288册，第259~260页。
② 《明孝宗实录》卷1，第2页。
③ 隆庆年间，魏时亮上疏称："昔日孝宗敬皇帝在储宫也，天下万世，咸推本储宫之贤，亦孰可忘辅导之自。盖我敬皇帝之令德，实东宫内臣覃吉能朝夕辅导以翊成者也……凡此皆覃吉之所以辅翼敬皇者。人知敬皇之德位名寿本之东宫者，为万世所瞻，亦孰不知覃吉之辅导赞襄，书之史册者，为万年所誉。乃今内臣之中，若大若小，可以选伴东宫

（1523～1598）疏请"敕司礼监慎选左右，自授书史，陈说民情利害，动作举止，必导以正"，①其原型正是覃吉。张卤称"皇子殿下当此千秋睿龄，与内臣侍从，其势易为亲密，其情易为浃洽，其为事易习，其为言易入"，② 这与沈鲤所见略同。以上引文中，沈鲤传达的主意实包括以下若干递进的层面。首先，与其纷纷以册立太子相争而无果，不若提早考虑皇长子教育；皇长子出阁讲学虽遥遥无期，但可简选贤良内臣"为之开导牖引"。其次，想多得贤良内臣如覃吉辈辅导圣躬，则内书堂"化宦"最为重要；因此命翰林史臣编写以历来善恶宦官史事为内容的书籍，以作施教之用，保障"化宦"之效，是为紧迫。

沈鲤提出编纂读本以更好"化宦"，与他隆庆初年任内书堂教习经历应有关系。③但沈鲤的建言，《明神宗实录》和《万历起居注》均未载录。结合万历中君臣因国本之争对立的情形推测，神宗可能对其未作回应。然而，万历二十年，沈鲤提议六年后，王畿《中鉴录》和张世则（万历二年进士）《貂珰史鉴》先后进入内书堂，成为内书堂官定读本。

二　读本官定：《中鉴录》与《貂珰史鉴》

《中鉴录》和《貂珰史鉴》（以下简称《史鉴》）两书被定为内书堂读本，不迟于万历二十年。万历二十年六月，张世则奏呈《史鉴》一部，七月礼部覆疏称："伏乞皇上命取是书，置之座右，留神省览。如果所言可采，乞敕该监缮写翻刻，印发内书堂，人给一帙，俾与《忠鉴录》俱定为课程，日夜诵读，庶几口诵而心惟，或可迁善而改过，内侍将有得人

者，岂无如覃吉之贤寓于其间乎……如是则在内伴读既先资保护之忠，在外宫僚日可施启沃之力。"见陈子龙《明经世文编》卷370，中华书局，1962年，第4003～4004页。万历年间，唐伯元上疏亦称"（覃）吉之贤，虽儒生不能过，而弘治十八年之太平，吉之功为多。今内府各监，不知其几，岂无覃吉其人乎……则前后左右莫非正人，耳目见闻莫非正事，如入芝兰之室，久而不闻其香，然而圣德不早成者，未之有也。"见唐伯元《醉经楼集》"奏疏附刻"，朱鸿林点校，台北：中研院历史语言研究所，2010年，第249页。
① 涂山：《明政统宗》卷29，《四库禁毁书丛刊》史部第3册，第99页
② 贾三近：《皇明两朝疏钞》卷3，《续修四库全书》第465册，第115～116页。
③ 张廷玉等：《明史》卷217《沈鲤传》，第5733页。

之庆矣。"① 检古来相关书目，并无《忠鉴录》一书，疑为别书。结合万历年间周如砥称"内馆（内书馆）故有《中鉴录》一书，迩又有《貂珰史鉴》一书"，② 可知上文所谓《忠鉴录》，实为《中鉴录》之误。

《中鉴录》进入内书堂，没有证据表明是不喜王门讲学的沈鲤所为，万历十六年继沈鲤之任的朱赓的可能性倒非常大。万历初年，志在推广《中鉴录》的王畿致信朱赓，要求其襄助阳明从祀之议，③ 可见二者关系之密。朱赓不仅与从学于王畿的赵志皋、罗万化为同年好友，而且与王畿弟子张元忭是同窗密友，张元忭正是在王畿《中鉴录》影响下施教内书堂。综合这些因素来看，朱赓可能熟悉《中鉴录》，进而将之荐入内书堂，使之成为官定读本。

但《中鉴录》的成功，更可能是自沈鲤以来礼部高层共见的结果。万历十七年，朱赓丁忧，于慎行（1545～1608）接任礼部尚书。于慎行与赵志皋、朱赓同年，他与沈鲤提议不谋而合，也曾考虑撰写一部以宦官传记史事为题材的内书堂教育读本，"惜有志未逮焉"。④

虽然《中鉴录》"官定"情形扑朔迷离，但张世则《史鉴》确曾得到礼部高调支持。张世则，字准斋，山东诸城人，官至江西左布政使。刊行于万历二十二年前后的《史鉴》一书，共 4 卷，分为 6 篇：主君、弼臣两篇分列历代君、臣驾驭宦官得失事例；妍范、媸戒两篇各载古今"善可为法"和"恶可为戒"宦官事迹；国祚篇专录秦汉以来宦官"尤能乱国"的"奸珰巨恶"；沿革篇则述秦汉唐宋以及明太祖时宦官职官沿革。

张世则撰《史鉴》直接用意是对明神宗宠任东厂太监张鲸的"谏净"（详见第六章），但他以此书"欲化宦寺"的意图也甚为明显。张氏在进书疏中称"此书之旨，堪为此辈（宦官）之宝鉴也"，并一再重申该书对

---

① 张世则：《貂珰史鉴》卷首《礼部题为感恩倾藿述事效忠恭进所纂貂珰史鉴上尘御览以清内治以杜邪萌事》，《四库全书存目丛书》史部第 98 册，第 700 页。礼部覆疏，又见《明神宗实录》卷 250，万历二十年七月癸酉条，第 4659 页。
② 周如砥：《周季平先生青藜馆集》卷 2《刻中学始肄序》，第 207 页。
③ 王畿：《王畿集》卷 11《与朱金庭》，第 288 页。
④ 于慎行：《貂珰史鉴序》，张世则：《貂珰史鉴》卷首，第 695 页。

内书堂教育"似不可无也"。① 即便如此，从张世则进书之疏整体来看，该书仍偏重警诫神宗防止宦官乱政。相较而言，礼部的覆疏颇具策略性，将张氏奏疏重点巧妙加以回转：对此书可备神宗辨别宦官贤奸只作点到即止的交代，而突出此书对内书堂"化宦"的意义，谓《史鉴》"所称善可为法，恶可为戒，实与《忠鉴录》相发明……盖将耸动心志于片言，而转移祸福于一念，诚内史（宦官）淑身之宝鉴"。② 礼部的策略颇为奏效，神宗竟"嘉纳之"。③ 总之，在礼部的巧妙周旋下，《史鉴》得以和《中鉴录》一起，成为内书堂小宦官"日夜诵读"的官定读本。

三 官定的挑战：周如砥《中学始肆》

《中鉴录》和《史鉴》成为内书堂官定读本，意味着晚明内书堂"化宦"行动进入有"本"可依的阶段。但翰林教习儒臣不一定认可，甚至根据内书堂"化宦"实际，重新编纂读本。同是万历十七年进士、相得甚深的焦竑（1541～1620）和周如砥二人即有志于此。

焦竑师事泰州学派耿定向（1524～1596），④ 著述丰富，"其精神所注，在大道与经世"。⑤ 诸书都将焦竑"授书"内书堂时间系于万历二十二年之后，⑥ 殊误。焦竑自称改任起居注官前一年担任内书堂教习。⑦ 考万历十九年庶常馆散馆后，焦竑授翰林修撰，翌年任会试考官，同年四月奉使南行，至二十一年夏京，⑧ 二十一年六月改任起居注官。⑨ 可见，他应在万历十九年至次年四月间教习内书堂。

① 张世则：《貂珰史鉴》卷首《整饬安绵兵备四川按察司金事臣张世则谨奏为感恩倾霍述事效忠恭进所纂貂珰史鉴上尘御览以清内治以杜邪萌事》，第697～698页。
② 张世则：《貂珰史鉴》卷首《礼部题为感恩倾霍述事效忠恭进所纂貂珰史鉴上尘御览以清内治以杜邪萌事》，第699～700页。
③ 《明神宗实录》卷250，万历二十年七月癸酉条，第4659页。
④ 黄宗羲：《明儒学案》卷35《文端焦澹园先生竑》，第829页。
⑤ 陈懿典：《尊师澹园先生集序》，焦竑：《澹园集》附编二，李剑雄点校，中华书局，1999年，第1214页。
⑥ 焦竑：《澹园集》附编三，第1227、1229、1230页。
⑦ 焦竑：《澹园集》卷13《答张准斋》，第105页。
⑧ 焦竑：《澹园集》附编四，第1293～1295页。
⑨ 《明神宗实录》卷261，万历二十一年六月壬寅条，第4845页。

焦竑在内书堂不仅"取古奄人善恶，时与论说"，① 还着手编写"古宦者行事"的专书，以供阅读。万历二十一年，焦竑致信张世则称：

> 昨岁以职事课读禁中，念主上高拱深严之中，所奔走给事者，独宦竖辈耳。倘少能启发，令知所向往，即涓埃之念，可借手自效。因取古宦者行事，日指示之，亦颇有乐听者。昨稍茸成书，编纂未就。得大疏，读之知有《貂珰史鉴》上献。甚矣！门下之得我心也。以此甚思一见其书而不得。承瑶函远至，且展且读，何快如之。仆已改直起居注，前事未竟，托敝察终之。得来刻，即可就此敷衍，不必更探讨矣。②

焦竑以内书堂"化宦"作为间接落实"格君"的步骤，显而易见。他有意编纂读本却未成稿，这实因他职有新任，故转托同道周如砥完成。

周如砥，山东即墨人，官至国子监祭酒，"留心理学而避讲学之名"。③ 周氏受到王锡爵、李廷机等人赏识，并以于慎行为师。④ 他与焦竑、潘士藻、冯从吾（1556~1627）论学密切，又与同邑礼部尚书冯琦关系颇密，冯氏"每以国家大机宜相商确"。⑤ 与周氏"同年同馆且同庚又同志"的吴道南（1547~1620）为周氏撰墓志铭称：

> 先是，教习内书堂，人多故事视之。公（周如砥）谓："左右赞御，不可不慎其端。"以语焦弱侯（焦竑），弱侯然之。乃取历代宦官行谊之可法者，绘图录以成帙，曰《中学始肄》。上览其书，大称赏。⑥

① 焦竑：《澹园集》附编三，第 1230 页。
② 焦竑：《澹园集》卷 13《答张准斋》，第 105 页。
③ 吴道南：《吴文恪公文集》卷 17《明朝列大夫国子监祭酒砺斋周公墓志铭》，《四库禁毁书丛刊》集部第 31 册，第 543~544 页。
④ 黄景昉：《本传》，周如砥：《周季平先生青藜馆集》卷 4，第 375 页。
⑤ 吴道南：《吴文恪公文集》卷 17《明朝列大夫国子监祭酒砺斋周公墓志铭》，第 543~544 页。
⑥ 吴道南：《吴文恪公文集》卷 17《明朝列大夫国子监祭酒砺斋周公墓志铭》，第 543 页。

周氏自叙与之略有不同，称《中学始肄》的编纂实源于焦竑：

> 弱侯焦公典内馆时，常欲别为一书，务使之易解而乐闻，其为虑甚远。会有它命，不果。而予适从公后，嗣典其事，则因而辑成之，名曰《中学始肄》。[1]

由上可见，不同于《思齐录》《中鉴录》等书，"绘图录以成帙"的《中学始肄》图文并茂，无非是为增加内容的可读性和趣味性，进而吸引宦官阅读，"务使之易解而乐闻"，以收潜移默化之功。[2] 更重要的是，《中学始肄》不仅梓行，周如砥还将其进呈神宗而获"大称赏"，故其应与《中鉴录》等书一样成为内书堂的必读之书。

《中学始肄》今已不存，只能从周氏所作序跋获知其概貌。是书"事凡三十，为目八"，收录历代"善可为法"宦官史事，"大多有劝无惩，乃惩在其中矣"。从内容看，它与《思齐录》相似，都分为八类。但周氏没有提及《思齐录》，却对《中鉴录》和《史鉴》提出批评，指出两书可谓"中人晬盘"，但"迹其所论述，予者什一，夺者什九，讵不凛凛可以待吕（强）、张（承业）之属，自为观省，未可以为始教也"。换言之，两书褒少贬多、法戒森严，只可作贤宦自励之用，难成宦官迁善去恶之具，更不可备宦官初学始教之资：

> 《（礼）记》曰："小雅肄三，官其始也。"三雅如《鹿鸣》、《四牝》、《皇皇者华》，皆所谓居官之荣，受任之美。乃《大学》始教而肄之，诚诱之也。所以诱之者何？凡人情之于始学，譬小儿之于药然，甘则茹，苦则喋，强而投之则哕。故丑人之类以为训，动加诮让，而以几逊志，是惟贤者则可。自非然者，百言而百不入之道也，

---

[1] 周如砥：《周季平先生青藜馆集》卷2《刻中学始肄序》，第207页。

[2] 《中学始肄》也与万历年间宫内各类教化书籍均配有插图的潮流相吻合，如张居正等编《帝鉴图说》、吕坤《闺范图说》、焦竑所纂《养正图解》，无一例外。Julia K. Murray, "Didactic Picture Books for Late Ming Emperors and Princes," in *Culture, Courtiers, and Competition: The Ming Court (1368–1644)*, pp. 231–268.

> 而况中人乎……昔秦越人之为小儿药也，炙之泡之，苦者甘之，持以
> 饮儿，其嗜如饴，比觉其苦，而所入已深，故能有瘳效。①

周氏借婴儿饮药的设喻所要传达的是，内书堂初学之教，应令其喜闻乐见
方为有用，其《中学始肄》正是令内书堂宦官乐于展玩、潜消默化的
"甘茹"良药。

　　周氏批评《中鉴录》和《史鉴》存在鄙弃宦官的偏见，乃至"丑人
之类以为训，动加诮让"，与内书堂"化宦"实际不相符。平心而论，
《中鉴录》和《史鉴》本非专为内书堂而设，作者也都没有内书堂任教经
历，其不能完全符合内书堂"化宦"实践可以料想。然而，强调抛弃偏
见，着眼于令宦官乐意接受，确是周氏自矜之处：

> 　　（客）曰："是编也，其将为中人鉴邪？鉴之言镜也，妍若媸无
> 遁形焉。妍之取，媸之遗，鉴乎何居？"
> 　　（周）曰："客知镜，镜未知为人镜。夫羽毛美泽，山鸟对舞。
> 骨相险凶，揽者扑地。若必以见扑为良乎，银华火齐，将焉用之？且
> 《易》兼吉凶，《畴》衍福极。《畴》为略矣，非也。事故有可以反
> 观而规，熟思而得者。乐则玩，玩则思。"②

换言之，《中鉴录》《史鉴》两书所载宦官美丑善恶带有士人较强的主观
性和先入为主式的价值判断，以此让宦官鉴戒，宦官未免不愿接受，难收
成效。而以宦官善行善事为内容的《中学始肄》则不然，它是能使宦官
乐于展玩进而熟思反省的有用之书。

　　除《中学始肄》外，明末另有《中贵芳摹》一书。该书一卷，作者
失载。据乾隆《绍兴府志》可知，是书作者籍贯浙江绍兴。③ 晚明藏书家
祁承㸁（1563～1628）《澹生堂藏书目》首次著录此书。④ 崇祯年间，祁

① 周如砥：《周季平先生青藜馆集》卷2《刻中学始肄序》，第207页。
② 周如砥：《周季平先生青藜馆集》卷4《中学始肄跋》，第347页。
③ 平恕等修乾隆《绍兴府志》卷77《经籍志一》，台北：成文出版社，1975年，第1906页。
④ 冯惠民、李万健等编选《明代书目题跋丛刊》，第968页。

承煤之子祁彪佳（1602～1645）编刊《远山堂杂汇》，①录书301种，《中贵芳荟》亦列其中。②清初《千顷堂书目》等均载录此书。③从书名可见，《中贵芳荟》应以古今贤善宦官传记史事为主要内容。结合中晚明翰林教习人员普遍以古今贤善宦官史事施教内书堂的历史情形，《中贵芳荟》编者极可能也是内书堂翰林教习人员，其书盖亦为内书堂而作。

无论是《思齐录》还是《中学始肄》，都已突破理学观念影响下贤宦叙述框架。真德秀《大学衍义》所录贤宦仅7人。《思齐录》将历代贤宦分为八类，《中学始肄》"事凡三十，为目八"，显然都较《大学衍义》所录为多。隆庆年间，黄凤翔称"往哲所称奄宦……其称许太狭"就是直接针对《大学衍义》而言，故他特意增录汉唐时代贤宦9人。周如砥更直接指出士人鄙夷宦官的价值判断极不可取，强调应以更加审慎与中立的态度纂述历代贤宦史事，因为只有这样，才能使其书令宦官乐于阅读，以收教化实效。

总之，《中学始肄》虽以不满官定"课程"面貌出现，然其所呈现的不同特色，反映了中晚明士人对怎样更好地施展内书堂"化宦"之效的探索。直至天启间，士人仍一再编写读本，作为内书堂施教之助。万历四十四年状元钱士升（1574～1652）是东林领袖顾宪成（1550～1612）弟子，并与高攀龙（1562～1626）相往来，讲濂洛关闽之学。④天启三年，乞归在家的钱士升致信内书堂教习侯恪（万历十四年进士），⑤希望他重视教事，称"近闻有内书堂之命，此事殊有关系，迩来以故事应之。弟谓祖宗立法，欲使若辈识诗书，知义理，而董之以词臣，所谓'宫中府中，相为一体'也。窃以为古来宦竖可为法戒者，宜汇为一书，令小珰

① 崇祯年间祁彪佳编《远山堂杂汇》事，见《祁彪佳日记》卷6，浙江古籍出版社，2016年，第220页。
② 沈复灿著，潘景郑校订《鸣野山房书目》，上海古籍出版社，2005年，第158页。
③ 黄虞稷著，瞿凤起、潘景郑整理《千顷堂书目（附索引）》卷9，第246页；万斯同：《明史》卷134，《续修四库全书》第326册，第334页。
④ 许重熙：《年谱》，钱士升：《赐余堂集》卷首，《四库禁毁书丛刊》集部第10册，第408～409页。
⑤ 《明熹宗实录》卷36，天启三年七月壬寅条，台北：中研院历史语言研究所，1962年，第1856页。

童而习之。豮豕之牙，尤易为力"。① 钱士升以《易经·大畜卦》"豮豕之牙"经训证示，与其极力排抑宦官却效果不佳，不如令宦官从小接受训化而颇易用力。一言之，重视内书堂作为"化宦"的场所，强化并推行以古今宦官史例为主的道德教育，编写相应读本以供内书堂施教与宦官自修之用，渐成中晚明士人的共同关注和持续行动。

小　结

本章主要论析中晚明士大夫围绕内书堂形成教化宦官认识与行动，展现 16 世纪士人重要而曲折的"得君行道"道路，即通过内书堂"化宦"，间接落实"格君"理想，从而改善政治。

与明前期士人对内书堂缺乏好感不同，中晚明士人无论在朝还是在野，无论属于何种思想流派或秉持何种政治主张，都重视内书堂，视其为"化宦"进而间接裨益君德的平台。这一情形，与明中期以后君主罕见臣僚、长期不理朝政，与此同时宦官在政治制度与权力结构之中处于关键性位置，士人直接"格君"希望趋于渺茫，密不可分。换言之，政治形势变化，使士人"得君行道"的经世理想，不得不由直接"格君"向"化宦"以间接"格君"方向转变。当"格君"理想曲折地转变为教化常在君主身边的宦官时，内书堂遂变得重要，成为士人心中教化宦官的重要场所。

中晚明朝野形成的内书堂"化宦"认识，更变作翰林教习儒臣的教化实践。亢思谦等人兼举善恶宦官史例以作劝诫；郭朴等人相信"见贤思齐"之训，专门讲说古今贤良宦官事迹，期使宦官受到感召鼓舞；张元忭不仅以贤善宦官史例感召宦官，而且秉承并运用祖师王阳明《训蒙大意》之教，专门针对宦官特性，以"忠、廉、诚、慎、慈、俭、谦、和"八种品行训示宦官，并将其编成易懂上口的诗句，令其咏唱。虽然"化宦"内容与方式呈现异彩纷呈的局面，但加强道德教化与感召，注重以古今宦官史例反复训化内书堂宦官，是其共同特色。

---

① 钱士升：《赐余堂集》卷 6《与侯木庵》，第 486 页。

编纂适合内书堂宦官阅读、效果好的读本，是中晚明"化宦"行动的重要一环。内书堂"化宦"认识与行动，促使以宦官史例为内容的内书堂读本出现。嘉靖末李贵《思齐录》为最早尝试。万历中礼部高层沈鲤更倡议编纂内书堂读本，以更好地"化宦"。万历二十年，在礼部支持下，张世则《史鉴》同王畿《中鉴录》一起成为内书堂官定课本。即便如此，富有施教经验的周如砥等人仍有不满，另起炉灶，以"历代宦官行谊之可法者"为内容，编成图文并茂的《中学始肄》，希望它成为宦官喜玩乐诵、甘之不舍的有用读本。

中晚明士人本着儒家"万物一体之仁"的宗旨，借由内书堂展开教化宦官的"运动"，既可见其上层经世热情不减，又从一个侧面揭示明代中后期士人与宦官在政治文化上的良性互动关系。中晚明宦官知识文化有所提高，他们对国家的担当意识也有提升。这一有待深入研究的重要现象，与士人"化宦"认识及行动相得益彰，在某种程度上交互证示士人与宦官在政治文化上渐趋一体。

与中晚明士人由内书堂"化宦"而"格君"的努力同样重要的是，受"教化"的宦官怎样表现、如何去影响君主？万历末年，司礼太监金忠撰帝学用书《御世仁风》之例，尤具象征意义。金忠，万历六年选入宫，读书内书堂。[1] 其所著《御世仁风》一书"仿佛如《帝鉴图说》"，图文并茂，纂钞古今经史百家之书，分类举呈君道、治道之具，是"恒以辅养君德为念"的金忠谏言"格君"的表现。[2] 虽然中晚明士人由内书堂"化宦"的努力没能阻挡万历中期以来党争的延伸——天启年间以大珰魏忠贤为首的阉党与东林的斗争，但金忠通过撰作《御世仁风》来"格君"及中晚明被"化"的宦官如何表现，仍是关系"化宦"成效与中1晚明政治文化异动的重要议题，值得进一步研讨。

---

① 金忠传记，见刘若愚《酌中志》卷22《见闻琐事杂记》，第570页。
② 周诗：《御世仁风序》，金忠：《御世仁风》卷首，香港大学图书馆藏美国国会图书馆摄制北平图书馆藏明末刻本胶片，叶5；刘铎：《御世仁风序》，金忠：《御世仁风》卷首，叶1~9。

第五章

明儒王畿所撰"化宦"书《中鉴录》的
流传、编刊与内容特色

　　王畿，字汝中，号龙溪，浙江山阴人，嘉靖十一年进士，王阳明得意弟子，是 16 世纪著名且有影响力的思想家。《中鉴录》是他根据明神宗幼年即位之政情背景编纂的一部旨在感化宦官来助养君德的宦官教化图书。是书以致良知之说为指导思想，以宦官为题材和预设读者，借对古今宦官传记选录、分类以及极具鲜明之评论，劝惩宦官去恶向善，使其自信于辅养圣德，进而补救政治。

　　荒木见悟简要介绍并概述了日本内阁文库藏《中鉴录》的结构、内容和旨趣。[①] 然当代重要明人传记集《明代名人传》认为该书可能没有流传下来。[②] 彭国翔始以《中鉴录》可能亡佚，依据王畿书信资料勾勒此书概况，借此揭示晚明儒者在林下讲学但并未放弃"得君行道"的上行路线。[③] 彭氏近来注意到内阁文库藏《中鉴录》，除进一步补述该书体例，又从研究中国宦官史的角度探析此书价值。[④] 邓志峰推测万历十二年阳明从祀成功，可能得到内廷宦官支持，理由是王畿弟子张元忭于万历七年以

---

① 荒木見悟「王龍溪の『中鑑録』について」『九州中國學會報』1967 年第 13 卷、14—23 頁。
② L. Carrington Goodrich and Chaoying Fang, eds., *Dictionary of Ming Biography, 1368 – 1644*, pp. 1351 – 1355. 王畿传由 Julia Ching（秦家懿）撰写。
③ 彭国翔：《王龙溪的〈中鉴录〉及其思想史意义》，《汉学研究》第 19 卷第 2 期，第 59 ~ 81 页。
④ 彭国翔：《日本内阁文库藏善本明刊〈中鉴录〉及其价值和意义》，氏著《近世儒学史的辨正与钩沉》，台北：允晨文化公司，2013 年，第 234 ~ 250 页。

《中鉴录》施教内书堂。① 然邓氏可能没有考虑到，内书堂受教小宦官，在万历十二年从祀前后，可能年龄尚幼，历练不多，资历有限，故不能发挥实际作用。

本章在前辈学者研究基础之上，重新考订王畿编纂《中鉴录》的起讫时间及其推广努力与结果，研讨是书的版本问题及其在晚明的流传与影响，探讨此书前两次刊行经过、背景与相互联系以及宦官得与其中的人事因素等，进而探析此书内容特色与其受到宦官"青睐"的可能关系，希祈为进一步研讨中晚明士人通过教化宦官来"格君"以及在"得君行道"政治理想中补充"化宦"这个关键性中间环节的努力，提供坚实的个案参考。

第一节　《中鉴录》的流传、影响及其版本问题

一　《中鉴录》的版本问题

见存《中鉴录》有三种。日本内阁文库（今日本国立公文书馆）所藏为万历三十九年重刻本，一函五册，七卷，四边双栏，单鱼尾，黑口。正文每半页九行，行二十字。每卷第一行顶格题《中鉴录》及卷次，次行空白。首页有"日本政府图书""佐伯毛利高标字培松藏书画之印""浅草文库"等印记。全书朱笔句批，天头时有读者之心得。② 书前《中鉴录序》末题"山阴王畿识"。书末跋文为万历三十九年重梓者刘成撰，有阳文"刘成之印"、阴文"读书中秘"篆书方印（见图 5 - 1）。全书卷 1 为《中鉴答问》和《古今沿革》，其余 6 卷收录春秋以降至明代共91 位宦官传记，分为十二类。明代以前宦官传略之后大多有"外史氏曰"评论；每类之后又皆有"外史氏总曰"之总括性评说意见。日本尊

---

① 邓志峰：《王学与晚明的师道复兴运动》，社会科学文献出版社，2004 年，第 415 ~ 420 页。
② 如引《玉篇》等字书释音读、某字误某字，及所疑倒乙处等；人名于右侧加画，国名、朝代加两画；又字之四角常有圈，疑为圈声。

经阁文库也藏有一部《中鉴录》，注明为"七卷，明王畿（撰），万历版，共三册"，① 其与内阁文库本均为万历三十九年重刊本。②

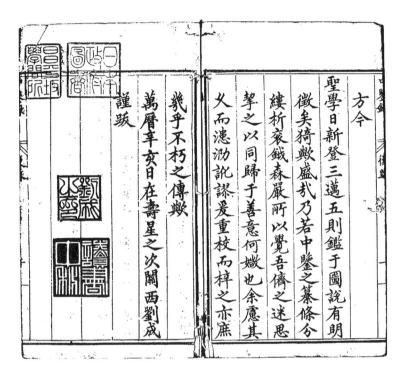

图 5 - 1　日本内阁文库本《中鉴录》跋文

除此之外，北京故宫博物院图书馆亦藏有《中鉴录》一部，③ 一函八册，七卷，四边双栏，单鱼尾，黑口，正文每半页九行，行二十字。目录页有"宣穌""于仁永示""玉堂制氏图书"三印；卷 7 末亦有"宣穌""于仁永示"等四印。检故宫本字体、版式等都与日本内阁文库本吻合，显属同一传刻系统。但两者也存在明显差异。第一，故宫本《中鉴录序》末无"山阴王畿识"五字。第二，内阁文库本《中鉴录》收录 12 位明代

① 尊经阁文库编《尊经阁文库汉籍分类目录》，尊经阁文库，1935 年，第 185 页。
② 严绍璗：《日藏汉籍善本书录》史部职官类，中华书局，2007 年，第 654 页。
③ 中国古籍善本书目编辑委员会编《中国古籍善本书目·史部》，上海古籍出版社，1991 年，第 410 页。北京故宫博物院藏《中鉴录》近年影印面世，见《故宫珍本丛刊》史部第 61 册。

宦官传，故宫本未收。第三，内阁文库本有万历三十九年刻者刘成跋文，故宫本目录显示书后有"跋"文一则，但书后未见。简言之，故宫本将撰作、刊行《中鉴录》相关信息掩不示人，对明代宦官传记隐而不提（见表5-1）。

表5-1 内阁文库本《中鉴录》与故宫博物院本内容差异简况

卷首	中鉴录序(序末署"山阴王畿识")		
卷1	中鉴答问 古今沿革		
卷2	忠类	13	晋寺人披 晋吴阍 东汉吕强 附丁肃(等)五人 后魏赵黑 北齐田敬宗 唐张承业 （唐）杨复光 （唐）刘贞亮
		2	**明怀恩 （明）张永**
卷3	贤类	1	宋张居翰
		4	**明金英、兴安 （明）覃吉 （明）陈准**
	让类	7	汉良贺 后汉郑众 后汉杞嶷 （后汉）栾巴 唐马存亮 附严遵美 宋刘承规
	劳类	6	唐杨思勖 （唐）刘景宣 （唐）西门重遂 宋窦神宝 （宋）阎承翰 （宋）秦翰
卷4	能类	5	汉李延年 （汉）李巡 （汉）吴伉 后汉蔡伦 北齐田敬宣
		1	**明阿丑**
	准类	5	汉孙程 唐高力士 （唐）俱文珍 （唐）吐突承璀 宋王继恩
卷5	逆类	14	宋伊戾 秦赵高 汉曹节、王甫 汉张让、赵忠 后魏宗爱 唐仇士良 唐李辅国 唐王守澄 唐刘克明 唐刘季述 唐杨复恭 宋任守忠
		1	**明曹吉祥**
卷6	乱类	6	齐寺人貂 齐宿沙卫 唐韩全海、张彦弘 唐田令孜 宋周怀政
		1	**明王振**
	奸类	3	宋寺人柳 汉石显 宋梁师成
		1	**明梁芳**
卷7	横类	6	汉侯览 唐鱼朝恩 唐窦文场、霍仙鸣 唐程元振 宋童贯
		2	**明汪直 （明）刘瑾**
	贪类	10	后汉李刚 后魏李坚 唐牛仙童 （唐）甫璆琳 （唐）邵光超 （唐）朱如内 （唐）朱超晏、王志忠 （唐）刘希光 （唐）王践言
	残类	3	汉单超 宋杨戬 宋李彦
卷末	**跋**		

注：故宫本无粗体加下划线部分。

　　笔者幸而得以亲往故宫博物院图书馆检其所藏《中鉴录》原本，发现故宫本实际上是在内阁文库本基础上进行涂抹剜删、剪接版页、重新装订的结果。① 首先，内阁文库本序末"山阴王畿识"处，故宫本空白，然上下均有剪划之痕，纸张色泽亦与周围不同，显为重新剪接空白版页所致。其次，故宫本目录中明代宦官之处均为空白，应遭人为涂抹，乃至还残存未被涂抹干净的粗淡不均的黑点（见图 5 - 2 和图 5 - 3）。最后，故宫本书后当有刘成跋文，亦遭人抽走。除此之外，书中凡是原与明代宦官传记内容前后相接的版页，在故宫本中皆有因剜删其内容而留下的剪裁、拼接痕迹可寻。统计来看，共有以下 7 处。

　　（1）故宫本卷 2 第 14b 页第五行、第六行间有切割痕迹，且前五行与后四行纸张色泽明显不同。可见，这应是将内阁文库本怀恩和张永传记内容直接剪裁去掉、重新黏合空白版页所致。

　　（2）故宫本卷 3 第 2a 页第一行（即"贤类"宋张居翰传后"外史氏曰"最后一句"让而有礼，可谓全节矣"），被剪接到了卷 3 第 4a 页第一行，与卷 3 "让类"宦官良贺传记排在同页，从而成功地将卷 3 "贤类"四位明代宦官（金英、兴安、覃吉和陈准）传记内容去掉（见图 5 - 4 和图 5 - 5）。《故宫珍本丛刊》编者不知个中原委，以为故宫本卷 3 缺第 2、3 页。为拼接版页而出现的切割痕迹也颇为明显，见于故宫本卷 3 第 4a 页第一与第二行之间，及第六与第七行之间。因剪接黏合不是太好，以致卷 3 第 4a 页下方边栏出现不平整现象。又为掩盖，在切割拼接处加盖模糊不清藏书印章若干。

---

① 近检周保明《〈中鉴录〉的编辑、刊布与存藏》（《文献》2016 年第 1 期，第 169～178页）一文，有不少待斟酌之处。该文除将刘成印章"读书中秘"误作"读书中秋"纯属技术问题外，其他如认为张居正等纂《帝鉴图说》对《中鉴录》编纂产生直接影响，张世则《貂珰史鉴》在晚明同类书中影响最大，并无论据；史料中出现"《忠鉴录》"是否为"《中鉴录》"一书，未见辨析。又如该文指出，万历三十九年刻本《中鉴录》刊者刘成其后参与"梃击案"而被处死，实属张冠李戴，此刘成非彼刘成，至于推测故宫本之所以被剜改与刘成被杀有关，自然也不能成立。此外，该文又指出故宫本《中鉴录》是剜改内阁文库本后重印本，称其"版片配补痕迹明显"，且"断定剜改是明朝本朝人所为"。笔者博士学位论文（《有教无类：中晚明士大夫对宦官态度的转变及其行动的意义》，博士学位论文，香港中文大学，2012 年）对此作了比较讨论，推测"专门为感化宦官而作的《中鉴录》，即便有人要改删它，也一定是明人所为无疑"，但并不认为故宫本为剜改后重印本。

图 5 - 2 　日本内阁文库本《中鉴录》目录首页

（3）与第二种情况相似，为剜删卷 4 "能类"明代宦官阿丑传记，故宫本将卷 4 第 3a 页田敬宣传记三行文字，直接剪接到第 4a 页，与"准类"宦官"后汉孙程"列在同页。《故宫珍本丛刊》编者误以为原书卷 4 缺第 3 页。故宫本卷 4 第 4a 页第三、四行之间有切割痕迹，导致第 4a 页上下边栏亦不平整。

（4）与第一种情况相似，为剜删卷 5 "逆类"明代宦官曹吉祥传记，故宫本卷 5 第 42a 页第四行（亦即任守忠传记后"外史氏曰"最后一行文字）与第五行之间有明显切割痕迹。需要留意的是，《故宫珍本丛刊》漏印了故宫本第 42a 页。

（5）与第二种情况相似，为剜删卷 6 "乱类"明代宦官王振传记，故宫本将卷 6 第 21a 页前两行文字（"乱类"宋周怀政传末"外史氏曰"）剪接到第"二十□"a 页；又将第 26b 页后八行文字（"奸类"宋寺人柳

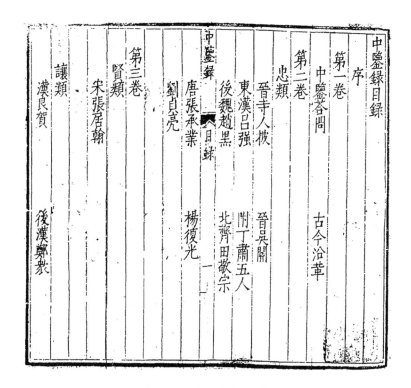

图 5 - 3　故宫博物院本《中鉴录》目录首页

传记内容）剪接到第"二十□"b 页。《故宫珍本丛刊》编者对此并不知
情，误以为第"二十□"页即第"二十一"页，又以为此页之后缺第
22 ~ 26 页。毫无例外，第"二十□"a 页第二、三行之间，及第"二十
□"b 页第一、二行之间，都有切割痕迹，相应之页上下边栏，亦殊失
平整。

（6）与第一种情况相似，为剟删卷 6"奸类"明代宦官梁芳传记，故
宫本第 32b 页第五、六行之间出现切割痕迹。第 32b 页原有九行，因人为剪
裁之故，只有八行，且第六至第八行空白页上下边栏也与此页明显不合。

（7）与第二种情况相似，为剟删卷 7"横类"明代宦官汪直和刘瑾
传记，故宫本将卷 7 第 23b 页后三行（"贪类"宦官李刚传记部分）剪裁
至第 15b 页，与"横类"宋童贯传记后"外史氏曰"列在同页。原书第
15b 页第四、五行之间也有割裂痕迹。《故宫珍本丛刊》编者亦不知情，
误以为原书卷 7 第 15 页之后缺第 16 ~ 23 页。

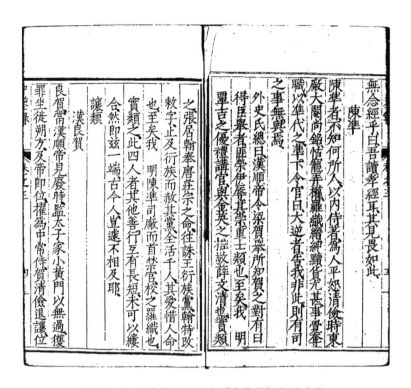

图 5 - 4　日本内阁文库本《中鉴录》相关书影

总之，故宫本是在内阁文库本基础上直接"改装"而成，剪接痕迹明显，剪接处上下边栏扭曲不平，并为掩饰而在剪接处加盖模糊不清的藏书印章。故其非剜改内阁文库本后重印本，也非明人所为，乃书商作伪，冒充宋本射利而已。毕竟书中作者王畿信息、万历三十九年刊跋文及明代宦官传记悉数被剜除，而该书余下宦官传记最晚的是北宋末年宋徽宗时期梁师成、童贯、杨戬、李彦等人，已然具备冒充宋本的"条件"。射利书商甚至在故宫本目录页及书末不厌其烦地加盖仿造的宋徽宗收藏印"宣龢"印章，以此加强其为"宋本"的说服力，反倒将其冒充宋本的企图暴露无遗。

二　《中鉴录》的流传与影响

《中鉴录》共有三次刊行历史。前两次都在万历年间，与之相关的刊行背景和人事关系留待后文再论。此书第三次刊梓于崇祯年间，见于江西

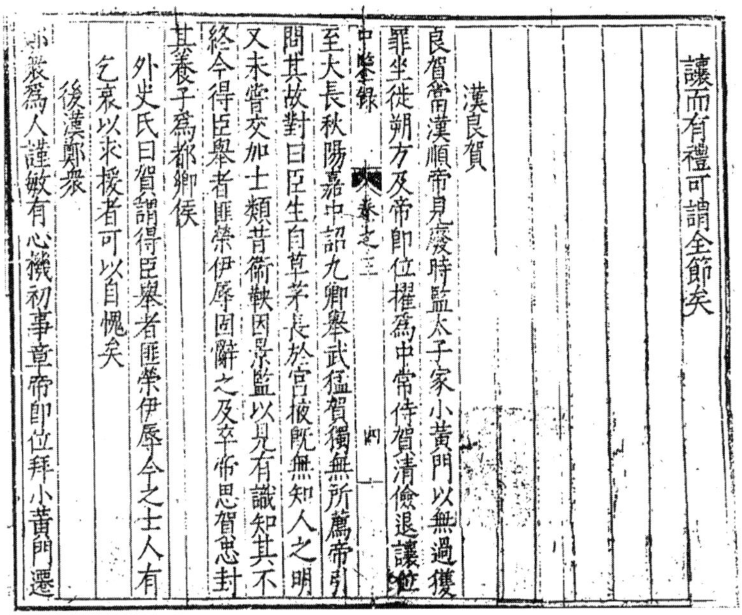
讓而有禮可謂全節矣

漢良賀

良賀當漢順帝見廢時監太子家小黃門以無過獲

罪坐徙朔方及帝即位擢爲中常侍賀清儉退讓位

中鑒録　卷之三　四

至大長秋陽嘉中詔九卿舉武猛賀獨無所薦帝引

問其故對曰臣生自草茅長於宮掖既無知人之明

又未嘗交加士類昔衛鞅因景監以見有識知其不

終今得臣舉者匪榮伊辱固辭之及卒帝思賀忠封

其養子爲都鄉侯

外史氏曰賀謂得臣舉者匪榮伊辱今之士人有

乞哀以求援者可以自愧矣

後漢鄭衆

鄭衆爲人謹敏有心機初事章帝即位拜小黃門遷

图 5－5　故宫博物院本《中鉴录》相关书影

新建人陈弘绪（1597～1665）所作《中鉴录序》。① 陈弘绪，明末复社成员，与方以智、吴应箕（1594～1645）为同志密友。② 其父陈道亨，清修《明史》有传，③ 官至南京兵部尚书，同情东林人士，后因不满魏忠贤擅权，乞疏归里。④ 陈弘绪《中鉴录序》并未强调《中鉴录》教化宦官之用，反倒指出吸取天启朝政治教训，以此书警诫君主，严防宦官专权，并开篇明义称：“女子无才，宦官不识字，此千古治安之源也……龙溪先生之为此也，非以备中官之鉴也，以备人主之鉴而已。”⑤ 值得注意的是，

① 陈弘绪：《鸿桷集》卷 2《中鉴录序》，《陈士业先生集》，《四库全书存目丛书补编》第 54 册，第 506～507 页。

② 陈弘绪：《鸿桷续集》卷 1《送别刘客生序》，《陈士业先生集》，第 532 页。陈弘绪生平，参邓刚《陈弘绪年谱》，《江西教育学院学报》1989 年第 3 期，第 25～30 页。

③ 张廷玉等：《明史》卷 241《陈道亨传》，第 6275 页。

④ 陈弘绪：《石庄初集》卷 1《南京参赞机务兵部尚书赠太子少保先府君行略》，《陈士业先生集》，第 222～228 页。

⑤ 陈弘绪：《鸿桷集》卷 2《中鉴录序》，《陈士业先生集》，第 506 页。

这与方以智《中涓议》谓《中鉴录》"非以备中官之鉴，以备人主之鉴也"，① 如出一口。这所体现的是明末时人反思魏忠贤擅权而对《中鉴录》的不同解读。但方以智《中涓议》也强调"宦者亦人耳，既用之，当教之，而制之。吾党平视，不疾如仇，亦何乱焉"，这与王畿《中鉴录》理念相近，可见之间的影响关系。总之，此次刊刻《中鉴录》可能是具有相同政治倾向的复社成员方以智、陈弘绪等共同谋划，而其背景或是为惩戒前朝魏阉之祸。

明末多种书目对《中鉴录》加以著录。赵用贤《赵定宇书目》将其列入小说类，未题作者。其子赵琦美（1563~1624）《脉望馆书目》将其归到史部职官类，亦未录撰者。李鹗翀《江阴李氏得月楼书目摘录》称《中鉴录》七卷，然误署为"孙隆"撰。祁承㸁《澹生堂藏书目》载《中鉴录》"七卷、三册，王畿（撰）"，是关于该书最为详尽的书目资料。② 可见，《中鉴录》在晚明流传较为广泛，直至清初仍有多种重要书目对其加以著录。③ 然清中期以后，《中鉴录》几乎从书目资料中消失，罕见流传，连官修《明史》和《四库全书总目》都一无所及。

如第四章所述，《中鉴录》在万历间被列为内书堂官定读本。大学士王锡爵曾致信张世则，希望他不急于刊行《貂珰史鉴》，因为"天下事亦尚有种种该究心者"，况且在此之前已有李贵《思齐录》、王畿《中鉴录》等书行世。④ 王锡爵致信大学士余有丁（1526~1584）谓："闻大珰中，尽有一二可以诚感而义动者。其台省诸君，即不能遍谕晓，然亦当稍择其中一二老成，不好名生事之人，令时时密传方略，按伏嚣讹。譬之棋家，漫处着子，则紧处方得其力。"⑤ 王锡爵以感化宦官来劝谏君主的意见，与《中鉴录》的理念不谋而合。至于周如砥施教内书堂，因不满《中鉴

① 方以智：《浮山文集前编》卷4《中涓议》，第236页。
② 以上分见冯惠民、李万健等编选《明代书目题跋丛刊》，第1582、1377、1358、968页。
③ 黄虞稷著，瞿凤起、潘景郑整理《千顷堂书目（附索引）》卷9，第246页；徐乾学：《传是楼书目》子部腾字四格（儒家），《续修四库全书》第920册，第746页；万斯同：《明史》卷134，第334页。沈翼机等纂修雍正《浙江通志》卷244《经籍四·史部杂传类》，《四库全书》第525册，第565页；平如等修乾隆《绍兴府志》卷77《经籍志一·史部传记类》，第1905页。
④ 王锡爵：《王文肃公文集》卷21《张淮斋参政》，第457页。
⑤ 王锡爵：《王文肃公文集》卷14《余同麓相公》，第339页。

录》而撰《中学始肄》，更可视作《中鉴录》的反应性著作。

《中鉴录》的影响不限于内书堂，外廷士大夫与内廷宦官对该书均有称引。晚明反映少数族群及域外地理风俗的重要著作《咸宾录》列《中鉴录》为参考文献。① 焦竑对王畿思想与著述并不陌生，他担任内书堂教习期间，直接促成同年好友周如砥撰作《中学始肄》。焦竑《国朝献征录·寺人》共收录 28 位明代宦官传记资料，有 6 位宦官传记直接取材于《中鉴录》。《国朝献征录·王振本末》与《中鉴录》内容完全相同。②《国朝献征录·覃吉传》较《中鉴录》只一字之别，前者称"一日东宫尝随他宦念事上经"，后者作"一日东宫尝随他宦念高上经"，盖前者笔误也。③《国朝献征录·汪直传》较《中鉴录》仅少"□□人也"。④《国朝献征录》张永传记部分，较《中鉴录》少"顺天府人也"，⑤ 盖均属前者删之不录也。《国朝献征录·梁方传》较《中鉴录》少一"黉"字。⑥《国朝献征录·刘瑾传》谓"一日而往返三"，《中鉴录》作"一百而往返三"，⑦ 盖前者校改也。此外，《国朝献征录·金英传》、《国朝献征录·陈准传》及《国朝献征录·阿丑传》、《国朝献征录·太监怀恩事迹》前半部分，⑧ 都与《中鉴录》相应传记大同小异。

司礼监太监金忠于万历末撰作帝学用书《御世仁风》，又于崇祯年间

---

① 罗曰褧：《咸宾录》卷首《引用诸书目录》，《续修四库全书》第 736 册，第 248 页。
② 王畿：《中鉴录》卷 6《乱类·王振》，内阁文库本，叶 21～26；焦竑：《国朝献征录》卷 117《寺人·王振本末》，第 603～605 页。
③ 王畿：《中鉴录》卷 3《贤类·覃吉》，内阁文库本，叶 2～3；焦竑：《国朝献征录》卷 117《寺人·覃吉传》，第 590 页。
④ 王畿：《中鉴录》卷 7《横类·汪直》，内阁文库本，叶 15～19；焦竑：《国朝献征录》卷 117《寺人·汪直》，第 612～614 页。
⑤ 王畿：《中鉴录》卷 2《忠类·张永》，内阁文库本，叶 15～19；焦竑：《国朝献征录》卷 117，张永传记部分，第 595～596 页。
⑥ 王畿：《中鉴录》卷 6《奸类·梁芳》，内阁文库本，叶 32～33；焦竑：《国朝献征录》卷 117《寺人·梁方》，第 617 页。
⑦ 王畿：《中鉴录》卷 7《横类·刘瑾》，内阁文库本，叶 19～23；焦竑：《国朝献征录》卷 117《寺人·刘瑾传》，第 617～619 页。
⑧ 经比对，《中鉴录·怀恩》取材于王鏊《震泽纪闻》卷下《怀恩》。见《王鏊集》，吴建华点校，上海古籍出版社，2013 年，第 624～625 页。《国朝献征录·太监怀恩事迹》也取材于王鏊《震泽纪闻》（卷下《怀恩》《梁芳、韦兴》）。

编纂以古今"忠孝贞廉"事迹为内容的《瑞世良英》。① 金忠，字敏恕，号于拙子，万历六年选入宫，与太监王安"同年契爱，无逾两人者"，②历升司礼监文书房，守备凤阳。③ 王安选入宫后，入内书堂读书。杨瀹称"内府有书堂，在司礼监，皆近侍太监名下之俊秀者于此读书学字，名曰文书房出身，犹云进士出身也"。④ 金忠既升司礼监文书房，故当与王安一同入内书堂学习。此时正值张元忭以《中鉴录》施教内书堂，以故金忠、王安都是其生徒。从《御世仁风》《瑞世良英》载金忠的"自画像"来看，金忠衣冠穿戴如同士人，俨然以辅君济世的儒者自居自期（见图 5 - 6）。⑤

值得注意的是，张元忭在内书堂以贤宦史例感召宦官，金忠在《御世仁风》中竟也专列"贤宦"一目。《御世仁风》"贤宦"正文 2 条，即"内弼忠贤"和"贤宦忠义"，内容均出自赵弼《雪航肤见》。⑥ "内弼忠贤"称说两汉内侍史游、良贺、吕强三人为"匡时之内弼"，"贤宦忠义"称许唐宦官刘贞亮、严遵美"忠谨自持"。⑦《御世仁风》"贤宦"正文 2 条前有图两幅，分别为春秋时期楚国内侍管苏和后唐宦官张承业，内容分别取材于《贤宦录》和《五代史》（见图 5 - 7）。各种公私书目不载《贤宦录》一书，其应与《思齐录》等书内容相近。《御世仁风》虽未直接取自《中鉴录》，但所举良贺、吕强、刘贞亮、严遵美、张承业，《中鉴录》

---

① 《瑞世良英》概略，参刘训茜《晚明版画〈瑞世良英〉考略》，《美术与设计》2017 年第 1 期，第 56~59 页。

② 刘若愚：《酌中志》卷 9《正监蒙难纪略》，第 470 页。

③ 金忠传记及著作《御世仁风》事，参刘若愚《酌中志》卷 22《见闻琐事杂记》，第 570 页。

④ 杨瀹：《杨翰林集》卷 6《内府发蒙》，叶 19。

⑤ 《御世仁风》配图其右载金忠《务本歌》："理国修齐治世，兴农务本为先。牧民须要得良贤，积谷安边惟范。德政人君自励，官常仰体清廉。黔黎耕耨税无繁，永享皇仁福远。"《瑞世良英》配图其左载："明金敏忠居内翰，尝忧真才难得，何以清宁其世？噫！云：'治国犹身岂两般，迂儒莫识慢相看。随处酿成痈废病，谁将真药理危奸。昧心掇拾非公义，碍眼尝遗实政观。百职尽屏钻夜受，何忧寰宇不清安？'"

⑥ 赵弼：《雪航肤见》卷 7《汉唐内臣忠谨可为法者》，《四库全书存目丛书补编》第 94 册，第 296~297 页。

⑦ 金忠：《御世仁风》卷 2《贤宦》，"内弼忠贤""贤宦忠义"条，叶 32b、33b。

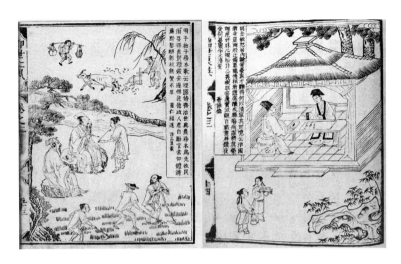

图 5 - 6　《御世仁风》《瑞世良英》载金忠"自画像"

都有收录。而金忠所编《瑞世良英》共载 10 位贤宦史迹，其中有四处明确引自《中鉴录》而非史传，分别为北魏宦官赵黑以及唐宦官刘清潭、杨复光、马存亮。① 该书所收东汉宦官郑众以及北宋"阉将"秦翰、刘承规史事，分别取自李贽（1527～1602）《藏书》、《群书集事渊海》和《宋史》，② 而这三人事迹也都出现在《中鉴录》中。《瑞世良英》所录另外三位宦官，分别为北宋战功宦官韩守英、明初"累建奇功"太监陈芜和金忠本人。③ 概言之，不独外廷士大夫取重《中鉴录》，内廷宦官对其也殊不陌生。

---

① 金忠、车应魁：《瑞世良英》卷 3《忧勤报国》，上海古籍出版社，1994 年，第 316 页；卷 2，第 175 页；卷 3《忠义联帅》《忠谨敬畏》，第 260、366 页。按：《中鉴录》并无刘清潭传，《瑞世良英》引据出处应有误，当别有参考。

② 金忠、车应魁：《瑞世良英》卷 2《忠勤守正》，第 176 页；卷 3，第 365 页；卷 4《治政能图》，第 460 页。按：《群书集事渊海》共 47 卷，该书"集诸书事略，自春秋战国迄于元季"，事凡数千条，详载善恶成败，分为十门。其中宦者门分三十八个子目，二十三个子目均为善行，十五个子目均为恶行。弘治十八年，内官监左少监贾性刊行此书。贾性"在司礼，出纳机密，雅尚文事"。书前有刘健序，书后有李东阳、谢迁后序。见李东阳《群书集事渊海后序》，《群书集事渊海》卷末，《四库全书存目丛书》子部第 176 册，第 853～854 页。

③ 金忠、车应魁：《瑞世良英》卷 3，第 359 页；卷 4，第 431 页；卷 3，第 315 页。

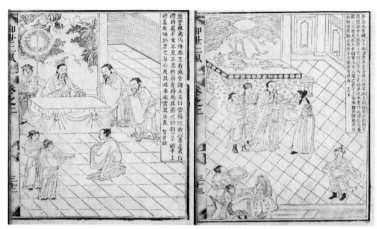

图 5 - 7　《御世仁风》载"贤宦"图

第二节　《中鉴录》编纂过程与王畿推广努力

　　王畿的书信和序文均未透露《中鉴录》开始编写与完成的时间。彭国翔推断其成于万历元年，而王畿信中所谓"两三年纳约苦心"，指编纂费时两三年，即隆庆四年末至五年初开始编纂。但结合王畿晚年关怀所在以及他对《中鉴录》的期许可知，《中鉴录》针对的是新即位、年仅十岁的明神宗，此书开始编纂时间应在隆庆六年六月神宗即位之后。

　　嘉靖二十四年南京京察，王畿遭阳明学者薛应旂罢黜后，[①] 结束在官生涯，终生热衷于林下讲学，《明儒学案》称其"林下四十余年，无日不讲学，自两都及吴、楚、闽、越、江、浙，皆有讲舍，莫不以先生为宗盟"。[②] 然隆庆四年冬至六年五月神宗即位前，王畿暂停外出讲学活动。[③] 于王畿个人情况而言，这是隆庆四年冬家宅大火及随后其妻张氏逝世共同打击所致。从时政来看，这与隆庆三年十二月高拱（1513 ~ 1578）再度入相后的政治和学术氛围有关。高拱不喜王学，打压官员会聚讲学，令隆

---

① 王畿被王门同志薛应旂罢黜，在当时引起轰动，薛氏因此遭受巨大舆论压力，并最终导致薛应旂与唐顺之关系破裂，参前揭吴兆丰《明儒薛应旂的生平及其学术思想的演进》文。

② 黄宗羲：《明儒学案》卷 12《浙中王门学案二·郎中王龙溪先生畿》，第 237 页。

③ 方祖猷：《王畿评传》，南京大学出版社，2001 年，第 66 ~ 67 页。

庆元年王阳明从祀之议在其柄政期间再无续议。隆庆四年十一月,他甚至迫使王门在廷唯一阁臣赵贞吉致仕。① 高拱再度入相无疑对王门及其讲学活动极其不利。隆庆四年末,王畿反思平生讲学,认为禁讲学"非圣世所宜有",相信讲学事业"浸幽浸昌,浸微浸著,炭炭乎仆而复兴",不受时局打击而沉寂。但他也承认自身讲学"致来多口之憎",晚年打算培养"二三法器"以延"一脉如线之传",并以王阳明致良知之学为六经作注疏。② 总之,高拱上台后,王畿适时调整自己的讲学活动。

神宗即位,以专权擅政之名罢首辅高拱归里。这是次辅张居正联合内廷司礼太监冯保击败高拱而取得首辅之位的权力斗争。③ 张居正受旧辅徐阶提携,与讲学者罗汝芳、耿定向、胡直(1517~1585)等关系密切。张居正有意拉拢王门学者,隆庆六年七月起复陆树声(1509~1605)为礼部尚书,万历元年十月又提拔万士和(1515~1586)接任陆氏为礼部尚书,向王门示好。④ 质言之,相较于高拱柄政时,张居正执政之初,王门有相对宽松的政治空间。⑤ 王畿不甘"深处江湖",强调"因缘出来救世一番,皆吾分内事也",对神宗童蒙教育倾心有加,即是表现。王畿在给邹善(嘉靖三十五年进士)的信中透露心声:

> 迩来京师事变日新,有如轮云。天子新祚,睿知夙成,童蒙之吉,所以养正,不可不熟为之虑! 须复祖宗起居注、弘文馆旧制,选用忠信有学之士十余辈,更番入直,以备顾问,而陪燕游,方为预养之道。⑥

---

① 朱鸿林:《〈王文成公全书〉刊行与王阳明从祀争议的意义》,氏著《中国近世儒学实质的思辨与习学》,第 312~313 页。
② 王畿:《王畿集》卷 15《自讼长语示儿辈》,第 427 页。
③ 韦庆远:《张居正和明代中后期的政局》,广东高等教育出版社,1999 年,第 227~255 页。
④ 张居正执政初期维持与讲学者关系,其后陆树声、万士和等不肯为张居正所用,尤其万历五年张居正夺情之事,使得张居正与王门关系最终破裂,至万历七年,张居正遂有禁讲学、毁天下书院之举。参陈时龙《明代中晚期讲学运动》,复旦大学出版社,2007 年,第 120~137 页;何威萱《张居正的学术及其禁毁书院研究》,硕士学位论文,台湾大学,2009 年,第 107~168 页。
⑤ 朱鸿林:《〈王文成公全书〉刊行与王阳明从祀争议的意义》,氏著《中国近世儒学实质的思辨与习学》,第 314~315 页。
⑥ 王畿:《王畿集》卷 12《与邹颖泉》,第 304 页。

虽然神宗日讲于隆庆六年八月开展，经筵也于万历元年二月举行，① 但王畿认为依赖形式拘谨的日讲和经筵并不够，主张恢复明太祖时起居注、弘文馆之制。无论是旨在约束君主行为的起居注制度还是为达君臣同游的弘文馆之制，都指向作育圣德。②

但全面恢复祖制不能一蹴而就。隆庆六年七月，朝廷起复陆树声为礼部尚书，九月疏辞新命未得批准。③ 陆氏赴任之际，王畿致函谓：

> 新天子践祚，童蒙之吉，得公以刚中之德相应，助成圣功，亦千古大快事。然此未易言也。包蒙纳妇，方为克家之子，非有入魔真手段，未足以与此。④

神宗童蒙柔德，儒臣以刚中之德相应，刚柔相济，君臣交欢，固是"千古大快事"。但王畿提醒"非有入魔真手段"，终不能达致新天子童蒙养正的目标。《周易·蒙（卦）》所谓"包蒙纳妇"，要求君子施教宽和，随才造就，有教无类，对昏昧之甚者能兼收化诲，使之顺而从我，为我所用。换言之，王畿向陆氏示意，蒙以养正，不能拘于常规，需动员和化导一切力量方可。

从王畿给王学信徒陶大临的书信可见，所谓"入魔真手段"实指通过感化与皇帝相接相亲的宦官，进而依赖他们随时引沃辅理，引君入道：

> 天子新祚，睿知凤成，童蒙之吉。执事任养蒙之责，其功贵豫……养正之术，全在内外得人辅理。在外，须复祖宗起居注旧制，访求海内忠信文学之士数辈，更番入直，以备顾问，以供燕游。在内，所赖全在中官。盖幼主深处宫闱，舍此辈无与周旋承事。导之以

---

① 万历帝经筵进讲情形，参朱鸿林《明神宗经筵进讲书考》，《华学》第 9、10 辑，第 1367～1378 页。

② 万历三年，首辅张居正批准张位奏请，复置起居注。参何冠彪《一百二十二年的疏请：万历复置起居注溯源》，《中国文化研究所学报》第 47 期，2007 年，第 135～162 页。

③ 《明神宗实录》卷 3，隆庆六年七月丁亥条，第 73 页；卷 5，隆庆六年九月戊子条，第 191 页。

④ 王畿：《王畿集》卷 9《与陆平泉》，第 222 页。

正则吉，纳之于邪则凶。吉凶之机，不可以不慎也。此辈伎俩，染习虽深，然未尝无是非本心，利害未尝不明。吾辈无耻者，方倚以为速化之术。其了了自好者，视此辈为异类，若将浼己，绝不与通，则又若矫枉之过矣！今日欲事蒙养，须与此辈通一线之路，诚心相处，开其本心之明，示以祸福利害之机，使此辈知吾党之可赖，当有忻然悦而趋向者。得此辈办几分好心肠，随时引沃辅理之益，奚啻外廷百倍！非有不二心之臣、圆机之士未足以语此……《蒙（卦）·九二》"包蒙纳妇"之吉，其旨深矣！所谓明圣学以成养蒙之功者，有如此。唐虞之朝，同寅师师，相让相亲，视为一体，手足耳目，共为腹心之用，以成正大光明之业，不必出于己也。后世一体之学不明，人各有心，交构忿忌，上下争驰于利，以相圮轧，欲成一体之治，不可得矣！①

与宦官勾结谋私固然为名教不许，视宦官为刑余异类加以排斥也不是抱有"万物一体之仁"理念的儒臣应有之态度。王畿相信人人皆可为圣人，即便是陋习深痼的宦官也有是非本心，可成圣成贤。隆庆六年八月，陶大临以礼部右侍郎兼日讲官；万历元年正月，又以吏部右侍郎兼经筵讲官，故"任养蒙之责"。陶大临既为帝师，又曾以古今善恶宦官史例教习内书堂，无疑是王畿如下示意的合适人选：宦官日侍皇帝左右，君德预养成败系于宦官，故儒臣需与宦官"通一线之路"，同心同德，不分彼此，随时感召，以使内外得人辅导，共为所用。② 这实即王畿所谓"包蒙纳妇"之吉。

总之，万历即位后，一向"深处江湖"的王畿在政治上表现活跃，尤其关注幼主神宗童蒙教育。在王畿看来，要成功"养蒙"幼主，离不开宦官诚心辅助，故先需教化和感召宦官为此努力。王畿所纂《中鉴录》

---

① 王畿:《王畿集》卷9《与陶念斋》，第223~224页。
② 徐渭师事王畿，并与陶大临友善。徐氏对宦官取态与王畿相近。万历初年，徐渭为浙江籍太监朱氏所作贺序谓："世谓赞君德之大于万，而匡君阙之细于一。若《诗》所称补衮云者，其在隐曲倏忽之间，有外廷所不及，而在内之臣，顾得以乘间而济之者。然在疏远则不能预，亦不敢以望。今公（朱氏）之膺服以蟒，是将亲之也，非疏；迩之也，非远也。其所裨益，外朝之所及则及之，即有所不可及者，公将及之矣。如此则是服之膺也，非裨益我圣明之渐乎！"见徐渭《徐文长逸稿》卷14《贺朱少监序》，《徐渭集》，中华书局，1983年，第928页。

名为中官之鉴，实以感召宦官来辅养幼主为最终目的。既然《中鉴录》是王畿在神宗幼年即位背景下撰作，故该书应在隆庆六年六月神宗即位之后开始编纂。如第四章所述，隆庆二年，王畿弟子赵志皋与黄凤翔、罗万化被命教习内书堂，三人致力于编纂一个以贤善宦官传记为内容的内书堂读本，但并未成书。隆庆六年四月，赵志皋奉命至长沙"册封吉藩"，其后取道返乡，其间可能与王畿会面，并谈及编纂读本之事。以故万历元年王畿给赵志皋信中称"《中鉴》之辑，自吾弟起因"。考虑到赵志皋从北京至长沙再回浙江，路途费时，其与王畿会面至少已是隆庆六年六月神宗即位之后。由此亦可证《中鉴录》开始编撰时间乃在隆庆六年六月以后。

王畿文集按时间顺序收录两封致陶大临信函。上文所引是第一封，信中透露《中鉴录》已撰成，致函目的乃是说服陶氏积极以此书感化宦官。此信开篇谓："向者宅上被灾之后，曾具启以《大易》之盈谦之说请教，有道者闻之，当不以为迂。"[1] 第二封信称："迩者浙江抚按连疏，申举先师从祀，以补圣朝之缺典，已蒙平泉宗伯（陆树声）题请，荷圣旨俞允会议，近今未见题覆。"[2] 考万历元年五月，陆树声上疏题请会议王阳明从祀，[3] 可见第一封信函至少作于万历元年五月之前。而第二封信开篇又谓"自世丈处天曹（吏部）"，由此可断第一封信函时间应在陶氏改任吏部前，即万历元年正月陶大临由礼部右侍郎改吏部右侍郎之前。[4] 万历元年，王阳明从祀之议再起，王畿给陶大临的第二封信谈及从祀之事。王畿又分别致信陆树声、耿定向、张元忭、朱赓、赵志皋等人，[5] 希望他们襄助阳明从祀，甚至当面向除拜吏部尚书张瀚（1510～1593）"属之赞成"。[6] 然而王畿给陶大临的第一封信未及阳明从祀事，亦可见其写作时间早于万历元年。此外，隆庆六年十二月底，张居正撰呈《帝鉴图说》，

① 王畿：《王畿集》卷9《与陶念斋》，第223页。
② 王畿：《王畿集》卷9《与陶念斋》，第225页。
③ 《明神宗实录》卷13，万历元年五月庚子条，第432页。
④ 《明神宗实录》卷9，万历元年正月庚寅条，第319页。
⑤ 王畿：《王畿集》卷9《与陆平泉》，第222页；卷10《与耿楚侗》，第240页；卷11《与张阳和》《与朱金庭》《与赵瀫阳》，第285、288~289页。
⑥ 王畿：《王畿集》卷7《南游会纪》，第150页。

陶大临等实有编纂之功。① 王畿其后向在京友朋推广《中鉴录》时，屡屡
一并提及《帝鉴图说》，唯独在第一封给陶氏推广《中鉴录》的信中，没有
提及《帝鉴图说》。这或是《中鉴录》撰成之时，《帝鉴图说》还没有撰毕
进呈，或《帝鉴图说》刚进呈不久，王畿还未来得及知晓此事。要之，《中
鉴录》编纂完成不晚于《帝鉴图说》进呈之时，或与之同时，约在隆庆六
年十二月末。

《中鉴录》部头不大，除明代宦官传记多为王畿自撰外，其他宦官传
记主要取材于北宋资治类书《册府元龟·内臣部》②、唐顺之《左氏始
末》和《历代史纂左编》，③ 以及正史宦官传，然后加以类分乙评（见表
5-2）。换言之，王畿在半年时间内编纂成书是完全可能的。

表 5-2　《中鉴录》内容取材

卷次	条类	内容	取材
卷1	中鉴答问	9 则（条）	自撰
	古今沿革	7 则（条）	《册府元龟·内臣部·总序》《宋史·宦者序》等
卷2	忠类（15 人）	（春秋）寺人披、吴阍	《左氏始末》卷1《宦》
		（东汉）吕强、附丁肃（等）五人、（唐）张承业	《左编》卷70《宦之一（贤）》
		（北魏）赵黑	《魏书·阉宦列传》
		（北齐）田敬宗①、（唐）刘贞亮②	《册府元龟·内臣部·忠直门》
		（唐）杨复光	《左编》卷71《宦之五（外兵）》
		（明）怀恩	王鏊《震泽纪闻》卷下《怀恩》
		（明）张永	自撰

---

① 沈德符：《万历野获编》补遗卷1《今上史学》，第800~801页；张居正著，陈生玺、贾乃谦编注《帝鉴图说评注》，中州古籍出版社，1996年，第10页。

② 《册府元龟》的编者视宦官为中国政制必备一环，重视宦官辅助皇帝之益，参尹崇儒《从〈册府元龟·内臣部〉看汉至五代宦官活动的特色兼论其史料价值》，台湾淡江大学历史系编《史化》第30期，2009年，第1~16页。

③ 唐顺之编纂《左编》历时二十余年，"凡七易稿而始成编"。王畿熟谙《左编》编纂体例与用意，自谓"每从商订，得其笔削去取之故，间亦有折中之助焉"。见王畿《历代史纂左编凡例并引》，唐顺之：《历代史纂左编》卷首，第2~3页。唐顺之取《春秋左传》，"事归其类，人系其事，首尾血脉通贯若一"，撰成《左氏始末》。见唐一麑《左氏始末序》，唐顺之：《左氏始末》卷首，台湾"国家"图书馆藏嘉靖四十一年唐氏家刻本，叶2b。《中鉴录》虽取材于《左编》和《左氏始末》，但对宦官品评和分类与之略异。

续表

卷次	条类	内容	取材
卷3	贤类(5人)	(五代)张居翰	《册府元龟·内臣部·贤行门》
		(明)金英、兴安、覃吉、陈准	自撰
	让类(7人)	(西汉)良贺、(东汉)郑众	《后汉书·宦者列传》
		(东汉)杞嶷、栾巴	《册府元龟·内臣部·贤行门》
		(唐)马存亮、严遵美	《左编》卷70《宦之一(贤)》
		(宋)刘承规	《宋史·宦者列传》
	劳类(6人)	(唐)杨思勖	《左编》卷71《宦之五(外兵)》
		(唐)刘景宣、西门重遂	《册府元龟·内臣部·翊佐门》
		(宋)窦神宝、阎承翰、秦翰	《宋史·宦者列传》
卷4	能类(6人)	(西汉)李延年,(东汉)李巡、吴伉,(北齐)田敬宣	《册府元龟·内臣部·才识门》
		(东汉)蔡伦	《后汉书·宦者列传》
		(明)阿丑	自撰
	准类(5人)	(东汉)孙程、(唐)高力士	《左编》卷70《宦之二(擅权)》
		(唐)俱文珍	《左编》卷71《宦之三(禁兵)》
		(唐)吐突承璀、(宋)王继恩	《左编》卷71《宦之五(外兵)》
卷5	逆类(15人)	(春秋)伊戾	《左氏始末》卷1《宦》
		(秦)赵高,(东汉)曹节、王甫、张让、赵忠,(宋)任守忠	《左编》卷70《宦之二(擅权)》
		(北魏)宗爱,(唐)李辅国、刘克明、刘季述	《左编》卷71《宦之四(逆)》
		(唐)王守澄	新旧《唐书·王守澄传》及《左编》卷71《宦之四(逆)》
		(唐)仇士良	《左编》卷71《宦之三(禁兵)》
		(唐)杨复恭	《左编》卷71《宦之五(外兵)》
		(明)曹吉祥	自撰

续表

卷次	条类	内容	取材
卷6	乱类(7人)	(春秋)寺人貂、宿沙卫	《左氏始末》卷1《宦》
		(唐)韩全海、张彦弘、田令孜	《左编》卷71《宦之四(逆)》
		(宋)周怀政	《宋史·宦者列传》
		(明)王振	自撰
	奸类(4人)	(春秋)寺人柳	《左氏始末》卷1《宦》
		(西汉)石显、(宋)梁师成	《左编》卷70《宦之二(擅权)》
		(明)梁芳	自撰
卷7	横类(8人)	(东汉)侯览	《左编》卷70《宦之二(擅权)》
		(唐)鱼朝恩、程元振、(宋)童贯	《左编》卷71《宦之五(外兵)》
		(唐)窦文场、霍仙鸣	《左编》卷71《宦之三(禁兵)》
		(明)汪直、刘瑾	自撰
	贪类(10人)	(东汉)李刚,(北魏)李坚,(唐)牛仙童、甫璆琳、邵光超、朱如内、朱超晏、王志忠、刘希光、王践言	《册府元龟·内臣部·贪货门》
	残类(3人)	(东汉)单超,(宋)杨戬、李彦	《左编》卷70《宦之二(擅权)》

注:《中鉴录》各类之下宦官传记以时代顺序排列,本表各类之下按取材归并排列。

①田敬宗应为田敬宣。《中鉴录》因直接抄自《册府元龟》而致误,并又于"能类"收入田敬宣。

②刘贞亮实即俱文珍。因失于考订,《中鉴录》又于"准类"收入俱文珍传,致书中出现一人两传。

　　《中鉴录》成书后,王畿写信给包括陶大临在内的在京友朋推广此书,企图产生实际影响。考其书信时间集中在万历元年至三年(见表5-3),这应是万历六年王畿给张元忭信中称"《中鉴录》未敢为不朽之传,区区两三年纳约苦心,庶几自尽"的真实语境。① 换言之,所谓"两三年

---

① 王畿:《王畿集》卷11《答张阳和》,第285页。

纳约苦心"，并非意指编纂《中鉴录》花费的时间，而是反映其在万历元年至三年间向友朋推广此书以便产生实际影响的努力情形。

王畿起初希望陶大临抄录《中鉴录》数份，主动谋于贤良宦官，"无意中授以一册"，使他们递相传玩，以收不期之功。但此举收效无多，原因可能是陶大临并不热心，或与陶氏万历二年三月卒任有关。① 万历元年至二年底，王畿稍微调整策略，转而希望在京王门要员刊刻《中鉴录》：嘱托时任尚宝司丞耿定向为之作序，翰林侍读赵志皋为之润色、删削，大理寺少卿曾同亨为其题跋，刑部主事邹德涵捐资梓行。他甚至希望给事中朱南雍（隆庆二年进士）"留意披抹"、与同志反复参讲讨论《中鉴录》，借以扩大影响，感召宦官。可以说，万历初，在京活跃而重要的王门政治人物几乎都被王畿"动员"起来。

表 5-3　王畿推广《中鉴录》的书信编年

致函对象	内容概略	致信时间
与陶念斋 （陶大临）	不肖隐忧不忘，眠食之外，以心代力，纂辑《中鉴录》三册……倘以为有补万一，或抄录数册，择此辈（宦官）可与言者，无意中授以一册，递相传玩，少知劝阻，兴其善念，拂其邪心，未必无少助耳	隆庆六年底
与耿楚侗 （耿定向）	外廷公卿进见有时，(君主)日处深宫，食息起居不得不与中官相比昵，势使然也。迩者元老有《帝鉴》，独中官无《鉴》，似为缺典。闲居无事，纂辑历代中官传，得其善与恶者若干人，录为《中鉴》，间为数语引而伸之，开其是非之本心，警以利害之隐机，使知所惩发。若得此辈回心向主，比之外廷献替，功可百倍……若以为有补世教，须吾丈以数言弁首，刻布以传	万历元年底①
与赵濲阳 （赵志皋）	《中鉴》之辑，自吾弟起因……三代以降，君亢臣卑，势分悬隔，吾人欲引君于道，舍中官一路，无从入之机。譬如寐者得呼而醒，诸梦自除，《中鉴》所以代呼也。吾弟可细细披抹笔削，以润色之。若以为有补世教，梓而行之，与诸《鉴》并传，示法于将来，未必非格心之助也	万历元年底②
与曾见台 （曾同亨）	此辈（宦官）是非之心、利害之机未尝不明，但积于染习，无人为之开牖，密而不自觉耳。若得此辈回心向善，如家众之护主人，不惟不为投间，且将随事纳诲，以效匡弼之劳，比之外廷，其功百倍。不肖杞人之忧，以心代力，博采历代中官传，得其善与恶者若干人，录为《中鉴》，附数语，开其是非利害，使知所劝阻……如以为有补世教，可跋数语，图刻以传，亦芹曝之苦心也	万历元年底③

---

① 《明神宗实录》卷23，万历二年三月庚子条，第607页。

续表

致函对象	内容概略	致信时间
与邹聚所书 （邹德涵）	《中鉴录》乃杞人忧天苦心，以为新君临御，虽睿资天授，而趋向未定，非此辈（宦官）无以神纳约之机。此辈同禀天地之秀，是非利害未尝不明，但蔽于习染，无人为之开导，迷而不自觉耳。是《录》纂辑古今中官善恶，以为戒劝，思所以觉之也。窃念君有《帝鉴》，相有《宝鉴》，台谏守令皆有诸《鉴》，而中官独无，似为缺典。吾世契既以为有补世教，谋诸同好诸士友，捐资镂梓以传，使此辈无意中有所感触。同醢鸡之发其覆，未敢谓天地之大全，亦锡类之助也	万历二年底④
与朱越峥 （朱南雍）	大臣进见有时，晨夕兴居，乘藉周旋，惟在中官。此辈并生天地间，是非利害之心未尝不与人同。但溺于习染，久假不归。况吾辈不能视为一体，自生分别，有以激之。彼此势离，则情间而意阻，未尝开以是非，导以利害，譬之迷途之人甘于离陷，欲其回心向善，不可得也。凡我大小臣工，守令有《鉴》，台谏有《鉴》，辅相有《鉴》，迩者复有《帝鉴》，独中官未有所鉴，似为缺典。不肖因纂辑春秋以下历代诸史宦官传，得其淑与慝者若干人，分为三册……若以为有补世教，可留意披抹，与同志相参，以广其传	万历三年 九月前⑤

注：①信中称陆树声以病致仕，由万士和接任。考陆、万交接在万历元年十二月，可见此函作于万历元年底。见《明神宗实录》卷20，万历元年十二月甲子条，第549页。

②信中称"闻京中已续同志大会，吾弟与楚侗二三君为之倡"，与上引他给耿定向信中"闻京师已复同志大会，乃吾丈与一二同志倡之"相合，可知两封信函时间相去不远。

③信中亦称"闻京师已复同志之会，吾丈与楚侗（耿定向）二三兄实倡之"，推知此函时间亦在万历元年底。

④信中称钱德洪"不幸捐背"。考钱氏卒于万历二年十月，可见此函作于万历二年底。见王畿《王畿集》卷20《刑部陕西司员外郎特诏进阶朝列大夫致仕绪山钱君行状》，第593页。

⑤万历三年九月，朱氏大失王门之望，承张居正意指，弹劾在廷王门大员万士和，可见此函当早于这个时间。见《明神宗实录》卷42，万历三年九月丙辰条，第956页。

资料来源：王畿《王畿集》，第223~224、240、288~289、304~305、805~806、256~257页。

王畿苦心推广《中鉴录》，然反馈意见寥寥，并没有得到王门友朋重视和公开支持，至于为该书撰写序跋、谋刻以传之事，都没有着落。① 从现有资料看，《中鉴录》先后两个刊本，分别出自万历间先后任职杭州的两位太监之手。这表明该书有吸引宦官之处，既是其对宦官产生实际影响的体现，又符合王畿著作初衷。以下先勾勒现存万历三十九年重梓本

---

① 王门学者未直接涉入此事的原因，可能是他们未必认同其理念，或对其感召宦官的实效存有疑虑，更可能源于张居正执政后期与王门学者之间紧张对立的政治氛围。

《中鉴录》刊者刘成生平，进而论析刘成与《中鉴录》首刊者孙隆之间的关系，最后考察孙隆生平事迹及其首刊《中鉴录》的背景。

第三节 太监孙隆、刘成：《中鉴录》的初刊与复梓

一 刘成重刊《中鉴录》及其与初刊者孙隆的关系

刘成，清修《明史》无传。万历三十五年冯有经撰《重修黑山会褒忠祠碑记》碑阴载其时刘成宫内职衔为内官监太监。[1] 据刘成所撰《中鉴录》跋文，知他籍贯陕西。《中鉴录》跋尾两枚印章，其中一枚"读书中秘"，证示他曾学于内书堂。另据《明神宗实录》，万历十五年，刘成任司礼监文书房官。[2] 二十七年，朝廷置浙江市舶司，命刘成提督，负责征收税课。[3] 是年，刘成同浙江抚按查理盐场积银。[4] 二十八年，刘成疏请将浙江"岁额会银及余积无碍银两"的清查工作归其专理，得神宗批准。[5] 二十九年，刘成兼管南直隶苏松常镇四府税务；[6] 三十五年，兼提督苏杭织造；[7] 四十三年卒于任，[8] 前后担任江南税使共十七年。万历二十八年，刘成以"税银二万六千两以进"，[9] 三十四年又"进税课银二万一千两"，[10] 累计进银四万七千两。但他并不像其他税使那样跋扈，常有惠民之举。三十二年，他疏请削减南直隶苏松常镇四府税课，由六万减至三万，神宗同意减至四万。户部尚书借此讽喻神宗"岂恻隐一念，貂珰尚自勃勃，顾如天好生而反有不然者"，疏却留中。[11] 三十三年，刘成以

---

① 北京图书馆金石组编《北京图书馆藏中国历代石刻拓本汇编》第59册，第196页。
② 《明神宗实录》卷182，万历十五年正月癸丑条，第3398页。
③ 《明神宗实录》卷331，万历二十七年二月壬子条，第6113页。
④ 《明神宗实录》卷340，万历二十七年十月庚寅条，第6313页。
⑤ 《明神宗实录》卷347，万历二十八年五月辛亥条，第6477页。
⑥ 《明神宗实录》卷365，万历二十九年十一月壬戌条，第6839页。
⑦ 谈迁：《国榷》卷80，万历三十五年十二月，第4983页。
⑧ 《明神宗实录》卷530，万历四十三年三月辛亥条，第9967页。
⑨ 《明神宗实录》卷349，万历二十八年七月乙丑条，第6548页。
⑩ 《明神宗实录》卷419，万历三十四年三月丁酉条，第7943页。
⑪ 《明神宗实录》卷393，万历三十二年二月丙申条，第7413页。

税额难充，请求裁减，神宗复答以四万两进上。①

刘成总体表现可以从相关奏疏中获知一二。万历四十三年，刘成卒，太监吕贵继掌苏杭织造，同年八月，浙江巡按李邦华（1574～1644）疏止之，神宗不听。李邦华疏称："刘成入杭，未几病痿，杜门谢客，地方遂若不知有织监，乃得善死牖下。今吕贵心实耽耽，而四方凶棍百十成群，蜂屯蚁聚……欲如孙隆、刘成之安静，必不可几。"②疏文虽多微词，但从此疏可知刘成"安静"无扰、令地方"不知有织监"情形。

刘成于万历三十九年翻刻《中鉴录》，显示他注意借以自鉴，可谓一位"不昧其本心而称贤者"的宦官：

> 余闻鉴以照物，而丑者忘怒，谓无私也。然造化肖形，靡可移易。人性本善，返照则明。审能鉴于善而后从之，鉴不善而改之，不大愈于以铜为鉴哉？我皇上御极之初，元辅即进以《帝鉴图说》。方今圣学日新，登三迈五，则鉴于《图说》，有明征矣。猗欤盛哉！乃若《中鉴》之纂，条分缕析，衮钺森严，所以觉吾侪之迷思，挈之以同归于善，意何美也。③

宦官在生理上虽有缺陷，但"人性本善，返照则明"，只要去恶从善，便能入道成圣。王畿屡谓《中鉴录》若能发挥作用，将不亚于《帝鉴图说》之功。刘成也将"觉吾侪之迷思"的《中鉴录》与《帝鉴图说》相提并论：既然神宗因《帝鉴图说》"圣学日新，登三迈五"，作为皇帝近侍也当以《中鉴录》为照，从善改恶，有补君德。刘成以宦官身份刊刻《中鉴录》，将其送给同辈好友和属下阅读，相互传阅、共同砥砺，可以想见。然首先被《中鉴录》吸引并将其刊行的是司礼太监孙隆。

孙隆是刘成效仿的前辈。万历二十九年十一月，刘成接替孙隆任苏松税使，孙隆专督苏杭织造。④三十五年，孙隆回京，苏杭织造之职由刘成

---

① 《明神宗实录》卷412，万历三十三年八月壬子条，第7721页。
② 李邦华：《文水李忠肃先生集》卷2《四参织监请停织造疏》，第67页。
③ 刘成：《刻中鉴录跋》，王畿：《中鉴录》卷末，内阁文库本，叶1。
④ 谈迁：《国榷》卷79，万历二十九年十一月，第4888页。

兼任。① 刘成既接替孙隆之职，又成为其"事业"接续者：万历三十九年重刊由孙隆初刊的《中鉴录》，同时重梓由孙隆于万历二十三年刻行的《通鉴总类》。②

孙隆有恩于刘成，对其有感化约束之功。万历二十八年前后，安徽泾县人、浙江巡盐御史叶永盛（万历十七年进士）《浙鹺纪事》详载"压服"税使刘成的过程。整体而言，在矿监税使备受朝野抨击的背景下，叶永盛彰显他压服税珰的胆魄气节及策略，进而声名大噪。叶氏认为"压服"刘成是"缚虎降魔之策"，自诩"（刘成）不觉堕吾彀中"，甚至"且责且笑，若将玩之者"。③ 然《浙鹺纪事》记载证示，叶氏所谓"缚虎降魔之策"并未成功，叶、刘最后交恶，并逼出刘成令富商献银之举。总之，叶、刘决裂，与叶氏一开始便不能取信刘成、与之推诚相待实有关系。叶氏"压服"刘成是非曲直大可不必深究，但《浙鹺纪事》文末所称值得征引：

> 珰（刘成）亦虑擒胡（刘成参随）则其体不雅，亲诣谢罪。予阳应之，而阴索胡尤急。珰求救于抚院，不允；求救于按院，亦不允；乃求救于孙司礼，余乃宽胡。盖非胡则珰不为恶，非孙则不能制珰。故余去胡以绝祸源，而又市德于孙以制珰，将来是拔本塞源之策也。是举也……赖刘抚院，尤赖有孙司礼。④

"孙司礼"即孙隆，时任苏杭织造兼督南直隶苏松常镇四府税务。"刘抚

---

① 谈迁：《国榷》卷80，万历三十五年十二月，第4983页。
② 史钞类书《通鉴总类》取材于《资治通鉴》，按事类纂，分为271门。此书有嘉定元年、至正二十二年刊本，入明有成化十六年云南镇守太监钱能刻本。见杨绍和《楹书隅录》卷2，《续修四库全书》第926册，第619页。万历二十三年孙隆刊本《通鉴总类》，现藏台湾"国家"图书馆，书前有申时行序文，书后有孙隆《重刻通鉴总类跋》。万历三十九年刘成刊《通鉴总类》，现藏北京首都图书馆，书后有刘成《重刻通鉴总类跋》，跋文末有"刘成之印""读书中秘"两枚印章，与《中鉴录》跋文后印章同。天启二年，苏杭织造兼司礼太监李实于"武林官舍，获有是板"，校修《通鉴总类》，书后有李实所撰跋文，今藏北京大学图书馆，著录为"顾锡畴校"。孙隆、刘成、李实刊书跋文见本书附录二。
③ 叶永盛：《浙鹺纪事》，《四库全书存目丛书》集部第172册，第743～744页。
④ 叶永盛：《浙鹺纪事》，第746页。

院"为刘元霖（1556～1614），万历二十二年至三十一年巡抚浙江。叶氏自矜以术制珰，但强调若无刘元霖尤其孙隆从中周旋，刘成终不能"压服"。总之，孙隆不仅有恩于刘成，"非孙则不能制珰"更说明孙隆对刘成有约束之力。李乐称："榷税中贵，分督诸省，唯吾浙所差，驯谨于民，不甚扰，则司礼孙公与有力焉。"①

刘元霖、孙隆调停刘成一事，可从冯梦祯的记述中得到佐证。万历三十一年，冯氏为刘元霖作贺序称：

> 矿税二使相继出，天下骚动……而吾浙独安，则公（刘元霖）所为蒿目经营其间，而坐收曲突之功者不浅已。夫内珰亦人耳，彼其心虽欲以利媚上，兼以自肥，而是非利害故自晰也。士大夫实以褊心客气临之，或因以为名。彼始嚣然自外，而恣其不肖者之为。堤防一决，末流无所不至……至调停中使一节，则公之心最苦而功最高。②

万历二十七年，孙隆七十寿辰，冯氏作寿序谓：

> 二三年间，上念财用艰难，思辟天地之藏，广市舶之税，中使之出，岁不下十人，而吾浙二焉（税使刘成、矿使刘忠）。微公（孙隆）苦心蒿目，与当事诸大吏委屈调停，将肘腋之变叵测，安得宴然食土之毛耶！③

南京国子祭酒冯梦祯罢归不起，"卜筑西湖孤山"，④ 与刘元霖、孙隆交游酬唱。⑤ 冯氏认为"内珰亦人耳""是非利害故自晰也"，士人不当为图"名节"而以"褊心客气"对待宦官，这只能使宦官"嚣然自外，而恣其不肖者之为"，不能解决实际问题和争端，于事无补，且易酿成"相激"

① 李乐：《见闻杂纪》卷6，第298页。
② 冯梦祯：《快雪堂集》卷5《贺大中丞用斋刘公抚浙九年奏最序》，第109页。
③ 冯梦祯：《快雪堂集》卷6《寿敕使东瀛孙公荣寿七袠序》，第130～131页。
④ 万斯同：《明史》卷317《冯梦祯传》，第491页。
⑤ 冯梦祯与孙隆交往甚欢，见冯梦祯《快雪堂集》卷6《寿大司礼三河东瀛孙公六十序》，第129～130页；卷29《孙司礼像赞》，第430页。

之变。这与王畿《中鉴录》的理念若合符节。冯氏指出刘元霖"调停中使一节"，其功不亚于胡宗宪（1512～1565）驱除倭寇。然结合冯氏给孙隆所作寿序，则"调停中使"主要归功于孙隆。

综上可见，孙隆在士人中有足够威信，以致叶永盛要依靠他达致制珰目的。与此同时，孙隆对刘成有约束之功，乃至刘成其后"刻意"仿效孙隆行事，不仅"安静"无扰，令地方"不知有织监"，而且于万历三十九年翻刻由孙氏首刊的《中鉴录》，复梓孙氏于万历二十三年重刻的《通鉴总类》。

二 孙隆生平与宦评

孙隆，清修《明史》无传，仅在论及万历年间各地矿监税使"无不播虐逞凶"时，记载孙隆激起苏州民变。① 《明诗综》录有孙隆《题慧因寺》诗一首，然所附传略仅载其名号、籍贯和官职。② 光绪《顺天府志》、民国《三河县志》专立孙隆传，除多出介绍其刊刻《通鉴总类》外，内容没有超出《明诗综》所附传略。③ 现代学者对孙隆在江南活动及其艺术修养有较为深入的讨论。④ 然考辨时人相关文字及其他文献史料可见，明末宦官孙隆并非如官修《明史》所称乃属"播虐逞凶"之人。

孙隆，号东瀛，明顺天府三河县（今属河北省廊坊市）人，嘉靖九年生，⑤ 万历三十七年九月卒。⑥ 《酌中志》称他与司礼掌印太监陈矩"同

---

① 张廷玉等：《明史》卷 305《宦官二》，第 7813 页。
② 朱彝尊：《明诗综》卷 87，台北：世界书局，1962 年，第 3 页。
③ 周家楣等修，张之洞等纂光绪《顺天府志》卷 105《人物志十五·孙隆》，《续修四库全书》第 686 册，第 149 页。民国《三河县志》所载孙隆传因袭光绪《顺天府志》而来，见韩琛、吴宝铭等纂民国《三河县志》卷 11《人物篇上·文苑·孙隆》，《中国地方志集成·河北府县志辑》第 33 册，上海书店，2006 年，第 198 页。
④ 王春瑜、杜婉言：《明朝宦官》，第 213～215 页；许冰彬：《明代苏杭织造太监孙隆考略》，《湖南科技学院学报》2013 年第 1 期，第 57～63 页。
⑤ 万历二十七年二月，苏杭织造太监孙隆兼任苏常等地税使。见《明神宗实录》卷 331，万历二十七年二月戊辰条，第 6125～6126 页。王在晋称孙隆"今岁特拜新命，兼督江南榷事，而公适于是年为七袠"，由此可见其生于嘉靖九年。见王在晋《兰江集》卷 11《贺织造东瀛孙公七十序》，《四库禁毁书丛刊补编》第 66 册，第 308 页。
⑥ 《明神宗实录》卷 462，万历三十七年九月丙午条，第 8727 页。

年"。① 陈矩备受士林好评,清修《明史》有传。② 嘉靖二十六年陈矩选入内廷,旋入内书堂读书。③ 孙隆"丁未选士"阳文篆印,④ 可证他确与陈矩"同年",⑤ 二人当一起入内书堂学习。王在晋(? ~1643)称孙隆"交接士大夫有礼,动为法程,俨然儒臣之致焉",这与其早年受过内书堂儒家教育有关:"(孙)从幼时应选,召读书中翰林,闳博经史家言,得其紫緊,辄有所陈说。"⑥ 嘉靖年间,孙隆"盛受知遇,宠秩洊加"。孙隆"三朝典礼"阴文印章,⑦ 证示他于嘉靖、隆庆、万历三朝均任职于司礼监。

隆庆年间,孙隆的政治生涯出现重要转折。他被选为东宫典玺,⑧ 成为未来神宗身边亲信的宦官。王在晋称:"万历初元,天子方在冲年,国疑主少,公(孙隆)以身周旋主上之侧,左图右箴,非法言不敢道,中外莫不倚公为重轻。"⑨ 所谓"左图右箴",实有所指。隆庆五年十二月,孙隆以"东宫处典玺局司房写字司礼监奉御"进《陈善图册》。《陈善图册》先图后文(见图5-8),共计20图(文),载尧、舜、禹、汤、武丁、周文王、周武王、汉文帝、汉武帝、光武帝、唐太宗、唐玄宗、宋太祖、宋太宗共14位圣君贤主"明良"故事。孙隆在《进陈善图表》中引《尚书·说命》"学于古训乃有获,鉴诸成宪永无愆"之训,称:"圣如周武叙畴,尚访于殷箕。德懋高宗,犹咨乎傅说。《新语》制于陆贾,汉高涤马上之风。《内则》呈于刘生,元成洗家法之陋。千秋进《录》,(张)九龄振藻于唐廷。无逸陈《图》,孙奭流芳于宋室。凡居左右,宜竭箴规。"可见,孙隆确以致君尧舜、辅导圣主自期自任。孙

---

① 刘若愚:《酌中志》卷16《内府衙门职掌》,第507页。
② 张廷玉等:《明史》卷305《宦官二·陈矩传》,第7813~7814页。
③ 梁绍杰:《明代宦官碑传录》,第202页。
④ 孙隆:《重刻通鉴总类跋》,沈枢:《通鉴总类》卷末,叶5a。
⑤ 万历三十五年,司礼掌印太监陈矩倡议重修黑山会褒忠祠,司礼监秉笔随堂太监孙隆等捐俸助工,可见二人关系亲密。见冯有经《重修黑山会褒忠祠碑记》,北京图书馆金石组编《北京图书馆藏中国历代石刻拓本汇编》第59册,第196页。
⑥ 王在晋:《兰江集》卷11《贺织造东瀛孙公七十序》,第308页。
⑦ 孙隆:《重刻通鉴总类跋》,沈枢:《通鉴总类》卷末,叶5a。
⑧ 孙隆:《重刻通鉴总类跋》,沈枢:《通鉴总类》卷末,叶4b~5a,孙隆落款署为"奉敕苏杭等处提督织造兼提督文华殿中书房并御前作掌宝钞司印前东宫典玺乾清宫近侍司礼监管事太监三河孙隆谨跋"。
⑨ 王在晋:《兰江集》卷11《贺织造东瀛孙公七十序》,第308页。

隆希望东宫将《陈善图册》"常置于座隅……取人为善，法三王五帝之芳规。能自得师，绵二祖九宗之大统。转圜纳谏，恒虚己于忠贞。明镜澄心，罔溺情于燕逸"，"则将来大有为之君，不世出之主，可卜于今日矣"。①孙隆以"蒙泉养正"、启沃圣躬为职志，可见一斑。

图 5 - 8   《陈善图册》载帝尧事迹

外廷士人如郑纪（1438～1513）、邹守益等分别于弘治八年、嘉靖十八年进呈图文并茂的东宫读本《圣功图》。②然孙隆以东宫内僚身份撰绘上呈东宫读本，意义特殊。孙隆在内书堂接受儒家理想与文化的熏陶，"俨然儒臣之致"，转而又将所习所得，影响未来的君主。换言之，明代内廷与外廷、宦官与士大夫，并无想象般界限分明，二者在儒家政治与文化层面日趋一体。目前尚不知孙隆有无受郑、邹等人启发，然其后张居正等纂《帝鉴图说》、焦竑辑《养正图解》③，都不能排除受《陈善图册》

① 孙隆：《进陈善图表》，见雅昌拍卖网站 http：//auction.artron.net/paimai-art5088115052/（2018 年 4 月 7 日）。孙隆《进陈善图表》和《陈善图册》全文，分别见本书附录五和附录六。
② 邹守益《圣功图》共 13 图，今已不存，相关条目存于邹守益文集。见邹守益著，董平编校整理《邹守益集》卷 1《圣功图疏》，凤凰出版社，2007 年，第 7～13 页。
③ 林丽江：《明代版画〈养正图解〉之研究》，《美术史研究集刊》第 33 期，2012 年，第163～224 页。

影响的可能。① 《陈善图册》第 3、4、5、12、15、17、18、20 条，与《帝鉴图说》"揭器求言"（禹）、"下车泣罪"（禹）、"桑林祷雨"（汤）、"梦赉良弼"（武丁）、"宾礼故人"（光武帝）、"上书粘壁"（唐太宗）、"兄弟友爱"（唐玄宗）、"解裘赐将"（宋太祖）及"竟日观书"（宋太宗）故事内容相近或完全一致。《陈善图册》第 14、17 条，与《养正图解》"弓矢喻政""煮药燃眉"同。此外，孙隆进书表所引"无逸陈《图》"史例，《帝鉴图说》《养正图解》两书都有收入，分作"受无逸图""观图自警"。只是《帝鉴图说》法戒兼具，分为"圣哲芳规"（善）、"狂愚覆辙"（恶）两部分，而《养正图解》形式上更接近《陈善图册》，专举善事，不及恶例。

万历七年，吕本（1503~1587）为孙隆作寿序，对其辅养东宫之功推许备至，至拟为召公辅成王："我朝列圣相承，分列百辟，内有司礼，外有阁臣，超绝百辟之上。而司礼者匡弼圣躬，参决元化，有外廷之臣不可仰而窥者焉，不既尤要矣乎？故凡太子出阁，既博选儒硕讲读经史，仍命阁臣综理其事，犹念外僚难与禁密，必简司礼重臣清标雅望动中礼度者，共起居而陪讲习。根本之托归焉，则成周之意也。今上（神宗）自离襁褓，正位青宫，先帝念其冲年，宜得重臣以保护之，谓内僚忠谨无逾公（孙隆）者，谆谆面命。公既博闻玄览，尤精于诗，每念付托，誓竭恫诚，一举一动，一语一默，无不以礼言者。今上御极以来，神明凝异，远迈成王，宁独其睿质之天纵哉！"② 总之，神宗即位，孙隆遂以东宫旧臣擢为司礼秉笔太监，③ 因饱读书史，"多学善书"，故成为辅导神宗自修

---

① 张居正与孙隆书信往来，见张居正《张太岳文集》卷30《答织造太监孙东瀛》，上海古籍出版社，1984年，第367页。史载"万历间，中官孙隆征绘《帝鉴图说》"，江苏吴县人周梦龙被征，"授中书科"。见曹允源等纂民国《吴县志》卷75上《列传·艺术·周梦龙》，《中国地方志集成·江苏府县志辑》第11册，江苏古籍出版社，1991年，第505页。孙隆任苏杭织造，绘杭州吴山风景图，进之内廷。见《湖山胜概跋》，陈昌锡：《湖山胜概》，法国国家图书馆藏明万历年间彩色套印本；李娜《〈湖山胜概〉与晚明西湖的艺术风尚》，《浙江学刊》2011年第6期，第62~68页。
② 吕本：《期斋吕先生集》卷7《奉寿内辅东瀛孙公五衮序》，台湾"国家"图书馆汉学研究中心影印日本内阁文库藏明万历刻本，叶85b~86。
③ 冯梦祯称孙隆"借先帝旧劳，侍今上潜邸，比龙飞，以高资晋司礼，贵在日月之际，旦夕柄用，称第一人"。见冯梦祯《快雪堂集》卷5《寿大司礼三河东瀛孙公六十序》，第129页。

的内廷老师，见重于内宫与外廷。

万历四年五月，孙隆以司礼太监奉命提督苏杭织造。[1] 此任"秩视秉笔，而安逸尊富过之"，[2] 但毕竟属于外降。王在晋婉约提及个中缘故："会苏杭织造缺，难其人，时当事者惮公，而复重公材，力为推毂。"[3] 孙隆备受神宗宠信是事实，因此可能成为司礼掌印太监冯保潜在威胁。不难想象，苏杭织造缺人之际，内廷"当事者"冯保力举孙隆为不二人选，借机将其调出，但孙隆并未因此受到神宗冷落。相反，他所造"清谨堂墨，制款精巧……神庙最重之"。[4] 神宗还御书宋真宗《劝学诗》赐孙隆，孙氏将其刻石吴中。[5] 孙隆与神宗亲密互动，可见一斑。

孙隆首度担任苏杭织造共五年，至万历九年底回京，复任司礼太监，[6] 其间表现可圈可点，赢得当地士绅好评。万历七年九月，孙隆疏将"袍段之雨湿塵黦者，照例解进，免以退换，累及小民"，获神宗批准。[7] 万历九年底孙隆离职回京，苏州人刘凤（嘉靖二十三年进士）为之撰文以展去思，称其在任"役不及民，工不告劳，郡邑宴然，若不知有内朝重使将赫赫显命临之在上者"，不仅"约己务施，虽处膏饫，奉养无所纷华，清峻介廉"，而且"御下也不怒而威，故咸敛戢，不敢毫发肆"，避免织造扰民。[8] 孙隆提督织造有方，不致滋扰地方，可以想见。吕本也称孙隆"每上封事，尤恳恳以东南民力为言……计公所全活，岂直数万家哉！故吴越人士，远迄老稚，无不感祝。舆从一出，儿童举手加额，犹长安之见端明公也"，[9] 可为互证。

---

① 《明神宗实录》卷51，万历四年六月庚辰条，第1188页。

② 刘若愚：《酌中志》卷16《内府衙门职掌》，第507页。

③ 王在晋：《兰江集》卷11《贺织造东瀛孙公七十序》，第308页。

④ 刘若愚：《酌中志》卷16《内府衙门职掌》，第507页。

⑤ 倪涛：《六艺之一录》卷314，《四库全书》第836册，第634页。

⑥ 万历九年九月，工科给事中李廷仪以"今停织未几，增织随至"，上疏停止或减少织派。万历十年五月，张居正诞辰，神宗命"司礼监太监孙隆诣第赐银"。分见《明神宗实录》卷116，万历九年九月戊寅条，第2191~2192页；卷124，万历十年五月壬戌条，第2307页。可见孙隆约于万历九年底、万历十年前回京任司礼监太监。

⑦ 《明神宗实录》卷91，万历七年九月乙卯条，第1868页。

⑧ 刘凤：《刘子威集》卷44《督造司礼监太监东瀛孙公去思碑》，《四库全书存目丛书》集部第120册，第497页。

⑨ 吕本：《期斋吕先生集》卷7《奉寿内辅东瀛孙公五衮序》，叶87a。

　　孙隆在任表现，还可从赵用贤（1535～1596）为桑氏所作墓志铭中看出：

　　　　故事，通判隶上方局，谒中贵，皆庭拜。公（桑氏）独赍一刺直入，雍雍当客位。中贵人素服公名，亦庄事公，不敢慢。已更为策钱穀弊孔及输作工致所由，中贵人又大服，每谈不自知膝之前也。丁丑（万历五年），上将大婚，急需御服四十万段，费当数百万。中贵人约旦暮尽输直匠者，而中丞意颇难之。公入则为中贵陈东南民力疲蒌，不可猝办。出谋中丞，谓当请度支水衡钱佐费，得两报可，事迄克济，民不甚扰。台司及中贵人复两德公，将具疏荐公可大用。公不欲令内侍得名举主，固却之。①

文中"中贵人"指孙隆。然孙氏若真"复倨甚"而属于"恶宦"，恐非身为杭州通判的桑氏能"停平之"。引文显示孙隆不以桑氏见他有违礼节而相间，且重贤使能，善于听纳，以致"每谈不自知膝之前"。这与刘凤称孙隆"好学慕贤，所至访咨，时有敬礼"的情形，可互为印证。李光缙为陈振扬（万历二十年进士）撰墓志铭称："中贵人孙公凤好士，闻公（陈振扬）名，益加礼焉。"② 孙隆爱贤敬能是为实录。③

　　总之，孙隆早年在内书堂受过良好的经史教育，隆庆中被选为东宫典玺，万历即位擢为司礼秉笔太监，是神宗内廷老师，对神宗早年教育影响至深。万历四年至九年，孙隆奉命提督苏杭织造，用贤任能，兼采众议，老成持重，令织造有序进行，不致扰民、有害地方，赢得江南地方官绅称许。

---

① 赵用贤：《松石斋集》卷20《别驾桑公墓志铭》，《四库禁毁书丛刊》集部第41册，第319页。
② 李光缙：《景璧集》卷16《明中顺大夫江西瑞州府知府清波陈公墓志铭》，福建人民出版社，2012年，第774页。
③ 孙隆不因太监身份受到士人羞辱以致报复，只要有真才实学者，他都礼遇有加，得其辅助治务。见褚人获《坚瓠集》癸集卷3《触导属对》，《续修四库全书》第1261册，第472页。

三　孙隆首刊《中鉴录》及其政治背景

孙隆任苏杭织造期间，应与频频讲学于杭州、松江等地的王畿及其友朋产生交集，以致他捐资刊刻《中鉴录》一书。孙隆担任织造期间表现出色，既得士民之心，又是神宗的内廷老师和身边有影响的"红人"，符合王畿给陶大临信中所称"择此辈可与言者"。要之，孙隆是刊刻《中鉴录》最合适不过的人选，可使此书产生更大影响。

《酌中志》称孙隆"曾刻《通鉴总类》、《中鉴录》等书"。[①] 孙隆于万历二十三年刻梓《通鉴总类》，然《中鉴录》刻于何时有待考证。万历十一年八月，王畿卒后三个月，赵锦（1516～1591）作《龙溪王先生墓志铭》称王畿"所著有《龙溪先生全集》二十卷、《中官中鉴录》七卷，《大象义述》、念庵《冬游记》及诸会语，行于世"。[②] 可见万历十一年之前，《中鉴录》已梓行于世。

万历八年，王畿到松江一带讲学，徐阶、陆树声与会。王畿嘱托徐阶为己作传，徐阶据王畿门人陆光宅所作"行实"，"为之传以传"。[③] 陆光宅（1535～1580），字与中，浙江平湖人，薛应旂门人，万历二年为薛氏《宪章录》作跋刊刻以传。[④] 与此同时，他又从学于王畿，慕王阳明之学，建天心精舍，"以北面之礼属予（王畿），群集四方同志，共明此学"。[⑤] 陆光宅所作王畿"行实"，今已无从查考。徐阶曾致信王畿谓："与中尚未至，所须鄙作，俟得渠传略，及具稿以呈。此事如写真，本难肖似，而形容有道气象，尤难措词，不知竟能摹写得一二分否？"[⑥] 盖即指徐阶为王畿作传之事。万历三十六年，徐肇惠（1566～1621）刻其祖父徐阶

---

① 刘若愚：《酌中志》卷16《内府衙门职掌》，第507页。

② 赵锦：《龙溪王先生墓志铭》，王畿：《王畿集》，第831～832页。

③ 徐阶：《龙溪王先生传》，王畿：《龙溪王先生全集》卷22，《明别集丛刊》第2辑第49册，黄山书社，2016年，第448页。

④ 陆光宅：《刻宪章录跋》，薛应旂著，展龙等校注《宪章录校注》，凤凰出版社，2014年，第3页。

⑤ 王畿：《王畿集》卷15《天心授受册》，第434页。陆光宅生平传记，见王畿《王畿集》卷20《乡贡士陆君与中传略》，第642～644页；卷19《祭陆与中文》，第581～582页。

⑥ 徐阶：《世经堂续集》卷12《覆王龙溪》，南京图书馆藏明万历刻本，叶59b～60a。

《世经堂续集》所收《南京武选司郎中龙溪王君传》，① 其与万历四十三年王畿门人丁宾（1543 ~ 1633）刻《王龙溪先生全集》所附徐阶撰《龙溪王先生传》，② 内容上差异颇大。民国学者唐鼎元推测后者在上版之际对前者内容进行了修改。③ 然后者更可能是王畿或其后人润色并修改了徐阶所撰之传，而非丁宾刊刻全集时所为。④《南京武选司郎中龙溪王君传》载王畿生平著述，并无《中鉴录》：

> 君（王畿）所著有《大象义述》，《丽泽录》，《东游》、《南游》会纪，《云门》、《天山》、《万松》、《华阳》、《斗山》、《云山》会语，《别曾太常漫语》，《答吴悟斋书》，凡若干卷，士皆传诵之。⑤

《龙溪王先生传》列举王畿平生著作，明显较为全面，增补了包括《中鉴录》在内的著作：

> 公（王畿）所著有《大象义述》，《丽泽录》，《留都》、《岘山》、《东游》、《南游》诸会纪，《水西》、《冲玄》、《云门》、《天山》、《万松》、《华阳》、《斗山》、《环璞》诸会语，罗念庵《冬游》、《松原》诸晤语，聂双江《致知议略》，《别曾太常、赵瀫阳漫语》、《答王敬所论学书》及《中鉴录》，凡数十种，士皆传诵之。⑥

---

① 徐阶：《世经堂续集》卷 10《南京武选司郎中龙溪王君传》，《明别集丛刊》第 2 辑第 44 册，第 82 ~ 85 页。
② 徐阶：《龙溪王先生传》，王畿：《龙溪王先生全集》卷 22，《明别集丛刊》第 2 辑第 49 册，第 445 ~ 449 页。
③ 唐鼎元：《明唐荆川先生年谱》卷 7，《北京图书馆珍本年谱丛刊》第 48 册，北京图书馆出版社，1999 年，第 150 页。
④ 吴兆丰：《变动的文本：明人徐阶撰王畿传的文本差异》，《华中国学》第 11 卷，2018 年，第 125 ~ 131 页。
⑤ 徐阶：《世经堂续集》卷 10《南京武选司郎中龙溪王君传》，第 85 页。
⑥ 徐阶：《龙溪王先生传》，王畿：《王畿集》，第 827 页。

以上所列《大象义述》《致知议略》等书在万历七年前已见付梓，① 然其他数十种单篇著述并无刊行记录，极可能同《中鉴录》一样均未授梓，只是辗转抄阅。故为表述谨严，未言所列著述"行于世"，仅称"士皆传诵之"。总之，前传不载《中鉴录》，改传也只称《中鉴录》"士皆传诵之"，可见万历八年徐阶作传之际，《中鉴录》极可能尚未刊行。考虑到万历九年底孙隆去职回京，于此可推测《中鉴录》首刊时间极可能就在万历九年前后。

万历七年前后，时任福建巡抚耿定向给钱德洪弟子徐用检的信函透露了《中鉴录》一书相关刻梓背景。耿定向称：

> 此书（《中鉴录》）诚有关系，如前题词、客问，若呈之御览，自应如是。若令此辈省观，须婉曲，令睹者欣然慕、惕然怵，可也。中语似多峻厉不中肯綮者。往在都邸，侧闻此辈（宦官）实是中有贤哲，或博雅攻古文词，或亦好砥砺名行，或抱逸趣、慕玄学佛者，不为无人。吾党尚有愧之者，而贤者往往自生分别，心左矣。又曾闻有掌科疏中，目此辈为刑余者。此辈恚曰："外士绅何读书少不深考也？自汉以前，吾辈诚刑余，自肉刑除后，皆自净自献者，乃亦目为刑余，岂不谬哉？"如此云云，亦大有理。仆尝谓阳明先生《传习录》，不善观者，止增一番新知解。惟是《谕贼》移文、《训蒙大意》等篇，此当与（《尚书》）《多方》、《洛诰》，（《礼记》）《曲礼》、《大学》等经并传，何者？其良知贯彻于孺孩奸宄矣。此编须贯彻此辈心髓乃有益也。丈倘有间，更为润色，寄去阳和（张元忭），于世道或亦有补。更得存翁（徐阶）阁老一商尤佳。念存翁当国久，此辈情状，得之最深，其语必中肯綮也，惟丈图之。编中须隐编者姓氏为得，如何如何！②

---

① "国立中央"图书馆编印《国立中央图书馆善本序跋集录·经部》，"《大象义述》"条，台北："国立中央"图书馆，1992年，第43~44页；郭汝霖：《致知议略序》，王畿：《王畿集》，第862页。
② 耿定向：《耿天台先生文集》卷5《与徐鲁源》，《四库全书存目丛书》集部第131册，第140~141页。

所谓"《谕贼》移文、《训蒙大意》"，指王阳明《告谕浰头巢贼》《训蒙大意示教读刘伯颂等》等文。如第四章所述，张元忭《内馆训言》的特色是以王阳明《训蒙大意》所示童蒙教育理念与内容施教内书堂。从耿定向此函可见，张元忭内书堂"化宦"行动可能还受到耿定向等人的提示与影响。《告谕浰头巢贼》是王阳明写给"乱贼"的劝降书，也是化贼为良的心学名篇。① 换言之，耿定向肯定《中鉴录》"诚有关系"，然亦有质疑：书中仍有用语严厉、内容苛刻而难让宦官接受之处，对是书能否将良知之学"贯彻此辈（宦官）心髓"并无信心。

耿定向虽无具体修订意见，却要求徐用检帮助润色，并建议将此书寄给旧辅徐阶审阅。徐阶于嘉靖六年至九年教习内书堂，官至内阁首辅，常与宦官往来交际。② 隆庆初年，内官监太监李佑奉命提督苏杭织造，徐阶始则上疏阻止而不可，终则起而劝化李佑："（徐阶）念（李）佑素贵而其人颇长者，乃尽以宿弊告曰：'公往毋言利，今夫利归公者一，而归下者二，奈何代之受谤也。吾欲使台臣搜去之，是又代公受誉也。公何不与台臣共其誉？'且教其以所织作，径进御前，毋落局中少年手。李君曰：'善。'一如公（徐阶）言。"③ 万历初，李佑升司礼监太监，继任提督苏杭织造者正是孙隆。总之，相比常年在野讲学的王畿，徐阶对宦官心态与处事更为了解和熟悉。因此，耿定向指出《中鉴录》若得"语必中肯綮"的徐阶审阅，才有真正打动宦官的可能，实是积极的建议。

目前没有直接资料显示徐用检或徐阶曾润色和审阅过《中鉴录》，但《中鉴录》初稿与后来刻行的《中鉴录》，内容上确有差异。王畿给朱南雍信中称《中鉴录》卷首除有"中鉴答问"和"古今沿革"外，尚有"首述太祖训谕教养之术"的内容，④ 但故宫本、内阁文库本《中鉴录》

---

① 王守仁著，吴光等编校《王阳明全集》卷16《告谕浰头巢贼》，第560～563页。
② 徐阶与宦官来往较多，曾给太监李明道、黄锦、麦福撰作墓志。见梁绍杰《明代宦官碑传录》，第180～181、185～188页。
③ 王世贞：《弇州四部稿续稿》卷138《明特进光禄大夫柱国少师兼太子太师吏部尚书建极殿大学士赠太师谥文贞徐公行状（下）》，《四库全书》第1284册，第26页。万历五年，李佑刊行所编《群贤要语》。《群贤要语》二卷，辑录明儒薛瑄、王阳明、蔡清等人语录。见张秀民著，韩琦增订《中国印刷史》，第310页。《群贤要语》今存宁波天一阁和安徽省图书馆。
④ 王畿：《王畿集》卷10《与朱越峰》，第257页。

均未见。这不排除是王畿自行改删的结果，但接受具有政治手腕的徐阶的删修建议，亦符合情理。万历八年，王畿到苏松一带，与徐阶等南中王门同志讲学，又无疑加强了这一推断的可能性。

至于孙隆刊《中鉴录》，究竟是王畿或其晚辈主动与孙隆接触的结果，还是旧辅徐阶等努力所致，因无直接文献佐证，只能暂作推测。其中，浙江余姚人吕本尤值得注意。吕本，嘉靖十一年进士，与徐阶同官内阁辅臣，后致仕家居。吕本与王畿同年，两人交情不错，各自文集有双方诗歌酬唱文字留下。① 陶大临、钱德洪又是二人共同好友。② 吕本乡居期间，因"王文成公倡良知之学于海内，而乡人乃有不能悉者"，乃"构书院，与文成之高弟王君畿、今宫保赵君锦，相与讲明其学，邑人人向风矣"。③ 吕、王一同在浙江余姚讲阳明之学，二人交谊密切可谓不虚。

与王畿有着密切关系的吕本，同时与孙隆保持着紧密联系。嘉靖间，吕本与孙隆已有交谊。万历初，孙隆任苏杭织造，"亟走手书问余（吕本）山中意谊良笃"，④ 可见吕、孙二人关系确密。吕本不仅为孙隆所藏宋画题赋，还于万历七年孙隆五十寿辰之际为其撰作贺诗、寿序。⑤ 质言之，吕本与王畿亲密热络，又与孙隆关系良笃，万历七年他为孙氏撰著寿序后一两年内，《中鉴录》即由孙隆出资刊行，吕本居中牵线相助，不无可能。

耿定向建议隐去《中鉴录》的编者信息，在孙隆首刊《中鉴录》时可能也得到采纳。虽然孙隆初刻本《中鉴录》今已不存，但如刘成刻本

① 王畿：《王畿集》卷18《和南渠年兄出游见示之作五首》《贺南渠年兄众乐园之作》，第536~537页；吕本：《期斋吕先生集》卷4《夏日王龙溪驾部姜对阳李遇斋二太仆枉顾西园草堂留酌漫赋》，《四库全书存目丛书》集部第99册，第395页。
② 吕本是陶大临座师，不仅为陶大临祖父撰写墓铭，又在陶氏卒后撰写祭文。万历二年，钱德洪卒，王畿主笔钱氏行状，吕本据王畿所作行状撰作墓志铭。见吕本《期斋吕先生集》卷12《明故通议大夫兵部左侍郎赠兵部尚书谥庄敏陶公墓志铭》《明故刑部陕西司员外郎特诏进阶朝列大夫致仕峰山钱公墓志铭》，第585~590、592~597页。
③ 王世贞：《弇州史料后集》卷1《太傅吕文女公传》，第223页。
④ 吕本：《期斋吕先生集》卷7《奉寿内辅东瀛孙公五袠序》，叶87b。
⑤ 吕本：《期斋吕先生集》卷4《贺织造孙司礼东瀛寿》《题宋绣花鸟图为孙司礼赋》，叶18、40；卷7《奉寿内辅东瀛孙公五袠序》，叶85~88。

后附有刻者跋文一样，孙隆初刻本后也应有刊者孙隆所撰跋文。职是之故，李鹗翀《江阴李氏得月楼书目摘录》著录初刊本《中鉴录》时，无法通过序文等得知此书作者，又看到孙隆跋文，故有登录是书作者为孙隆之误。①

　　然而，耿定向为何要建议隐去《中鉴录》的编者信息呢？《中鉴录》为神宗童蒙教育提供了另一套方案，实是对首辅张居正等以经筵、日讲等方式进行童蒙教育的变相批评与不满。万历二年，王畿给耿定向信中称：

　　　　窃意养蒙之道，不在知识伎俩，只保全一点纯气，弗为外诱迁夺，便是作圣之功。外廷公卿进见有时，日处深宫，食息起居，不得不与中官相比昵，势使然也。②

《中鉴录》并非只是为补缺典而作，更是对经筵和日讲只重"知识伎俩"的不满。王畿认为童蒙教育只是"保全一点纯气"，"深宫固育德之渊泽也"，故感召、教化宦官，既排除君主为"外诱迁夺"的可能性，又使宦官以辅养君德自任。同年，王畿给曾同亨信中也谓：

　　　　窃念养蒙之道，不在知识技能，惟保护一脉真纯，弗为外诱所妨夺，纯气日长，精神自充，才能自著。若强开知识，杂以机械，混沌凿而七窍伤，非徒无益，而反害之也。③

童蒙之道不在"知识技能"，只要不为外诱妨夺，良知自现，精神自充；若刻意强开知识，无益反害。王畿的这些主张，带有强烈的王门左派见成良知色彩。

　　王畿对东宫教育的看法一以贯之。嘉靖四十年，他为唐顺之《左编》撰写凡例，论及太子童蒙之教，指出："储为天下本，不可无素教豫养之

---

① 冯惠民、李万健等编选《明代书目题跋丛刊》，第1358页。
② 王畿：《王畿集》卷10《与耿楚侗》，第240页。
③ 王畿：《王畿集》卷12《与曾见台》，第305页。

术。其法肇于虞而备于周。虞、周之法，命典乐以教之，立师傅以谕训之，择左右以维翼之，养其中和之德，示以仁爱孝敬之道，不使有技能之杂，异物之迁，所谓童蒙之吉也……自汉而下，此义不明，一切教养之具，迪辅之人，与古法正相反。而欲望化理之隆，国祚之永，是蹶其本而求枝叶之茂也。"① 可见，王畿向来强调童蒙教育不在于"知识"和"技能"，其要在于"养其中和之德"，不为"异物之迁"。

与王畿截然不同，张居正讲求实行实务，反对虚谈讲学，重视渐进涵养功夫，反对见成良知。他致信罗汝芳谓："学问既知头脑，须窥实际。欲见实际，非至琐细、至猥俗、至纷纠处，不得稳贴。"② 回顾神宗的早年教育，张居正制订了一套紧密周全的学习经典、祖训和政事的计划，体现了他以儒家经史知识来让皇帝"涵养此心"，③ 以及重视实务、经济为特点的帝王教育理念。张居正秉政时期，神宗表现积极，所受儒家经典训练远超明代其他君主。④ 这与张居正督导之功自然分不开，但亦有"管教"太严之弊，以致在他死后神宗凸显反叛性格。⑤ 以此而论，王畿的批评不无道理和先见之明。

质言之，在思想学术与教育理念上，王畿与张居正之间反差强烈。在政治层面，张居正执政后期尤其是万历七年禁讲学之后与王门公开决裂的政治氛围，⑥ 可能是万历七年耿定向建议删除《中鉴录》编者信息的原因所在。

四 孙隆再任苏杭织造期间的政治表现

孙隆刊行《中鉴录》并非只是好名附会，还有借以自鉴自励之意。这从他再任提督苏杭织造的表现可见。万历十四年，孙隆再任提督苏杭织

---

① 王畿：《历代史纂左编凡例并引》，唐顺之：《历代史纂左编》卷首，第 5 ~ 6 页。
② 张居正：《新刻张太岳先生文集》卷 35《答罗近溪宛陵尹》，《续修四库全书》第 1346 册，第 295 页。
③ 张居正：《新刻张太岳先生文集》卷 17《送起居馆讲大宝箴记事》，第 42 页。
④ 前揭朱鸿林《明神宗经筵进讲书考》文。
⑤ 黄仁宇：《万历十五年》，中华书局，1982 年，第 1 ~ 43 页。
⑥ 陈时龙：《明代中晚期讲学运动》，第 120 ~ 137 页。

造，① 至三十六年告老回京，历时二十三年之久。② 其间他敬礼士大夫，广交东南地方文士。冯梦祯与孙隆关系尤为不错，他称孙隆"古心古貌，为国为民。三朝遗老，一路福星……饱书史，有经生之博雅。排纷难，卑辨士之纵横。颐神道释之境，混迹湖山之滨。是其衮衣巢许，而清禁良平"。③ 万历二十三年，冯、孙二人共同捐助放生会。④ 从学于钱德洪、王畿的虞淳熙（1553～1621）也与孙隆关系不错。他不仅参与万历二十三年放生会，还与冯梦祯等共祝孙氏七十之寿，⑤ 且借助孙氏募建寺庙。⑥ 此外，东南名士屠隆（1541～1605）、宋应昌（1536～1606）、袁宏道（1568～1610）、卓明卿、唐文灿（1525～1603）等都与孙隆交谊不错。⑦

　　与孙隆来往密切的虞淳熙还在《孝经》论述中纳入宦官群体。虞氏《全孝图》附"中官"于"士"类，并在《全孝心法》中称："世上有五等人，孤子、义子、失怙之子、为人后之子、中贵人，他都恨不得亲事父母。殊不知此身既为太虚天地的遗体，难道不是君父、继父、继母的遗体……这五等人，虽无父母得事，其实与在膝下一般，若肯体着这《心法》行将去，何处不遇本生父母耶？"⑧虞淳熙赋予

---

① 不晚于万历十四年二月，《明神宗实录》已有孙隆再度为苏杭织造的记录。见《明神宗实录》卷171，万历十四年二月壬辰条，第3114页。

② 万历三十六年，孙隆告老回京，次年病卒，神宗赐祭葬，"并享堂、碑亭、祠额"。见《明神宗实录》卷462，万历三十七年九月丙午条，第8727页。

③ 冯梦祯：《快雪堂集》卷29《孙司礼像赞》，第430页。

④ 释大壑：《南屏静慈寺志》卷9《田土》，《四库全书存目丛书》史部第243册，第389页。

⑤ 冯梦祯：《快雪堂集》卷6《寿敕使东瀛孙公荣寿七袠序》，第131页。冯梦祯称"同德园居士（虞淳熙）、纬真道人（屠隆）等共为寿之"。

⑥ 虞淳熙：《虞德园先生集》卷19《募长桥圣殿后建观音阁疏》，《四库禁毁书丛刊》集部第43册，第442页。

⑦ 袁宏道：《袁中郎全集》卷34《初夏同江进之坐孙内使池台感赋》，《四库全书存目丛书》集部第174册，第772页；卓明卿：《卓澂甫诗续集》卷下《五月十九日寿孙司礼东瀛二首》，《四库全书存目丛书》集部第158册，第240页；唐文灿：《垣署四六存稿》卷3《计曹稿》之《寄孙东瀛内相贺节启》《答孙东瀛内相启》，台湾"国家"图书馆汉学研究中心影印日本尊经阁文库藏明万历刊本，叶75、78。

⑧ 以上分见虞淳熙《全孝图》《全孝心法》，朱鸿：《孝经总类》申集，《续修四库全书》第151册，第168～169页。

"孝"宗教性意涵，①使孝成为宇宙与人伦秩序的源头，人皆能体认己身乃天地太虚遗体，则无处不能尽孝行孝。宦官深处内廷，虽不能亲事父母，然可移孝为忠，事君以孝亲。虞淳熙的孝论涵括了宦官群体，这与万历年间矿监税使横行的背景应有关系，属于有为而作，用资劝化。虞淳熙的孝论没有忽视特殊的宦官群体，与他和孙隆的交往也不无关系。

孙隆在任期间虽未能避免苏州民变发生，但与万历中各地矿监税使肆意盘剥、排弹缙绅、激变地方相比，他实属体恤民情者。②天启三年，工部尚书姚思仁疏称："孙隆待府县正官皆以宾礼，惟织造通判始行属礼，然犹周旋委曲，不敢妄自尊大。以故孙隆之自处愈谦愈抑，而有司之相待愈谨愈恭，内外协和，官民悦服。"③孙隆谦恭逊谨，得江南士民之心，乃属公论。

万历二十七年，冯梦祯称再任提督苏杭织造的孙隆"视江南如家，视七郡之民如赤子，视七郡大小吏如兄弟手足，视七郡钱谷如身膏血，樽节爱养，无所不至，令足办上供而止"，其后孙隆兼任苏松常镇四府税务，又"经画便宜，与民休息，三吴之间，不知有税务"。冯氏因此感叹道："今荆楚齐鲁未免骚然，至勤当宁忧念，而后知江南之民之幸也。"④另据万历二十五年至二十九年任苏州知府的朱燮元（1566~1638）传略："时下诏榷各省直税，内臣衔命纷出，江南则隶织造监孙隆。一时豪猾皆夤缘充参随官，棋置关市，取民财。公（朱燮元）详审酌剂，定课额，反复为隆言，令禁戢用事者无滥取，民乃获苏。"⑤可见孙隆兼任江南税使，确不以苛扰敛财为务。

---

① 吕妙芬：《晚明〈孝经〉论述的宗教性意涵：虞淳熙的孝论及其文化脉络》，《中央研究院近代史研究所集刊》第48期，2005年，第1~46页；吕妙芬：《孝治天下：〈孝经〉与近世中国的政治与文化》，台北：联经出版公司，2011年，第133~168页。

② 万历十四年十一月，"自春入夏，霪雨不时"，孙隆题请"乞鉴时艰，悯怜贫匠，照例将塵黰段匹并准解进"，神宗准之。万历三十年四月，苏杭水灾，孙隆题请将"婚礼袍服未织三运，分作六运，每年二运织解"，亦获神宗准行。分见《明神宗实录》卷171，万历十四年二月壬辰条，第3114页；卷371，万历三十年四月戊申条，第6961页。

③ 《明熹宗实录》卷30，天启三年正月辛丑条，第1506页。

④ 冯梦祯：《快雪堂集》卷6《寿敕使东瀛孙公荣寿七袠序》，第130~131页。

⑤ 朱世卫：《朱燮元事实》，《中国家谱资料选编：传记卷》，上海古籍出版社，2013年，第255页。

　　王在晋亦谓孙隆"受任治茧丝，非时不急之供，特从宽减，岁省东南财力若干万。时有所进供，辄当上旨。二十年来，东南机杼不至其空，而饥馑流连免为沟中瘠，公（孙隆）实有造焉。顷岁，两宫鼎建，内帑金钱不足润土木，首事言利之臣，旁午杂出。其奉使命而驰者，络绎于途。而江以南课税，上不他属而以属公，公辞之弗获。以其事付之两台，而身督其成。商贾不惊，而地方以谧"。① 孙隆辞兼江南税使之任，吴中之民唯恐失之；浙江之民也想得孙隆为税使，但未实现。故王在晋称"议榷非民情也，欲得公而惟恐失之，其（孙隆）入人深矣"。孙隆深孚众望，士民"诵之不休"，可谓不虚。

　　孙隆行事不扰确为有目共睹。敖文祯致信江西湖口税监李道，勉励他仿效孙隆之行："惟愿足下如孙东瀛之在两浙、三吴，士民交颂一口，则不佞之所快，逾于百朋之锡也。"② 大学士沈鲤也称孙隆"不昧其本心而称贤者也"，③ 但指出即便贤如孙隆，亦不能阻止苏州民变发生，以此向神宗示意民怨深积，当尽快撤回矿监税使。

　　据应天巡抚曹时聘之疏，万历二十九年五月，苏州五关之税"额数不敷"，孙隆议"暂借库银那借"，然"参随黄建节交通本地棍徒汤莘、徐成等十二家，乘委查税，擅自加增，又妄议每机一张，税银三钱。人情汹汹，讹言四起"，进而引发民变。可见，民变直接诱因，是孙隆属下参随和当地"棍徒"扬言加增机户税银。④ 时人蒋以化指出，民变虽与孙隆"垂老矣，不喜事，姑漫批之"有关，但参随、"棍徒"滋事是主因，并谓："今孙公畏吴如虎，已告老去矣。驱一贤者，而易一不贤者，羽翼爪牙，溪壑难餍，横劫无算，（葛）贤亦何利我吴中哉？"⑤ 朱国祯（1557～1632）也称："苏有葛贤者，逐杀收税人。税使孙隆故以织造至，颇老成，敬礼

---

① 王在晋：《兰江集》卷11《贺织造东瀛孙公七十序》，第308页。
② 敖文祯：《薛荔山房藏稿》卷10《答湖口李税监》，第370页。
③ 沈鲤：《亦玉堂稿》卷5《请罢矿税疏》，第269～270页。
④ 《明神宗实录》卷361，万历二十九年七月丁未条，第6741～6743页。
⑤ 蒋以化：《西台漫纪》卷4《纪葛贤》，《四库全书存目丛书》子部第242册，第114～115页。

士大夫，兼摄不无扰动。"① 概言之，苏州民变与孙隆疏于管束参随，致其妄议加税引起激变不无关系，但时人并没有因为民变发生而改变对孙隆"老成"贤者的一贯认识。

孙隆再任期间确有不少德政善举。万历十六年、十七年，江南水灾严重，饥馑相望。冯梦祯谓："比岁，江以南大水油油，禾黍尽为波臣之禄，民饥死者相望，而杭城尤甚。公（孙隆）具疏言状，上为动容。至允抚臣、按臣之请，不吝蠲租发粟，予元元旦夕之命，公实启之，功最大。而公意未已也，饥者粥之，病者药之，死者槥之，不及槥者埋之。凡可以助有司之不给，而广部使者之仁政，无不劝为之。"②《明神宗实录》虽未载孙隆上疏蠲租赈灾之事，但"蠲租发粟"得以施行，应离不开孙隆代为疏言之功。

在国本之争引发神宗不理朝政的背景下，孙隆成为士绅与皇帝沟通进而改善治理的桥梁。丁元荐称："万历戊申（三十六年），东南大浸。予讽甘中丞请蠲，际帑藏虚竭，请蠲之疏，首达者报可，后即留中。时苏、松已先拜疏，浙后闻，恐不逮，众情皇皇。从父连叔谓予曰：'事急矣，不鄙由径。中贵孙（隆）主织会城，最得上眷，所奏邮速如神。武林某者，入其幕，盍因之？'遂如其策。旬余，果得俞旨。全浙疮痍，免追呼敲剥之惨者，从父之谋也。"③ 孙隆俯拾下情，上言请蠲，得到神宗批准，无疑兼具两重意味："最得上眷"的孙隆确实可以影响到神宗，而他也愿意建言纳忠，以此自任，福惠地方。

首辅王锡爵对孙隆苦心上疏劝主，既表钦佩，又加勉励："今日岁俭民急如此，亦恃翁年年以疾苦上闻，粗有更生之望。岁运常额，虽未克尽减，就中剂量缓急，和调上下，盖有外廷不及知，而良工独苦者矣。"④ 又在另一封信中称孙隆上疏"嘘唏惨怛，究尽商民之疾苦，此真感天动圣之一机耳"，并鼓励孙隆继续疏言地方之苦，以"感天

---

① 朱国祯：《涌幢小品》卷9《王葛仗义》，《四库全书存目丛书》子部第106册，第330页。
② 冯梦祯：《快雪堂集》卷5《寿大司礼三河东瀛孙公六十序》，第129页。
③ 丁元荐：《西山日记》卷上《才略》，《续修四库全书》第1172册，第303页。
④ 王锡爵：《王文肃公文集》卷20《孙织造太监》，第439页。

动圣"。①

孙隆不仅积极上言纾解地方困苦，而且乐善好施。他在苏杭一带修缮大量庙宇、旧迹，时人著述多有记载。② 冯梦祯称杭州寺庙自"灵隐、净慈以下"，祠宇胜迹自"岳庙、孤山堤以下……（孙隆）莫不鼎新之"。③刘若愚也称"（孙隆）在杭日久，又以暇日重修西湖苏堤，从容儒雅，盖事办而民不扰，大得东南民心，至今思之未艾也"。④

孙隆修缮苏杭等地庙宇，翻新旧迹，修建大型工程，既是他对佛、道二教倾心之体现，又是以工代赈之方。明末王圻（1530～1615）《稗史汇编》载：

> （孙隆）性阔达好施，尤娱情山水。尝泛石湖，眺支硎、虎丘，飘然有天际真人之想，遂叹曰："人生何必中贵？即老于湖光山色间，足矣。"所余资，不为第馆，冰纨雾縠之积，悉出以点缀名山，缮葺梵宇。虎林、吴苑丛林古刹，楼观台榭逶迤，周遭不下百数处，悉寻踪布巧，结境撰奇。如筑十锦塘，建嘉清阁、龙井寺，拓鄂王祠、兴昭庆、灵隐寺，葺千顷云、万佛阁，点缀林、尹二叟栖逸所，尤极状丽轩厂，所费以万计。当戊、己岁，时大侵，盖假创建以赡饥民，非祇（只）为游观也。若施粥施衣，仁泽难以枚举。然每念豊鄗之阽危，惜东南之财力，税使四出，曲为调停，使恶少怂恿至者，

---

① 王锡爵：《王文肃公文集》卷 26《孙东瀛织造》，第 574 页。
② 李乐称孙隆"读书识事体，苏、杭山水景佳处，不惜厚费，多所点缀"。见李乐《见闻杂纪》卷 6，第 281 页。沈长卿称："西湖光景，全赖中贵孙东瀛公妆点。"见沈长卿《沈氏日旦》卷 1，《四库禁毁书丛刊》子部第 12 册，第 114 页。袁宏道称孙隆"大是西湖功德主，自昭庆、净慈、龙井及山中庵院之属，所施不下百万。余谓白、苏二公，西湖开山古佛，此公异日伽蓝也"。见袁宏道《袁中郎全集》卷 8《记述·西湖三》，第 487 页。张大复谓孙隆"以织造久住杭州，梵宇天宫，多所修建，的是西湖大功德主"。见张大复《闻雁斋笔谈》卷 2《书田孙二监事》，《四库全书存目丛书》子部第104 册，第 525 页。张岱称孙隆"以数十万金钱，装塑西湖，其功不在苏学士之下"。张岱：《西湖梦寻》，《续修四库全书》第 729 册，第 136 页。
③ 冯梦祯：《快雪堂集》卷 5《寿大司礼三河东瀛孙公六十序》，第 129 页。张岱记载，万历十七年，孙隆助修昭庆寺，筑建十锦堂，万历二十年重修净慈寺，万历二十八年修玉泉寺、灵隐寺，建湖心亭。见张岱《西湖梦寻》，第 115、124、127、136、147、154 页。
④ 刘若愚：《酌中志》卷 16《内府衙门职掌》，第 507 页。

> 不得攫噪闾里间。盖造福黎庶，良不浅矣。称为宦中之侠，夫岂虚
> 哉？①

王圻认为孙隆并非好事之辈，他大兴工程，是因万历十六年、十七年江南
水灾严重，采取以工代赈的结果。孙隆捐资兴建的杭州西湖十锦塘（又
名孙堤），即于万历十七年开始兴修。从前文所引冯梦祯记述来看，万历
十六年、十七年江南水灾确实严重，为此孙隆既上疏请求减税，又直接赈
济，然都非长久之策，而以工代赈对于纾解民困无疑更为有效。无怪乎时
人李培认为孙隆"修举废坠"目的在于"复藉资粮，散给贫民，衣食其
间"，以工代赈而已。李培指出："数年来，不闻中泽哀鸣，公（孙隆）
实与有力焉。"②

可见，孙隆再任提督苏杭织造，不仅不以逢迎上意、搜刮民脂为事，
行政宽简无为，而且喜于施惠于民，造福地方，③ 以故江南士民"戴公甚
深"，至在西湖建立生祠，以崇其宽简之政、赈济之举。④ 孙隆不独以贤
宦自期自励，还与时任司礼掌印太监田义（1534～1605）配合默契，⑤ 约
束江南一带税使："杭有监税宦者某，进集翠裘，一以媚上。田（义）司
礼抑之不以进，御封送孙尹（孙隆），且盛言此事不可开端状。孙立访织

---

① 王圻：《稗史汇编》卷81《内侍下·孙隆》，《四库全书存目丛书》子部第141册，第
40～41页。因为《稗史汇编》称孙隆为"中官之侠"，以故清末冯桂芬断其书不可信，
甚至疑传世《稗史汇编》为赝本。见冯桂芬纂同治《苏州府志》卷112《人物·流
寓》，台北：成文出版社，1970年，第2622～2623页。

② 李培：《水西全集》卷8《督造孙东瀛碑记》，《四库未收书辑刊》第6辑第24册，第
171页。

③ 孙隆议开杭州城河，以"通米舟"，然"时当事者，以百世之利，不宜倡自中官，尼之
而止"。见沈守正《雪堂集》卷10《储谷便民议》，《四库禁毁书丛刊》集部第70册，
第747页。张大复称："孙尹欲尽出其羡余，开渠汛河，为城中永永无穷之利，竟为当
道阻格，可怪也。"见张大复《闻雁斋笔谈》卷2《书田孙二监事》，第526页。沈长卿
更为愤慨："寺人孙隆曾抱杞忧，欲通市河于省城内，使米船自相粜粜。而吾杭有谨厚
大臣，于己未便，他辞泥之。嗟乎！安得当涂之人倜傥而排众议挺然担当者乎？即李郇
侯之开井，苏学士之浚湖，何以加兹？功在社稷，又不啻庞公之造福斯民已也。"见沈
长卿《沈氏弋说》卷6《庞公造福大略》，《四库禁毁书丛刊》子部第21册，第682页。

④ 李榕纂民国《杭州府志》卷35，台北：成文出版社，1974年，第825页。

⑤ 田义，嘉靖二十一年选入内廷，读书内书堂，万历二十四年至三十三年任司礼监掌印太
监。见梁绍杰《明代宦官碑传录》，第195～196页。

者主名，重责之，又罚银三千，使重建湖心亭，宏伟特甚。世称阉尹之祸，如毒药猛兽，未有不裂肝碎首者也。田、孙所立，卓卓如是，讵谓今世无吕强、张承业哉?"① 所谓"杭有监税宦者某"，可能即是前述浙江税使刘成或刘忠。

如果说孙隆首刊《中鉴录》有自戒自勉之用，那么他锓梓南宋沈枢所撰《通鉴总类》则有辅导君德之意。万历二十三年，孙隆在苏州重刻《通鉴总类》，请旧辅申时行（1535~1614）序之简端，并自作跋文称：

> 皇上宪古为治，于历代史策无不覃精批阅，故与儒臣昕夕讲绎，迨遍秘府之藏矣。隆曩日侍黼幄，甚惬遭逢。因获宋沈宪敏公所编《通鉴总类》二十卷，进之御前，以备九重燕闲之览。上嘉悦，欲镂之尚方，以播寰宇，会命隆来三吴，遂而不果……程工之暇，尝三复校雠是籍，遂捐俸，付剞劂，以仰副上意……隆惟史家之言，必今昔兼贯，则考镜斯全，似不可偏废。司马公《通鉴》出而赤帜千古，为策甚夥矣。然艺苑大匠一握简，靡所不快。第世代相悬，善败异迹，便详览，不便会通。搞属之夫，卒若爰居之骇大吕，欲穷其乱无从也，盖其难哉! 此宪敏《总类》之编，详而有体，简而靡遗，一展阅之，较若列眉，即大海瀹渊，其浩森莫测，而支分流别，莫非汇潴所从来。故读史者视《通鉴》于《总类》，则不殊观海之津涯。而考核之便，洞胸豁眸，免于洛阳浩叹矣，其裨益岂浅尠耶……矧迩者，阁臣亦尝奉旨纂《训录》四十类，是当宁以简捷示海内，预有宸断也。今兹之刻，隆特祗承之不悖焉耳……虽然，宪敏，宋臣也，总其类，实自三晋开国以迄五代，而未竟宋元。我宪皇时虽续有《宋元纲目》，而未及《总类》，犹然阙典也。方今修正史，词臣侍从，秉如椽之笔者，列馆编摹，以成一代典章。如续《总类》，以仰体德意，则尚有俟于载笔者云。②

---

① 张大复：《闻雁斋笔谈》卷2《书田孙二监事》，第526页。
② 孙隆：《重刻通鉴总类跋》，沈枢：《通鉴总类》卷末，叶1a~4b。

孙隆本欲将《通鉴总类》"镂之尚方"，但因万历四年外任而止。万历二十三年，孙隆在吴中重刻《通鉴总类》，目的是希望"遍秘府之藏"的神宗能阅读此书。《资治通鉴》是明代经筵、日讲的重要内容，然其内容浩繁，难以全部掌握。《通鉴总类》分门别类，一目了然，便于观览取鉴。申时行称："夫《通鉴》者，百代之药石也。自《总类》之书出，则晓然若医师之指示，别良楛、定取舍，判然死生利害之路，不啻人人提耳而面命之。有不瞿然顾化、惕然而内自讼者乎？"① 孙隆称张居正等曾根据累朝《实录》《宝训》分类纂成《训录类篇》，故对《资治通鉴》史事加以分门别类的《通鉴总类》一书，亦资取鉴，对神宗自修有益。为此，孙隆提议在朝廷官修本朝正史之际，② 将《通鉴总类》加以续纂而成《宋元通鉴总类》，以便神宗自修取鉴之用。

可以说，辅导神宗早年教育甚力的孙隆，与"致君尧舜上"、负责外廷经筵和日讲的儒臣理想并无两样：儒臣通过讲读儒家经典来教育皇帝，作为皇帝内廷老师的孙隆则撰呈或刊刻对皇帝读书、修养乃至治国有用的书籍。

事实上，明代宦官的确多是皇帝的启蒙老师。首先，宦官是东宫讲学和帝王经筵、日讲的辅导者和助力者。明中叶儒臣张元祯疏请"（东宫）左右伴读，亦皆执书旁听。殿下退居，不时使之讲说，赐之问辨。诗则不时使之陈诵，赐之歌咏。如此则殿下不必自诵自读，而闻之自熟矣"。③ 明武宗东宫典玺高凤（1439～1513）"侍东宫讲读，夙夜勤恪，凡讲官所进授，日为温习，起居动止，食饮寝处，因事启沃者，不可胜计"。④ 万历年间，司礼太监陈矩"通晓书旨"，"极爱《左（传）》、《国（语）》、《史（记）》、《汉（书）》、字学诸书"。⑤ 东宫宫僚儒臣讲毕，陈矩每为光宗"解一二语，浅而明，转觉亲切"，其"助讲读开发如此类甚多"。⑥

---

① 申时行：《重刻通鉴总类序》，沈枢：《通鉴总类》卷首，叶 3b～4a。
② 李小林：《万历官修本朝正史研究》，南开大学出版社，1999 年。
③ 张元祯：《添进日讲并东宫性理等书》，黄训：《名臣经济录》卷 8，《四库全书》第 443 册，第 143 页。
④ 梁绍杰：《明代宦官碑传录》，第 122～124 页。
⑤ 刘若愚：《酌中志》卷 7《先监遗事纪略》，第 464 页。
⑥ 梁绍杰：《明代宦官碑传录》，第 202 页。

明末太监张维（1538～?）选入宫，"教以忠君爱国之道，俾得观秘籍，涉猎数年"，其后神宗"每讲筵回，或有疑问，（张）维即引古史明正以对"，① 可见太监张维充当神宗经筵的课后温习者。宦官甚至担任帝王日讲的课前预授者。明熹宗日讲官孙承宗（1563～1638）称"讲官讲书，近侍皆先期进讲。北方土音有失正音者，上读某字为某，讲官不敢正也"。② 天启初年，太监王安（?～1621）和高时明（1570～1644）执掌司礼监，辅助熹宗经筵和日讲甚力，两人"孳孳为圣学计"，然"逆奄魏忠贤用事，杀安，罢时明，讲筵遂为故事矣"。孙承宗因此感叹："天启之经筵，独视内臣之贤否，以为隆污。"③

　　其次，宦官编刊经史教育读本供帝王阅读。弘治年间，东宫典玺段聪"辑录《大学中庸直解》，缮刻装潢成书，用便睿览"。④ 太监李稷在献皇帝藩邸，"间取所著《小学傍训》诸书进之，深见嘉纳……上书劝献皇教世子，又著《养正录》以进，益称善"。⑤ 万历初，司礼太监冯保对明神宗教育影响已为学界共识。史称"凡事导引以文，蒙养之绩，在冯为多。司礼监所刻《启蒙集》，四书、书经、通鉴《直解》，《帝鉴图说》等书，至今见之者，每为咨嗟叹息"。⑥ 可见冯保不仅重视明神宗蒙养教育，而且热衷刊刻对君主教育有益之书：《启蒙集》直接与童蒙教育有关，《四书直解》《书经直解》《通鉴直解》《帝鉴图说》诸书更是首辅张居正纂辑给神宗阅读的内廷读本。陈矩对提升君德或宫廷教育有用的书籍也有同好，他不仅进呈吕坤《闺范图说》、焦竑《养正图解》等教化性书籍，还命司礼监刊刻丘濬《大学衍义补》等书。

　　明末宦官甚且以辅养君德为职志。冯保名下太监王安作为光宗东宫伴读，"弥缝补缀"，辅导甚力。光宗即位后，进君子，退小人，颇得力于

① 张维：《皇明张处士墓志铭》，北京图书馆金石组编《北京图书馆藏中国历代石刻拓本汇编》第 59 册，第 5 页。

② 孙铨：《孙文正公年谱》，孙承宗：《孙承宗集》，学苑出版社，2014 年，第 1434 页。

③ 孙铨：《孙文正公年谱》，孙承宗：《孙承宗集》，第 1434 页。

④ 段聪：《明守愚子寿藏记》，中国文物研究所等编《新中国出土墓志（河北卷）》，文物出版社，2004 年，第 142 页。

⑤ 孙文龙纂万历《承天府志》卷 2《内隽·李稷》，《日本藏中国罕见地方志丛刊》，书目文献出版社，1990 年，第 63 页。

⑥ 刘若愚：《酌中志》卷 5《三朝典礼之臣纪略》，第 456 页。

王安。故东林党人顾大章（1576～1625）之弟顾大韶（1576～?）称：光宗登极，"庶政一新，天下称之为一月尧舜。辅臣叶向高尝谓廷臣曰：'人知光宗为一个月尧舜，亦知有助之为尧舜者乎?'盖谓（王）安也"。[1] 刘若愚也称王安"纳约自牖，知无不言"，"善政种种"皆王安"独力赞导"。[2] 然天启元年六月，王安被害于"魏（忠贤）、客之手"，最终导致东林君子被一网打尽："自古朝有争党，则必归重于内寺，势使然也。诸君子用王（安）以兴，小人用魏（忠贤）以剿之，虽邪正不同，均之非国家之福也。"[3] 换言之，天启年间所谓魏忠贤乱政，不能简单地理解为宦官专权作乱、逐杀东林君子，实是明末外廷党争扩展至内廷的结果。[4]

与王安同年契厚的金忠亦以致君尧舜为目标。金忠"以辅养君德为念"，[5] 于万历末年撰呈帝学之书《御世仁风》。[6] 该书"博极鉴史，绘画周详，仿佛如《帝鉴图说》"。[7] 刘铎（1573～1626）将该书与古代贤相名臣张九龄（678～740）《千秋金鉴（图）》、宋璟（663～737）《尚书·无逸图》、郑侠（1041～1119）《流民图》相提并论。[8] 刘铎称："中贵无言官之责，然宫府内外，脉理相通……身逾狎而言逾易入，往往得人主之昵信，福及天下而已。"[9] 为《御世仁风》作序的刘铎，万历四十四年进士，累升刑部郎中，天启五年出为扬州知府，因讥刺魏忠贤而被害，名列东林党籍。[10] 金忠"渔猎古史，撷采今闻"而成的《御世仁风》，旁征博引，尤以《皇明宝训》《资治通鉴》《续资治通鉴》《通鉴纲目》《通鉴总类》《贞观政要》《历代君鉴》《太平御览》《册府元龟》《群书集事渊海》

---

① 顾大韶：《王安传》，《炳烛斋稿》，《四库禁毁书丛刊》集部第104册，第585页。
② 刘若愚：《酌中志》卷9《正监蒙难纪略》，第469～472页。
③ 顾大韶：《王安传》，《炳烛斋稿》，第587页。
④ 齐畅考察万历年间宦官陈矩与东林清流之间的关系，亦揭示明末所谓阉党"不过是派系争端的一方势力而已"。见齐畅《宫内、朝廷与边疆——社会史视野下的明代宦官研究》，中国社会科学出版社，2014年，第141～168页。
⑤ 周诗：《御世仁风序》，金忠：《御世仁风》卷首，叶7。
⑥ 《御世仁风》序跋、卷次分类及其征引书目，详见本书附录七、八。
⑦ 刘若愚：《酌中志》卷9《正监蒙难纪略》，第470页。
⑧ 刘铎：《御世仁风序》，金忠：《御世仁风》卷首，叶7。
⑨ 刘铎：《御世仁风序》，金忠：《御世仁风》卷首，叶7。
⑩ 金日升：《颂天胪笔》卷10，《续修四库全书》第439册，第386页。

《大学衍义补》等编年史书和资治类书为主。该书着重向君主陈说明君德政之故，内监忠贤之益，养民爱民之道，法祖修德之方，任贤去佞之要，纳谏用人之实，重农崇俭之尚。这些主张与外廷清流东林君子并无别样。天启末年，魏忠贤擅权，金忠去位致仕，仍与东林清流士人交际互动，并起而撰《瑞世良英》，载录古今忠、孝、贞、廉故事。天启五年，倪文焕疏劾蓟州道右参议王继谟（万历三十八年进士）为东林党人王之采"私党"。① 而为《瑞世良英》撰序的王继谟序文后署职即为"整饬关内兵备道兼管天津粮饷登莱军务山东右参议"。②

值得注意的是，《御世仁风》列王安为"校订"，张文元、王体乾为"同阅"（见图 5－9）。泰昌、天启之际，王安掌印司礼监。王体乾为太监孙隆名下，③ 万历六年选入宫，读书内书堂，与金忠、王安同年，王安更视王体乾为"道义友"。④ 张文元原任承天守备太监，天启元年秋升司礼监秉笔。他极可能也与金忠等同年，并入内书堂读书。然天启初，王体乾倒向魏忠贤，逐杀王安而掌司礼监印，内廷之政为之一变。且不论其后内廷风云诡谲，仅以《御世仁风》所列"校订""同阅"名单而言，这并不只是彰显诸人同年亲密关系，更是明末宦官以辅君尧舜为职志的宣示。职是之故，王安被杀后，魏忠贤掌政，《御世仁风》"人皆不敢蓄"，⑤ 金忠也去职致仕。要之，天启年间所谓魏忠贤乱政，不仅使东林君子被斥殆尽，志在辅君尧舜的内廷宦官清流也被黜退所剩无几。王安被杀，金忠赋闲，连"侍上读《大学》""恒以成就君德自任"的高时明，也在"逆监播乱朝政，罗织缙绅，杀（王）安"的情形之下，"连章求退，杜门谢客"。⑥

由上可见，万历年间有权势的宦官的知识文化水平大为提升，他们对

---

① 《明熹宗实录》卷66，天启五年十二月乙亥条。
② 王继谟：《瑞世良英序》，金忠、车应魁：《瑞世良英》卷首，叶9。
③ 关于宦官"名下"，见李军《拉名下：明代宦官政治权力之传承与派系生成》，《史学月刊》2015年第2期，第30～41页。
④ 刘若愚：《酌中志》卷9《正监蒙难纪略》，第472页。
⑤ 刘若愚：《酌中志》卷9《正监蒙难纪略》，第470页。
⑥ 孙奇逢：《夏峰先生集》卷10《司礼监掌印云峰高公墓表》，《孙奇逢集》，第837～838页。

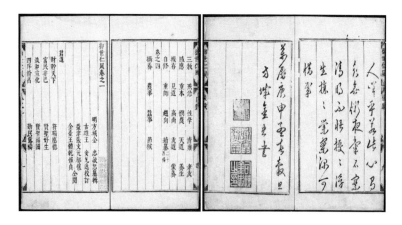

图 5-9　《御世仁风》卷 1 题款及金忠自撰跋文末的印章

知识的兴趣与书本的传播具有同好，不仅有能力胜任君主的内廷老师，对君主教育产生实际影响，而且有志于辅导君德，刊刻甚至撰呈对君德提升有用的书籍，致君尧舜，补救政治。① 北宋理学家程颐谓"人主接贤士大夫之时多，近宦官宫妾之时少，然后可以涵养气质，成就德性"，这一著名论调在明代政治文化实践中已经发生历史性转变，明代中后期宦官已然成为帝王儒学和历史教育以及"谏君"的重要参与者。

　　综上所述，明末太监孙隆并非如官修《明史》所称乃属"播虐逞凶"之人。孙隆早年被选入内书堂，受过良好的儒家教育，读书慕贤，"俨然儒臣之致"。隆庆中至万历初，他作为明神宗内廷老师，对万历皇帝早年教育影响至深。万历四年至九年，以及万历十四年至三十六年，孙隆两度出任提督苏杭织造，共在江南任职长达二十七年之久。这期间他任贤使能，礼敬士大夫，与江南名士交游互动频密，行政宽简无为，进言蠲免税赋，赈济灾众，兴修土木，以工代赈，朝野缙绅、江南士民交口称贤。孙隆还对江南一带税使加以约束，浙江税使刘成归化即是一例：刘成不仅仿效孙隆行事，安静无扰，而且重刊孙氏此前刊刻的《中鉴录》和《通鉴总类》两书。从孙隆刊行《中鉴录》及其生平一贯表现，并结合晚明其

---

① 如万历年间，继冯保掌司礼监印的张宏自言"我形虽废，自有不废者存"，太监张诚"为人鲠直不阿，好看书，每据古事规谏"，太监田义"有大臣度"，"密谏神庙"，屡获"嘉纳"。见刘若愚《酌中志》卷 5《三朝典礼之臣纪略》，第 456～460 页。

他宦官事例可见，明末宦官提升知识文化之余，对辅导君德与改善政治的担当，与外廷儒臣士大夫别无二致。这一现象与中晚明士大夫教化宦官的理念和行动呈现相互联系与影响的态势，进一步揭示中晚明内廷与外廷在政治文化上趋于一体，难分彼此。

第四节　《中鉴录》的内容特色

需要进一步追问的是，《中鉴录》为何会受到宦官青睐？① 这与该书内容和特色有无关系？《中鉴录》最大的特色如作者在序中所说"善恶分为六门，凡为善召福，构恶致祸者，悉以类从"。② 除卷1外，卷2～4收录"为善"宦官44位，分为忠、贤、让、劳、能、准6类；卷5～7载录"构恶"宦官47位，分为逆、乱、奸、横、贪、残6类。"为善"与"构恶"各占3卷、各分6类，所收传记数量几乎相等。与历代正史及士人认为宦官恶多善少的负面认识不同，《中鉴录》选录历代善恶宦官各占一半的编撰安排与用意，及其不以类鄙而以品分的观感与特色，增强了其对宦官的说服力。

《中鉴录》卷1以9则"中鉴答问"为主要内容。③ 第1、6则以儒家报应之说，劝说宦官从善去恶、趋福免祸："今历观中官之列而入鉴者，某也为善，某也为恶，既昭然明矣，其善者必获福，恶者必获祸，又的然应矣。故善恶者，祸福之因也。祸福者，善恶之报也。因缘果报，犹影之随形，不可逃也。"④ 第2、3、4、5则，以致良知之说，开导和感召宦官除去旧习，明是非本心，以入君子之域："是非之心，人皆有之，所谓良知也。自尧舜以至途人，一也。"⑤ 第7、8、9则，号召士人改变成见，审时度势，与宦官同心相处，感召奋进，共同为培养君德和改善政治出

---

① 王畿编纂《中鉴录》用意在于以"化宦"来"格君"，太监孙隆、刘成刊行此书之目的未必与之相同，有引以自鉴和自重的双重用意。但无论如何，《中鉴录》在万历间初刊、重刊均由宦官主持，其受到宦官垂青为不争事实。
② 王畿：《中鉴录》卷首《中鉴录序》，第64～65页。
③ 《中鉴答问》全文，见本书附录九。
④ 王畿：《中鉴录》卷1《中鉴答问》，第67页。
⑤ 王畿：《中鉴录》卷1《中鉴答问》，第67页。

力。质言之，"中鉴答问"是鼓励和感化宦官的理论纲领，突出王畿宣扬的"人人皆可为尧舜"和"致良知"的学术宗旨，充分调动宦官接受感化的热情和主动性。

《中鉴录》其他各卷宦官传记的选录和评论，[1] 也体现了王畿对感化宦官的用心。至于其见解突破常规，站在宦官立场说话，将宦官有意看作"中人""常人""人臣"，显示一种公允的取态，也都是应有之义。

《中鉴录》首列包括东汉吕强在内的"忠类"宦官15名，占1卷。值得注意的是，所选人物并不全是历代称许或时人公认的贤宦。春秋越人吴阉，吴灭越后被俘，为吴国阉使，后弑杀吴主，历来都受批驳。但王畿认为吴阉不忘君仇，加以褒扬。[2] 北魏赵黑（410～482）"不惮显祖之怒，以死奉戴，卒定皇储"，却不被正史和后人称许，因其"处李䜣之事，不忘夙怨"。王畿却认为此乃"中人常情，未可尽责于（赵）黑也"，其大端是好的，称许他"有古烈士之风"。[3] 明正德年间太监张永也颇具争议，[4] 王畿将他列入忠类，除张永有恩于其师王阳明外，也是对张永铲除刘瑾、力护正人的肯定。王畿对士人一直奉为信条的所谓"忠而不诲，妇寺之忠也"提出质疑：忠类宦官"非以身批逆鳞，即以言作良药，皆侃侃谔谔，有古巷伯孟子风，岂直阉竖所不能拘哉？谓之曰不诲，吾不信也"。[5] 这为鼓励宦官忠君纳约提供了有力支撑。王畿鼓励宦官择善为朋、相互激励、修身为忠："后之人（宦官）既居此地，各有灵性，审知利害之原，岂无豪杰出于其间。若不甘于自弃，择其善者，相与为朋，相观尚友，上之可以希（吕）强辈之贤，次不失令名，下可以无咎。兰室鲍肆之喻，当知所警矣。"[6] 这与王门重视"友道"讲学、共相砥砺风气竟出一辙。

"贤类"收录1位北宋内臣（张居翰）和4位明朝宦官（金英、兴安、覃吉、陈准）。贤类主要以本朝贤宦实例为证，可见王畿对时下宦官

---

① 王畿《中鉴录》的按语、评论，见本书附录十。
② 王畿：《中鉴录》卷2《忠类·吴阉》，第75页。
③ 王畿：《中鉴录》卷2《忠类·赵黑》"外史氏曰"，第78页。
④ 张永传记，见张廷玉等《明史》卷304《宦官一·张永》，第7792～7793页。
⑤ 王畿：《中鉴录》卷2《忠类》"外史氏总曰"，内阁文库本，叶18。
⑥ 王畿：《中鉴录》卷2《忠类·丁肃等五人》"外史氏曰"，第77页。

向贤为善尤为期许:

> 汉顺帝令良贺举所知,贺之对有日:"得臣举者,匪荣伊辱。"其崇重士类也,至矣!我明覃吉之优礼讲官,与金英之推敬薛文清也,实类之。张居翰奉唐庄宗之命,往诛王衍族党,翰特改敕字,止及衍族,而赦其党,全活千人。其爱惜人命也,至矣!我明陈准司厂,而首禁官校之罗织也,实类之。此四人者,其他善行,互有长短,未可以缕合,然即兹一端,古今人岂遽不相及耶?①

"让类"共录 7 位宦官,多是清俭谦退、辞赏不受、推权避势之辈。王畿评论称:

> 让,谦退也,横,凶傲也,相反若水火。然水为善,火为恶。水善利万物而不争,故几于道,火则亢而害矣。恭敬撙节,所以明善。骄泰纵恣,所以长恶。(《周易》)《谦》之六爻,无凶德,君子有终而吉也。是故为子而谦则为孝,为臣而谦则为忠。谦之反为傲。傲,凶德也。不忠不孝,皆从傲生。君子、小人之所由分,吉凶之机也。推其极,尧之允恭,舜之温恭,禹之不矜,孔之温良,亦不外此。丹朱、商均之不肖,只一傲字,结果一生,辨之不可不早也。②

王畿敷说经史,将谦傲上升到"君子、小人之所由分,吉凶之机也"的境地,目的是希望宦官趋吉避凶,养谦去傲,以入君子之途,"表以为例,使之自考,以远恶而迁善,将以古圣人之道望人,而不忍以刑人薄待之也"。③

《中鉴录》所载 6 位"劳类"宦官,都是驰骋沙场、建功立业之人。王畿清楚"宦官不可使之将兵有功,将兵则易恣,有功则易骄,骄且恣,逆节擅权所由以生"之训,但认为只要人君"善用其才",足"以制之"

---

① 王畿:《中鉴录》卷 3《贤类》"外史氏总曰",内阁文库本,叶 3b~4a。
② 王畿:《中鉴录》卷 3《让类》"外史氏总曰",第 85 页。
③ 王畿:《中鉴录》卷 3《让类》"外史氏总曰",第 85 页。

而"不敢肆"。① 王畿未因宦官"将兵有功"而对其功劳削而不录，不仅充分肯定宦官历史功绩，且对历来苛责有所回护。王畿称唐杨思勖"负殊资，握戎柄，东征西讨，所至克捷，于内官中所习为逆、擅赂、多货之事，一未尝染。唐李中材之将，未见有角其雄者。独刻深残瘵，轻视人命，似不免于阴惨之习耳。然所芟夷者，类皆稂莠，不及嘉禾，故得以寿终也"。② 称宋窦神宝（949~1019）"性吝啬，亦中人之常，未可以是少之也"。③ 对于宋阎承翰，王畿称"史谓其性刚强，所至过于检察，乏和懿之誉，似亦求全之过也"。④ 质言之，《中鉴录》以同情宦官立场，发表不失客观公正之论，可能是宦官倾心该书的原因。

"能类"宦官6人，都是精通一艺一技之能宦。《中鉴录》又特录入5位"准类"宦官，可见王畿以事论人而不以人论事："此五人者，欲列之恶，则所长如此，欲列之善，则所短如彼。故以短权长，以长权短，不相掩也。"⑤ 其用意正在鼓励宦官向善："凡人莫不欲纯于贤，亦不欲杂于不肖。彼中官，同此人心也，亦臣也。志为纯人纯臣者，其甘于杂不肖而令评者准之耶？抑务尽去其不肖而令评者纯之耶？"⑥ 对于功过相掩的"准类"宦官，王畿表示出极大的包容和同情。东汉孙程和唐高力士（684~762）被士人视为擅权之辈，不足称说。⑦ 王畿指出孙程"返储之忠，功过于罪。呵叱怨怼，恃功而然，乃其不学之故，中人之常态，较之逆节者有间矣，君子当有以谅之也"。⑧ 称高力士功绩"章章可观……良由人主假借太过……向使其思患预图，则虽方以吕强、张承业之辈，未有

---

① 王畿：《中鉴录》卷3《劳类》"外史氏总曰"，第90页。
② 王畿：《中鉴录》卷3《劳类·刘景宣、西门重遂》"外史氏曰"，第86页。
③ 王畿：《中鉴录》卷3《劳类·窦神宝》"外史氏曰"，第87页。
④ 王畿：《中鉴录》卷3《劳类·阎承翰》"外史氏曰"，第89页。
⑤ 王畿：《中鉴录》卷4《准类》"外史氏总曰"，第101页。
⑥ 王畿：《中鉴录》卷4《准类》"外史氏总曰"，第101页。
⑦ 唐顺之《左编》将二人归入《擅权》一类。按：李贽《藏书》将高力士归入"善可为法"。《藏书》所列"善可为法"宦官分别为：正直中官吕强，小心内侍高力士，忠谨中官马存亮、严遵美，忠节中官张承业。其他10条都是"恶可为戒"宦者史事。见李贽《藏书》卷65《近臣传·宦官》，《四库全书存目丛书》史部第24册，第367~378页。
⑧ 王畿：《中鉴录》卷4《准类·孙程》"外史氏曰"，第93页。

以加"。①

《中鉴录》"恶宦"首列"逆类"15 人，占 1 卷，人数、篇幅与"忠类"相若。王畿虽尤为诛讨为逆宦官，但同时呼吁士人对宦官采取务实姿态，指出东汉士人与宦官对峙，不只是由宦官之"恶"造成，士人"激而过惩"也是主因：

> 士人之于宦竖，不阿之则激之，举非循中道者，是以欲取胜而多败……如使刘猛捕诽之宽，而不继以段颎，则士类何至酬其予夺如此哉？由此观之，则吾党亦不可为全得也。至于阳球则又有激而过惩，辟诸以石击石，不彼折则此折。噫！虎狼异类耳，梁鸯善养之则驯，况同类乎？故曰以善养人，未有不心服者也。②

王畿借《列子》梁鸯驯兽之道，想要申明的是：士人应保持不阿不激持中之道，视宦官为同类，教化他们为善去恶。换言之，"制宦"重点不在力攻其"非"，而在于教化他们："虽然，言刑以惧其已放之心，不若微诱而启其本良之念，此则不能无望于典司者也！"③

对于《中鉴录》所载 7 位"乱类"宦官，王畿同样没有将历史完全归罪于他们。如他评论唐田令孜称"宰相以奸而激怒之，边将以剧而激怒之，藩镇以讦而激怒之，则所以致此祸，未可尽归于（田）令孜也"。④ 更重要的是，王畿在总评中指出，为逆、为乱只在一念之间，故宦官要勇于改恶为善："虽然，萌逆念者，一念作顺，即不为逆。萌乱念者，一念守分，亦何从而有乱耶？而况于其心尚有不忍不敢者存，然则其为取效也，乱不更易于逆者耶？"⑤

《中鉴录》所载 4 位"奸类"宦官，王畿虽称"奸之孽，非至明者不能察也"，但指出奸类多有"顾恤之心"，而此"心"是迷途知返的关键：

---

① 王畿：《中鉴录》卷 4《准类·高力士》"外史氏曰"，第 95～96 页。
② 王畿：《中鉴录》卷 5《逆类·曹节、王甫》"外史氏曰"，第 107～108 页。
③ 王畿：《中鉴录》卷 5《逆类》"外史氏总曰"，内阁文库本，叶 43。
④ 王畿：《中鉴录》卷 6《乱类·田令孜》"外史氏曰"，第 129 页。
⑤ 王畿：《中鉴录》卷 6《乱类》"外史氏总曰"，内阁文库本，叶 26。

> 以其有顾恤之心而后为奸，以弥其迹，然则人之于奸为难觉，而奸之自为也则易返，何者？小人闲居为不善，见君子而厌然，掩其不善而著其善。知善知不善，人之本心也。使能充其本心，而慎于一念之微，善本自善，不必著其善，恶本当自改，不必掩其恶。是即所谓诚意圣贤之学，亦不外是。顾恤甚，则几于诚矣，诚则匪奸矣。奸其毋自弃哉！①

《大学》谓"小人闲居为不善，无所不至；见君子而厌然，掩其不善而著其善"，朱熹释称："此言小人阴为不善而阳欲掩之，则是非不知善之当为与恶之当去也，但不能实用其力以至此耳。"② 但王畿认为这是"人之本心"呈现，扩而充之，便是诚意圣贤之学。换言之，"奸类"宦官颇为可恶，然也最易"改邪归正"，只在"诚意"而已。

"横类"所列 8 位宦官，与"善宦"之"让类"相对。王畿认为"横之为恶，最粗而易见，然其得祸也，亦最惨而不可言。故曰傲，凶德也，横之谓欤"。③ 这与王畿在"让类"鼓励宦官作养谦让之心，正相呼应。

"贪类"所录 10 位宦官，数量之多，仅次于逆、忠两类。王畿论宦官黩货称：

> 以孔门之贤，犹不能免于货殖之讥，以成汤之圣，犹以不殖利为戒，岂可以为粗迹细行而谩忽之乎？去贪有道，知足则心自不侈，知止则用自不奢。知足知止，非知耻者不能也。故曰：耻之于人，大矣。耻者，好恶之本心，寡欲之机也。乞人与行道之人，虽至于死生之际，能不受呼蹴之食，知耻故也。然而，以晏安失之者多矣，故曰此之谓失其本心。是士人之所难，固不可尽责于他辈也。然欲令此辈之不贪，亦无巧法，惟在兴其羞恶之心，使之知止、知足，而又示之

---

① 王畿：《中鉴录》卷6《奸类》"外史氏总曰"，内阁文库本，叶33。
② 朱熹：《四书章句集注》，中华书局，1983 年，第 7 页。
③ 王畿：《中鉴录》卷7《横类》"外史氏总曰"，内阁文库本，叶23。

利害，以要其终，庶乎其可耳。①

　　士人去贪亦非易事，故不必苛求宦官；然宦官可努力克贪，其关键在于知止、知足、知耻。在王畿看来，只要不断鼓舞羞恶之心，以史为鉴，便足惩贪为廉。

　　是书最后所收 3 位"残类"宦官，都是剥民聚敛之流。王畿认为其较"贪类"为厉，为害更大："宦之贪者货归于家，其残者则货归于国。归于家者损其君，归于国者损其民。损一也，而损民者病甚矣。"②

　　综上所述，《中鉴录》所录忠、贤、让、劳、能、准六类，王畿主要以称赏和激劝为主，不吝溢美之词，包容和理解宦官的可能缺陷。③ 对于逆、乱、奸、横、贪、残六类，王畿则主要以惩戒和劝说为主，虽不无批评，却没有将历史完全归罪于宦官，强调士人之"过"。这种反思、自省姿态和站在宦官立场说话的取径，可能为《中鉴录》带来更多宦官读者和欣赏者。

小　结

　　《中鉴录》是在晚明有影响力的宦官教化用书。该书既被晚明重要史籍如《国朝献征录》征引，又为明末宦官编纂的著述如《瑞世良英》引用。它不仅在晚明半个世纪左右的时间里刊行过三次，而且在万历中成为内书堂官定读本，成为内书堂小宦官必读之书。

　　王畿撰作《中鉴录》直接针对明神宗幼年即位的政情背景，试图通过此书感召宦官来帮助辅养君德。隆庆六年六月神宗即位后，王畿开始编纂《中鉴录》，约于隆庆六年末完成。王畿没有将《中鉴录》直接上呈御览，而寄希望于在京王门大员陶大临等利用其与内廷大珰交接之机，以使

---

① 王畿：《中鉴录》卷 7《贪类》"外史氏总曰"，第 143～144 页。
② 王畿：《中鉴录》卷 7《残类》"外史氏总曰"，第 146 页。
③ 王畿甚至刻意美化宦官品性。《中鉴录》郑众传记钞自《后汉书》，然后者无"（帝念众功……）并辞不受"四字。《中鉴录》杞嶷传记钞自《册府元龟》，但后者亦无"（前后赐以奴婢数百人……）每辞不受"四字。《中鉴录》窦神宝传记取自《宋史》，然《宋史》谓窦神宝"性吝啬，畜货巨万"，《中鉴录》删"畜货巨万"四字不录。

该书发挥实际影响。计划落空之后，万历元年至三年，王畿转而希望在京王门同志为刊行此书尽力，甚至要求宣讲书中核心理念，制造"声势"，借此感召宦官，使其"无意中有所感触"。王畿苦心推广，但反馈意见寥寥，并没有得到王门友朋重视和公开支持。

《中鉴录》首刊及重刊出于万历年间两位先后担任提督苏杭织造的太监之手，显示其确能吸引宦官。万历九年前后首刊者太监孙隆，早年受过良好的经史教育，万历即位后由东宫典玺擢升司礼监秉笔太监，成为神宗内廷老师及身边有影响力的"红人"，万历四年至九年提督苏杭织造，表现受到地方官绅好评。由位尊势显的孙隆刊行《中鉴录》，符合王畿最高预期。虽然孙隆与频频讲学于杭州、松江等地的王畿及其友朋产生交集进而刊刻《中鉴录》的具体情形尚不太明晰，但是次首刊可能遵行耿定向关于隐去该书编者的意见。究其关键，乃与张居正执政后期同王门公开决裂的政治背景有关。万历三十九年《中鉴录》重刊，由孙隆的仿效者太监刘成身任其事。《中鉴录》初刊、复梓均由宦官承任，无疑对是书切实影响宦官具有重要意义。

《中鉴录》受到宦官青睐，与该书内容编纂和特色有一定关系。与宦官恶多善少的惯常评价不同，《中鉴录》选录历代善恶宦官各占一半的编撰安排与用意，及其不以类鄙而以品分的特色，增强了对宦官的说服力。作为全书纲领的《中鉴答问》，更号召士人改变对宦官的成见，反复以致良知之说，鼓励宦官向善去恶，志为君子。书中其他各卷善恶宦官传记与评论，除竭尽劝惩之外，还经常站在宦官立场说话，显示较为公允之取态，可能也是此书赢得宦官读者共鸣的原因。

王畿编纂《中鉴录》及其相关努力，不仅表明中晚明士人"得君行道"的热情未减，而且体现其能够务实地接受并利用现存制度框架与权力结构的现实，通过在宋明理学"得君行道"政治理念中补充关键性的"化宦"环节，以积极的姿态践行其政治理想。所谓现存制度框架是指士大夫通过经筵和日讲制度"格君"、通过宦官内书堂读书制度"化宦"。所谓权力结构的现实是指，一方面，明代中期以降皇帝罕见臣僚，君臣关系愈趋悬隔，皇帝更信任常在身边的宦官并受其影响；另一方面，在明初废相以后内阁票拟制发展过程中，宦官制度与体系发展迅速而完备，尤其是司礼监代天子"批红",掌握中枢权力,宦官一跃成为国家政治与权力结构中的重要环节并拥有举足轻重的地位。王畿将其终生所崇信的致良知之学,运用并落实到教化宦官的政治思考与行动之中,所作《中鉴录》确有影响,王学整体上面向现实和有用于世的特色彰显无遗。①

总之,《中鉴录》为有志于"致君尧舜上"的晚明士人开辟了一条间接可行、务实积极的"格君"之路——编纂古今宦官史例为内容的读本令宦官阅读,以此教化、感召宦官,使其去恶向善,辅益君德,裨补政治。晚明陆续出现与《中鉴录》性质相似的著作,如张世则《貂珰史鉴》、徐学聚《历朝珰鉴》、李腾芳《宦寺考》、胡良臣《内臣昭鉴录》等。以上诸书或存或佚,撰作背景与内容侧重各有不同,但均倡导以教化宦官来补救政治,并无二致。

---

① 王学经世与强调有用的面向,参周昌龙《良知与经世——从王龙溪良知经世思想看晚明王学的真貌》,载贺照田主编《在历史的缠绕中解读知识与思想》,吉林人民出版社,2003年,第122~155页。

第六章

晚明宦官史鉴书籍的编纂
与宦官历史教育

　　历史教育是人们借助对历史文化的认识来知古鉴今的思想活动，它是以历史学研究为基础所进行的关于历史知识、观念和思维等的教育、教学与研究活动。中国古代历史教育源远流长，从类型上可以分为官学、私学、社会和帝王四种，帝王历史教育又有自学、儒臣谏言和经筵日讲三个基本途径。[1] 如前所述，明代宦官在东宫教育和帝王日讲、经筵乃至日常生活与政治实践中有着切实影响，与此同时，明人亦强调宦官对于帝王教育不可或缺的作用。在明代特殊的政治文化背景下，内廷宦官不但可以在内书堂中接受历史教育，而且受到士人编纂史鉴书籍的教化，转而影响君主。

　　中国古代历史教育一个重要面向，是通过"明君德政"和"暴君弊政"的历史建构，实现历史教育的价值与意义。[2] 受这一历史教育模式影响，明人亦通过"贤宦良政"和"恶宦劣政"的历史陈说与书写建构，既于内书堂教育中注入历史性训诫内容，又编纂以古今类型化宦官史事为内容的专门史鉴书籍，推行并强化宦官历史教育。这些史鉴书籍，除《中鉴录》外，还有张世则《貂珰史鉴》、徐学聚《历朝珰鉴》、李腾芳《宦寺考》、毛一公《历代内侍考》等多种。本章先概论内书堂与宦官历

----

① 汪高鑫：《中国古代历史教育若干理论问题的思考》，《史学史研究》2018 年第 2 期，第 1～9 页。

② 尤学工：《明君德政：中国古代历史教育的一个面向》，《史学史研究》2018 年第 2 期，第 16～24 页。

史教育的展开，然后着重探析晚明宦官史鉴书籍的撰作背景、内容特色及其影响,[①] 揭示晚明史鉴书籍编纂与宦官历史教育的关系。

第一节 内书堂与宦官历史教育的展开

明代宦官主要经由内书堂和自我学习两种途经接受儒学及历史教育，学而优者博通经史大义，熟谙古今典故，喜读纲鉴、性理著作，乐研经世治理之书。这既是宦官官僚化与权力制度化的需要和结果，又为其辅益帝王历史教育奠定基础。

明初设立内书堂对于宦官儒学和历史教育至关重要。明代内书堂定制，由翰林儒臣五六人轮流担任内书堂教习，教授《内令》《百家姓》《千字文》《孝经》《四书》《千家诗》等小学和儒学基本经典，"有志官人另有私书自读，其原给官书故事而已"。[②] 可见，明代宦官主要经由内书堂学习和自学深造两种途径接受儒学及历史教育，"博通书史""通经史大义""博古识今"是其常有表现（见表 6 - 1）。

表 6 - 1 明代宦官历史教育情况

姓名	读书时间	教育表现
罗智	洪武年间	攻习书史
杨云	建文年间	攻习书史
谢徕	永乐年间	涉猎子史,精通书算
阮浪	永乐年间	颖敏好学,孜孜不倦,遂博通群书,颉颃儒者
杨忠	洪熙元年	涉猎子史,能达大义
梁端	洪熙元年	博通书史,知古今大义
怀忠	宣德年间	达古今之典,通书史之要
樊坚	宣德六年	书读数过,即成诵,不劳教督
张端	宣德九年	习知古今典故……手不释卷,惟事简古

---

① 《貂珰史鉴》和《历代内侍考》等书的简要概述，见杨艳秋《明代史学探研》，人民出版社，2005 年，第 270～272 页；周保明《晚明时期宦官传记类文献的编辑与流传》，《商丘师范学院学报》2016 年第 7 期，第 40～43 页。
② 刘若愚：《酌中志》卷 16《内府衙门职掌》，第 505 页。

续表

姓名	读书时间	教育表现
萧敬	正统年间	少读书，能知大义，后遍观典籍，学益富
甯英	正统年间	所居惟经史图书，暇日参究古今得失及嘉言善行，靡不讲贯
董让	景泰七年	喜读书，尤善书法
赵新	天顺年间	批阅图史，且延访师儒，讲究古今得失
黎义	成化二年	恭俭好学，退直之暇，手不释卷，涉猎经史，明大义
王嵩	成化十五年	论事，必须先别是非；论人，必须分别小人君子
芮景贤	成化二十一年	涉猎书史，得考究古名贤事迹，知所向慕……明习古今，深达大体
孙彬	弘治十四年	敏而好学，不耻下问
阎缓	弘治十四年	明经史大义，兼通词翰文理……才识卓越，见义敢为
潘应	弘治年间	嗜书史，居常延文士，日与议文义，至老不倦
阎清	正德九年	俭而不奢，和而有理，达事机之会，遵圣贤之道
宋明	正德十一年	潜心经史，日以诵读为事，理明学富
杨蕙	正德十三年	手不释卷，日计千言，笃志诗书
张昇	嘉靖年间	博古识今

资料来源：依据《明代宦官碑传录》、《新中国出土墓志（北京卷）》（文物出版社，2003年）以及《新中国出土墓志（河北卷）》相关碑传墓志制作而成。

　　从某种层面而言，文史素养好的宦官甚至与外廷儒臣并无二致。《酌中志》记载明末内廷宦官读书"进阶"书单，称其喜读四书及《书经》《诗经》，乐看《性理（大全）》《通鉴节要》《千家诗》《古文真宝》《古文精粹》等，进一步则阅读《大学衍义》《贞观政要》《圣学心法》《资治通鉴纲目》之类，更有余力乃读《说苑》《新序》乃至《五经大全》《文献通考》等，至于《周礼》《左传》《国语》《战国策》《史记》《汉书》等多"不好焉"。[①] 换言之，除诗文选编外，明代宦官着重阅读理学影响下的四书和性理类著作、纲目类史书以及与经世治理相关的政治性书籍。这些理学化经史典籍也是明代帝王应读常讲之书。可见，明代宦官经由内书堂和自我学习两种途径接受历史教育，其与帝王在历史教育上显示出某种趋同倾向，二者的老师都是翰林儒臣，两者所讲所读之书约略相

---

① 刘若愚：《酌中志》卷18《内板经书纪略》，第547页。

同，后者又受到前者影响。

喜读乐研《通鉴》类著作是明代宦官历史教育的突出表现。如前所述，太监扶安、晏宏共同编纂的《资治通鉴纲目集说》，"内臣多爱重刷印之"。① 而史钞性类书《通鉴总类》《群书集事渊海》和史评类著作《雪航肤见》等，② 也是明代宦官爱读乐刊之书。明代宦官颇以接受儒学和历史教育自负。外廷儒臣视宦官为"内史"，宦官如冯保竟也以"内翰"自命，乃至太监金忠以辅君济世的儒者自居自期。这无疑是明代宦官接受儒学和历史教育的结果。

明代中后期儒臣更在内书堂"常课"之外，注重并增添古今贤恶宦官史事以训诫内书堂，强化宦官历史教育，并由此出现诸如《思齐录》《中学始肄》《中贵芳蓦》等形式多样的内书堂历史教育读本。如前所述，"善恶兼举"和"贤可为法"是中晚明儒臣强化内书堂历史教育的主要方式。

第二节 善恶并呈类史鉴书籍与宦官历史教育

明代宦官历史教育不限于内书堂学习和自我深造，还包括士人编纂以宦官传记史事为内容的史鉴书籍。明初针对不同对象敕撰众多鉴戒书籍，③ 但并没有专门的宦官史鉴书籍。弘治初，刑部郎中刘缜（成化二十年进士）疏言纂辑宦官史鉴书籍，谓"皇祖有《昭鉴录》以示诸王，有《相鉴》及贤奸二传以示大臣，有铁榜以戒勋戚，宜令儒世将中官、外戚、文臣、武将善恶可为劝戒者，各编成书视之，使知趋避"。④ 但刘氏建言并无下文。故万历年间沈德符称"古来史册，自范蔚宗始纪宦者传，后代述史者因之，然未有特作一书者"。⑤ 直到明末，集中涌现出一批以

---

① 刘若愚：《酌中志》卷 22《见闻琐事杂记》，第 575 页。
② 万历十九年，司礼太监张诚重刊《雪航肤见》，见赵弼《雪航肤见》，《四库全书存目丛书补编》第 94 册，第 325 页。
③ 李晋华：《明代敕撰书考》。
④ 邹守益著，董平编校整理《邹守益集》卷 12《云南布政使司左参议赠朝议大夫栗庵刘先生墓志铭》，第 1022 页。
⑤ 沈德符：《万历野获编》补遗卷 1，"纪述内臣"条，第 822 页。

古今善恶宦官史事为内容的鉴戒书籍，希望宦官从古今"贤宦良政"和"恶宦劣政"的历史书写中获得借鉴和警示，引导宦官以"贤宦"为楷模，以"恶宦"为借鉴。诸书之中，除《中鉴录》外，以善恶并呈类宦官史鉴书《貂珰史鉴》影响较大。

一　张世则《貂珰史鉴》的内容特色及其"遭际"

张世则，清修《明史》无传，字准斋，号惟范，山东诸城人，隆庆二年举人，万历二年进士，同年冬授宝坻知县，三年八月，以"才堪繁剧"调密云知县。① 万历八年六月，考选授吏科给事中。② 同年八月，上疏"端好尚以敦士风""减驿粮以溥实惠""抑幸进以重武科"等五事，并见采行。③ 万历九年七月，弹劾陕西巡抚李尧德贪婪，令其听巡按覆勘。④ 万历十年二月，出为河南佥事，⑤ 后因弹劾吏部尚书王国光（1512～1594），黜为仪真县丞，迁处州通判，擢南京户部主事。⑥ 万历十三年，升南京礼部主客司郎中。⑦ 十七年五月，升四川按察司佥事，兵备安绵。⑧ 二十年五月，擢陕西行太仆寺少卿。⑨ 二十一年正月，转陕西平凉苑马寺卿。⑩ 二十二年九月，升江西分守湖东道参政。⑪ 二十四年十月，吏科给事中刘道亨弹劾张世则，张氏由此革职闲住。⑫ 刘道亨参劾张世则，乃是"一知县与直指（刘道亨）为同乡，相结纳。世则以其溺职，

---

① 以上见张世则《二草汇集》下册《明封孺人郑氏墓表》，《张准斋遗集》，青岛博物馆藏明万历年间刻本，叶60a；宫懋让等修，李文藻等纂《诸城县志》卷30《人物二·张世则传》，台北：成文出版社，1976年，第896页。
② 《明神宗实录》卷101，万历八年六月丙辰条，第2000页。
③ 《明神宗实录》卷105，万历八年十月己酉条，第2044页。
④ 《明神宗实录》卷114，万历九年七月庚辰条，第2169页。
⑤ 《明神宗实录》卷121，万历十年二月甲午条，第2255～2256页。
⑥ 宫懋让等修，李文藻等纂《诸城县志》卷30《人物二·张世则传》，第896页；《明神宗实录》卷121，万历十年二月乙未条，第2256页。
⑦ 张世则：《貂珰史鉴后序》，《貂珰史鉴》卷末，第782页。
⑧ 《明神宗实录》卷211，万历十七年五月乙卯条，第3951页。
⑨ 《明神宗实录》卷248，万历二十年五月戊子条，第4626页。
⑩ 《明神宗实录》卷256，万历二十一年正月甲子条，第4753页。
⑪ 《明神宗实录》卷277，万历二十二年九月戊寅条，第5120页。
⑫ 《明神宗实录》卷303，万历二十四年十月辛未条，第5679页。

策励之，忤直指"之故。① 张世则晚年着手撰写《治平要览》，未竟而卒于家。② 概言之，张世则并非巧宦之辈，他的政治生涯坎坷而曲折，绝大部分仕宦经历都是在地方历事任职。

万历二十年六月，张世则向神宗进呈《大学初义》和《貂珰史鉴》两书，用意均十分大胆。他对晚明讲学风气深恶痛绝。③《大学初义》以《大学》古本为基础提出"诚意之学"，要求以此取代朱熹《大学章句》。④《貂珰史鉴》谏净神宗不立国本而宠信用事太监张鲸（？ ~ 1608）。高梦旂谓张世则"有《貂珰史鉴》，专规人主，皆前人所未发"。⑤ 张氏对《貂珰史鉴》的用意直言不讳："书既成，以献之今上，下礼部覆议，部覆曰可，传制曰知之。明年，元辅太保荆石王公驰简则云：'进书之举，意在鲸珰。今年春，圣上逐鲸珰，发戍金陵矣。门下忠荩一念，天王明见万里，业已见诸施行，非苟知之已尔。'"⑥ 检王锡爵文集所收书信内容略异，王氏称："《貂珰史鉴》，前辈有王龙溪、李文麓皆曾为之，而目前佞珰已逐出南京，则此书微旨所在，略亦施行，不在汲汲刊布也。"⑦ 信中"王龙溪、李文麓皆曾为之"指李贵、王畿分别纂辑《思齐录》和《中鉴录》。由上可见，《貂珰史鉴》撰作背景与直接用意在于"逐鲸珰"，"鲸珰"即神宗宠信的东厂太监张鲸。

张鲸，河北新城人，神宗东宫旧侍，司礼监掌印张宏名下，因助逐冯保而受神宗宠信，掌东厂印兼内府供应库，权势张甚，"颇为时相所惮"。⑧ 万历十六年、十七年，"阁部大臣，以至南北科道，或公疏，或单疏，无一人不劾（张）鲸者"，⑨ 然神宗宠信不怠。万历十六年十一月，

① 宫懋让等修，李文藻等纂《诸城县志》卷 30《人物二·张世则传》，第 897 页。
② 宫懋让等修，李文藻等纂《诸城县志》卷 30《人物二·张世则传》，第 897 页。
③ 张世则反对聚徒讲学，见张世则《二草汇集》上册《原学》，《张准斋遗集》，叶 43b ~ 45a。
④ 刘勇：《变动不居的经典：明代〈大学〉改本研究》，三联书店，2016 年，第 177 ~ 195 页。
⑤ 高梦旂：《大学初义后序》，张世则：《经义辑录》行册，《张准斋遗集》，叶 1a ~ 2a。
⑥ 张世则：《貂珰史鉴后序》，《貂珰史鉴》卷末，第 781 页。
⑦ 王锡爵：《王文肃公文集》卷 21《张准斋参政》，第 457 页。
⑧ 刘若愚：《酌中志》卷 5《三朝典礼之臣纪略》，第 457 页。
⑨ 沈德符：《万历野获编》卷 6，"冯保之败"条，第 169 页。

御史何出光弹劾张鲸及其党与鸿胪序班尚智、锦衣都督刘守有专擅之罪。神宗革任尚智、刘守有，令张鲸"策励供事"。① 这引起朝野不满，纷纷上疏声讨张鲸。科道官最先抗疏，给事中张尚象、吴文梓、杨文焕、张应登，御史方万策、崔景荣，"相继论之"，均"报闻"。② 内阁、六部长官以乞斥和辞官相争，神宗也没有理会。③ 河南道御史马象乾上疏极论，神宗"震怒"，下镇抚司狱，④ 大学士许国、王锡爵力救得免。同年十二月，神宗下旨张鲸"私家闲住"，⑤ 给事中李沂和唐尧钦等要求明正其罪。李沂疏侵神宗，"下镇抚司即讯"，⑥ 大学士申时行等疏救，不报；⑦ 大学士许国、王锡爵疏救，不允。⑧ 万历十七年初，南京科道疏救李沂，不听。⑨

神宗不接纳群臣弹劾张鲸之疏，外廷大臣更以张鲸受宠之深，弹章相继，神宗遂以怠政相抗。朝士"多疑以张鲸不用、遂废朝政者"，纷纷疏请神宗御朝释疑。⑩ 万历十七年八月，神宗再次召张鲸回宫用事。这坐实朝士对神宗宠信张鲸而为其所误导的担心。南北朝臣再次掀起"倒鲸"热潮。吏科给事中陈与郊等疏称"予夺进退者，朝廷大纲。一岁之中，随退随进，使盈庭苦口，悉付流水，此邦家大忧也"。⑪ 广西道御史贾希夷等疏言罢黜张鲸，"别选老成勤慎者，以任厥职"。⑫ 南京吏部尚书陆光祖等及南京科道官一再疏言，神宗执意不听。从吏科右给事中钟羽正所上疏章可知，朝臣担心神宗因宠信张鲸而怠于政事、"上下交睽"。⑬ 大理寺评事雒于仁遂上著名的酒色财气四箴。但神宗没有屈服，继续任用张鲸，

① 《明神宗实录》卷205，万历十六年十一月壬戌条，第3828页。
② 《明神宗实录》卷205，万历十六年十一月壬戌条，第3828页；《明神宗实录》卷205，万历十六年十一月壬申条，第3831页。
③ 《明神宗实录》卷205，万历十六年十一月丙子条，第3832~3833页。
④ 《明神宗实录》卷205，万历十六年十一月丙子条，第3833~3834页。
⑤ 《明神宗实录》卷206，万历十六年十二月己卯条，第3840页。
⑥ 《明神宗实录》卷206，万历十六年十二月己卯条，第3841~3842页。
⑦ 《明神宗实录》卷206，万历十六年十二月庚辰条，第3845页。
⑧ 《明神宗实录》卷206，万历十六年十二月己丑条，第3848~3852页。
⑨ 《明神宗实录》卷209，万历十七年三月戊午条，第3916页。
⑩ 《明神宗实录》卷212，万历十七年七月乙酉条，第3971~3972页。
⑪ 《明神宗实录》卷214，万历十七年八月壬午条，第4012页。
⑫ 《明神宗实录》卷214，万历十七年八月壬午条，第4012页。
⑬ 《明神宗实录》卷214，万历十七年八月甲申条，第4015页。

只是于万历十八年正月命首辅申时行等对张鲸亲加勉责而已。① 同年五月，御史陈忭疏请神宗临朝，屏去张鲸。② 此后弹劾张鲸的疏文不见记载，但神宗一意孤行、宠用张鲸，成为当时士人最为忧心的朝政大事。更严重的是，"时皆谓（张）鲸阴佐翼坤宫郑贵妃，有立幼之谋，事关宗社。故一时朝士，昌言锄去，真可谓公忠"。③ 万历十七年，耿定向弹劾张鲸谓："凡宦官之奸者，小之则布交外庭，公行贿赂。大之则潜援宫禁，动摇国本。公行贿赂者，荡败官常。动摇国本者，倾危社稷。今张鲸荡败官常，诸臣已言之详矣。而鲸之倾危社稷，则臣之所谓敢怒而不敢言者。"④ 简言之，国本未立、张鲸未除，交织在一起，成为困扰时人的要事。张世则从万历十三年任南京礼部郎中始撰《貂珰史鉴》，前后四易其稿，费时六年编纂完成。⑤ 对他来说，与其上疏直谏而难收成效，不如以昭昭史例规劝神宗逐出张鲸，严御宦官，防止宦官乱政。

除谏净神宗外，张世则欲以《貂珰史鉴》"化宦寺"，他在进书疏中称：

> 夫宦寺亦人也……然恒人之情，不有所观法，则不能兴起。鼓舞之术，先立乎标准，而后可督其趋向。欲化宦寺，胡可无此书也……彼其《丹扆六箴》，祗可规乎君德。至于《历代臣鉴》，曾何及于宵人？今也诲以翰院重臣，岂乏瑶编佳籍？若舍此求之儒书大典，恐非要诀真经。盖以内臣之职，既不同于外臣，故此书之旨，堪为此辈之宝鉴也。已夫！使貂珰而生在永乐、太祖之时，则识字有禁，此书可无作也。使貂珰而生于宣德以后之年，则读书有训，此书似不可无也。无此书，终缺典矣。以补内府久缺之典，俾有寺人可读之书。则

① 张廷玉等：《明史》卷 305《宦官二·张鲸》，第 7805 页。
② 《明神宗实录》卷 223，万历十八年五月辛亥条，第 4151～4152 页。
③ 以上参沈德符《万历野获编》卷 6，"冯保之败"条，第 169 页。
④ 耿定向：《耿天台先生文集》卷 2《申法典斥奸珰疏》，第 51 页。
⑤ 张世则：《经义辑录》行册《四川按察司整饬安绵兵备金事臣张世则谨奏为阐明理学以神文教事》，《张准斋遗集》，叶 3b。

臣虽迂谬，而此书颇为可采。书虽鄙俚，而其道有益于貂珰也多矣。①

要之，《貂珰史鉴》之于宦官犹如《帝鉴图说》之于帝王，不可或缺。礼部覆疏也称其书"将耸动心志于片言，而转移祸福于一念，诚内史淑身之宝鉴"。② 于慎行更突出是书"化宦"价值："寺人有此《史鉴》，犹士人之有经书也。俾寺人也人人诵法此，孰不印首信眉，争沥心腹，咸勤职宫闱，莫肯顾其私！是《史鉴》也者，不亦诸貂珰之先资之正鹄乎哉！"③

然《貂珰史鉴》的"化宦"实效并不乐观。万历十三年，南京吏部尚书丘橓（1516～1585）称张氏"欲学训龙伏虎家法，难矣哉"。④ 冯琦致信谓："所缉《史鉴》，知老年伯意念深矣。累代兴替，莫不由斯（宦官）。方今君臣隔绝，中人操其两权，即欲为（王）振、为（刘）瑾甚易，大疏足以折其未萌。弟自古谏人主易，言左右难，恐只是留中不报决耳。"⑤ 换言之，进书之举，人主或能见纳，宦官绝难取鉴。张世则亦觉"格君易"而"驯珰难"，内廷宦官对其书亦不认可：

> 又明年（万历二十二年），大中丞渐庵李公贻书则云："《貂珰史鉴》可刻可传，门下试以数帙付之仆，当觅中珰有义气者，托以锓梓，俾人人诵法，亦一盛事也。"予即如命付之。弥月后，李公复致书云："曩所计，今不谐矣。诸珰一见此帙，有默者，有怒形于言者。"甚哉！受善之难乎！⑥

---

① 张世则：《感恩倾藿述事效忠恭进所纂貂珰史鉴上尘御览以清内治以杜邪萌事》，《貂珰史鉴》卷首，第 697～698 页。

② 张世则：《礼部题为感恩倾藿述事效忠恭进所纂貂珰史鉴上尘御览以清内治以杜邪萌事》，《貂珰史鉴》卷首，第 699～700 页。

③ 于慎行：《貂珰史鉴序》，《貂珰史鉴》卷首，第 696 页。

④ 张世则：《貂珰史鉴后序》，《貂珰史鉴》卷末，第 782 页。

⑤ 冯琦：《宗伯集》卷79，篇名墨钉，《四库禁毁书丛刊》集部第 16 册，第 254 页。

⑥ 张世则：《貂珰史鉴后序》，《貂珰史鉴》卷末，第 782 页。

文中"大中丞渐庵李公赇"即李世达，时任都察院左都御史，与王畿有过论学。① 李世达认为《貂珰史鉴》若得宦官刊刻以传，对扩大此书影响有益，愿意帮助张世则"觅中珰有义气者，托以锓梓"。然其书并未得到"有义气"的宦官支持，甚至有明示不满者。可见，张世则其后自行刊刻《貂珰史鉴》是退而求其次之选。

何以《中鉴录》两次刻行均由宦官主持，而《貂珰史鉴》却备受宦官冷遇？总的来说，这与两书定位及内容特色有一定关系。王畿《中鉴录》并未直接上呈，其着眼点落在宦官身上，以教化宦官为直接诉求。张世则《貂珰史鉴》直接上呈御览，既规劝君主严御宦官，又欲使宦官借鉴历史，接受教化。其多重定位以及内容上存在的"问题"，影响宦官接受。

《貂珰史鉴》4卷，共分六篇。主君、弼臣两篇分列历代君、臣驾驭宦官得失之例，主君篇共录29位君主，得者仅3人，失者26人；弼臣篇共37人，得者26人，失者11人。奸范、嬖戒两篇分载古今宦官"善可为法"28条（28人），②"恶可为戒"22条（33人），③ 几乎相当。国祚篇专录秦汉以来"尤能乱国"的"奸珰巨恶"，共15条。④ 沿革篇专述秦汉、唐宋、明太祖时期宦官职官沿革。每篇名下皆有小字"臣按"，为该篇总括性评论；每篇正条之下又有"赞曰"或"箴曰"的劝惩诗（沿革篇，因无善恶优劣可言，故其后均为"诗曰"），后又附以小字"考"、"评"和"论"，是对正条内容的考订、评述和论议。

① 王畿：《王畿集》卷7《南游会纪》，第151页。
② 分别为：巷伯嫉谗（寺人孟子）、勃鞮伐蒲（寺人披）、缪贤进贤（缪贤）、不拜单于（郑众）、封侯不受（吕强）、格君以言（赵整）、裴寂忧乱（裴寂）、推立主嗣（高力士）、解围救患（曹日升）、不昵朋党（刘贞亮）、奉迎帝后（马存亮）、忠肃讨贼（杨复光）、避权辞位（严遵美）、捐躯尽忠（张承业）、遗奏却赠（刘承规）、居功以谦（秦翰）、人号长者（李神福）、击锁救焚（王守规）、疏谏蒙谪（邵成章）、不蓄私帑（阮安）、一言定储（金英）、密荐忠贤（兴安）、辅储尽忠（覃吉）、进贤去佞（怀恩）、阿丑谲谏（阿丑）、不忍按罪（陈准）、不附奸党（王岳）、不恃权势（黄伟）。
③ 分别为：弘恭、石显、赵忠、段珪、蹇硕、张让、鱼朝恩、杨舜卿、阎文应、李宪、童贯、梁师成、陈源、王抃、曾觌、龙大渊、甘昇、卢允升、董宋臣、胡沙虎、王振、曹吉祥、汪直、王敬、尚铭、李广、刘瑾、陆闿、萧敬、秦用、卢明、钱宁、臧贤。
④ 除赵高、张让、龚澄枢外，主要为唐代宦官史事，如李辅国、程元振、刘克明、鱼弘志、王守澄、仇士良、田令孜、杨复恭、刘季述、韩全诲、张彦弘等。

《貂珰史鉴》主君篇，通篇强调制驭宦官之道在于遵太祖祖训。历代君主御宦得失，所与者除宋太宗、宋孝宗外，即为冠于篇首的明太祖。该篇"臣按"谓："我高祖、文皇之朝，亦不知有（金）英、（阮）安、怀恩之辈，何哉？良由止用此辈供洒扫，司启闭，而毫不委之政事。故贤者无以自表，不肖者亦无以自逞。"① 是篇录明太祖事达七条，包括定内侍额数、不与宦官政事、防内外交接、时时戒谕中官、严惩预政内臣等。张世则谓：

> 我高皇帝聪明天纵，洞晰千古，知历代丧败之源，多由宦寺。故区处一节，最经宸虑。今庄颂祖训所载暨屡谕侍臣之旨，洋洋乎保国宁家至计，诚千万世圣子神孙所宜冰履渊临而遵之者也。②

张世则对明太祖所谓"内侍不许读书识字"之训颇为推崇，称其"思患防微，固深得处阉寺之要"，但同时强调"宣庙以后，即用寺人秉笔，文书房设有定员，凡外庭奏章，莫不经由承发，斯不容不教之读书。第他书不切于宦者，臣故僭为此集，庶几稽古可以式今也"。③ 换言之，他视"化宦"为祖制不能恢复的补救办法。

张世则在主君篇末"评"和"考"中，也都在规劝君主独揽威权，控御宦官，恢复祖制。他称许明太祖"尤致谨于宦竖焉，银珰左貂之辈，悉以供永巷扫除之役，不令读书，不许干政，罪不赦，缺不补，宫闱肃清，臂指易运，宁复有手握王爵，口含天宪，迎山海，变霜露，如前代比哉"。④ 又谓"金珰右貂之辈，岂无良心？是惟系于大君感化之道何如耳"，其要在于"端其一心，凛于万几，朝御经筵，退省慈闱，郊致恭诚，庙笃孝思。有震器以主鬯，无脱簪而失礼。颦笑一无所苟，威福独总其纲。后宫无曳地之练，中夜忍烧羊之饥，而又谨于狎亵之戒，严乎内外之间。庙堂重股肱之托，枢管选忠勇之传，皂简有飞霜之烈，紫庭警玩侈

① 张世则：《貂珰史鉴》卷1，第705页。
② 张世则：《貂珰史鉴》卷1，第707页。
③ 张世则：《貂珰史鉴》卷1，第707页。
④ 张世则：《貂珰史鉴》卷1，第718页。

之规，而昭揭祖训，以为耆法龟鉴焉"。① 一言之，所谓御宦之道，重在崇贤礼士，控御宦官，恢复祖制。篇末"论"更重申"绍述祖制"：定宦官额数，以"清其源"；禁内臣列秩预事，以"遏其流"；时加诫谕，以"羁而縻之"。② 由上可见，主君篇意在规劝神宗仿效太祖，大权独揽，以清内治。

《貂珰史鉴》弼臣篇所与者均为不畏权宦、敢谏敢争之士，不与者都是逢迎、勾结宦官之辈。其要旨是砥砺大臣士节，使其敢于抗拒宦官，规劝君主用贤去佞。国祚篇所录全为历代祸国奸珰，意指张鲸，警诫神宗绝必去奸。沿革篇贬汉、唐而崇宋、明，寓意仍在于压制宦官权力，恢复祖制。

以上四篇占全书大半，反映张世则为"谏诤"神宗宠信张鲸而作的内容安排，然其论说过于理想、激切，不能为明代政治架构重要组成的宦官群体所接受，可想而知。

《貂珰史鉴》妍范、媸戒两篇，自成一体，分载历代善恶宦官史迹，条目和人数比例相当，目的乃立善以为训，著恶以垂戒。张世则对妍范篇所录宦官评价甚高，称明初宦官阮安清廉，"不可以为宦者而没其善也"；称太监金英、兴安和覃吉等，"皆明于大义，有功于社稷，即所措注，真一代掀揭之业矣，乌可以为寺人而少之也"。③ 张世则对宦官政治角色也有认识，称若非太监金英、兴安，则"虽外有（丁）谦、（石）亨二大臣，亦难独立自持，以靖国难矣……我朝之不为赵宋其极，固赖一时多贤臣，实赖有一二贤内侍"。又在覃吉条指出："教谕太子，慎简外朝讲读之官，不如简一内廷侍从之臣。盖内廷之臣，其势亲，其情浃，其为言易入，苟得正人焉，其视外廷，盖不啻事半而功倍……盖外廷讲读多拘文法，而内廷侍从，亲切实益。呜呼！此有天下者，当务之至急与！"阿丑条谓："内竖之隐语，贤于外廷之显谏。"④

但张世则总体上认为宦官属残类阴刻之性，⑤ 历代宦官善少恶多，

———————————

① 张世则：《貂珰史鉴》卷1，第718～719页。
② 张世则：《貂珰史鉴》卷1，第719页。
③ 以上参张世则《貂珰史鉴》卷3，第744、746页。
④ 以上参张世则《貂珰史鉴》卷3，第744、746、747页。
⑤ 张世则：《貂珰史鉴》卷3，"妍范"篇"人号长者"条"赞曰"，第743页。

"善者十之一二，恶者恒十之八九"，① "求善良于阉寺之类，殆千百中之一二已尔"，② 主张限制宦官，甚至清除其权势。张世则在嬗戒篇之末的"论"中提出"为今之计"，可谓全书文眼，包括：精简宦官人数，去除冗员冗役；严格遴选入宫宦官，严禁自宫；黜老而无能者，赏善罚赃；以礼部总领内书堂教习之事，严于教导；内廷宦官机构接受外廷都察院、兵部共同监管纠察。③ 可见，张世则著书整体立意乃在控御宦官势力，教化宦官只是辅助一环。

总之，《貂珰史鉴》是对神宗宠信张鲸的谏言，故其内容以规劝神宗警戒宦官祸国、恢复祖制为主。其制宦策略既有君圣臣良的呼求，亦有宦官接受历史鉴戒教育的补救之策。然《貂珰史鉴》主调在于严格控御宦官，对宦官整体评价负面，这是其受到宦官冷遇的可能缘故。论者称"史家在推动历史教育时都会表现出一种文化优越感……会对受众带来文化和心理的压力，甚至使受众产生心理排斥，从而大大影响历史教育的效果"，④ 这也不失为《貂珰史鉴》遭受宦官冷遇的原因写照。上呈御览的《貂珰史鉴》被宦官拒绝，而旨在感化宦官来辅君尧舜的《中鉴录》受到宦官垂青，这在一定程度上彰显了晚明宦官的主体与自我意识。

二 徐学聚《历朝珰鉴》的撰作背景

晚明士人总在政治上遇到棘手问题时诉求于道德，并把编纂专门鉴戒性书籍、强化历史教育作为提升道德的途径。徐学聚（万历十一年进士）《历朝珰鉴》即是一例。《四库全书总目》将徐学聚《历朝珰鉴》列入史部传记类存目，但该书今已不存。杜泽逊《四库存目标注》对此书并无补述，⑤ 明人传记集《明代名人传》对徐学聚《历朝珰鉴》也无详论。⑥ 从方志中检出徐学聚撰《历朝珰鉴序》及其他相关资料，实可获悉是书

---

① 张世则：《貂珰史鉴》卷3，"嬗戒"篇"臣按"，第748页。
② 张世则：《貂珰史鉴》卷3，"奸范"篇"臣按"，第737页。
③ 张世则：《貂珰史鉴》卷4，第780页。
④ 尤学工：《论史学价值观与历史教育》，《中国史研究》2017年第2期，第30页。
⑤ 杜泽逊：《四库存目标注》，上海古籍出版社，2007年，第855页。
⑥ Goodrich, L. Carrington and Fang, Chaoying eds., *Dictionary of Ming Biography*, *1368 - 1644*, pp. 582 - 584.

内容特色、撰作背景与用意。

　　徐学聚，浙江兰溪人，清修《明史》无传。他的生平履历，见于邹元标所撰之传，万历及光绪《兰溪县志》也有详尽记载。徐学聚，字敬舆，号石楼，万历四年举人，万历十一年进士，初官江西浮梁、吉水知县，有治绩，擢礼科给事中。在吉水知县任上，徐学聚与名士邹元标、罗大纮（1547～1619）友善，捐俸创立仁文书院，讲学其中。① 其后身为言官的徐学聚疏言"御朝讲、慎票拟、勤召对、建元良、蚤谕教"等事，是他对明神宗不能信任外廷、早立国本的直接谏诤。徐学聚又力辨名儒李材（1529～1607）之冤，护持正义。因屡进直言，徐氏出为湖广佥事，后升江西参议，擢山东提学副使，迁河南按察使，转福建左布政使，历官至右副都御史巡抚福建，乞休归卒。他在福建任上抚乱平叛，力劾矿税监高寀，委屈设处，保护商民，有政声。闽地为他设立生祠，并祀福建名宦祠。②

　　徐学聚出身官宦学问之家，"世承家学"，③ 影响有自。徐学聚祖父徐袍，以理学名家。徐袍，字仲章，号白谷，嘉靖十三年举人，思想和学问上仰慕明中期著名理学家章懋（1436～1521）之学，"崇尚正学"，博学高行，从游者众。④ 徐袍著有《洪范图》《五经旁注》《金仁山先生年谱》《宋征士仁山金先生言行录》《诵余录》《事典考略》等书。⑤ 徐学聚之父徐用光（1526～1560），字成孚，号益庵，嘉靖三十二年进士，以治理漕河名世，累官至工部郎中，卒于官，有《徐工部诗集》行世。⑥ 被《明儒学案》归为"浙中王门"的徐用检，是徐学聚叔父。徐用检，字克贤，

① 邹元标：《邹子存真集》卷6《闽中丞石楼徐公传》，第225～226页。罗大纮：《紫原文集》卷4《邑父母徐石楼入觐序》，《四库全书禁毁书丛刊》集部第139册，第591～592页。
② 以上参程子鳌纂万历《兰溪县志》卷4《人物类上·政事·徐学聚传》，第76页；唐壬森纂光绪《兰溪县志》卷5《志人物·徐学聚传》，台北：成文出版社，1974年，第1087～1088页。
③ 周应宾；《国朝典汇序》，徐学聚：《国朝典汇》卷首，台北：台湾学生书局，1965年，第5页。
④ 唐壬森纂光绪《兰溪县志》卷5《志人物·徐袍传》，第1087～1088页。
⑤ 唐壬森纂光绪《兰溪县志》卷7《志经籍》，第1878、1882、1890、1911、1916页。
⑥ 程子鳌纂万历《兰溪县志》卷4《人物类上·政事·徐用光传》，第74页上；唐壬森纂光绪《兰溪县志》卷5《志人物·徐用光传》，第1060～1061页。

号鲁源，嘉靖四十一年进士，历任刑部主事、礼部郎中、山东副使、陕西提学、广东按察使、河南左布政使、南太仆寺卿，累官至太常寺卿。徐用检师事王阳明弟子钱德洪，"然其为学不以良知，而以志学"。① 其门人刘一璟（1567～1635）称徐用检"以志学为的，体仁为宗"。② 徐用检在京从赵贞吉讲学，并与耿定向、罗汝芳、李贽辩难论学。③ 徐用光、用检兄弟及同乡赵志皋，相为讲学，是为学友。④ 徐用检著述丰富，撰有《五经翼解》、《五经辨疑》、《新安纪会》、《婺兰纪会》、《学颜录》、《三儒类要》、《友声编》、《己亥二录》、《创虔录》及《鲁源文集》等。⑤ 徐用检的学问思想直接影响到徐学聚，光绪《兰溪县志》称徐用检"病剧，犹与侄（徐）学聚论邵子先天之学，娓娓不置"。⑥

徐学聚既得家学渊源，"奇瑰宏博，著述甚富"。⑦ 除《历朝珰鉴》外，他还著有《抚闽疏草》、《监司守令宝鉴》及《国朝典汇》等书。⑧多达二百卷的本朝典制类书《国朝典汇》，令徐学聚以博通经济名臣著于世。⑨ 该书是他万历二十四年至二十八年任官山东提学和布政司参政期间，⑩ 在湖北巡抚尹应元（万历二年进士）、礼部尚书兼翰林学士冯琦鼓励与商讨下撰成的。⑪ 冯琦称许其书为"后学通今之巨筏"。⑫ 蔡毅中（1548～1631）更指出此书是对万历中期以来国家大政的针砭。⑬ 简言之，

① 黄宗羲：《明儒学案》卷14《浙中王门学案四·太常徐鲁源先生用检》，第304页。
② 唐壬森纂光绪《兰溪县志》卷5《志人物·徐用检传》，第1079页。
③ 黄宗羲：《明儒学案》卷14《浙中王门学案四·太常徐鲁源先生用检》，第303页。
④ 程子銮纂万历《兰溪县志》卷4《人物类上·鸿业·赵志皋传》，第69页；唐壬森纂光绪《兰溪县志》卷5《志人物·徐用光传》，第1061页。
⑤ 唐壬森纂光绪《兰溪县志》卷7《志经籍》，第1882、1904、1911、1950页。
⑥ 唐壬森纂光绪《兰溪县志》卷5《志人物·徐用检传》，第1079页。
⑦ 蔡毅中：《国朝典汇叙》，徐学聚：《国朝典汇》卷首，第7页。
⑧ 唐壬森纂光绪《兰溪县志》卷7《志经籍》，第1890、1895、1896、1897、1905页。
⑨ 蔡毅中：《国朝典汇叙》，徐学聚：《国朝典汇》卷首，第7页。
⑩ 徐学聚出任山东提学时间在万历二十三年六月，见《明神宗实录》卷286，万历二十三年六月己未条，第5308页。徐学聚由山东右参政升河南汝南兵备道按察使的时间在万历二十八年三月，见《明神宗实录》卷345，万历二十八年三月己未条，第6429页。
⑪ 徐学聚：《国朝典汇》卷首《凡例》，第18页。《国朝典汇》成书经过及内容与版本概述，参姜纬堂《〈国朝典汇〉及其编者徐学聚》，《国家图书馆出版社古籍影印图书序跋精选》，国家图书馆出版社，2009年，第34～38页。
⑫ 冯琦：《国朝典汇序》，徐学聚：《国朝典汇》卷首，第2页。
⑬ 蔡毅中：《国朝典汇叙》，徐学聚：《国朝典汇》卷首，第8～9页。

徐学聚想以此书砥砺士子用心经济之学，振弊起颓，补救朝纲。

徐学聚撰作《国朝典汇》期间，正值明神宗遣派宦官为矿监税使，天下骚动，中外惶惶。《国朝典汇》将明朝典实分为七类：首以"朝政大端"，次以吏、户、礼、兵、刑、工六部分类。"朝政大端"之下，"宗藩考"、"辅臣考"和"中官考"三个子目占据篇幅最重。"中官考"正是借助对有明开国至隆庆年间宦官历史的梳理和考订，① 以作现实之"法鉴"。《国朝典汇·中官考》在形式上与王世贞《弇山堂别集·中官考》相似。两者均按编年方式载录明洪武至隆庆年间宦官史事；细核内容二者更是高度趋同，前者明显抄录自后者。但王世贞撰作《中官考》的同时，另欲撰写以本朝贤恶宦官传记为内容、旨在劝诫宦官的专著，尝"考著为上下二编，其灼然称贤如怀恩、覃昌、云奇、何文鼎者，百不能一，而（王）振、（刘）瑾、（曹）吉祥、汪直之类，至不可胜数云"，惜以"传未成"而终。② 王世贞所撰本朝贤恶宦官传记的书名或为《阉寺小纪》，书序收入《凤州笔记》和《弇州史料》。王世贞称："貜豕之牙，未若童牛之牿，蚤见而豫，其在兹乎？愚也掇里老之习闻，得如干人，次其行，分上下篇。"③ 王世贞曾列举明朝善、恶宦官"名单"，可能就是《阉寺小纪》一书的主要内容。他说："中人谋大逆者二人，曰曹吉祥、曰刘瑾。乱政者十人，曰王振、曰牛玉、曰汪直、曰梁芳、曰韦兴、曰李广、曰魏彬、曰谷大用、曰张雄、曰张锐。谋叛者二人，曰喜宁、曰毕真。贤者四人，曰金英、曰黄赐、曰怀恩、曰张佐。忠者二人，曰云奇、曰何文鼎。有边功者二人，曰郑和、曰刘永昌。功与罪当者二人，曰萧敬、曰张永。"④ 总之，徐学聚既于《国朝典汇·朝政大端》专列《中官考》，又着手撰著完成《历朝珰鉴》，可谓与王世贞"不谋而合"。对徐学聚而言，与其给现实政治提供"法鉴"而可望而不可即，不如直接令宦官取鉴历史，趋善避祸，接受历史教育，或为有用。

①　徐学聚：《国朝典汇》卷 33《中官考》，第 657～745 页。
②　王世贞：《弇山堂别集》卷 90《中官考序》，中华书局，1985 年，第 1720～1721 页。王世贞史学成绩与思想，参向燕南《中国史学思想通史（明代卷）》，第 260～297 页；孙卫国《王世贞史学研究》，人民文学出版社，2006 年。
③　王世贞：《凤州笔记》卷 4，第 553 页。
④　王世贞：《凤州笔记续集》卷 2，第 747 页。

《历朝珰鉴》今已不存，《四库全书总目》称《历朝珰鉴》"辑录历代宦官事迹，自周秦以迄于明，分善可为法、恶可为戒二种，而于明代纪载尤详，第所录仅至世宗朝而止"。《历朝珰鉴》将宦官分为善、恶两类，目的正是给宦官取法戒惩，使其向善去恶。但四库馆臣对书中置元代宦官李邦宁于"善可为法"表示异议："李邦宁即尝入太学，代祀孔子，至大风灭烛之异者，其狂妄可知，乃入之'善可为法'中，进退亦未甚允也。"① 检《元史·李邦宁传》，李氏多数行端颇为可法，远非乱国蠹国者比。② 况且对徐学聚来说，《历朝珰鉴》并非纯粹意义上的史书，其重点是要令宦官接受历史教育，仿效贤宦或戒惩恶宦而已。

《四库全书总目》对《历朝珰鉴》撰作背景并无论及。光绪《兰溪县志》转载徐学聚自撰书序，从中可知是书内容特色与撰作背景。此序别处未见，兹全文转引如下：

> 《周礼》寺人掌宫禁，其人声荣无闻于门阀，姓字不著于《春秋》。勃貂、管苏、景监、缪贤之辈，即事偶见谱牒，无专述也。马、班二史传佞幸，寺人、宦者错举，不为立传。《东汉（书）》、《唐书》始列宦者传之，跻诸文苑、儒林之上，与酷吏、藩镇伍，盖世变也。柔曼倾意，宠不敝席，此自门户之祸，可不传也。口含天宪，手握禁兵，而汉唐之国祚随之，此为社稷祸蕞烈矣，不可不传也。故宦者之有传也，此世变也。
>
> 夫汉假以柄，耦国矣，名流清议尚能维之。唐假以兵，易主矣，外藩纠力尚能收之。未有尽天下利权管握其手者也。兵政，人主之操柄也；利权，天下之命脉也。制人主之操柄，床第戈矛之患伏于近；朘天下之命脉，土崩瓦解之势成于外。幸延旦夕之安，一发莫可收拾矣。灵、德之代，都内利权盖有浸假者，不闻管天下权也。
>
> 嗟夫！火未及燃，尚谓之安，何所事漆室之忧？独怪其祸重如此，莫知避也。东京而下，蔚宗称之备矣。高冠长剑，纡朱怀金，狗

---

① 永瑢等：《四库全书总目》卷 62，"《历朝珰鉴》"条，中华书局，1965 年，第 558 页。
② 宋濂等：《元史》卷 204《宦者列传·李邦宁》，中华书局，1976 年，第 4550～4551 页。

马雕文，土木缇绣，甲舍名园，半埒京都。玩弄人主于股掌之上，不啻赘旒。顾坐未及暖，国社未屋，而阉门已无噍类矣。畴昔之穷凶极欲，适足润斧鼎而趣致亡耳。倘其败国蠹政之事，蚤自澧洗，小人剥庐，何至此极哉？

我高皇帝制各监局以号中贵，不使预政，宫府晏如。文皇帝禁令益严，而稍稍不无所私寄。是以继世而后，三幸盗权，八珰干政，海内亿兆，几于鱼烂。然而不至锻炼天下之命脉、有土崩瓦解之势者，高皇帝收天下权以归一人。故即有狼戾诸强珰，夜不片纸而晨就缚，能为乱不能为变，所不为汉唐之季，幸耳！

然岂若辈之福哉？语曰："前事不忘，后事之鉴也。"以余所睹记古今中官，愿谨得完者十之一，横恣取败者十之九。其愿谨者足以为仪表，横恣者足以为箴戒。爰命墨卿，一一掌记，倘亦古今中官得失之林乎？公余之暇，捃摭仅仅义例，谢《汉（书）》、《唐书》列传，无足概世变。铭谏鼎而志梼杌，永垂殷鉴，或庶几焉。借使其蚤知鉴此，休息既腠之命脉，而坐销未炽之隐忧，社稷之寿也。汉唐阉竖之祸，其何及之有！①

以上序文第四段，脱胎于王世贞《中官考序》。后者称："明兴，高皇帝神断自天，朋亡不眤，虽制各监局以处中贵人……盖三十年之间，而宫府谧如也。文皇之始，不能不有所私寄……夫振、瑾至狼戾也，公卿台谏至狐鼠伏也，亿兆至鱼烂也，然而不为汉唐之季者，高皇帝收天下之权，以归一人，即狼戾如振、瑾者，一顿而忧，再顿而危，片纸中夜下而晨就缚，左右无不鸟散兽窜，是以能为乱而不能为变也。"② 不同的是，徐学聚增"不至锻炼天下之命脉"一语。结合徐序第二段"利权""腠天下之命脉"等语，可见《历朝珰鉴》撰作背景乃是针对万历帝遣派宦官为矿监税使。换言之，徐学聚希望其书令矿监税使借鉴往迹，迁善改恶，不为苛扰，进而补救"乱"局，即所谓"借使其（宦官）蚤知鉴此，休息既

---

① 唐壬森纂光绪《兰溪县志》卷7《志经籍》，第1905~1907页。
② 王世贞：《弇山堂别集》卷90《中官考序》，第1720页。

胺之命脉，而坐销未炽之隐忧，社稷之寿也"。

《历朝珰鉴》受王畿著述影响也不无可能，因徐学聚叔父徐用检熟悉《中鉴录》。而王畿弟子赵志皋和徐学聚亦有交游，① 二人还有姻亲关系。② 质言之，晚明士人在不同政治背景下都倾向于撰写以善恶宦官史例为内容、旨在训化宦官的教化史书，以此补救政治。

三　刘元卿《六鉴举要》的用意

刘元卿（1544～1609）《六鉴举要》尤体现明末儒臣以历史教育改善政治的思路。刘元卿，江西安福人，江右王门著名学者，从游于耿定向、徐用检。③ 万历二十一年，应召授礼部主事，二十四年，辞病归。④ 其间他致信邹元标谓："方今大患有三，然而徒言无益也。其一曰内官之为腹心患也。阴性狼贪，自昔忧之，然未有如今日执进退将相之柄者。将相不比内官，不得除拜，即除拜不得权，此其势可扑灭哉？"⑤ 又致信乃师耿定向谓："近日事势，患在内权渐重，而外议滋繁。以内权渐重之时，而外议滋繁，则秉钧者皆束手不敢任事……此不能不令杞人私忧矣。士君子有世道之责，将视其自沉自浮已耶，抑亦别有默挽之术也？"⑥ 概言之，言路激愤，辅臣束手，君主怠政，宦权愈重，是刘元卿忧心所在。刘氏"默挽"之方，既体现于万历二十三年纂成的《大学新编》中，⑦ 又反映在万历三十四年编成的《六鉴举要》中。

《六鉴举要》共 6 卷，今已不存。《澹生堂藏书目》等著录此书。⑧

---

① 喻均：《游四洞诗（有序）》，赵志皋：《灵洞山房集》卷中，《赵志皋集》，第 331 页。
② 赵志皋孙女嫁与徐学聚之子徐与图，见顾天埈《顾太史文集》卷 5《赵文懿公墓志铭（代朱相公作）》，《四库禁毁书丛刊》集部第 9 册，第 86 页。
③ 黄宗羲：《明儒学案》卷 21《征君刘泸潇先生元卿》，第 497 页。
④ 邹元标：《礼部主客司主事泸潇刘公元卿墓志铭》，焦竑：《国朝献征录》卷 35，《续修四库全书》第 527 册，第 710～711 页；张廷玉等：《明史》卷 283《刘元卿传》，第 7292～7293 页。
⑤ 刘元卿：《刘聘君全集》卷 2《简邹南皋丈》，《四库全书存目丛书》集部第 154 册，第 40 页。
⑥ 刘元卿：《刘聘君全集》卷 3《覆耿老师》，第 50 页。
⑦ 林展：《明万历年间儒士刘元卿的出处考虑与其〈大学新编〉的编撰用意》，《中国文化研究所学报》第 64 期，2017 年，第 113～137 页。
⑧ 冯惠民、李万健等编选《明代书目题跋丛刊》，第 968 页。

《四库全书总目》谓其书"成于万历丙午，取《帝鉴》、《相鉴》、《言鉴》、《牧鉴》、《珰鉴》、《闺鉴》六书，各撮取其文，合为一帙"。① 刘元卿自序称："天下譬之一家：大君，宗子也；大臣，家相也。顺是而降，有台谏，有守令，是于家犹之诤友、门干焉；至于貂珰，则厮徒耳。观于一家，此五者一之弗称，则家必不理，况在天下？此五者诚遍得职，岂其均治顾得难臻乎……掇其法惩尤著者，以便省览，故名曰《举要》云尔。"② "帝鉴"节自《帝鉴图说》，"相鉴"节自其师耿定向《硕辅宝鉴》，其他诸鉴，刘元卿只谓"作者各有其人"。然"珰鉴"取自王畿《中鉴录》的可能性较大，毕竟刘元卿师徐用检、耿定向，以及与刘氏往来论学颇密的邹德涵等，都与王畿关系密切并熟悉《中鉴录》一书。

四　胡良臣《内臣昭鉴录》及其他

《内臣昭鉴录》不知卷数，今亦不传。此书作者胡良臣，③ 字翼明，浙江山阴人，"九岁通《五经》，十七补诸生，乡荐列副榜，从周汝登、陶望龄（1562～1609）讲学，游成均，名益彰，著有《四书（直义）》、《诗经直义》、《广四十八孝》诸书"。④ 该书另外的编者张伯枢，字慎甫，杜门著述，"每五鼓披衣危坐，默体圣贤微旨，有《家训格言》、《读史评》、《内臣昭鉴录》等书，崇祯间从祀乡贤"。⑤ 胡良臣、张伯枢撰《内臣昭鉴录》具体背景已不可知，然胡氏师事周汝登，而周氏是王畿门人，⑥ 故亦不能排除其受王畿影响的可能性。

除《内臣昭鉴录》外，天启年间诸生张自烈"愤珰乱"而撰《宦寺贤奸录》，并"思伏阙风朝廷绍述祖制"，但"书成未上"，⑦ 今亦不存。

---

① 永瑢等：《四库全书总目》卷 131，"《六鉴举要》"条，第 1121 页。

② 以上参刘元卿《刘聘君全集》卷 4《六鉴举要序》，第 76～77 页。

③ 沈翼机等纂修雍正《浙江通志》卷 244《经籍四》，《四库全书》第 525 册，第 565 页；悔堂老人：《越中杂识》，浙江人民出版社，1983 年，第 194 页。

④ 平恕等修乾隆《绍兴府志》卷 53《人物志十三·儒林》，第 1287 页。

⑤ 徐元梅等修嘉庆《山阴县志》卷 14《人民志·乡贤二·张伯枢传》，《中国地方志集成·浙江府县志辑》第 37 册，上海书店，1993 年，第 698 页。

⑥ 彭国翔：《周海门的学派归属与〈明儒学案〉相关问题之检讨》，《清华学报》第 31 卷第 3 期，第 339～374 页。

⑦ 张自烈：《芑山诗文集》卷 22《自撰墓志铭》，第 326 页。

崇祯五年，官至大学士、致仕家居的孙承宗因"身经奄难，戒心汉唐，撰次《今古中官志》，区明其贤奸祸福，以作殷鉴"，然仅成数卷而未就。① 此外，《明珰彰瘅录》所载亦为明代善恶宦官史迹，然此书"似非完本"，仅"采撮《实录》、《宪章录》、《中官考》诸书，而各加论断，所记止成化中汪直擅政之事"。②是书作者顾尔迈，字不盈，明南直隶江都（今扬州）人，明镇远侯顾成（1330～1414）后裔，顾大理之子。顾尔迈与明末方以智、文震亨（1585～1645）、张岱等诗赋往来频密。范景文（1587～1644）称顾尔迈"以珰焰薰人，急急避去"，"杜门著书，留心史学，不问户外一事"。③可见，《明珰彰瘅录》极可能撰作于崇祯初年，乃为惩戒天启年间魏忠贤祸政而作。现存《明珰彰瘅录》有"淮南野史"评论两条，第二条评论在该书最末，主要针砭太监汪直等冒功爵赏之滥，并谓"开国承家，小人勿用，凡此皆小人阴赞默教而直行之者也"。④顾氏另撰《丁卯兼官志总论》称明代冒滥爵赏盛于宪宗、武宗两朝及世宗末年，然"莫强于熹之丁卯（天启七年）"，⑤ 亦直接针对天启年间魏忠贤冒滥爵赏极弊，与《明珰彰瘅录》相互呼应。简言之，天启年间魏忠贤阉祸是以上诸书撰作的重要历史背景。

第三节　集合总成类史鉴书籍与宦官历史教育

与以上诸书类型化古今善恶宦官史事不同，明末还出现了历代宦官传记与史事集成之作。除安徽宣城人梅起申所著《历代宦官传》今已不存,⑥《宦寺考》和《历代内侍考》至今存世，为其代表。

---

① 孙铨:《孙文正公年谱》,《孙承宗集》, 第 1486、1495 页。
② 永瑢等:《四库全书总目》卷 61, "《明珰彰瘅录》"条, 第 551 页。
③ 范景文:《范文忠集》卷 5《眉寿集序》,《四库全书》第 1295 册, 第 521 页。
④ 顾尔迈:《明珰彰瘅录》,《四库全书存目丛书》史部第 90 册, 第 156～157 页。
⑤ 郑元勋:《媚幽阁文娱二集》卷 6《丁卯兼官志总论（顾尔迈）》,《四库禁毁书丛刊》集部第 172 册, 第 484 页。
⑥ 何绍基纂修光绪《重修安徽通志》卷 338,《续修四库全书》第 655 册, 第 495 页。

一　李腾芳及其《宦寺考》

明末方以智谓："王畿作《中鉴录》，非以备中官之鉴，以备人主之鉴也，李腾芳亦编为《志》。"① 李腾芳所编实为《宦寺考》。由于明清以来目录书对该书少有著录，加之藏本甚罕，故其内容概貌乃至编刊时间，均不为学界所知。今以所见北京大学图书馆藏《宦寺考》，简介其卷次内容，考订其编刊时间与用意。

李腾芳，字子实，号湘洲，湖南湘潭人，万历二十年进士，选庶吉士，二十二年授翰林院检讨，屡迁至左谕德，寻贬太常博士，历太常少卿。光宗即位，擢为少詹事。天启间迁礼部右侍郎，升吏部左侍郎。崇祯初，历官至礼部尚书，卒于官。②

李腾芳讲求博通经济之学。清修《明史》称他"好学，负才名"。③明人谢璠为其所作传记称他"博涉精研"，"尤以经济节操著"。④ 时人称李腾芳"独留心经济，以救时宰相自负"。⑤ 李腾芳拜"明习典故，学有根底，数陈谠论"的冯琦为师。⑥ 冯琦，万历五年进士，是著名的《经济类编》的作者。⑦ 可见李氏经济节操之所自。李腾芳又是古文高手，陶汝鼐（1601～1683）称他"为古今文，海内奉为法物"。⑧ 交游上，李腾芳与江苏昆山人顾天峻（1561～?）、湖北公安派"三袁"（袁宗道、袁宏道、袁中道）及浙江绍兴人陶望龄过从甚密。政治上，李腾芳同情东林人士，天启年间因"刚方严正"，被视为"东林弁冕"。⑨ 思想上，李腾

① 方以智：《浮山文集前编》卷4《中涓议》，第236页。
② 张廷玉等：《明史》卷216《李腾芳传》，第5713～5714页。
③ 张廷玉等：《明史》卷216《李腾芳传》，第5713页。
④ 谢璠：《李宫保湘洲先生家传》，李腾芳：《李宫保湘洲先生集》卷首，《四库全书存目丛书》集部第173册，第1页。
⑤ 陆应阳：《广舆记》卷15，《四库全书存目丛书》史部第173册，第343页。
⑥ 谢璠：《李宫保湘洲先生家传》，李腾芳：《李宫保湘洲先生集》卷首，第2页。
⑦ 冯琦生平及其经世言行，参解扬《治政与事君：吕坤〈实政录〉及其经世思想研究》，第284～299页。
⑧ 陶汝鼐：《荣木堂合集·陶密庵先生文集》卷8《志传·李腾芳》，《四库禁毁书丛刊》集部第85册，第604页。
⑨ 谢璠：《李宫保湘洲先生家传》，李腾芳：《李宫保湘洲先生集》卷首，第2页。

芳私淑王阳明之学，推崇李贽的学行。① 李腾芳序刻《阳明先生集抄》，反复申说、发明致良知之旨，指出："凡夫盗贼禽兽，亦同此心，亦同此知。其有凡有圣，有知有不知，有善有不善，以至于起灭动静者，皆意也。"②

李腾芳虽以节操显世，但他并非只求节义而不求权宜实效之人。他认为万历年间君臣悬隔，人臣进言要平心公论，不可死谏力攻。③ 对待宦官，也不主张与之决裂，应有所分别而"裁之"。④ 质言之，"格君心之非"与制约宦官，都要讲究策略及长远打算。

《宦寺考》共8卷，北京大学图书馆藏，每半页九行，行二十字，单黑鱼尾，四周单栏。书前有吴道行《刻宦寺考序》，书末无跋尾。书中缝下方题"南宫韩一元刊"字样，每卷卷首前两行中下方分别题"湘潭李腾芳长卿甫辑""弟骈芳、驾芳同校"。扉页有清末广东顺德人李文田（1834~1895）所撰"提要"：

> 《宦寺考》，八卷，明李腾芳编。腾芳，字子实，又字湘洲，《明史》无传。据《盗柄东林夥》，知其官谕德，天启中，降理问，历侍郎，为民。据此书知为湖广湘潭人，又字长卿也。书之编刻，均应在天启中，故以忤奄削籍。乾隆中，四库馆未见此书，故《提要》不著录，足见其难得也。重治既成，爰立卷端云。光绪十七年五月二十五日顺德李文田记。⑤

因吴道行序末未署时间，故李文田据李腾芳在天启年间境遇，误断《宦寺考》编刻"均应在天启中"，并谓李氏以此"忤奄削籍"。北京大学图书馆因袭此误，著录此书为"明天启间渤海吴氏刊本"。然而，万历年间《行人司重刻书目》载"《宦寺考》"一书，⑥ 可知其显非李腾芳晚年

---

① 永瑢等：《四库全书总目》卷179，"《李湘洲集》"条，第1618页。
② 李腾芳：《李宫保湘洲先生集》卷2《阳明先生集抄序》，第38~39页。
③ 李腾芳：《李宫保湘洲先生集》卷3《拟进讲记》，第88页。
④ 李腾芳：《李宫保湘洲先生集》卷1《策二》，第26页。
⑤ 李腾芳：《宦寺考》，北京大学图书馆藏明刻本，扉页，李文田撰"提要"。
⑥ 冯惠民、李万健等编选《明代书目题跋丛刊》，第621页。

之作。

明代有两位吴道行，一是山东滨州人，万历五年进士；一是南直隶宜兴人，万历二十三年进士。① 为《宦寺考》作序的是前者，因其自称"渤海侍生"。② 山东滨州人吴道行，号虚庵，官长沙知府，培养人才，鼎新书院，"士贤而贫者，捐俸周之，士民立祠志去思，又塑像于岳麓六君子堂"，③ 万历二十二年十月升山西布政司参政，二十六年六月调河南按察使。④ 吴道行《刻宦寺考序》开篇称李腾芳"持节韩藩"。考万历二十三年四月，朝廷遣正、副使二十人册封诸藩。⑤ 结合吴道行《刻宦寺考序》序末署职为"山西布政使司右参政兼按察司金事奉敕提督三关备兵井陉"，可见万历二十三年前后吴道行为《宦寺考》作序刊行以传。吴氏称"余守长沙，与长卿（李腾芳）甚习，故不辞剞劂之役，而为之赞引其端"。至于李腾芳始纂《宦寺考》时间，应在他万历二十年举进士以后，即读书庶常馆或任翰林检讨初期。

明代中叶以后，朝野重视设在禁中的宦官学校——内书堂，尤其是负责教习的翰林词臣更以古今宦官史事训教内书堂，期之去恶向善。万历二十五年正月，李腾芳以翰林院检讨被命教习内书堂。⑥ 现在尚不清楚李腾芳有未以其所撰《宦寺考》所载宦官史事施教内书堂。

傅增湘（1872～1949）《藏园群书经眼录》著录《宦寺考》，称此书"辑录历代宦官事迹，自春秋列国寺人貂起，至元代李邦宁、朴不花止，大率钞自史籍，用为劝戒。卷中有圈点，有评语，不脱明人习气"。⑦ 实际上，《宦寺考》少见李腾芳评论，⑧ 所谓"评语"实为书头眉批。如东

---

① 朱保炯、谢沛霖：《明清进士题名碑录索引》，上海古籍出版社，1998年，第849页。
② 吴道行：《刻宦寺考序》，李腾芳：《宦寺考》卷首，叶5b。
③ 赵宁等纂《长沙府岳麓志》卷3，《续修四库全书》第720册，第161页。
④ 《明神宗实录》卷278，万历二十二年十月庚午条，第5148页；《明神宗实录》卷322，万历二十六年六月庚戌条，第5991页。
⑤ 《明神宗实录》卷284，万历二十三年四月丙寅条，第5264～5265页。
⑥ 《明神宗实录》卷306，万历二十五年正月壬子条，第5726页。
⑦ 傅增湘：《藏园群书经眼录》卷4，中华书局，1983年，第335页。
⑧ 目前仅见《宦寺考》卷8朴不花传记之末所附李腾芳评论："前世宦者之祸尝烈矣。元之初兴，非能有鉴乎古者，然历十余世，考其乱亡之所由，而初不自阉人出。何哉？盖自（元）太祖选贵臣子弟给事内廷，凡饮食、冠服、书记，上所常御者，各以其职典之。而命四大功臣，世为之长，号四怯薛。故天子前后左右，皆世家大臣及其子孙之生

汉郑众传略眉批为"众亦贤者"，孙程传略眉批为"程亦贤哉"，唐高力士传略眉批为"力士好处尽多"，等等。

对于《宦寺考》的编纂特点，李腾芳自称："自周季，迄宋元，凡若干人。人缀其实，事核其终。事小则传之于大，传略则详之以史，祸长则征之以他传。凡戚畹之擅，藩镇之横，戎虏盗贼之纵横，胚胎于宦寺者，靡不毕载。"[1] 全书共列春秋战国以下至元代284位宦官史实（见表6-2），可谓有关明代以前的宦官史事"全书"。[2]

表6-2 《宦寺考》卷次内容

卷次	时代及人数	具体人物
卷1	春秋列国（11人）	[齐]寺人貂、夙沙卫，[晋]寺人披，[宋]惠墙、伊戾、寺人柳、陈阉、吴阉，[楚]管苏，[赵]嫪贤，[秦]景监
	秦（1人）	赵高
	西汉（6人）	张释卿、赵谈（北宫伯子）、李延年、石显、弘恭
卷2	东汉（59人）	郑众、蔡伦、江京、李闰、樊丰、刘安、陈迻、孙程（王康、王国、黄龙、彭恺、孟叔、李建、王成、张贤、史范、马国、王道、李元、杨陀、陈予、赵封、李冈、魏猛、苗光、籍建、高梵、赵熹、良贺、夏珍）、曹腾、单超、徐璜、具瑗、左悺、唐衡、侯览、曹节、王甫、吕强（丁肃、徐衍、郭身、李巡、赵佑、吴伉）、张让、赵忠（夏恽、郭胜、孙璋、毕岚、栗嵩、高望、张恭、段珪、韩悝、宋典）
卷3	晋（1人）	孟玖
	南齐（11人）	徐龙驹、王宝孙（王法昭、许朗之、许伯孙、方佛念、马僧猛、盛卿、王竺儿、随要、袁系孙）
	北魏（31人）	宗爱、仇洛齐（段霸）、王琚、赵默、孙小、张宗之、剧鹏（买奴、李曹）、张佑、抱嶷（抱老寿、石荣）、王遇、符承祖、王质、李坚（秦松、白整）、刘腾、贾灿、杨范、成轨、王温、孟栾、平季、封津、刘思逸、张景嵩（毛畅）
	北齐（30人）	韩宝业（卢勒义、齐绍、秦子征）、曹文标（夏侯道、伊长游、鲁悖伯、郭沙弥、邓长隅、陈德信）、潘师子（崔季礼、刘万、通研、胥光弁、刘通远、王弘远、王子立、王玄昌、高伯华、左君才、能纯陀、宫钟馗、赵野叉、徐世凝、苟子溢、斛子慎、宋元宾、康德汪）

而贵者，而宦官之擅权窃政者，不得有为于其间。虽或有之，然不旋踵而遂败。此其诡谋，可谓度越前代者矣。如李邦宁者，以亡国阉竖，遭遇世祖，进齿荐绅，遂侪极品，然其言亦有可称者焉。至朴不花，乃东夷之人，始以西宫同里，因缘柄用，遂与权奸，同恶相济，迄底于诛戮，则固有以致之也。用特著之于篇。"

[1] 吴道行：《刻宦寺考序》，李腾芳：《宦寺考》卷首，叶1b。
[2] 宦官人数，以唐（62）、东汉（59）、宋（59）、北魏（31）、北齐（30）占据前列。

续表

卷次	时代及人数	具体人物
卷4	唐（50人）	杨思勖（牛仙童）、高力士（黎敬仁、林昭隐、尹凤翔、孙六、韩庄、杨八、刘奉廷、王承恩、张道赋、李大宜、朱文辉、郭全）、袁思艺（辅缪琳、冯神威、边令诚）、鱼朝恩、李辅国、程元振、骆奉先、窦文场（霍仙鸣、杨志廉、孙荣义、薛孟珍）、刘贞亮（吕如全、郭旻、朱超晏、王志忠）、吐突承璀、王守澄（陈弘志［附宋申锡、李训、郑注始末］）、韦元素（杨承和、王践言）、仇士良（鱼弘志）、马存亮（西门季玄、严遵美）、刘克明、王归长（马公儒、王居方、王宗实、丌元实）
卷5	唐（12人）	杨复光（［附王仙芝、黄巢本末］）、田令孜、曹知悫、杨复恭、刘继述（王仲先、王彦范、李师虔、薛齐握、徐彦回）、韩全诲、张彦弘
卷6	后唐（8人）	张承业、张居翰、魏令图、李绍宏（李从袭、向延嗣）、孟汉琼（马绍宏）
卷6	宋（19人）	窦神宝、王仁睿、王继恩、李神福、神佑、刘承规、阎承翰、秦翰、周怀政、张崇贵、张继能、卫绍钦、石知颙、全彬、邓守恩、杨守珍、韩守英、蓝继宗、雷允恭
卷7	宋（25人）	阎文应、任守忠、张惟吉、卢守勲、甘昭吉、王守忠（王守规）、李宪（宋用臣、王中正、石得一）、李舜举、张茂则、梁从吉（李祥）、刘惟简、李继和、高居简、程昉（苏利涉）、陈衍（张士良、郝随）、冯世宁、童贯
卷8	宋（15人）	梁师成、杨戬（李彦）、邵成章、蓝珪（康履）、冯益、张去为、陈源、甘升、王德谦、关礼、董宋臣、王继恩、赵安仁
卷8	金（3人）	梁珫、宋珪（潘守恒）
卷8	元（2人）	李邦宁、朴不花

注：表中括号内宦官史事，系附于前一宦官史事之下。

吴道行称《宦寺考》如同宦官"爱书",① 意在鉴戒宦官。与此同时，此书备载"古今成败得失之数"，也有警诫神宗慎用宦官之意，如吴道行所说"汉武校猎,（扬雄）乃赋长杨；成帝好内,（刘向）爱传烈女"。②

总之，李腾芳约于万历二十年至二十三年编纂并完成《宦寺考》，约于万历二十三年前后由吴道行序刊行世。李腾芳编纂《宦寺考》，详载列代宦官传记与成败史事，既有鉴戒宦官之用，又有警诫神宗宠用宦官之意。

---

① 吴道行：《刻宦寺考序》，李腾芳：《宦寺考》卷首，叶2a。
② 吴道行：《刻宦寺考序》，李腾芳：《宦寺考》卷首，叶5a。

二 毛一公及其《历代内侍考》

毛一公，浙江遂安人，万历十七年进士，授汉阳府推官，擢工科给事中，论事侃侃无讳，"时国本未定，上疏力争，罢归里居二十余年，杜门著述"，光宗改元，"即家擢尚宝司丞，升南光禄寺少卿，道卒"。①

《历代内侍考》共14卷，今存为清钞本。《四库全书总目》称此书"取古来阉寺事迹辑为一编，自春秋及宋，以时代次之，各序其善恶而加以论断，大旨褒少而贬多。一公，天启末苏州巡抚一鹭之兄也。一鹭党魏忠贤，事具《明史》。其兄此书，傥亦有为而作乎？"② 四库馆臣所见为十卷本《历代内侍考》，故云该书所记止于宋。然其以《历代内侍考》为毛一公在天启年间"有为而作"则属臆测，可能是未见书前毛一公署为万历四十三年所撰书序之故。

毛一公序称"古于中官未有传也，有之自范晔始。是后代有作者，而得失之林备矣。今夫天子盛衮冕，御大廷，而临百辟，虽中材罔不俨肃，然得毋时有厌苦欤？及居深宫，则所与供使令者，唯是二三奄尹，容可惰，貌可亵，股可枕，颐气可驱，秘戏可预，日渐月劘，忽不觉其甘而易入……于是上稽《春秋》、《史（记）》、《汉（书）》并各史列传，旁及藩方裔国诸奄，悉为论次其得失，以资法诫"。③ 可见，毛一公撰作《历代内侍考》是基于神宗"厌苦"外廷谏己、深处宫中不出而更易被宦官左右的局势，④ 既警诫神宗注意历代兴亡之故，又为宦官提供"法诫"性历史教育。

《历代内侍考》"囊括往代"宦官共计235人，数量上虽较《宦寺考》少（见表6-3、表6-4），然其尤注意搜罗魏晋南北朝、五代十国等中国历史上分裂时期诸政权的宦官史事，这是该书内容上的显著特色。毛一

---

① 刘从龙等纂康熙《遂安县志》卷7《人物·乡贤·毛一公》，《国家图书馆藏地方志珍本丛刊》，天津古籍出版社，2016年，第336~337页。
② 永瑢等：《四库全书总目》卷62，"《历代内侍考》"条，第559页。
③ 毛一公：《历代内侍考自叙》，《历代内侍考》卷首，《四库全书存目丛书》史部第107册，第432~433页。
④ 毛一公评论宦官赵高称："夫君而日与廷臣隔，则未有不及于祸者也。"见毛一公《历代内侍考》卷2，第447页。

鹭序称"明兴以来，鉴古塞乱，二祖已无遗力。然兽（王）振、毒（汪）直、逆（刘）瑾、狂（冯）保，其悖乱之迹，亦复后先相错。居恒常苦无深心者，囊括往代，胪列彪分，为千古立一榜样……（毛一公）仿《小雅·巷伯》之意，祖司马传记之体，取往古寺人，缉为全书……又逐段另为论次，兼以断案，大约抉要而刺局，多钺而少衮"。① 检《历代内侍考》全书，毛一公褒扬的宦官只有40人，② 确乃"多钺而少衮"，褒少而贬多。需要指出的是，毛氏褒许的宦官，除近一半为宋代内臣外，其他主要为北朝与五代时期宦官，且评价甚高。如他称苻秦赵整"忠"且"智矣"；称北齐田敬宣"性忠义者"；特将后唐宦官杨希望"表而出之，以风来世"；论慕容燕赵思谓"孰意丑虏刑余，乃有烈之如（赵）思者哉，即诸夏不多诎指也"。③

表 6 – 3 《宦寺考》收录宦官分布

时代	人数	时代	人数
春秋列国	11 人	唐	62 人
秦	1 人	后唐	8 人
西汉	6 人	宋	57 人
东汉	59 人	辽	2 人
晋	1 人	金	3 人
南齐	11 人	元	2 人
北魏	31 人	合计	284 人
北齐	30 人		

表 6 – 4 《历代内侍考》收录宦官分布

时代	人数	时代	人数
春秋、战国	11 人（1 人）	西汉	10 人（1 人）
秦	1 人	东汉	60 人（2 人）

① 毛一鹭：《历代内侍考序》，《历代内侍考》卷首，第 430 ~ 431 页。
② 分别为（楚）管苏，（西汉）史游，（东汉）良贺、吕强，（苻秦）赵整，（慕容燕）赵思，（北魏）仇洛齐、段霸、王琚、赵默、孙小、张宗之、剧鹏，（北齐）田敬宣，（唐）马存亮，（后唐）张承业、张居翰、杨希望，（宋）王仁睿、李神福、李神佑、秦翰、杨守珍、韩守英、梁从吉、李祥、蓝继宗、张惟吉、甘昭吉、李舜举、王守规、冯世宁、张茂则、陈衍、邵成章、白谔、关礼，（辽）王继恩，（金）宋珪、潘守恒。
③ 以上见毛一公《历代内侍考》卷 5，第 478、479 页；卷 6，第 497 页；卷 9，第 533 页。

时代	人数	时代	人数
三国	2 人	后唐	6 人（3 人）
晋	2 人	北赵	1 人
五胡	7 人（2 人）	前蜀	2 人
南宋	2 人	南汉	1 人
南齐	2 人	闽	1 人
梁	4 人	宋	57 人（19 人）
陈	3 人	辽	2 人（1 人）
北魏	25 人（7 人）	金	3 人（2 人）
北齐	5 人（1 人）	元	2 人
隋	1 人	合计	235 人（40 人）
唐	25 人（1 人）		

注：表中括号内为毛一公褒扬的宦官人数。

总体而言，毛一公对宦官褒贬取舍甚严，前贤称许的宦官，毛一公多不以为然，如称寺人披"大诈而托之乎小忠"，谓郑众"有心机人也"，曹腾亦"深于机也"。① 又如毛一公称唐宦官马存亮"贤矣"，然谓其"独为（吐突）承璀称枉，尚未离一丘之貉耳"。② 毛氏正是以严苛的褒贬取舍，"为千古立一榜样"，希冀宦官从历史中获得鉴戒。然《历代内侍考》并未锓梓，毛氏也于光宗改元时即卒，加之为此书作序的毛一鹭，天启年间依附魏阉，其书遂至湮没无闻，影响绝少，盖可想见。

小　结

明代宦官与帝王历史教育密切相关。一方面，明代宦官在东宫教育与帝王日讲、经筵乃至日常生活和政治实践中切实影响帝王儒学及历史教育；另一方面，儒臣亦强调宦官历史教育对于帝王历史教育的价值和作用。明代宦官经由内书堂和自我学习两种途径接受历史教育，在历史教育实践中，宦官与帝王之间表现出某种趋同性特征。二者的老师都是外廷翰

---

① 以上见毛一公《历代内侍考》卷 1，第 439 页；卷 4，第 455、461 页。
② 毛一公：《历代内侍考》卷 8，第 512 页。

林儒臣，两者所讲所读之书也约略相同，后者还受到前者影响。要之，宋代以来有关宦官对帝王儒学和历史教育相害相克的著名论调不再颠扑不破，明代宦官历史教育已然成为帝王历史教育的组成部分。

　　中国古代历史教育一个重要面向，是通过"明君德政"和"暴君弊政"的历史建构，发挥历史教育的价值与意义。受这一历史教育模式影响，明人通过"贤宦良政"和"恶宦劣政"的历史陈说与书写建构，推行宦官历史教育，既于内书堂教育中注入历史性训诫内容，又编纂以古今类型化宦官史事为内容的史鉴书籍。明末宦官接受历史教育之后，转而向帝王陈说明君德政之事和贤宦益国之故，① 可见历史教育成为儒臣、宦官与帝王三者相互沟通和影响的纽带。各类人物"专史"大量出现是明代中后期史学的重要特色，在中国史学史上有其独特位置。② 中晚明时期专门针对宦官的史鉴书籍盛行，体现了以历史教育为中心的史学经世致用取向的增强，③ 构成了明代中后期史学史的时代性内容与特征。

---

① 如金忠《御世仁风》既备述历代明君德政，又设"贤宦"一目，分列"内弼忠贤"和"贤宦忠义"事迹。见金忠《御世仁风》卷2《贤宦》，第32b、33b页。
② 衣若兰：《史学与性别：〈明史·列女传〉与明代女性史之建构》，山西教育出版社，2011年，第192~208页。
③ 明代后期史学经世思潮，参向燕南《中国史学思想通史（明代卷）》，第176~197页。

第七章

模范与教化：循吏文化与明中后期
镇守中官善政塑造

循吏是从儒家仁爱政治观和治政为民价值观念发展而来的官员类型。[1]《史记》首创"循吏"概念，对官吏正面类型做出表述，为《汉书》继承。司马迁倡导"黄老之道型"循吏，不以威严治民，而班固推崇"儒家教化型"循吏，注重化民成俗，尽心为百姓谋福祉。[2] 此后历代正史多设循吏（或称良吏、能吏、良政）列传，表彰中国古代奉法循理、廉洁清正、勤政爱民、富有作为、深得民心的官吏群体。[3]

自两汉形成的循吏文化传统影响深远。循吏"所去见思，生有荣号，死见奉祀"，[4] 后世形成了颂扬、报答和纪念循吏德政的传统。唐以降兴盛的德政碑、遗爱碑、惠政碑、政绩碑、去思碑，[5] 以及为纪念地方官员

---

[1] 林存光：《儒家的仁爱政治观与循吏文化》，《孔子研究》2008 年第 5 期，第 93~98 页。

[2] 彭新武：《论循吏与时代精神》，《政治学研究》2015 年第 5 期，第 46~54 页；余英时：《汉代循吏与文化传播》，氏著《中国思想传统的现代诠释》，台北：联经出版事业有限公司，1987 年，第 167~258 页。

[3] 孙正军：《中古良吏书写的两种模式》，《历史研究》2014 年第 3 期，第 4~21 页；陈金花：《论循吏在汉、隋两代的变化及其原因》，《惠州学院学报》2006 年第 5 期，第 22~26 页；张吉寅：《唐宋"循吏"的历史书写与身份变迁》，《沈阳大学学报》2015 年第 3 期，第 335~338 页。

[4] 班固：《汉书》卷 89《循吏列传序》，中华书局，1962 年，第 3624 页。

[5] 刘馨珺：《从生祠立碑谈唐代地方官的考课》，高明士编《东亚传统教育与法制研究》（二），台北：台湾大学出版中心，2005 年，第 241~284 页；仇鹿鸣：《权力与观众——德政碑所见唐代的中央与地方》，《唐研究》第 19 卷，北京大学出版社，2013 年，第 79~111 页；赵洋：《唐代德政碑再探》，《碑林集刊》第 20 辑，三秦出版社，2014 年，第 163~171 页；刘琴丽：《表彰抑或利用：唐代德政碑刻立的政治意图》，《江西社会科学》2014 年第 12 期，第 146~152 页；杨剑利：《清乾隆末年扑毁去思德

而建立的生祠，①不一而足，都是地方士民颂扬地方官德政的重要方式。宋代以后作为"文本"形态的德政记、去思录、实政纪颇受重视，成为颂扬循吏的新途径。② 要之，竖立德碑、撰作碑记，遮留哭送、肖像立祠，既是传统循吏理念与模范的产物和表征，成为国家教化的重要一环，又是地方士民对地方政治的表达、批判、针砭或规劝。

明代镇守中官俨然地方大员，处于地方政治运作的关键位置，中官镇守成为地方政治制度的重要组成部分。③ 虽然镇守中官任命与调遣出自内廷，加之其身份特殊，经常受外廷诟病，但其作为地方长官与中国古代循吏文化传统实有关系。明代中后期便出现地方士民褒扬、播传镇守中官美政和德政的现象。这不仅反映了镇守中官的制度化，展现镇守中官与地方官绅、民众交融互动，而且彰显了镇守中官受到循吏文化模塑和教化的情形。

第一节　明中期镇守中官模范的确立与塑造

明末诸生曾大奇称：

> 本朝宦竖之称贤，则往往溢于先代之外。如阮安之清而劳绩也，金英、兴安之智也，怀恩之正也，覃昌之恪也，王岳、李芳之直也，视汉之一吕强，唐之一高力士，后唐之一张承业，抑何其寥寥迥殊哉……夫不劝其贤，而徒概抵其不肖，未有能行者也。闻长者言，正德中浙镇守邓文欲自理刑讼，径拘问官司，而谏臣戴金等纠止之。其说曰："如河南镇守吕宪、山东王思敬，皆静约奉法，百姓相庆，舆论许与之，臣岂敢有外言。"于时（邓）文同类中览疏至此，皆重咎

政碑考》，《史学月刊》2018 年第 1 期，第 32～43 页。

① 雷闻：《唐代地方祠祀的分层与运作——以生祠与城隍神为中心》，《历史研究》2004 年第 2 期，第 27～41 页；赵克生：《明代生祠现象探析》，《求是学刊》2006 年第 2 期，第 126～131 页；何淑宜：《晚明的地方官生祠与地方社会——以嘉兴府为例》，《中央研究院历史语言研究所集刊》第 86 本第 4 分，2015 年，第 811～854 页。

② 陈雯怡：《从去思碑到言行录——元代士人的政绩颂扬、交游文化与身份形塑》，《中央研究院历史语言研究所集刊》第 86 本第 1 分，2015 年，第 1～52 页。

③ 陈怡行：《明中期镇守中官陈道在福建的活动》，《政大史粹》第 20 期，2011 年，第 51～94 页。

文之横轶。而文亦内惭恶，以为公论称其同类，卒缩缩不敢如所行。①

引文所称戴金（1484～1548）《抑权宦杜纷更疏》作于嘉靖初年，而非正德年间。此疏为抑制浙江镇守太监邓文"揽权蠹政"，乃称许河南、山东镇守太监吕宪、王思敬"安静守法，地方不扰，百姓爱之，舆论许之"。②虽然曾大奇不免书生之见，但他称士人攻弹宦官恶行，效果反不若"激劝其贤者"，实揭示明代政治文化中存在"劝贤"以"抵其不肖"、"彰善"以"瘅其恶"的模范与教化之途。无独有偶，在戴金上疏之前的正德初年，王云凤上疏极言镇守中官之弊，然亦谓："选廉静知耻如邓原、蓝忠者，然后用之，则天下军民何其幸欤！"③ 要之，王云凤所举邓原、蓝忠二人，何以成为镇守中官模范？戴金疏中所谓镇守太监吕宪、王思敬二者，何以"舆论许之"？本节即以镇守太监邓原和吕宪为中心，探析明中期士人通过颂扬宦官德政，塑造和树立宦官"模范"，达到感召和规劝宦官的目的。

一　弘治年间镇守中官模范确立——以邓原为中心

明中期镇守太监邓原成为镇守中官模范，离不开地方士人的颂扬和形塑。邓原，广西宜山人，御马监太监，成化末至正德初，历任江西、福建镇守太监。《明武宗实录》载：

> 镇守福建太监邓原欲疏求谢事，福州等府卫军民群赴巡按御史饶瑭处诉乞转奏借留。瑭以闻，言原端厚简重，练达老成，宽仁俭素，抚驭有方，宜顺民情，留处其地，毋辄听其休致。下其章于所司。先是，原镇江西，安静不扰，郡县长贰来谒，谆谆以爱恤小民为劝，有非法酷虐者，原廉得，辄以其刑刑之。尝因事过郡邑学官，诸生请谒

---

① 曾大奇：《治平言》卷下《宦竖议》，《四库全书存目丛书》子部第 91 册，第 326 页。
② 戴金：《抑权宦杜纷更疏》，孙旬：《皇明疏钞》卷 68，《续修四库全书》第 464 册，第 786 页。
③ 觉罗石麟等监修《山西通志》卷 186《面奏武宗皇帝七款疏》，第 144 页。

文庙，原辞之曰："吾辈明教中罪人，何面目见先圣哉！"竟不往。
及移任之闽，所过百姓遮道愿留。原去，后继之者需求四出，人益
思之。①

《明武宗实录》以江西、福建两地士民遮道请留作为邓原德政的主要表
现。官方国史罕见地大书特书镇守中官德政，无疑寓含劝惩和教化
之意。②

成化二十二年邓原任江西镇守，至弘治十年调任福建。③ 天顺初年，
江西始设镇守太监，至嘉靖初年裁革，历任镇守中官分别为：叶达、刘
偶、邓原、董让、姚举、王嵩、黎安、许满、毕真、王宏、崔和。④ 成化
二十二年，邓原奏举"江西都司署都指挥金事谢智守备南安、赣州二
府"。⑤ 弘治二年，以"地方稍宁"之故，邓原奏革"赣县、宁都、兴
国、广昌、信丰、会昌、雩都、石城、瑞金、龙南、安远十一县先年奏准
添设管民快县丞各一员"。⑥ 弘治八年，邓原奏称"南、赣二府，界福建、
广东、湖广之交，流贼出没，事无统一，难于追捕，以致盗贼猖獗，地方
不宁。宜增设巡抚都御史一员，专以赣州为治所，兼理南安、赣州、建昌
三府及广东之潮、惠、南雄，福建之汀州，湖广之郴州等处捕盗事"，朝
廷从其议，命金泽为南赣巡抚。⑦ 弘治九年，邓原倡议重修省城钟楼，名
臣何乔新为之撰记。⑧ 弘治十年，邓原奉命易镇于闽。江西南昌人张元祯
受浙江余姚人、南昌知府滑浩（成化十一年进士）和江苏昆山人、同知
张汝舟（成化十年举人）之托，为邓原作《江西去思图序》。张元祯，天

---

① 《明武宗实录》卷7，弘治十八年十一月壬辰条，第223~224页。
② 何乔远《名山藏·宦者记》收录宦官20人，其中3人为镇守中官：大同镇守太监柏玉、
　　山西镇守太监周缙和福建镇守太监邓原。
③ 李建武：《明代镇守内官研究》附表三"明代各省镇守内官表"，第329~351页。
④ 林庭㭿等纂修嘉靖《江西通志》卷2《镇守太监》，《四库全书存目丛书》史部第182
　　册，第32页。董让传记，见李旻《明故江西镇守御用监太监董公墓志铭》，梁绍杰：
　　《明代宦官碑传录》，第124~126页。
⑤ 《明宪宗实录》卷283，成化二十二年十月戊寅条，第4787页。
⑥ 《明孝宗实录》卷31，弘治二年十月戊子条，第684页。
⑦ 《明孝宗实录》卷99，弘治八年四月辛巳条，第1829页。
⑧ 林庭㭿等纂修嘉靖《江西通志》卷4《南昌府·宫室·钟楼》，第153页。

顺四年进士，授编修，受大学士李贤赏识，成化初以忤时宰引疾去，弘治初与修《明宪宗实录》，累升翰林院侍讲学士。张元祯与名儒胡居仁、陈献章、罗伦等"相与切磋"，"人皆以道学目之"。① 江西南昌府官员借重道学君子、居家侍养的张元祯作序，意在播扬邓原德政。张元祯序谓：

> 吾江右镇守太监邓公原，清正之操，安恬之誉，皇上重之，同侪服焉。今年三月，俄有易镇于闽之命，士夫兵民莫不嗟咨失望，至有泣下者。于是群走所司，乞留于朝……相与即其行绩，绘图以识其感泰之情，图凡二十又八，而名之曰《江右去思》。惟公凤禀正情，负正气，学不为华藻无益，与语古今天下事，卓有高识。初入内廷，即明方有称，非理弗为，非义弗取，识者期为远器。及临吾江右，其忧国忧民之心，一出于诚，真可以对越于天地神明而无愧。凡百司之延见，缙绅之往还，谈吐率道义，未尝少及于私。恐恐于民瘼不瘳，民患不除，而使邦本或摇，有负于付托之重，言及之，或至于痛心而堕泪……凡民真可以诚感，第所以感之者，或未至也。此图此感，当在吾流之居民牧者，今顾多欲推之而不去，乃独于公见焉，可慨也已。②

由上可见，邓原离任之际，江西士民既乞留于朝，又绘其惠民事迹为《江右去思图》，以志感报之意。张元祯将邓原置入良牧与循吏文化传统中加以褒扬，并规劝其时天下"多欲推之而不去"的镇守中官应见贤思齐。

江西前任镇守太监刘偶于成化二十年调任两广，江西按察佥事庄恭也请贵溪知县卢格作文赠行。福建晋江人庄恭，成化五年进士，与成化初翰林四谏之一的黄仲昭（1435～1508）为友，与周瑛（1430～1518）、张弼（1425～1487）等交游来往，累官至江西按察副使。③ 浙江东阳人卢格，

---

① 《明武宗实录》卷20，正德元年十二月甲戌条，第592页。
② 张元祯：《东白张先生文集》卷9《江西去思图序》，《四库全书存目丛书补编》第75册，第87页。
③ 李清馥：《闽中理学渊源考》卷58《副使庄拙斋先生恭》，第585页。

成化十七年进士，授贵溪知县，"廉能有德政"，擢御史，"激扬著声"，以母老辞归，"优游林下数十年，恬静无求"。① 卢格称：

> 镇守江西司设监太监刘公奉敕移镇两广，挽留不可，人心皇皇，分巡金宪庄公于俯命按属，采拾民风以送之。切惟古之仁人君子，按治一方，而民爱之如父母，敬之如神明，去则遮道留之，至没世而不忘者，夫岂声音笑貌云乎哉？盖必有所以为之者矣。刘公受命镇藩，几及十载，孜孜奉国，知无不为，以宽厚待民，以恩礼待士夫，而左右近习未尝有挟势而生事者，士民被其德而安其治也非一日矣。今而改镇他藩，泽不终究，则夫士民伤悲不已之情，发于嗟叹咏歌之余者，固其所尔。②

由此可见，刘侗离任，江西地方官员纷纷以诗歌题赠，褒扬其德，用志去思。

总之，刘侗、邓原以内廷太监镇守江西，在任不为苛扰，志于仁民爱物，以故江西地方官员与士绅在其离任之际，或赋诗题赠，或图绘惠民事迹，既志去后之思，又将镇守中官纳入传统循吏文化场域，褒扬德政，塑造模范。

弘治十年，邓原调任福建，到正德元年离任回京。自景泰元年命太监镇守福建，至嘉靖初年裁革，历任镇守中官分别为：廖秀、戴细保、来住、冯让、吴昱、卢胜、陈道、邓原、梁裕、许通、张俊、商飚、崔安、罗篱、杜甫、尚春、赵诚。③ 在邓原以前，廖秀和戴细保都因巡按御史奏劾治罪或落职，④ 御用监太监卢胜亦被副都御史张瑄劾罢。⑤ 其中，都知

---

① 过庭训：《本朝分省人物考》卷 53《卢格传》，《续修四库全书》第 534 册，第 446 页。

② 卢格：《荷亭文集后录》卷 1《送刘太监歌有序》，台北"国家"图书馆藏明崇祯十三年卢叔惠刻本，叶 16a～17a。

③ 叶溥、张孟敬纂修正德《福州府志》卷 13《官政志》，第 319～320 页。

④ 《明英宗实录》卷 204，景泰二年五月癸亥条，第 4879 页；《明英宗实录》卷 236，景泰四年十二月丙午条，第 5152 页。

⑤ 何乔远：《闽书》卷 45《文莅志·镇守太监·卢胜》，福建人民出版社，1994 年，第 1121 页。

监右少监冯让，浙江丽水人，在任"雅好儒术，朔望谒夫子庙廷，获睹史籍之残缺"，出资修补。福建地方官绅请朱鉴（1390～1477）撰作序赠之文。朱鉴称许冯让"克重斯道之传而深知为政之先务者也，能知先务，则为上为德为下为民之心，可触类而长矣"，① 褒美劝善之意溢于言外。值得注意的是，邓原前任福建镇守太监陈道任期颇长，惠政甚多（见表7–1）。建造记是褒扬德政的重要方式。福建莆田籍名士黄仲昭褒扬陈道"岂弟文雅，蔼然有儒君子之风"，并谓："其镇闽也，爱民好士，节用省费，是固有以得民心矣。又以为城郭卫民有不可缓者，而汲汲以修之，可谓本末不遗，而达为政之体，度越常情远矣哉！夫为政而心乎安民者为难，安民而复为图其久远者尤难……故不辞而为之记，既以著公（陈道）之功，且以警夫后之人。"② 黄仲昭指出，陈道"莅闽政绩多可纪"，称"熟闻闽人颂公（陈道）之德，故不让而记之，既以著公用心之远，且以告夫来者，俾相与引之而益远焉"。③ 地方官绅利用彰善以瘅恶的手段教化镇守中官之意，可见一斑。大学士刘健（1433～1526）是陈道读书内书堂时的老师。刘健称镇守中官多"冒进嗜利，生无为，死无闻，名教所不录"，然而陈道却属"不践迹，亦不入于室"的善人君子："召吏士，属耆老，询以军民利弊，悉罢行之。葺城池，固封守，捍海堤，建桥梁，养济有院，预备有储，百凡废务，次第修举。暇则兴贤讲武，以崇儒风，以作士气。未几，漳州流贼作乱，攻掠城邑，公（陈道）率将士斩获其党，人赖以安。持政务大体，不以威福自用，因革从宜，民不告急，境内肃然。诸镇称简静有体者归公（陈道）焉……在镇十有七年，吏习民安，若不知有公者。卒之日，居民痛悼，如失怙恃。"④ 刘健表彰陈道可谓不遗余力，陈道作为地方"贤镇守"和"良循吏"的形象跃然纸上。

---

① 朱鉴：《朱简斋愿学稿》卷2《送都知监少监冯公修补史籍序》，台北"国家"图书馆汉学研究中心影印日本尊经阁文库影印清雍正年刊本，叶33a～34a。

② 黄仲昭：《未轩文集》卷3《重建三山城橹记》，《四库全书》第1254册，第424～425页。

③ 黄仲昭：《未轩文集》卷3《镇闽陈公浚池植树记》，第436页。

④ 刘健：《明镇守福建御用监太监陈公神道碑》，郭汝诚修，冯奉初等纂《顺德县志》卷20《金石略二》，叶20b。

表 7 - 1 正德《福州府志》载录福建镇守太监参与地方事业情况

镇守中官	参与地方事务	正德《福州府志》卷次及页码
戴细保	议建烽火门等五水寨造船厂	卷 18，第 538 页
来住	建闽县怀德坊、永安坊	卷 4，第 80 页
	重修闽县万寿桥	卷 6，第 114 页
	景泰三年，重建福州府医学	卷 11，第 231 页
	重修侯官县地平瑜珈教寺	卷 40，第 540 页
卢胜	成化十一年，重建侯官县洪山桥，福建金事章懋为记	卷 6，第 117 页
	成化九年，复闽县汉闽越王庙田二百八十六亩，唐虞为《汉闽越王庙籍田记》	卷 31，第 386 页；卷 36，第 482 ~ 483 页
	成化十三年，议重建闽县还珠门	卷 32，第 397 页
	成化十五年，移建欧冶亭	卷 32，第 408 页
陈道	成化十七年，重修闽县万寿桥	卷 6，第 114 页
	成化二十年，重修闽县绿榕桥	卷 6，第 114 页
	成化二十一年，重修闽县红桥	卷 6，第 115 页
	成化二十一年，重建侯官县洪山桥	卷 6，第 117 页
	成化十九年，重修怀安县万安桥	卷 6，第 119 页
	弘治四年，建武备库，以储福州左右中三卫军器，司马垔为《武库记》	卷 18，第 538 页；卷 36，第 479 ~ 480 页
	复建汉闽越王祖庙	卷 31，第 387 页
	重修弘仁普济天妃宫	卷 31，第 391 页
	成化十八年，重修祠山祠	卷 31，第 391 页
	成化十七年，重建闽县还珠门，改名镇闽台，翰林学士杨守陈为记	卷 32，第 397 页
	成化二十三年，重建闽县四彻亭	卷 32，第 397 页
	成化二十二年，重建望潮阁，更名朝元阁	卷 32，第 397 页
	成化二十一年，重修福州城，黄仲昭为《重建三山城橹记》	卷 36，第 478 ~ 479 页
	成化十八年，重修九仙观	卷 40，第 539 页
	成化十九年，重建侯官县神光寺、南涧报国寺	卷 40，第 540 页

续表

镇守中官	参与地方事务	正德《福州府志》卷次及页码
邓原	议修古田县城	卷4,第70页
	弘治十四年,建闽县广利桥,以通番船往来。弘治十八年重修之,每岁留税银若干,贮之官库,以备修桥之需	卷6,第115页
	正德元年,捐银五百两修筑长乐县大塘斗门,民甚赖之,有记	卷6,第142页
	弘治十六年,建常丰仓,三廒九间,号却金廒,因琉球使臣馈黄金,却之,因建廒	卷11,第231页
梁裕	正德二年,创真武祠	卷31,第391页
	正德元年,重修闽县开元寺	卷40,第533页
许通	重修玄妙观	卷40,第539页
崔安	正德十年,重修福州府城隍庙,御史王介为撰《福州府城隍庙碑》	卷31,第385页;卷36,第483～484页
	正德十二年,重建闽县万岁寺	卷40,第533页
尚春	正德七年,捐俸建尚公桥。先是番舶至,有司旋架木桥通行,去复撤之,兹桥建而民费亦云省矣。林瀚为撰《尚公桥记》	卷6,第115页;卷37,第496～497页
	正德七年,建进贡厂控海楼	卷11,第232页
	建吸翠亭,又建鳌峰胜观亭。林瀚为撰《鳌峰胜观亭记》	卷32,第397页;卷37,第497～498页
	建侯官县濯缨桥	卷32,第398页
	重修闽县南法云寺	卷40,第533页
	重修侯官县妙峰寺、洪山寺	卷40,第541页

邓原在福建任上得到更多褒扬和认可。正德元年二月，邓原引年休致，优诏勉留，获赐"清谨老成，素有善誉"八字之褒。福建三司官僚各用八字为韵，成诗八首以赠邓原。江西婺源人汪舜民（1453～1507）受王恕赏识，历任江西按察佥事、福建按察使等职，① 两度与邓原共事。

① 杨廷和：《嘉议大夫南京都察院右副都御史汪公神道碑》，汪舜民：《静轩先生文集》卷末，《续修四库全书》第1331册，第139～140页。

汪舜民辑诸诗为《三锡诗册》，以"师之丈人"即贤明长者"拟公（邓原）之贤"。汪舜民称：

> （邓原）朴而敏，廉而静，忠而勤，严而恕，料敌慕张良以上，治兵慕诸葛亮以上，力政慕陶侃以上，至于论文慕先秦、两汉以上，崇冠冕之风，绝貂珰之习，动以古道自律，而未始一毫少纵者，公之性然也。翘自髫年入侍，气节已炳然不可及。既而受秩，事事不苟，皆有可法者也。比督理饶州窑厂，清誉益著。由是擢镇江西，以迄于今。位日尊，心日下，年日高，守日坚，勋望日隆，德之在人日久，简在帝心也日深。每奉诏处分大财赋，鞫大狱讼，平大寇盗，报上辄称旨。玺书衮服之奖劳也，日有加而无已……中官之制，本于《周礼》。今之人姑置勿论，在昔若张承业者，可谓伟矣，顾其时与事，有不可为后法者。其他若寺人披之君命无二，史游之勤心纳忠，良贺之清俭退厚，吕强之清忠奉公，刘贞亮之忠强识义理，马存亮之功高一时，严遵美之退隐寿考，其贤可称如公者不数人。然当时世主，或置之散地而不能究其用，或虽用之而不能深知其贤为可用，甚或间于群小而不能保其终焉。其视遭际宠用而又深知其贤，如今日皇上之于公者，古今仅一见尔。①

质言之，汪舜民将邓原与南宋真德秀《大学衍义》中所列寺人披、史游、良贺、吕强、刘贞亮、马存亮、严遵美等历代贤宦相提并论，并暗示朝廷选任中官当用邓原等贤能之辈，方为治理之助。

正德元年八月，邓原最终被诏取回，福建士民"争欲请留，以有成命而代公者又将至，乃止"。福建三司僚属感其德政，"绘图赋诗，以为行赠"。汪舜民送行赠序谓：

> （邓原）临发数日，无老无少，填门委巷，莫不吁嗟涕泣，若将别其亲戚者。公初自提督饶州窑厂，擢镇江西。饶亦属郡也，饶人尚

---

① 汪舜民：《静轩先生文集》卷8《三锡诗序》，第74页。

不能舍。及其去江西，江西之人遮留之，不可得，吁之有司，疏凡十余上，虽终不可得留，犹怀慕不已。今去福建，人心恋恋，与江西何异！夫古循吏之去任，其民不忍，往往有一年之借、去后之思，以其职亲民也。公今为贵臣，而乃得乎人心如此，其故何哉？亦惟刚方之行，仁厚之心，廉洁之操，忧勤之念，上不忘国恩而上有所赖，下不忘民事而下无所扰，战战兢兢，未始一日或怠，所谓姜桂之性老而弥笃者是已。此其德之感人所以深也。①

汪舜民视邓原为"古循吏之去任"，重点描述邓氏在江西、福建离任之际，士民遮留之情、怀德之意，突出其虽身为中贵内臣，却仁厚爱民，一如古之循吏。

值得注意的是，汪舜民称邓原"清德重望，久播天下"确有所指。弘治十六年四月，河南、宣府巡按御史"各奏河南镇守太监蓝忠、宣府镇守太监刘清，奉公守法，安静不烦，请赐敕奖励，以敕其余。兵部议谓忠在河南巨藩，清在边陲要镇，既各以守己爱民为抚按官员腾章上荐，此外如福建太监邓原、浙江太监麦秀二人，亦皆舆论所与，俱各加尚，请各赐敕旌奖，遍谕各处镇守官，使咸知感发"，孝宗从之。② 可见，河南、宣府巡按分别奏言镇守太监蓝忠、刘清"奉公守法，安静不烦"，请敕奖励，兵部上议另增"舆论所与"的邓原、麦秀二人，并建议遍谕各处镇守太监，使其感发效仿，最终得到孝宗准行。

赐敕奖励邓原等人实是弘治年间君臣挽救镇守中官弊政的应对措施。弘治十五年，两广总督刘大夏升任兵部尚书。刘大夏洞悉两广镇守太监擅役、岁索之弊，他与明孝宗召对论政时称："往年在两广时，曾通以省城中文武官俸给与某官（镇守太监）一二人岁用计之，犹不相当，此亦耗民财之一端也。"孝宗答谓："会有人说今天下应该裁革此官（镇守太监），熟思之，自祖宗来设置已久，势难遽革，况中间如某亦尽有益于地方。莫若今

① 汪舜民：《静轩先生文集》卷8《送镇守福建邓公还京序》，第78页。
② 《明孝宗实录》卷198，弘治十六年四月丁未条，第3666~3667页。

后有缺，必求如某者可用，不得其人则姑停止之。"① 孝宗在此所称"某者"正是指邓原和麦秀二人。林俊撰刘大夏神道碑即称："（上）曰：'求如邓原、麦秀者用无宁已。'盖廉珰也。"② 要之，弘治末年赐敕奖励邓原等人，使其成为全国性镇守中官模范，以达劝勉和教化之益。

检之文献，另可见麦秀和蓝忠二人的治政表现。弘治十四年，浙江镇守太监麦秀缮修杭州岳武穆祠，并将《精忠录》"刻而传之"。③ 吏部尚书屠滽（1440～1512）为记称许道："（麦秀）廉静寡欲，素惬民情，及莅任，剔蠹浣污，兴废举坠，凡职分之所当为者，靡不究心。"④ 同年，麦秀重修北新桥，成化二十年状元李旻（1445～1509）为之记。⑤ 弘治十六年十一月，麦秀奏"宁波等府县地方灾伤，乞将未解绫纱纸札及派取织造银两，量为停减，待年丰补解，并明年一应坐派军需等项，亦量减省"，得旨"段匹减半解纳"，⑥ 可见麦秀施惠爱民之心。明中期徽州朱子学者汪循（1452～1519）官浙江永嘉知县，其文集收有麦秀赠诗一首，⑦ 可知麦秀喜与儒臣文士往来并具有较高文化水平。蓝忠，广西桂平人，成化十年以都知监太监镇守河南。⑧ 陆深称"成化间太监蓝忠镇守汴……蓝本静安……会蓝卒，而刘琅者至矣，琅贪暴甚"。⑨ 可见蓝忠镇守河南近三十年，安静无扰，与后继者刘琅大为不同。弘治十五年六月，蓝忠"引疾奏乞退休，而军民颂其善政保留之，巡抚、巡按等官以闻。兵部覆奏言：'忠仁恕公平，为镇守内臣称首，诚有如军民所颂及抚按等

---

① 刘大夏：《刘忠宣公宣召录》卷1，《四库未收书辑刊》第6辑第29册，第468～469页。

② 林俊：《见素集》卷19《光禄大夫太子太保兵部尚书刘忠宣公神道碑》，《四库全书》第1257册，第210页。

③ 陈铨：《精忠录序》，《精忠录》卷首，涂秀虹校，上海古籍出版社，2014年，第7页。

④ 屠滽：《重修敕赐忠烈庙记》，《精忠录》卷4，第68页。

⑤ 沈翼机等纂雍正《浙江通志》卷33《关梁一》，《四库全书》第520册，第12页。

⑥ 《明孝宗实录》卷205，弘治十六年十一月癸巳条，第3822页。

⑦ 汪循：《汪仁峰先生外集》卷4，《四库全书存目丛书》集部第47册，第604页。麦秀赠诗见本书附录一。

⑧ 胡谧等纂成化《河南总志》卷2《名宦·蓝忠》，香港大学图书馆藏美国国会图书馆摄制北平图书馆藏明刻本胶片，叶55a。

⑨ 陆深：《俨山集》卷71《敕赠文林郎监察御史王公封太孺人齐氏合葬墓志铭》，第458～459页。

官所奏保者，乞赐慰留，以为内臣镇守者之劝。'有旨：'蓝忠老成廉清，军民保留，令用心照旧镇守地方。'"① 因此，次年五月赐敕旌奖蓝忠，实与河南军民"颂其善政"密切相关。地方士民颂扬德政、遮道挽留成为明中期镇守中官模范塑造的前提条件。

二 嘉靖年间镇守中官善政塑造——以吕宪为例

邓原和麦秀等人确乎成为明中期镇守中官的模范和标杆。嘉靖初年，福建镇守太监尚春被褒为今之"麦、邓"。尚春，字景元，号达斋，河北保定易县人，成化年间读书内书堂，"学诗字"于翰林编修林瀚（1434~1519），正德五年任福建市舶太监，十四年升福建镇守太监。② 尚春"雅好诗文"，"有山水吟咏之趣"，常与福建官司、文士诗歌唱和，③ 正德《福州府志》载尚春诗一首。④ 正德十五年，尚春刊行《全唐诗话》，请因直谏武宗而被贬为福建市舶司副提举的舒芬（1482~1527）作序，前吏部尚书林瀚作跋。⑤ 嘉靖四年，尚春卒于任，刚直敢谏的林俊为撰祭文，称誉尚春可与汉代贤良内臣史游和郑众比肩，并将他定位为"中外并懿"的"怀陈麦邓"。"怀陈"指明中期贤良内监怀恩和陈准，"麦邓"即镇守中官麦秀和邓原。林俊评价尚春地方治绩称：

> 公（尚春）在吾闽，镇静闳爽，礼耆贤而下寒畯，属无格外之需，而人以无扰，若亡有公者。山之颠，海之涯，云樵雨钓，田食而井饮，伊谁之力欤？闽人德公，生欲留，死欲祀，又冀夫继者肖公声

---

① 《明孝宗实录》卷188，弘治十五年六月己巳条，第3482~3483页。

② 林瀚：《重刊全唐诗话跋》，"国立中央"图书馆编印《国立中央图书馆善本序跋集录·史部》，"全唐诗话"条，台北："国立中央"图书馆，1992年，第307页；林瀚：《尚公桥记》，叶溥、张孟敬纂修正德《福州府志》卷37《文翰志》，第496~497页；林瀚：《鳌峰胜观亭记》，叶溥、张孟敬修正德《福州府志》卷37《文翰志》，第497~498页。

③ 林廷选：《尚达斋招饮状元峰》《题督舶尚公府藏陈大亨云山图》《题督舶尚公闲庭晚翠》，曹学佺编《石仓历代诗选》卷422，《四库全书》第1392册，第600、609页。

④ 叶溥、张孟敬纂修正德《福州府志》卷38《文翰志》，第507页。同卷又录福建镇守太监罗篇诗一首，均见本书附录一。

⑤ "国立中央"图书馆编印《国立中央图书馆善本序跋集录·史部》，"全唐诗话"条，第307~308页。

音笑貌然哉！①

要之，尚春礼贤尚文，镇静得体，不为苛扰，可以说与麦秀、邓原不分伯仲。福建士民"生欲留，死欲祀"，既于尚春在任时遮道疏留，又在其卒后肖像立祠，目的无非为彰善瘅恶、规劝来者。

邓原、蓝忠等人都由地方颂扬德政，进而得到朝廷认可，最后进入官方历史书写，显示明中期镇守中官模范塑造的完整过程。《明武宗实录》采入邓原德政事迹，成化《河南总志》和嘉靖《河南通志》则先后将蓝忠收入名宦传中，后者称蓝忠"资性俭朴，政尚简静，莅汴甚久，无费财劳民之事，随侍人役，亦自知敛，汴民至今思之"。②

嘉靖初年镇守太监吕宪（1458~1531）与邓原等善政塑造可谓异曲同工，如出一辙。吕宪，字大章，号怡斋，山东阳信人，成化十三年选入内廷，正德四年由内官监太监提督福建市舶，八年提督太和山，十六年镇守河南，嘉靖八年调南京守备，十年卒任。③《大岳太和山志》录吕宪诗作一首："乘风初上望仙台，四面奇峰乱戟排。白虎岭头香雾散，青龙山外紫云开。琳宫桂放三秋影，浴室池无半点埃。试看凤凰生鸑鷟，祥光飞下九天来。"④ 可见吕宪具有一定的文学修养。

如前所述，嘉靖初年戴金称吕宪"安静守法，地方不扰，百姓爱之，舆论许之"。明中期心学家唐枢称许嘉靖年间太监黄伟、晏宏、吕宪三人，"清苦雅重，屏彻华玩，动以书史自随，恂恂然有儒者风，所镇之地，军民皆被其泽，文臣之守土者或借以为榜檃，不敢就墨恣自坏"。⑤"榜檃"出自《韩非子·外储说右下》谓："椎锻平夷，榜檃矫直……椎

① 林俊：《见素续集》卷11《祭尚总镇》，第559页。
② 邹守愚修，李濂等纂嘉靖《河南通志》卷24《名宦·蓝忠》，香港大学图书馆藏美国国会图书馆摄制北平图书馆藏明嘉靖刻本胶片，叶21a。雍正《河南通志》也将蓝忠、吕宪列入名宦传，明显因袭嘉靖《河南通志》。见田文镜等修，孙灝等纂雍正《河南通志》卷54《名宦》，《四库全书》第537册，第215、219页。
③ 张邦奇：《张文定公纾玉楼集》卷6《明故南京守备内官监太监吕公墓志铭》，《续修四库全书》第1336册，第38~40页。
④ 凌云翼修，卢重华纂《大岳太和山志》卷7，《明代武当山志二种》，杨立志点校，湖北人民出版社，1999年，第395页。
⑤ 唐枢：《国琛集》卷下，第606页。

锻者，所以平不夷也；榜檗者，所以矫不直也。"概言之，吕宪之所以
"舆论许之"，是文臣士大夫"借以为榜檗"，将他塑造成镇守中官模范，
进而达到劝善惩恶的目的。

浙江鄞县人张邦奇（1484～1544）是与王阳明论学的朱子学者，① 官
至南京兵部尚书，他为吕宪撰作墓志铭，侧重于表彰吕宪在河南、南京的
善政。吕宪在河南，力惩前镇守太监廖堂"朘削"之弊，"厘戢暴横，务
底宁谧。省城外河堤有柞薪之利，旧皆入私藏，公（吕宪）见城垣、谯
楼颓蔽既甚，积至若千万缗，饬新之。复捐己资，修道途，民无病涉者。
岁屡旱，每祷辄应……在汴八年，以足疾乞休者三，而巡抚相继保留，至
于六七。大意谓公清节懿行，迥出时辈，而经纬区划，动中事宜，虽老师
宿儒不能过"。② 嘉靖《河南省志》亦称吕宪"缮城池，修道路，练军
士，每遇旱则斋沐，虔请于神，雨泽辄应。汴城鼓楼坏，久弗葺，宪以修
城余材修之，不足又出赐金以继，楼遂成"，③ 可为佐证。《谷山笔麈》
载吕宪"以清谨著闻，甚恶其曹所为，第不能拯耳。宪尝镇守河南，有
获白兔以献者，中丞台送宪，约共为奏上之。宪乃置酒，召中丞饮，腊兔
送酒，中丞大愕，问故。宪笑曰：'夫贡珍禽异兽，以结主欢，乃吾辈所
为，公为方镇大臣，奈何献兔？'中丞大惭"。④ 总之，吕宪守镇不扰，河
南抚按官员一再奏留，地方士绅也褒扬其德政，河南祥符人李濂（正德
九年进士）称"两河千里歌甘棠"，⑤ 可为实录。

吕宪在南京，"罢私门之役，礼缙绅，剔奸蠹，戢台隶，都人感悦"。
王廷相（1474～1544）是明中期著名理学家，官至南京兵部尚书，他称

---

① 黄宗羲：《明儒学案》卷 52《诸儒学案中六·文定张甬川先生邦奇》，第 1221～
1222 页。
② 张邦奇：《张文定公纡玉楼集》卷 6《明故南京守备内官监太监吕公墓志铭》，《续修四
库全书》第 1336 册，第 38～39 页。
③ 邹守愚修，李濂等纂嘉靖《河南通志》卷 24《名宦·吕宪》。吕宪缮修河南省城事，见
李梦阳《空同集》卷 41《河南省城修五门碑》，《四库全书》第 1262 册，第 371～
373 页。
④ 于慎行：《谷山笔麈》卷 2，《续修四库全书》第 1128 册，第 715 页。
⑤ 李濂：《嵩渚文集》卷 14《题镇守吕太监阅武图歌》，《四库全书存目丛书》集部第 70
册，第 462 页。

吕宪"擢镇中土，匪仁弗施，守备留都，无行不正"，① 可为印证。张邦
奇历述吕宪德政后称：

> （吕宪）去闽之日，父老遮道，请公（吕宪）靴留之，公不可。
> 众泣以请，坚却之。或曰："请可伪，泣不可伪也。"乃许之……去
> 汴，尽籍幕府供具以还有司，士民垂泣遮留，不忍舍，乃乞公像为生
> 祠。诚心素节，所在感孚。晚遭明圣，宠遇日隆，而人无间言。②

由此可见，吕宪先后在福建、河南去任，两地士民都留靴遮留，其去任河
南之际，河南地方士民更垂泣遮留，为立生祠。不得不说，这与循吏文化
传统和儒家德政文化标准程序若合符契。

河南地方官绅不仅为吕宪"立祠祀之"，③ 以示"德泽在民"，而且
将他载入河南省志名宦传。成化《河南总志》始纂于成化年间，嘉靖十
二年前后补续刊行。④ 此时距吕宪离任不到四年。该志载录吕宪传记，既
历叙吕氏在福建、太和山、河南美政，又分别采录民歌谣谚以附其后，作
为"德泽在民"的舆情佐证：

> （上）命提督市舶。公（吕宪）以仁恕为本，货财为末。下众赞
> 云："山岳之英，江汉之清，培之也厚，发之也诚。"上复命督太和
> 山。若夫洁正馨香，公之素行也，治国如齐己家，息民如爱己子，人
> 神不依，其谁依乎？民谣曰："元老吾吕，方叔召虎，民神共登，朝
> 野共睹。"久则帝闻其贤，重命节镇中州。公则乐颜回，志伊尹，一
> 民饥寒，犹己饥寒，修废政，筑城池，练军士，祷雨泽，医疲癃。凡
> 隐恶扬善，廉干勤能，礼贤下士，奇才美真，再世周公也，可尽言

---

① 王廷相：《王氏家藏集》卷32《祭内守备吕公文》，《四库全书存目丛书》集部第53册，
第226页。
② 张邦奇：《张文定公纡玉楼集》卷6《明故南京守备内官监太监吕公墓志铭》，第38～
39页。
③ 邹守愚修，李濂等纂嘉靖《河南通志》卷24《名宦·吕宪》。
④ 成化《河南总志》载河南巡抚徐瓒，嘉靖八年上任；巡按沈奎，嘉靖八年底上任；河
南左布政使于湛，嘉靖十二年升顺天巡抚。

哉！先年闻帝有回取之念，汴民聚相歌曰："惟蓝（忠）惟吕（宪）为霖雨，勿迁勿取，永镇斯土，少知斯若。"①

古代民歌谣谚作为一种社会政治现象，既用于贬斥奸邪，又可以褒奖贤善，并表达一种政治主张或宣言，成为具有重要影响的公众舆论。历代都重视收集反映民情、民心、民意的民谣，形成"观纳民谣"的悠久传统。② 民谣的创作者往往是社会精英，但它的传播和舆论功能的实现离不开民众。③ 民谣与吏治、循吏文化关系紧密。明初浙江开化人金寔称："守令之誉，出于私爱狎昵者，固不足信。见于贤士大夫之称许，宜若可信矣。然君子好人之善，而讳称人之恶，故犹有不足征者，然则如之何而可？亦惟闾阎之细民，田野之鄙夫，穷乡荜屋之妇人小子，心不留毁誉，言不知触讳，感悦而归之，斯可信矣。此古之观风者，所以采民谣而识循吏、知教化，用是道也。"④ 总之，《河南总志》的补纂者以采集民谣的特殊方式，强化吕宪的美政之实，塑造吕宪"良牧"形象。以中国古代德政与循吏文化传统塑造镇守中官典范，遂告完成。

三　志书表彰、题名碑记与模范教化

官方《实录》和地方志书载录镇守中官事迹，使其与名臣、循吏等量齐观，是明中期镇守中官受循吏文化影响的证示，其目的无非"俾来者视以为式"。⑤ 成化《广州志·宦迹》记载成化年间广东镇守太监陈瑄

---

① 胡谧等纂成化《河南总志》卷2《名宦·吕宪》，叶55a。
② 姜胜洪：《舆情视角下的古代民谣》，《社科纵横》2014年第3期，第84～87页。
③ 向德彩：《民众意识抑或舆论话语——民谣的民众性论析》，《浙江学刊》2008年第1期，第66～70页。
④ 金寔：《送职方郎中王君赴任序》，程敏政：《明文衡》卷44，《四库全书》第1374册，第182页。
⑤ 苏名望修万历《永安县志》卷7《贵戚·欧贤》，《日本藏中国罕见地方志丛刊》，书目文献出版社，1990年，第68页。按：欧贤，正统十四年选入内廷，后以御马监太监镇守陕西。成化二十年，关中大饥，欧贤"亟请拨漕运官粮抵汴赴陕，朝廷可其奏，全活者十五六"。二十一年，"春耕不给"，欧贤"出官廨所蓄豆谷，给散军民为种，其惠甚溥"。欧贤"无崖岸骄贵之习，训诸子侄，毋恃势位，各安本业，亦不为营求，以叨爵秩，又绝他生福利之念"。英国公张懋称许欧贤："昔马存亮、杨复光之弭乱讨贼，郑众、严遵美之辞赏避权，吕强、张承业之忠亮朴素，出乎其类，欧公兼有之矣。"

事迹，称他"悉体朝廷德意，纤芥无扰，诸司肃然。凡有大政，则会巡抚重臣，偕三司协议，议同而后施行，无专谋独断之偏，故政多克济……广人德之"，赞许其"性朴直俭素，温然儒雅，有大臣体，无一毫中贵气习。防范家众出入，不敢有毫发干外事，内外规矩，肃然如处内庭。御下抚摩熙育，必以恩信。故左右侍从，亲如父子"。① 嘉靖《贵州通志·名宦》亦载录成化年间贵州镇守太监郑忠善政事迹，称郑忠"多智有为，孜孜以便民为志，尝修创境内桥道，及建桥与谯楼，制壶漏以明时节，葺祠庙以求福民，奏增乡试举人名额，以劝后学，郡人为建生祠焉"。②

志书表彰镇守中官治理事迹，用垂模范和劝化，这在明中期边镇志书中表现得尤为突出。正德《宣府镇志》不仅详列镇守、监枪、分守、守备内官名录、里籍、宫内职衔、履任时间等，而且表扬善宦事迹，用为劝勉。如称正统年间宣府镇守太监赵琮"刚直简静……多保障之力"，成化年间廖亨"守身清淡，处事简约"，弘治年间孙振"克去宦性，善收人情，如修学校，建桥梁，创公馆，置将领之厅，饰城门之废，事出等夷"。③《辽东志》也详载镇守、分守、监枪内臣名录，并称许良宦美政，称王彦"镇辽三十余年，累致捷功，然性嗜佛，沿边建寺庙数十，其巨者广宁普慈寺、观音阁"，表彰孙镇"安静不扰，民咸称侯"，称白怀"在镇不扰，人多称之"，称誉王纯"甚清约，去后人常思之"。④ 弘治《宁夏新志》和嘉靖《宁夏新志》更是载录了镇守中官名单并表彰善宦德政（见表 7-2）。⑤

---

① 吴中等修，王文凤等纂成化《广州志》卷 15《宦迹类·陈瑄》，《北京图书馆古籍珍本丛刊》史部第 38 册，第 1019 页。按：陈瑄总镇两广，与两广总督韩雍同事。韩雍褒扬陈瑄"为人好善而谨德。平居无事，未尝妄言笑。非所当得，一介不苟取。服御饮食，皆从俭素。至于临大事、决大议，众论未定，而公折以一言，无不允当。虽献俘满前，必详审明辩，未尝肯妄杀一人。盖表里如一，仁人君子也"。见韩雍《襄毅文集》卷 9《静庵记》，《四库全书》第 1245 册，第 729 页。

② 谢东山修，张道等纂嘉靖《贵州通志》卷 9《名宦》，《四库全书存目丛书》史部第 193 册，第 300 页。

③ 王崇献修正德《宣府镇志》卷 6《宦迹》，《南京图书馆孤本善本丛刊·明代孤本方志专辑》，线装书局，2003 年，叶 155b～156a。

④ 任洛等纂《辽东志》卷 5《官师志》，《丛书集成续编》本，台北：新文丰出版公司，第 146～147 页。

⑤ 胡汝砺修弘治《宁夏新志》卷 2《宦迹》，《天一阁藏明代方志选刊续编》第 72 册，上海书店，1990 年，第 289～299 页；管律修嘉靖《宁夏新志》卷 2《宦迹》，《天一阁藏明代方志选刊》第 68 册，上海古籍书店，1981 年，叶 14b～19b。

表7-2 弘治、嘉靖《宁夏新志》表彰镇守中官善政

中官	弘治《宁夏新志》	嘉靖《宁夏新志》
鲁安	永乐间镇守。以勇敢称。征也先，土坚，率铁骑先至其帐内，胁降之。屡使西域，能宣布朝廷恩信。从之入贡者数十国	同
海寿	宣德间镇守。处身俭约，招降夷虏甚众	同
王清	天顺二年镇守。沈静俭约，练达军务	同
简颙	成化二十年镇守。以简静自处	同
张俪	弘治七年镇守。廉静谦约，边人安之	同
葛全	弘治十五年镇守。崇尚质朴，镇靖边陲，人咸倚重焉	同
张弼	正德五年镇守。敦尚俭素，恂恂雅饬，惠恤军士，禁戢群下，境内犹不知有功者，其安静如此焉	同
张昭	正德八年镇守。历任边陲，谙练边务，雅称简任焉	同
李昕	无	嘉靖二年镇守。潜消祸变，不避奸险
刘玉	无	嘉靖十年镇守。简静沉重
郝善	弘治二年监枪。崇尚廉耻，不为非横	同
董忠	正德五年监枪。乐亲贤士，能恤人言，镇靖不烦，边人怀之	同

　　明中期还出现镇守太监题名碑。唐宋以后兴起题名碑记，既存地方史事，又志善惩恶，具有教化和鉴戒意义。① 弘治十八年，福建市舶太监刘广立市舶太监题名碑于进贡厂。② 正德八年，两广总督林廷选（1450～1526）、总镇太监潘忠、总兵郭勋（1475～1542）议建三府题名碑。所谓三府又称总府，即总督、总镇和总兵会政之所。三府题名碑由弘治十二年状元伦文叙（1467～1513）撰记，③ 名儒湛若水作跋。湛若水跋称"后之

---

① 题名碑记的存史、资治和教化作用，见桂始馨《论唐宋之际题名记、诗文总集与方志转型关系》，《广西地方志》2014年第4期，第27～31、53页；王晓骊《宋代题名与题名记考论》，《北京社会科学》2016年第2期，第70～75页。
② 叶溥、张孟敬纂修正德《福州府志》卷11《官政志》，第232页。
③ 伦文叙：《总府题名碑》，汪森：《粤西文载》卷43，《四库全书》第1466册，第402～403页。

观题名者曰：'某也然，某也否，某也贤，某也不贤，某也协以成功，某也乖以偾事'，其将起敬起畏，是效是惩，勿使后之人复议我也"，① 明确指出题名碑记对包括总镇太监在内的地方官员职守具有鉴戒作用。

正德十年，广西镇守太监傅伦履任，"大得镇静之体"，仿巡抚、布政司、按察司题名碑记，立镇守中官题名碑"于堂左，以传无穷"，并请广西藤县人万祥（成化二十三年进士）撰记。万祥认为题名碑对镇守中官具有劝惩之效，称"使后之因文稽实而知其人，知其功，其贤其否，必将有观感而劝戒者"。②

嘉靖三年，宁夏镇守太监李昕也于太监公署建造镇守中官题名碑，并请弘治十五年进士张嘉谟撰记。张嘉谟称：

> 中臣受命夏镇，自永乐初太监鲁公安始，迄今李公昕，一十有六人矣。其间政绩可称，谨重醇良，不苛不黩者，鲁公安及海公寿、王公清、简公颙、张公弼，并公昕尔，此皆边乡父老相传言之……人生百年，受地方之重任者，富贵利达所必有也……至于身后遗休，名光史简，耿耿不磨，如汉史游勤心纳忠，良贺清俭退厚，民到于今称之，孰谓中贵中无尽臣职者乎……将来继公（李昕）镇守而寓此者，必非一日一人焉。公务之暇，岂无从容伫阅此名此石之期乎？阅竟岂无感慨思齐之意乎……倘念圣谕之谆谆，重地方，禁邪妄，爱军民，恤困苦，安礼度，睦僚好，亲正直，远谗诱，崇朴实，养天和，与守土文武重臣，同心协力，始终不二……如此虽不求知，而人人传播称扬，自不能已于后世矣。垂名于石，不亦愈有荣耶？若以是为迂，忽不加之意，令出事违，而人识之，虽有遗镌，亦不能移易公论、乡评于将来之日也。吁！可不戒哉！③

张嘉谟一一举出"边乡父老相传言之"的镇守中官贤者名单，用意在于鼓励在任与继任者见贤思齐，恪尽臣职，使人人传颂，垂名碑石，名光史

---

① 湛若水：《总府记跋》，汪森：《粤西文载》卷59，第727页。
② 万祥：《太监题名碑》，汪森：《粤西文载》卷42，第398页。
③ 张嘉谟：《题名碑》，管律修嘉靖《宁夏新志》卷1《公署》，叶29ab。

简。张氏反复劝善惩恶，示法来日，在在彰显题名碑对镇守中官的鉴戒和教化意义。概言之，镇守太监题名碑，既是中官镇守制度化的产物，也是镇守中官受到儒家德政文化影响与涵化的体现。

总之，明代政治文化中存在"劝贤"以"抵其不肖"、"彰善"以"瘅其恶"的模范与教化之途。举例而言，正德年间，太监张永先后奉命处理宁夏安化王之乱和江西宁王之乱的善后工作。因处置得宜，不为扰乱，受到宁夏和江西地方官民称颂。宁夏为张永树立德碑，建立生祠，以为感报。① 江西则由巡抚王阳明等倡议，请家居大学士费宏（1468～1535）撰作颂德记文，"以致阖省士民德之之私"。② 随着明中期镇守中官俨然地方大员并成为地方政治运作的重要一环，地方上开始出现官员士绅以两汉以来循吏文化表彰和颂扬镇守中官善政现象，形式上包括遮道奏留、撰作德政或去思碑记、肖像立祠等。这既是地方士绅报德和表达地方声音的独特方式，更是以此制造舆论，塑造镇守中官典范，进而彰善瘅恶，以劝来者的重要途径。弘治年间，邓原和麦秀等，即先经地方颂扬认可，后受朝廷赐敕褒奖，成为贤良镇守模范与标杆。嘉靖初年，福建镇守中官尚春被褒为今之"麦、邓"，更彰显模范与教化的实在关系。河南镇守太监吕宪在相同背景下被模塑成镇守中官善政典范。与此同时，贤良镇守中官还上升为国史和地方志书中有益于地方治理的名臣列传的书写对象，镇守太监题名碑（记）也开始出现和流行。这在在揭示了明中期镇守中官的制度化以及随之而来的教化镇守中官广义场域的形成情形。

第二节　正德年间镇守中官刘璟的德政塑造

稀见文献《萃美录》和《两广去思录》是明代正德年间浙江、两广地方士民颂扬镇守中官刘璟（1459～1531）德政诗文集合文本。这两份文献既具地方集体参与和制作特征，又存在浙江与两广地方前后唱和乃至竞赛意味。其汇集与刊行，既是镇守太监刘璟刻意施惠于民、主动谋求善

---

① 胡汝砺修弘治《宁夏新志》卷2《宦迹·张永》，第309页。
② 费宏：《费宏集》卷14《奉贺提督赞画机密军务大内相守庵张公献凯还朝序》，吴长庚等校，上海古籍出版社，2007年，第503～504页。

政形象的结果，更是浙江、两广地方官民在权幸当道、风云诡谲的正德年间对"循良"镇守中官的认可与宣示，制造模范，用为世劝。从地方官绅利用循吏文化制造中官模范的过程来看，明代士人与宦官关系绝非中古时期那样截然分立，二者在政治文化中存在遮蔽不显的良性互动和沟通。

一　贤恶之间：镇守中官刘璟的两面形象

正德年间镇守太监刘璟在官方正史《明实录》中的形象极为负面。正德元年六月，内官监太监刘璟镇守浙江，① 接替镇守中官模范麦秀。同年七月，御史赵佑（弘治十二年进士）称"镇守内臣邓原、麦秀颇简静不扰"，上疏反对刘璟"挤而代之"，② 不果。二年，刘璟上疏"收买果品及捕罗禽鸟输送京师"，史称"采逻四出，东南骚动矣"。③ 九年，刘璟以讨贼平盗功，受赏银币、禄米有差。④ 同年十一月，刘璟改镇两广。⑤ 十年十二月调回南京闲住，十二年十一月守备南京，⑥ 十四年二月改镇河南，⑦ 次年正月"革职"。刘璟革职之由，国史称其"初镇浙江，贪利亡厌，赂钱宁，改两广总镇。及还，又赂宁得再镇河南，过江西特受（朱宸）濠馈，遂与通"。⑧ 嘉靖元年，浙江巡按何铖奏劾前任浙江镇守太监刘璟、王堂、浦智等"皆黩货害民，虽已罢革，未泄众愤"，得旨"免逮问，所坐赃物如议追没"。⑨ 概言之，《明实录》中的刘璟，是一位"贪利亡厌"、"黩货害民"且与宁王朱宸濠私通受馈的"恶宦"。

然而官至户部尚书的李瓒（弘治九年进士）为刘璟撰墓志铭却突出其"贤镇守"形象。刘璟，字世明，号湛庵，河北清苑县人，早年"入

① 《明武宗实录》卷14，正德元年六月己酉条，第417页。
② 《明武宗实录》卷15，正德元年七月戊子条，第468页。
③ 《明武宗实录》卷29，正德二年八月乙亥条，第736页。
④ 《明武宗实录》卷110，正德九年三月乙亥条，第2251页；《明武宗实录》卷114，正德九年七月己卯条，第2316页。
⑤ 《明武宗实录》卷118，正德九年十一月壬申条，第2389页。
⑥ 《明武宗实录》卷155，正德十二年十一月丁丑条，第2977页。
⑦ 《明武宗实录》卷171，正德十四年二月己卯条，第3295页。
⑧ 《明武宗实录》卷182，正德十五年正月戊午条，第3530页。
⑨ 《明世宗实录》卷10，嘉靖元年正月壬戌条，台北：中研院历史语言研究所，1962年，第373页。

社学，读书通大义"，成化十八年入宫，"侍孝宗青宫"，官至内官监太监。正德年间，他先后出任浙江、两广、南京、河南镇守，后"谪归私第"，嘉靖十年卒。正德五年，李瓒与刘璟"燕集武林驿中"，现存《萃美录》载李瓒"颂德诗"一首。① 李瓒强调刘璟在浙江和两广德政情形：

> 公（刘璟）莅镇，事无巨细，皆自刺治，人心严惮，不敢欺。孝丰蛮贼汤毛九作乱，事闻，命公督守巡、兵备剿平之。江西剧贼王浩八侵犯浙境，公集三司议，遣兵却退。上欲温、处二府开矿，公曰"此民患也"，力请止之。凡此公皆与有力焉……其在浙有《萃美录》，侍郎瓯滨王公、洗马九川滕公作诗序以赠之。在广有《去思录》，大学士鹅湖费公、大宗伯二泉邵公，俱有诗文。公之贤可知矣！然浙之人立感惠祠以致祭者，广之人有留靴以警俗者，是岂强求耶！盖人感公自有不能已者尔。②

由此可见，浙江永嘉人王瓒（1462~1524）和福建建安人滕霄以及江西铅山人费宏和江苏无锡人邵宝（1460~1527）分别为《萃美录》和《两广去思录》撰作序跋。③ 王瓒历任翰林院侍讲，南、北国子监祭酒，累官至礼部侍郎。滕霄于正德年间任司经局洗马。费宏是经世名臣丘濬深为器重的弟子，④ 邵宝则是明中期"学以洛闽为的"的著名理学家。⑤ 要之，李瓒将海内巨公名儒作序撰跋的《萃美录》和《两广去思录》视作刘璟"贤镇守"的有力证据。

《萃美录》和《两广去思录》今均存世。清廷以两书折射士人取媚

---

① 《萃美录》卷7李瓒"诗"，香港大学图书馆藏美国国会图书馆摄制北平图书馆藏明正德年间刻本胶片，叶7a。
② 李瓒：《明故前内官监太监湛庵刘公墓志铭》，《新中国出土墓志（北京卷）》，文物出版社，2003年，第208页。
③ 现存《萃美录》书首王瓒序文仅见较为模糊的署名和落款信息，至于王瓒序文内容及滕霄序跋均已佚失。
④ 夏言：《明故光禄大夫柱国少师兼太子太师吏部尚书华盖殿大学士赠太保谥文宪费公墓志铭》，费宏：《费宏集》，第769页。费宏推崇丘濬，见费宏《费宏集》卷2《寿丘老先生七十诗》，第49~50页；卷15《贺丘琼台先生入阁启》，第509~510页。
⑤ 张廷玉等：《明史》卷282《邵宝传》，第7246页。

中官有违节操，下令销毁。① 两书载录大量颂扬镇守中官刘璟德政诗文，的确不能排除有出于个人谄媚的意图，更存在极尽虚美和夸饰之辞。然仅以其体现士人屈于中官权势或地方士民逢迎溢美镇守太监，亦即以虚美或谀佞的角度看待这类诗文集合文本，并不是有效的历史观察角度。② 此类文本究竟为何、如何生成，何以浙江、两广地方官绅"无一幸免"地乐于褒美刘璟"言过其实"的德政，这在宦官权力膨胀、权幸当道的正德朝意义何在等，这些都是尤其值得追问和研究的历史问题。

二　《萃美录》：刘璟在浙德政塑造

《萃美录》共 13 卷，今存前 7 卷。书前有刘璟生祠——感惠祠图和西湖图景。此书卷 1 载建感惠祠奏疏勘合一道；卷 2~13 收录浙江官员士绅为感惠祠及刘璟在浙德政、平寇之功、改镇两广之际去思送别等撰写的记、序、律诗绝句、歌、词、赞、跋等（见表 7-3）。

表 7-3　《萃美录》内容分布

卷 1：奏疏类	感惠祠勘合一道
卷 2：碑记类	感惠祠碑记　平寇褒功记　去思记
卷 3~5：序类	感惠祠落成序　感惠祠诗序　两浙怀思歌序　儒林颂德序　劝功祠序　奏凯图诗序　总镇两广赠行文序　江亭别意诗序　怀德诗序
卷 6~10：诗类	感惠诗　题感惠祠诗　颂德诗　怀思诗　儒林颂德诗　奏凯诗　总镇两广怀德赠行诗
卷 11：歌类	感惠歌　颂德歌　怀思歌　儒林颂德歌　奏凯歌　总镇两广怀德赠行歌
卷 12：词类	感惠词　儒林颂德词　奏凯词
卷 13：赞跋类	感惠祠赞　感惠祠跋

---

① 中国第一历史档案馆编《纂修四库全书档案》第 977 件《应销毁书籍总档》，上海古籍出版社，1997 年，下册，第 1741~1747 页。四库馆臣确以士节评判和"过滤"明代文献，其撰明人罗亨信《觉非集》提要称："其中颂美中官之文至十余篇，编录者略不删汰，殊不可解也。"见永瑢等《四库全书总目》卷 175，"《觉非集》"条，第 1553 页。

② 参陈雯怡《从朝廷到地方——元代去思碑的盛行与应用场域的转移》，《台大历史学报》第 54 期，2014 年，第 47~122 页。

浙江士民以兴建感惠祠为契机，形成完整而系统的颂扬镇守中官刘璟德政的建构活动。正德六年，刘璟奏疾回京，杭州仁和县耆老沈安寿等赴京上言刘璟"善政实绩"，称其"一以为国为民为心，除奸革弊为念"，奏请立祠敕额，使"后世景仰模范，以励臣子忠爱之风"。七年，礼部尚书傅珪（1459～1515）以《大明律》"凡见任官实无政绩辄自立碑建祠者杖一百"条及本官见在留任为由提出驳议，然得旨建祠，敕额"感惠"，下浙江布政司施行。①

《明实录》称浙江建立感惠祠并非出自民意，而是刘璟讽杭民为之，其后接替刘璟而为浙江镇守太监的王堂也如法炮制。② 然明中期镇守中官何以留心于为己立祠、颂己美政？浙江地方官绅为何以建立感惠祠为契机异口同声地加入表彰刘璟德政活动中？刘璟改镇两广不到一年，两广士民何以接力褒扬刘璟德政？其后浙江官绅又为何主持刊刻刘璟两广德政文本？换言之，以刘璟好名私利或士民逢迎中贵权势视角定位《萃美录》和《两广去思录》，并不能揭示明中期地方官绅褒扬刘璟德政的历史意涵。

感惠祠于正德六年秋开始营建，七年冬落成。③ 以感惠祠兴建为契机，浙江士民投入建构刘璟德政的活动中。正德七年冬至八年，上至浙江巡视和三司官员及其僚属，巡按、巡盐御史，户部抽分主事，下至杭州府学、钱塘和仁和县学教官、生员，以及浙籍居乡致仕官绅，都参与到褒扬刘璟德政的活动中（见表7-4）。"凡诸缙绅朝著与夫乡之大夫士，各有诗章，相与赞颂纪述之者甚众"，④ 形成"颂声四起，洋洋盈耳"的局面。⑤

表7-4 《萃美录》所载感惠祠序记文

篇名	作者生平简历	邀请序记者	时间
感惠祠记	浙江钱塘人洪钟，官至总督	乡之诸先达与其耆老辈	正德七年冬

---

① 《萃美录》卷1《奏疏·勘合一道》，叶1a～4b。
② 《明武宗实录》卷158，正德十三年正月壬寅条，第3020页。
③ 洪钟：《感惠祠记》，《萃美录》卷2，叶1a～4a。
④ 洪钟：《感惠祠记》，《萃美录》卷2，叶3b～4a。
⑤ 李璧：《儒林颂德序》，《萃美录》卷3，叶9a。

续表

篇名	作者生平简历	邀请序记者	时间
感惠祠记	山西绛州人陶琰，巡视浙江	浙江金华人潘希曾（给事中）、浙江仁和人周谟（御史）	正德七年冬
感惠祠碑	浙江余姚人王华，以南京吏部尚书致仕	浙江布政使王懋中、按察使席书、都指挥使陈璠及其僚属	正德七年冬
两浙怀思歌诗序	浙江仁和人邹虞，官至广东右参政	提督市舶太监梁瑶、浙江巡按张承仁、巡盐李玑及浙江三司官员	正德七年
感惠祠落成序	浙江仁和人陈良器，官至应天知府	浙江仁和人沈锐（刑部侍郎）等	正德七年冬
儒林颂德序	福建仙游人曾大有，杭州府学教授	杭州府学教授、训导及诸生	正德七年冬
儒林颂德序	南直隶祁门人方用，钱塘县学教谕	钱塘县学教谕及诸生	正德七年
感惠祠碑	浙江永嘉人王瓒，南京国子祭酒	浙江巡视陶琰、巡按袁宗儒、清军喻文璧、巡盐师存智、南关户部主事伍全、北关户部主事王念	正德八年冬
感惠祠诗序	邹虞	浙江三司及其僚属、杭州致仕士绅	正德八年
感惠祠诗序	浙江钱塘人王谊，顺天府学教授	乡老	正德八年
儒林颂德序	广西武缘人李璧，浙江仁和县教谕	仁和县学教谕、诸生	正德八年

《萃美录》所载感惠祠序记文都以褒美劝善为指归。曾大有称刘璟"政平讼理，赋均役轻，他省弗宁，而浙独晏然"，鼓励其忠君爱国，青史留名。① 李璧强调感惠祠并非刘璟"要于众"，勉励其继续修德修政，成就甘棠遗爱佳话。② 陶琰（1449～1532）劝勉刘璟"益图所以报称，务

① 曾大有：《儒林颂德序》，《萃美录》卷3，叶7。
② 李璧：《儒林颂德序》，《萃美录》卷3，叶9a。

使德泽入人，扩充积累，弥盛于前"。①

浙江官绅褒扬刘璟德政的目的是嘉善矜恶，"激劝来者"。洪钟（？～1523）表彰刘璟封闭矿采、停供贡物、禁处科扰、除废造闽艘夫料、赈济灾民、抚捕盗贼等多项惠政后称：

> 汉唐以来，中贵之贤者，若育蒙著训则有史游，殚忠奉公则有吕强，是皆流芳后世……（刘璟）德惠所施，被之者众，较之古人，曾不多让……后之视今，亦犹今之视昔。使后之居乎上者，皆日善政之施，获报如斯，莫不勉而各务施其惠于下……所谓上好仁以爱其下，则下好义以忠其上矣，政治风教岂不大有补益哉！②

洪钟以刘璟比贤汉唐历史上著名内监，强调感惠祠之建，彰善瘅恶，有补"政治风教"。明中期心学家王阳明的父亲王华（1446～1522）也称：

> 自古中贵人之贤而有功于世道者，咏于周诗，传于汉史。圣贤何心哉，亦惟徇三代遗直于吾民之心，以激劝来者于无穷耳。予于士夫之惠政及民深者，每大书特书，以为世劝，而于近侍臣则鲜及焉，非靳也。盖天视自我民视，天听自我民听，民弗与，吾恶乎与？民与之，吾恶乎弗与？吾岂敢疑吾民非三代直道之民哉！浙江为天下名藩，地大民众，而侍臣之镇守于兹者，鲜克称厥任……后之人，嗣公（刘璟）之位，登公之堂，瞻公之像，有不感慕而思齐者乎？则此祠之建，有裨于世道也大矣。故因诸公之请，遂不辞而为之记，以窃附于周诗、汉史之后，以劝来者。③

由上可见，浙江官绅所以褒美刘璟德政，既为劝勉刘璟修德修政，又以此树之风声，激劝来者，裨益地方治道。王瓒更直接指出浙江士民褒美揄扬刘璟的目的，不仅在于"激其志于方来，而民益沐浴其当任之泽"，而且

---

① 陶琰：《感惠祠记》，《萃美录》卷2，叶6a。
② 洪钟：《感惠祠记》，《萃美录》卷2，叶3a～4a。
③ 王华：《感惠祠碑》，《萃美录》卷2，叶6a～8b。

"俾后之莅是位者，目有所击，心有所劝，全浙之民，永永享无穷之惠矣"，① 可谓一语道破。

正德八年至九年，浙江封疆大吏、三司官员以及地方士绅纷纷褒美刘璟平寇之功（见表7-5）。正德八年九月，浙江巡视陶琰称"凡政之不便于民者，予议更之，而公（刘璟）不以为嫌。吏之不优于事者，予议易之，而公不以为异"。② 正德九年，浙江衢州官绅作诗绘图，歌颂刘璟平定开化、常山两地流寇之功，并请乡宦徐海作序以赠。③ 同年七月，刘璟因功受赏，以浙江布政使方良永（1454～1528）为首的三司官员邀请致仕南归大学士费宏撰记褒美。方良永与其弟方良节（1464～1516）均为弘治三年进士，二人都是费宏识拔之士。④ 方氏兄弟节操治行俱优，尤其方良永前因不谒刘瑾被勒致仕，正德九年七月始任浙江布政使，后又以讼言权幸钱宁、阻其在浙鬻钞著闻天下，次年底致仕。⑤ 九年十月，费宏南归道浙，与浙江布按官员方良永、任鉴、官昶、高贯、张琏、罗钦德、顾可学、吴希由、韩邦奇、许瓒同游西湖。⑥ 费宏称刘璟"在镇最久，美政最多，民感其惠，至相率请诸朝，为立生祠，士论翕然归之"，而浙江三司官员述其"累受褒赏之故，以为来者劝"。⑦

表7-5 《萃美录》所载颂扬刘璟平寇序记文

篇名	作者生平简历	邀请序记者	时间
劝功祠序	山西绛州人陶琰，正德七年任右都御史巡视浙江	浙江巡按御史袁宗儒、清军御史喻文璧、巡盐御史林季琼、工部主事伍全、户部主事王念	正德八年九月

① 王瓒：《感惠祠碑》，《萃美录》卷2，叶11b～12a。
② 陶琰：《劝功祠序》，《萃美录》卷4，叶2a。
③ 徐海：《奏凯图诗序》，《萃美录》卷4，叶5a～7a。
④ 费宏：《费宏集》卷17《明故中奉大夫广东左布政使方君墓志铭》，第601页。
⑤ 费宏：《费宏集》卷15《答方寿卿》，第515～516页；费宏：《费宏集》卷20《祭松崖方公文》，第697页；张廷玉等：《明史》卷201《方良永传》，第5311～5312页。
⑥ 费宏：《费宏集》卷1《与方寿卿诸公游西湖和东坡游孤山韵》，第35页。
⑦ 费宏：《平寇褒功记》，《萃美录》卷2，叶13a～14b。

续表

篇名	作者生平简历	邀请序记者	时间
奏凯图诗序	浙江衢州常山人徐海，正德九年由刑部员外郎任广东佥事	浙江衢州府官员及乡大夫士	正德九年
平寇褒功记	江西铅山人费宏，正德六年以礼部尚书入阁参预机务，正德九年致仕，嘉靖初再召入阁，卒于任	浙江布政使方良永及其僚属任鉴、周曾、官昶、顾可学，按察使高贯及其僚属谢琛、徐蕃、张琏、罗钦德、杨一钧、吴希由、汪大章、李淳、韩邦奇、许瓒，都指挥使陈璠及其僚属	正德九年十月前后

　　正德九年、十年之际，刘璟改镇两广，浙江地方官绅士民为之立碑展思，饯别赠行（见表7-6）。屠勋（1446～1516）强调浙人感惠立祠，去任立碑，是民意的体现："何武居官无赫赫之誉，去后常见思，此去思之权舆也。狄仁杰为刺史，吏民为之立生祠，后凡遗爱、异政、平盗、尚教者，有一皆生祠之。公（刘璟）兼二者，非得民之深而何？"① 洪钟劝勉刘璟不自满假，"益黾勉而愈求进于至善，则广人感戴愈深，而朝廷之倚毗愈至，名实愈敷，而仁民泽物之功，愈溥而愈大"。② 除序记文外，《萃美录》还收录以感惠祠、平寇功和去思赠行为主题的诗词歌赋，今仅存卷6颂德诗和卷7感惠诗。从诗词作者构成来看，仍以浙江官司、地方士绅为主。其中不乏清流名士，如姚镆（1465～1538）、王懋中（成化二十三年进士）、罗钦德（1472～1550）、袁宗儒（？～1539）、徐蕃（1463～1530）等。

表7-6　《萃美录》所载赠别刘璟序记文

篇名	作者生平简历	邀请序记者	时间
去思记	浙江平湖人屠勋，历官至刑部尚书	浙江仁和、钱塘二县耆老金鉴、陈晃等立遗爱碑，浙江仁和知县杨应奎、钱塘知县承天秀及省郡大夫请文为记	正德九年冬

① 屠勋：《去思记》，《萃美录》卷2，叶17b～18a。
② 洪钟：《总镇两广赠行序》，《萃美录》卷5，叶4。

续表

篇名	作者生平简历	邀请序记者	时间
总镇两广赠行序	洪钟	浙江镇守太监王堂、苏杭织造太监晁进、浙江巡按御史潘鹏、清军御史喻文璧、巡盐御史师存智、南京户部员外郎李坚、南关工部分司主事杨最、北关户部分司主事叶廷会等	正德十年正月
总镇两广赠行序	洪钟	浙江左布政使方良永，右布政使任鉴，参政周曾、官昶、王良臣，参议顾可学，浙江按察司按察使李承勋，副使高贯、徐藩、张琏、罗钦德、杨一钧，金事吴希由、汪大章、韩邦奇、李淳、许瓒，浙江都指挥金事陈瑶、张奎、江洪、傅铭、牛桓、张浩	正德十年正月
总镇两广赠行序	陈良器	浙江仁和县人：广东参政邹虞、云南副使邓公辅、江西副使惠隆、礼部主事娄宿、衡州知府孙安、松江府同知吴璿、荆王府长史施鲁、南通州知州吴瓒等；钱塘县人：湖广副使徐潭、运同黄琳等致仕乡宦、士绅共计28人	正德十年正月
江亭别意诗序	福建长汀人李坚，时任南京户部员外郎	浙江镇守太监王堂、苏杭织造太监晁进、浙江巡按御史潘鹏等	正德十年正月
怀德诗卷序	浙江钱塘人朱京，举人	浙江仁和、钱塘县士绅	正德十年正月

《萃美录》和《两广去思录》板框高度、行款、字体均一致，从《两广去思录》书前费宏冠序时间，似可断两书均刊于正德十一年，即刘璟从两广返南京途次杭州之时。然《萃美录》成书刊行实早于《两广去思录》，其编刊于正德十年初，即刘璟由浙江改镇两广之际。李坚称"感惠有祠，萃美有录，既已口碑公且尸祝公"。[1] "尸祝公"指感惠祠，"口碑

---

[1]　李坚：《江亭别意诗序》，《萃美录》卷5，叶8a。

公"乃编刊《萃美录》之谓。浙江按察副使罗钦德赠诗谓"从前勋业谁堪伍，试看床头《萃美编》"，①亦可佐证。费宏亦称"刘公之镇两浙也，能弹力保障其民，民甚德公，既尸祝而俎豆之。及其移镇两广，度弗能借而留焉，则又相率脱公之履，以系其思，大夫士贤之，往往见诸文词，联为巨帙，所谓《萃美录》者是也"。②另外，《两广去思录》收录浙江杭州人唐时《太监刘公脱靴记》，称"乙亥有两广之迁，军民父老不忍舍公去，往往脱衣留靴"。③此文《萃美录》失收，竟补入《两广去思录》，亦可证两书并非同时刊行。

要之，刘璟改镇两广之际，《萃美录》即已刊行，成为两广士人接力褒扬刘璟德政的文本参照。浙江仁和人、广西佥事周谟称"吾乡之为元老、卿长、太史以及乡校里巷，皆以公之德美，播于诗文，汇成巨帙"。④广州府学教授陆嘉鲤观阅《萃美录》，谓其"多出名公手，若王公德辉、费公子充，皆名魁天下、史掌总裁者，必不虚美乎人"。⑤广东南海人何文缙称刘璟"丰功峻德，《萃美》一录，足以概之"。⑥番禺人金山亦称"名公硕儒之播诵，《萃美》一录，班班可考"。⑦南海人区玉则称"获睹其《萃美录》之所纪载，亦可以知其为人"。⑧南雄人李昕谓"内台阁、九卿，外藩臬、郡邑大夫士，为序、为记、为诗词歌赋若干，悉载其实事，曰《萃美录》"。⑨保昌知县张奎称刘璟"感惠有祠，《萃美》有录，海内传诵"，并谓"感惠颂比归朝曲，《萃美》编成载道碑"。⑩《萃美录》既已"海内传诵"，并比其为"载道碑"，可见其的确早于《两广去思录》刊行流传。

---

① 罗钦德：《感惠诗》，《萃美录》卷7，叶5a。
② 费宏：《两广去思录序》，《两广去思录》卷首，香港大学图书馆藏美国国会图书馆摄制北平图书馆藏明正德年间刻本胶片，叶1a。
③ 唐时：《太监刘公脱靴记》，《两广去思录》卷上，叶45a。
④ 周谟：《诗引》，《两广去思录》卷上，叶40b。
⑤ 陆嘉鲤：《送大总镇刘公还阙序》，《两广去思录》卷上，叶15b。
⑥ 何文缙：《士林颂德诗序》，《两广去思录》卷上，叶17b。
⑦ 金山：《章缝歌颂诗序》，《两广去思录》卷上，叶25b。
⑧ 区玉：《泮水歌贤序》，《两广去思录》卷上，叶27a。
⑨ 李昕：《梅关咏德序》，《两广去思录》卷上，叶24。
⑩ 张奎：《梅关锦旋（四咏）》，《两广去思录》卷上，叶41b、43a。

综上所述，由费宏、王华、王瓒、屠勋等名公硕儒撰序作记、反映刘
璟在浙美政的《萃美录》，在刘璟改镇两广之际即已编刊。这有力促使两
广士绅接续褒扬刘璟德政，甚至与之竞赛。广东生员冯杰诗谓"萃美有
歌犹在耳，浙人先唱粤人随"，① 可谓一语中的。

三　《两广去思录》：两广接力颂扬刘璟善政

《两广去思录》共 2 卷，是两广官绅褒扬刘璟善政、表达去思的诗文
汇编。首为序文，诗引次之，又次为南海耆老霍祯等奉谢革除抽分税启
文，再次为旗帐文四首，最后为各体诗歌近百首。《两广去思录》所收赠
行刘璟序记文，都是正德十一年二月至四月即刘璟离任两广之际，由两广
三司以及梧州、广州等地官绅撰作，尤以广东三司和广州府县学校师生为
多（见表 7-7）。诗文创作时间明显遵循刘璟离开路线顺序，由广西三司
至梧州府，再到广东三司、广州府县，最后到广东南雄府——这是刘璟离
开广东、北上进入江西的最后一站。

表 7-7　《两广去思录》所载赠行刘璟序记文

篇名	作者生平简历	邀请序记者	时间
大总镇刘公之南都序	福建莆田人翁茂南,广西按察使	广西三司官员	正德十一年二月
送大总镇刘公之南都序	广西藤县人万祥,官至江西佥事	梧州府藤县官员	正德十一年二月
士林颂德诗序	广西庆元人王崐,曾任教谕	梧州府学教授、训导及生员等	正德十一年二月
士林颂德诗序	南直隶凤阳人李森,梧州所千户	—	正德十一年二月
送总镇刘公还南都诗序	福建莆田人方良节,广东左布政使	广东三司官员	正德十一年三月
送总镇刘公还南都序	浙江山阴人汪获麟,广东按察使	广东三司方良节、吴廷举、汪获麟等	正德十一年三月
赠总镇刘公荣归序	广东番禺人陈稑,官至广西右布政使	广州府官员及番禺县官员	正德十一年三月

---

① 冯杰：《士林颂德诗》，《两广去思录》卷下，叶 79a。

续表

篇名	作者生平简历	邀请序记者	时间
送大总镇刘公还阙序	广西横州人陆嘉鲤，广州府学教授	广州府学教授及南海、番禺县学教谕、训导等	正德十一年三月
南粤兴思诗序	广东南海人梁方，官至云南右布政使	广之衣冠士夫	正德十一年三月
章缝歌颂诗序	广东番禺人金山，正德九年进士	南海县学教谕、训导及县学生	正德十一年三月
士林颂德诗序	广东南海人何文缙，官至梧州知府	南海县学诸生	正德十一年三月
泮水歌贤诗序	广东番禺人区玉，曾任建宁知县	番禺县学师生	正德十一年三月
粤人怀德诗序	广东南海人蒋隆，曾任苍梧知县	南海县乡饮耆老等	正德十一年三月
贤相归朝诗序	广东番禺人徐志学，生员	—	正德十一年三月
梅关咏德诗序	广东保昌人李昕，曾任长泰知县	南雄府学师生	正德十一年四月

以方良节和吴廷举为首的广东布、按二司官员尤为积极，他们还以前此费宏赠刘璟诗韵，和诗以赠。① 方良节认为镇守中官关系地方安危治乱，然其多"惟货其吉"，不负所任，而刘璟"总百司庶政，造福民夷，恒加惠于浙，群心爱戴亦惟浙"。② 吴廷举与费宏同年，是明中期声名藉甚的政治名臣，屡抗击中官权贵，正德初任广东副使，疏劾两广镇守太监潘忠二十罪。③ 吴廷举称许刘璟"刻意保厘，尽心所事，未期年，利兴弊革，事集民安"。④ 汪获麟详举刘璟三大"德政"：调和两广总督与总兵二者关系；贼寇进犯府江，惩治官吏，不滥及无辜；禁止广东豪右征收鱼埠之税，前任总镇潘忠征收米栏之税"不自取（用）"。⑤ 总之，刘璟到任两广不到一年，刻意推行德政，"一以待浙人者待粤人"。⑥

以方良节为首的广东三司官员积极褒扬刘璟德政，与前此方良永等在浙颂扬活动相互呼应，且大有与之竞赛意味。何文缙称刘璟"出镇两浙，乞留有疏，感惠有祠，儒林有颂，怀德有诗"，而广东士人也"争相赠

---

① 两广总督周南、广东布政使方良节和吴廷举、右参政张恩、按察副使汪铉和蒋曙，都以费宏诗韵，和诗赠行刘璟。
② 方良节：《送总镇刘公还南都诗序》，《两广去思录》卷上，叶2a。
③ 张廷玉等：《明史》卷201《吴廷举传》，第5309页。
④ 吴廷举：《诗引》，《两广去思录》卷上，叶37b～38a。
⑤ 汪获麟：《送总镇刘公还南都诗序》，《两广去思录》卷上，叶3a～4b。
⑥ 王崐：《士林颂德诗序》，《两广去思录》卷上，叶18b。

言"，"九罢之章，尤当继周公颂"。① 李昕称刘璟在浙有"《萃美录》，在吾广又有《南粤兴思卷》，有《士林颂德》、《粤人怀德》、《泮水歌贤》诸卷"，② 不相伯仲。梁方称刘璟"于两广若幸少留，则一祠之建，一靴之脱，未必专于浙人也"。③ 要之，如汪铉赠诗所谓"东南两地竞留靴……吴人歌罢粤人歌"，④ 广东士绅以浙江为参照，竞相颂扬刘璟德政。

两广地方官绅接力颂扬刘璟德政的用意在于劝善戒恶。陆嘉鲤鼓励刘璟"以尧舜君民为心，以伊周事业自待，名勒鼎彝，芳流汗简，（吕）强不得专美于前矣"。⑤ 区玉称刘璟"严约束而市无课买之名，忤权势而人无抽分之扰，此尤人之所难者"，勉励其"慎厥终，不愧于始，保厥后，毋怠于前"，成为"有斐君子"。⑥ 金山所述更值得征引：

> 自巷伯孟子，见于《小雅》，后世管（苏）、缪（贤）、吕（强）、郑（众）之贤，相望史册，不让古士之可称。初无歌颂之者，岂以美刺不见采于民间，无以公劝惩于天下，视此有无若无所庸？然舆情有关于国论，识者重之，则今日之歌颂，所存不细。后之闻者将曰公（刘璟）行何德政，以悬不朽若此？视彼泯泯，虽不见过举，自隐然有可讳者在，必将退省所致，以兴其良。⑦

可见，两广士人歌颂刘璟德政乃为"制造"舆情，将刘璟打造为镇守中官模范，规劝天下镇守中官见贤思齐，"以兴其良"，改善地方治理。换言之，浙江、两广地方竞相褒扬镇守中官刘璟德政目的在于塑造模范，"俾后之嗣公而来镇者，有所观感兴起而思齐焉"。⑧

两广官绅确以古代循吏文化模塑刘璟德政。蒋隆称刘璟兴学校、修武

---

① 何文缵：《士林颂德诗序》，《两广去思录》卷上，叶 16b ~ 17b。
② 李昕：《梅关咏德序》，《两广去思录》卷上，叶 24b。
③ 梁方：《南粤兴思序》，《两广去思录》卷上，叶 12a。
④ 汪铉：《诗引》，《两广去思录》卷上，叶 39a。
⑤ 陆嘉鲤：《送大总镇刘公还阙序》，《两广去思录》卷上，叶 15。
⑥ 区玉：《泮水歌贤序》，《两广去思录》卷上，叶 27b ~ 29b。
⑦ 金山：《章缝歌颂诗序》，《两广去思录》卷上，叶 26b。
⑧ 区玉：《泮水歌贤序》，《两广去思录》卷上，叶 29b。

备、均徭薄敛、兴利除害，谓其"感民之深，则亦古之良吏似矣"。① 福建侯官人秦行健整理《两广去思录》初稿并作跋称："尝怪世之为政有不知务者，鱼鳌其民人，陵轹其士类，故人之待之，未去惟恐其不去，既去惟恐其不速，况欲愿留而歌颂之……观是编者，不可以想见公（刘璟）之为政耶？"② 浙江和两广地方褒扬刘璟德政，制造模范，正是针砭"鱼鳌其民人，陵轹其士类"的镇守中官，以达到彰善瘅恶的教化目的。

两广士人甚至希望刘璟入内廷掌理枢政。汪获麟称刘璟"必奉召趋装，入内庭，位内相，辅翊吾君，需膏泽于天下，垂芳声于后世"，③ 赠诗有谓"前席还期召贾生……朝朝补衮侍承明"。④ 陈稝称刘璟"才德闻望在人耳目，勤学好问，谙典故，悉民瘼，足备顾问"。⑤ 陆嘉鲤认为刘璟"兹还必近天颜，秉内政，且夕承弼"。⑥ 王崏则谓："使公（刘璟）进之于朝，与馆阁诸公，共守丕大基业，以光太平，则天下虽大，士民大夫犹广、浙也，其称公贤而与之者，又岂特两浙、两广而已哉！"⑦ 以上声音在《两广去思录》中随处可见，如"炎刘策定张良赖，谢老忧游晋运隆"，⑧"东山未必终高遁，好慰苍生翊紫宸"。⑨ 方良节更希望刘璟"迟迟其行，公论方腾，舆情未释，圣天子殆将处公，俾移福浙福广者于天下，用能保我宗社黎元"，⑩ 以此讽切正德年间权幸当道，并表达对贤明政治与治理的期许。

四　彰善以瘅恶：《两广去思录》在浙刊行

《两广去思录》虽是两广官绅褒扬刘璟德政的诗文汇编，但其由浙江布政司官员邀请致仕家居的费宏和邵宝撰作序跋，于正德十一年七月刊于

① 蒋隆：《粤人怀德序》，《两广去思录》卷上，叶 32a。
② 秦行健：《跋》，《两广去思录》卷下，叶 84a。
③ 汪获麟：《送总镇刘公还南都序》，《两广去思录》卷上，叶 5b。
④ 汪获麟：《送行》，《两广去思录》卷上，叶 57a。
⑤ 陈稝：《赠总镇刘公荣归序》，《两广去思录》卷上，叶 10a。
⑥ 陆嘉鲤：《送大总镇刘公还阙序》，《两广去思录》卷上，叶 15b～16a。
⑦ 干崏：《士林颂德诗序》，《两广去思录》卷上，叶 19b。
⑧ 朱翠：《士林颂德诗》，《两广去思录》卷下，叶 79a。
⑨ 董奎：《苍生凝望诗》，《两广去思录》卷上，叶 44b～45a。
⑩ 方良节：《送总镇刘公还南都诗序》，《两广去思录》卷上，叶 2b。

杭州。邵宝谓："《两广去思录》一编……公（刘璟）携之过浙。浙，公旧镇也，藩臬以下诸大夫士读而感焉，请梓以传。"[1] 浙江布政使任鉴、汤沐，参政周曾、官昶，参议潘铎、杨清等人负责、主持刊行《两广去思录》。任鉴、周曾、官昶都是刘璟任浙时属官，潘铎、杨清则是费宏门下士，任鉴与费宏乃为同年关系。

要言之，刘璟从两广回南京，取道铅山访费宏，以两广士绅颂德诗文相示，又途经杭州，浙江藩司遂为之刻梓《两广去思录》，并请费宏冠序以传。可见，《两广去思录》编刊与费宏的推动似有关系，但费宏否认浙江官绅刊行此书是"聚于所好"：

> 予尝读史，至于史游、良贺、吕强及俱文珍、马存亮、严遵美、张承业之传，未尝不心赏其贤，以为使事君皆若而人，则旦夕承弼之功，亦岂少哉！及观庐陵欧阳氏、考亭朱氏、西山真氏之所论著，又往往深嘉而乐道之，若将有劝焉者。此盖秉彝好德，有不可昧且废焉者也。然则大夫士之贤公，夫岂不宜？而兹录之传，庶亦有劝于来者。[2]

费宏所引历史上贤善宦官史例直接出自真德秀《大学衍义·内臣忠谨之福》。费宏相信人人都有秉彝好德之良心，宦官自不能外，他认为先贤真德秀等表彰贤宦是为劝勉宦官向善。丘濬主张引导和教化宦官为善，费宏作为丘濬弟子，也不主张攻击和排斥宦官的激进路线。[3] 在费宏看来，地方士大夫编刊《两广去思录》并非投其所好，乃是为感召宦官向善，"劝于来者"。

邵宝同样指出浙江和两广士民颂扬刘璟德政并非"谀以从好"。正德二年，邵宝任浙江右布政使，与刘璟"勘处州银矿，宝曰：'费多获少，劳民伤财，虑生他变。'卒奏寝其事"。[4] 邵宝称刘璟"急民病而图曲成，不啻恫瘝之在躬者，则宝也实见之"，即指刘璟疏停处州银矿之事。邵宝

---

① 邵宝：《书两广去思录后》，《两广去思录》卷末，叶1a。
② 费宏：《两广去思录序》，《两广去思录》卷上，叶2b～3b。
③ 费宏：《费宏集》卷15《答吴克温》，第513页。
④ 张廷玉等：《明史》卷282《邵宝传》，第7245页。

认为浙江和两广地异俗殊，然两地"如出一口"地颂扬刘璟德政，可见刘氏为"德之恒者"的君子，至于《两广去思录》本为广人颂德诗文，却由浙人刊行以传，足见士绅非出于私利或屈于权势而为之。他说："若曰谀以从好，浙人之言，公去浙矣，广人之言，公去广矣，且言出于广人，而浙人传之，又何为者？"① 言下之意，刘璟德符其实，浙江士绅刊行其在广德政文本，用意在于劝世，而非"谀以从好"。

浙江三司刊行《两广去思录》更可能是直接规诫时任浙江镇守太监王堂。韩邦奇（1479～1556）与其弟韩邦靖（1488～1523）均以气节著称。② 韩邦靖任浙江抽分主事，"故事，抽分司馈镇守太监岁千金。是时，镇守刘太监者，又谷大用之党，五泉子（韩邦靖）固不与金，刘太监怒。又知其为人，不怒，愈益敬之。会宦者从京师来，倚其近幸，索抽分钱甚急，刘太监从旁劝曰：'幸无求韩主事，我当有以赠公也。'"③ 韩邦奇亦称："镇守刘太监者，谷大用党也，多权术，荣辱生于造次，浙之百司，皆倚事之。故事，每抽分，岁听嘱客赂千金。（韩邦）靖一无所听，刘始怒而终信之。后某宦来浙，将索之分司。刘曰：'某愿代奉，勿求韩主事也。'"④ 李重督赋浙江，"时镇守刘璟，所侵官银至二十万计，密欲重有所遗以缄口。先生（李重）正色曰：'与其遗我，孰若为民，偿所负以足国。'（刘）璟知不可犯，尽以所侵输官"。⑤ 由以上诸条史料来看，韩邦靖坚不与之金，刘璟不仅终无所扰，还劝阻来浙近幸勿为求索；李重谕以为民之义，刘璟即以所侵银两充官。可见刘璟虽权势显赫，但他并非嚣横之辈，有转恶为善、舍私为公之机，这是"浙之百司，皆倚事之"的真

---

① 邵宝：《书两广去思录后》，《两广去思录》卷末，叶 1b～2b。
② 黄宗羲：《明儒学案》卷 9《三原学案·恭简韩苑洛先生邦奇》，第 165～167 页。
③ 王九思：《渼陂集》卷 13《明故朝列大夫山西等处承宣布政使司左参议五泉韩子墓志铭》，《续修四库全书》第 1334 册，第 122 页。
④ 韩邦奇：《苑洛集》卷 8《韩邦靖传》，《韩邦奇集》，西北大学出版社，2015 年，第 1507 页。韩邦奇《刘中镇萃美》，现存《萃美录》不载。该诗明褒暗贬，谓"号令一出神鬼惊，两浙六月寒风生……上方四时充珍鲜，长江大海飞黄船"。此诗还记载浙江士民为刘璟建立生祠情形："湖山奇处起生祠，飞碧流丹百尺危。穹碑高碣凿瑶石，雄文大字论功绩。复有钱塘百万民，黄童白叟传俱真。"见韩邦奇《苑洛集》卷 11《刘中镇萃美》，《韩邦奇集》，第 1555 页。
⑤ 焦竑：《国朝献征录》卷 86《江西按察司副使李公重墓志铭》，《续修四库全书》第 529 册，第 617 页。

实历史语境。

　　然与刘璟相较，王堂与地方官绅关系紧张，甚至令浙江布政使方良永乞休，按察佥事韩邦奇被黜为民。正德九年，浙江市舶太监王堂代刘璟为浙江镇守。十年底，王堂"假和卖以媚贵近（钱宁）"，方良永"固执不可，守臣（王堂）强之益急"，方氏"弗即给，密具疏上闻，辞旨甚激切"，因不安于位，"三疏竟辞去"。① 十一年四月，与方良永有交谊的韩邦奇，② 奏劾王堂以进贡为由，需索财物，苛扰害民。③ 同年六月，王堂参奏韩邦奇阻绝进贡，是年十月韩邦奇被勒为民。④ 清修《明史》所载最为全面翔实："时中官在浙者凡四人……爪牙四出，民不聊生。邦奇疏请禁止，又数裁抑（王）堂。邦奇闵中官采富阳茶鱼为民害，作歌哀之。堂遂奏邦奇沮格上供，作歌怨谤。帝怒，逮至京，下诏狱。廷臣论救，皆不听，斥为民。"⑤ 总之，相较于刘璟，浙江镇守中官王堂为迎合权幸肆无忌惮，与地方官绅关系形同水火。正德十一年七月前后浙江士民刊行前浙江镇守太监刘璟在广德政文本《两广去思录》，势必有箴规时任镇守太监王堂之意，彰善以瘅恶，用为劝诫。

　　综上所述，《萃美录》与《两广去思录》中刘璟"贤镇守"形象与刘璟在浙江和两广地方实际作为，并不能画等号。仔细甄别和考辨文本与史实之间的张力当为题中之义，而深入探析和揭示文本制作的政治文化语境更具历史意义。《萃美录》和《两广去思录》所载各类诗文作品，既有个人之作，也有集体署名之文；作者既有致仕大学士费宏、礼部尚书王华、国子祭酒王瓒、户部侍郎邵宝等名臣硕儒，也有浙江、广东布按二司长官方良永、方良节、吴廷举等清流节义之士，既有府、县学校教官和生员，也有地方耆老和百姓。这两个文本既具地方集体参与和制作特征，又明显存在浙江与两广地方前后唱和乃至竞赛意味。浙江、两广地方官绅如此步调一致地褒扬镇守中官刘璟德政，是明中期以循吏文化塑造镇守中官模范的

① 韩邦奇：《苑洛集》卷2《赠大方伯松崖方公致仕序》，《韩邦奇集》，第1382页。
② 正德十年，方良永于杭州刊刻韩邦奇《律吕直解》。见王道《洪范图解后序》，《韩邦奇集》，第432页。
③ 韩邦奇：《苑洛集》卷13《苏民困以保安地方事》，《韩邦奇集》，第1606页。
④ 《明武宗实录》卷142，正德十一年十月甲戌条，第2805～2806页。
⑤ 张廷玉等：《明史》卷201《韩邦奇传》，第5318页。

延续，利用彰善瘅恶的教化手段，达致感召和规劝镇守中官美政的效果。要之，《萃美录》《两广去思录》汇集与刊行，既是刘璟刻意施惠于民、主动谋求惠政形象的结果，① 又是明中期地方士绅以循吏文化模塑镇守中官典范的产物，更是浙江、两广地方官民在权幸当道、风云诡谲的正德年间对"循良"镇守中官的认可与宣示，制造模范，用为世劝。

如果说传统循吏褒扬属于"正向塑造"，彰显循良，树立风声，那么明中期地方官绅对镇守中官善政褒扬更像一种"逆向塑造"，将原本不在循吏体系中的宦官纳入其中，制造舆论，树立"模范"。明代宦官群体是相对独立的强势政治群体，镇守中官更成为地方政治运作的关键一环，其常与官僚群体对立斗争并处于优势，到正德朝其权力膨胀达到顶点。在这一政治背景下，地方官绅试图建构并制造可改造性的镇守中官模范形象，减少镇守中官权力膨胀带来的危害，补益地方治理。换个角度看，宦官作为皇帝私人奴仆更为亲近君主，甚至成为皇权代理人，加之宦官官僚化和权力制度化，所以明代官绅必须依托与宦官建立和善关系，间接获得与君主的"信—任型关系"，② 这样才能更好施展政治理想，实现政治抱负。《萃美录》和《两广去思录》同样可被视为地方官绅建立与镇守中官良好权力关系的文本表达，但其目标并不限于维系这种关系本身，而是作为劝惩镇守中官、有益地方治理的手段。换言之，在权力的关系网络视域下，实不可忽视超越其上的致治理念的存在和价值。

从明中期地方官绅利用循吏文化制造中官模范的过程来看，士人与宦官关系并非截然对立，二者在政治文化中存在隐而不显的良性互动和沟通。《萃美录》和《两广去思录》在清代盛世遭到禁毁，而两个文本所载诗文绝大多数不见于撰作者如费宏、王瓒、邵宝等人的诗文集中。③ 由诸如此类现象可见，明代

---

① 刘璟刻意模仿前任浙江镇守中官模范麦秀，复修岳武穆祠并重刊《精忠录》，见李春芳《重刊精忠录序》，王华：《重修敕赐忠烈庙记》，《精忠录》，第 260~266 页。

② 侯旭东：《宠：信—任型君臣关系与西汉历史的展开》，第 12 页。

③ 目前仅见一例。《两广去思录》中载蒋曙所作诗两首，见诸蒋曙《竹塘先生遗稿》（卷 1《送刘镇守还南京用费鹅湖韵二首》，日本内阁文库藏万历九年序刊本）。另外，《萃美录》载屠勋《感惠诗》不见于屠勋文集。《屠康僖公文集》倒是另收录一首为刘璟撰作的律诗，见屠勋《屠康僖公文集》卷 4《湖山游乐图为刘总镇赋》，台北"国家"图书馆藏万历四十三年刊本，叶 40a。

宦官与士人在实际政治文化和历史语境中原有的鲜活而复杂的权力关系与人际网络，① 会因固有的主流道德评判被有意或无意地过滤殆尽，遮蔽不显。

第三节 实政纪、生祠与万历年间矿监税使德政教化

学界多从商品和货币经济发展以及危害地方社会层面论述明代万历年间矿监税使，而罕从政治文化和地方治理视角予以论析。如前所述，面对群臣谏君无果的局面，地方官绅一味抗争更可能激化矛盾，明末儒臣邹元标、杨东明等主张感召和教化矿监税使，使其"就吾条理"，补救地方治理。万历年间还出现颂扬中官德政的"实政纪"以及为督税太监建立的生祠。这既是地方诉求和声音的公开表达，又以彰善瘅恶的教化手段，劝贤惩不肖，感召和规劝矿监税使。本节以颂扬德政的"实政纪"和纪功报答的生祠为例，探析儒臣或地方官绅如何利用彰善瘅恶的教化手段，感召和规劝矿监税使，改善地方治理，希冀为明末矿监税使和政治文化研究提供助益。

一 德政塑造：以太监杜茂《实政纪》为中心

与镇守中官相比，矿监税使具有临时差遣和特派性质，然其影响地方治理并无二致。在君臣对立、矿监税使虐政不断引发民变的政情背景下，明末地方官绅颂扬太监杜茂（1540~1620）善政含有彰善瘅恶的教化寓意。

杜茂，陕西咸阳人，嘉靖三十八年入宫，万历二十年擢司礼监文书房官，升司礼监太监，二十二年出任湖广承天府守备，二十九年四月代陈奉兼任湖广矿税使，四十二年免归田里，天启即位，召为乾清宫近侍、司礼监秉笔太监，以疾卒。② 杜茂是名监王安"照管"。王安"读书习仿，多

---

① 将社会网络引入传统政治史研究，参仇鹿鸣《事件、过程与政治文化——近年来中古政治史研究的评述与思考》，《学术月刊》2019年第10期，第160~171页。

② 以上参杨维新《明故司礼监秉笔太监管监事瑞庵杜公墓志铭》，中国文物研究所等编《新中国出土墓志（北京卷）》，第288~289页；谈迁《国榷》卷79，万历二十九年四月，第4875页；卷82，万历四十二年六月，第5074页。按：陕西咸阳市北杜镇千佛铁塔由杜茂及其家族捐建，杜茂落款为："钦差守备镇守湖广地方等处司礼监管文书房太监杜茂"。见张剑葳《明代社会金属建筑的项目运作及其象征性的实现——以咸阳铁塔为例》，《建筑学报》2014年第9期，第142~149页。

玩嬉，不勤苦，杜将监（王安）坐于凳上，用绳缚监股于桌之两脚，或书仿不中程，即以夏楚从事"。① 杜茂如此严督王安读书，他自己应也是读书好学之辈。万历十七年，大理寺评事雒于仁（陕西泾阳人）上《酒色财气四箴疏》，神宗大怒，首辅申时行等力救，得免为民。湖北京山人李维桢（1547～1626）称杜茂"烈烈与同志官关中季君清、雄邑赵君安，上书御史大夫李公（李世达），愿以身代铁钺"。② 陕西泾阳人李世达，万历十八年由刑部尚书升都察院左都御史。杜、雒、李三人为同乡关系，杜茂试图营救雒氏之举应非虚构。杨维新（万历四十七年进士）亦称"雒廷评之抗疏极言，祸几不测，而公（杜茂）欲出一言申救，以同事掣去，不果，士论韪之，咸卜其异日必为名内卿云"。③ 总之，《酌中志》称杜茂"耿介好学"，可谓实录。

万历二十八年五、六月间，矿税使陈奉于承天开矿引发民变，神宗罢免湖广副使万振孙等为民。④ 学界多据当事官员自述和科道官弹章，认为杜茂与陈奉乃一丘之貉。⑤ 但科道官奏章常夸大其词，地方涉事官员自述也不可尽信。大学士叶向高处理杜茂与地方抚按官诘奏时便称，"人情彼此争竞，言多过甚，要在听者虚心观理，乃得其平"。⑥ 万历三十年，大学士沈鲤疏称"矿税内使如浙江孙隆、湖广杜茂者，彼皆不昧其本心而称贤者也"。⑦ 三十八年，叶向高谓"杜茂生平颇知向上，未必狼狈如是之甚"。⑧ 明末名辅沈鲤、叶向高都称杜茂为贤能向上之辈，当非虚美，且这与颂扬杜茂德政文本《实政纪》和《榷楚录》编刊流传应有关系。

---

① 刘若愚：《酌中志》卷9《正监蒙难纪略》，第469页。
② 李维桢：《实政纪叙》，孙文龙纂万历《承天府志》卷14，第268页。
③ 杨维新：《明故司礼监秉笔太监管监事瑞庵杜公墓志铭》，中国文物研究所等编《新中国出土墓志（北京卷）》，第288页。
④ 《明神宗实录》卷349，万历二十八年七月己酉条，第6528页。
⑤ 承天民变，参巫仁恕《民间信仰与集体抗争：万历承天府民变与岳飞信仰》，《江海学刊》2005年第1期，第126～133页；吴金成《宦官与无赖：反矿税使"民变"的再检讨——兼答巫仁恕先生承天府民变的认识》，《第十一届明史国际学术讨论会论文集》，天津古籍出版社，2007年，第120～128页。
⑥ 叶向高：《纶扉奏草》卷11《发拟杜茂本回奏揭》，《四库禁毁书丛刊》史部第37册，第43～44页。
⑦ 沈鲤：《请罢矿税疏》，《御选明臣奏议》卷33，《四库全书》第445册，第559页。
⑧ 叶向高：《纶扉奏草》卷11《论杜茂事情揭》，第42页。

万历二十二年至二十九年，杜茂任承天守备，兴革利弊，筑堤防洪，受到地方士民称颂褒扬："振弛兴废，厘奸剔蠹，法制赋役以及陵户、乐籍，无不处置得宜……楚甸号为泽国，阳侯一虐，千里成波。荆之南、郢之西，仅一道通。有黄家湾一区，旧筑堤堰，民以为命，日久荡为平原。公至，即首倡议建，甫三月而工告竣。厥土无沮洳，氓民无荡析，至今舆人之诵，载在刘少司马记中矣。"① 湖北江夏人郭正域（1554～1612）赞许杜茂"凡兴革诸事，如筑堤诸政，抑何深念民瘝"，② 可为互证。上述"刘少司马记"即《实政纪》。李维桢《实政纪叙》称："郢郡人少司马刘公，纪其所善司礼文书杜公自莅官以来所兴除利病若干条，名之曰实政。"③ 李氏称"肃皇帝嗣大历服垂八十年"，可推定《实政纪叙》撰于万历二十九年。"少司马刘公"乃湖北钟祥人刘庠，嘉靖三十八年进士，官至南京兵部右侍郎。④ 总之，万历二十九年，致仕乡宦刘庠负责运作编汇《实政纪》，详录地方士民褒扬杜茂"莅官以来所兴除利病"等德政诗文，并请"屏居田间"郡人李维桢作序刊行以传。

万历《承天府志》与《大泌山房集》所载《实政纪叙》内容差异颇大（见表7-8）。⑤ 表7-8第4条称杜茂为前承天守备太监张尧名下。⑥ 表7-8第5条述及杜茂希慕忠直，内容差别较大。《大泌山房集》本删杜茂营救雒于仁之事，补以杜茂排演王世贞《鸣凤记》传奇之事。《鸣凤记》传奇讲述的是嘉靖年间忠鲠直谏之士杨继盛弹劾奸相严嵩而被害致死的故事。表7-8第3条差异最大。万历《承天府志》本称许杜茂身为内臣，一如朝廷命士，存心爱民，所在善政。《大泌山房集》本更显"有

① 杨维新：《明故司礼监秉笔太监管监事瑞庵杜公墓志铭》，中国文物研究所等编《新中国出土墓志（北京卷）》，第288～289页。
② 郭正域：《合并黄离草》卷29《与杜内相》，《四库禁毁书丛刊》集部第14册，第538页。
③ 李维桢：《实政纪叙》，孙文龙纂万历《承天府志》卷14，第267页。
④ 孙文龙纂万历《承天府志》卷11《人物·刘庠》，第228页。
⑤ 李维桢：《实政纪叙》，孙文龙纂万历《承天府志》卷14，第267～268页；李维桢：《大泌山房集》卷18《实政纪叙》，《四库全书存目丛书》集部第150册，第710～712页。
⑥ 嘉靖元年始置承天守备太监，杜茂之前，历任承天守备太监依次为：杨保、萧洪、何富、傅霖、廖斌、陈德、刘永、张方、张尧、李佑、王祯、孙政。见孙文龙纂万历《承天府志》卷2，第58～59页。

感而发"，指出明神宗"相与朝夕惟是一二贽御之臣"，宦官在政治中的角色尤为重要，故反对一味对抗宦官，主张士君子积极褒扬宦官德政，助成砥砺，为我所用，助益地方治理。值得一提的是，前承天守备太监王祯有善政，"郢人戴侍中（王祯），生而祠之"，李维桢也勉励其"益强为善，以光昭主上令德"。① 李氏还为另一位王姓税使作寿序，称：

> 缙绅学士以孟氏"不历位相与言、不逾阶相揖"为名高，而欲概绝中贵人，何示人不广也……余观《尚书》立政同命，侍御之臣，必以正人吉士，非然者，实生厉阶，东汉之季为甚。史称栾巴补黄门令，性质直，学览经典……元魏时王琚历奉前朝，志存公正……藉第令君在帝左右，以其举动回山海、呼吸变霜露者，驱而从善……无头会箕敛，无焚林竭泽，货无悖入，钱无朴满，商贾藏市，行旅出途，农夫乐耕，红女安织，含生饮和，怨讟不兴……余窃欲以君建构树帜，使长秋黄门、金珰左貂应四星者，有所歆慕感发，偕之大道。②

可见，李维桢一贯主张士人当褒美奖成宦官德政，以为劝勉。实际上，这也是《实政纪》编刊和序跋者的现实用意。

表 7-8 李维桢《实政纪叙》内容差异

序号	万历《承天府志》	《大泌山房集》
1	郢郡人少司马刘公，纪其所善司礼文书杜公自莅官以来所兴除利病若干条，名之曰实政而叙行之……	郡人故少司马刘公，纪其所善咸阳杜司礼自莅官以来兴利除病若干条，名之曰实政而叙行之……
2	今以司马公言，质之舆论，司礼之心，仰不愧天，俯不怍人，司礼之政，名之为实，信矣	信如司马公言，司礼之政，名之为实，可矣

----

① 李维桢：《大泌山房集》卷 54 下《王侍中堤工记》，《四库全书存目丛书》集部第 151 册，第 675 页。

② 李维桢：《大泌山房集》卷 31《王常侍寿序》，《四库全书存目丛书》集部第 151 册，第 179 页。

续表

序号	万历《承天府志》	《大泌山房集》
3	一命而上,苟存心于爱物,于人必有所济。况天子亲近之臣,衔命出使,其委任甚重,与官僚迥异。而能孜孜佐百姓之急务,行实政以对扬天子休命,利益固非小补。刘司马之叙而行之,有以也	天子所托重恃力者,内则六卿九列,外则两台藩臬郡邑,其政不能无不实。而管敬仲所谓中央之人,能以实政见纪于士君子,夫亦吾党之羞也。无乃天子之宠灵,实牖其衷,侍御仆从,罔非正人,周道于今再见乎?夫亦吾党之幸也。天下事有以嫌败者,有以偏败者,有以激败者。荐绅之徒率言宗藩、中贵、武弁当远形迹,而偏与激因之,流祸无穷。顷岁,主上深居,群臣莫鬣一望旒藻,中外建白大政,若罔闻知,所相与朝夕惟是一二赘御之臣。釜鬻炀灶,何不可为。大阿之柄,未知所授。而复惜齿牙余论,不以奖成其美,过矣。刘司马之叙而行之,有以也
4	余又闻诸郡父老……惟张咸阳古原公得士民心……杜公实出其门。其父以明经为博士,公事之孝,所由来有渐矣	余又闻诸郡父老……惟张咸阳尧得士民心……司礼实出其门。其父以明经为博士,事之能孝
5	往雏廷评封事,语太直憨,主上震怒,罪在不测。公烈烈与同志官关中季君清、雄邑赵君安,上书御史大夫李公,愿以身代钛钺,盛为缙绅所钦。每谈往事,至容城诸君子被祸处,辄咨嗟流涕	置酒会客,辄令优人为《鸣凤》传奇,至容城诸君子被祸处,咨嗟流涕

《榷楚录》编刊更具时事针砭性,突出杜茂兼任税使后实施的"新政",以此劝导天下矿监税使改邪归正,见贤思齐。杜茂代陈奉兼任湖广税使,"屡疏请宽,故榷政犹仍,而骚扰顿息"。[1] 胡忻(万历十七年进士)谓:"杜茂代之,至今楚之哗者息,而皇上之额税无损也。"[2] 郭正域致信杜茂谓"人自楚来者,备言门下税政一新,与民体息,大寒之后,果有阳春矣",鼓励其"留意保全",以保"凤有令名"。[3] 大学士王锡爵致函杜茂,望其"以微词至诚,劝披同事诸公,而不必自以为名,乃最

---

[1]　孙文龙纂万历《承天府志》卷20,第384页。
[2]　胡忻:《欲焚草》卷1《枭棍奏当已明疏》,《四库禁毁书丛刊》史部第31册,第593页。
[3]　郭正域:《合并黄离草》卷29《与杜内相》,第538页。

上菩提法门"。① "同事诸公" 当指矿监税使，《榷楚录》正是 "劝掖" 矿监税使的最佳文本。

《榷楚录》收录杜茂三件奏疏，时任湖广右参议邓原岳 （1555～1604）序之以传。邓原岳，万历二十年进士，与李维桢有交谊。② 万历二十九年，邓原岳任湖广右参议，③ 与杜茂共事，自称 "值维新之会，与民更始，承酷烈者易为恩，代汤火者易为德，维持调护，与上下相安"。④ 邓氏《榷楚录序》称："自税使毒楚，楚事几不可支。上更命杜侍中代之，一切与民休息，民有瘳矣。侍中既视事，辄上三疏，缙绅多称之。李留后将军为梓行，以风诸衔命而播虐者。"⑤ 李思忠，云南后卫百户，万历二十九年任承天留守司留守，⑥ "持节护显陵，称留后矣"，"好文喜士，善谈兵"，"日结客赋诗说剑为欢"。⑦ 总之，《榷楚录》由武将李思忠刊行，参议邓原岳序之以传，承天知府孙文龙和地方士绅李维桢等应也参与其中。《榷楚录》的编刊既为奖成其美，更使 "风诸衔命而播虐者" 用为楷模。

《榷楚录》收录杜茂三件奏疏分别为 "请蠲全楚矿额之半" "请免方物买办之扰" "请留积羡以充赈济之饷"。⑧《续文献通考》载万历二十九年七月杜茂所上《请免方物买办之扰疏》：

> 自陈奉不能体德意，额外苛求，以致商贾罢市，行旅罢途，人人自危，在在思乱……臣切思富有四海，玉食万方，何者非其所有？令臣下借买办孝顺之故，自取两府（荆州、襄阳）税银，收养亡命之

---

① 王锡爵：《王文肃公文集》卷 28《杜太监守备》，第 614 页。
② 李维桢：《邓汝高诗序》，邓原岳：《西楼全集》卷首，《四库全书存目丛书》集部第 173 册，第 725～727 页；邓原岳：《西楼全集》卷 7《赠李本宁太史》，《四库全书存目丛书》集部第 174 册，第 19 页。
③《明神宗实录》卷 364，万历二十九年十月丁卯条，第 6784 页。
④ 邓原岳：《西楼全集》卷 11《承天府志序》，第 54 页。
⑤ 邓原岳：《西楼全集》卷 11《榷楚录序》，第 73 页。
⑥ 孙文龙纂万历《承天府志》卷 2，第 61 页。
⑦ 邓原岳：《西楼全集》卷 7《送李将军之清浪》，第 15 页；卷 10《李留后邀宴挹汉亭四首》，第 51 页；卷 12《送参戎李将军之清浪序》，第 76～77 页。
⑧ 杨维新：《明故司礼监秉笔监管监事瑞庵杜公墓志铭》，中国文物研究所等编《新中国出土墓志（北京卷）》，第 289 页。

徒，重征叠取，百计苛求，且又填给勘合，滥差匪人，无分省直，到处寻买，而差人于中取利，用一开十，用十开百，势所必有。又于所到处狐假虎威，凌虐商人，打诈良善，鱼肉之苦，不可胜言，地方安能保其无事也？况其买办之费，不系出自捐资，乃令内帑减应得之税，臣下增孝顺之名，群小享侵渔之利，地方受骚扰之害。揆之事体，孰得孰失，此舆情之所甚不服也。臣若不改弦易辙，革故鼎新，是虽非陈奉其人，而尤陈奉其事，岂不负更易之圣心乎？①

可见，杜茂志在改弦更张，推行税务新政，平息民变，尽快恢复地方秩序，楚人至"倚公为杜荆公"。② 邓原岳称许杜茂之疏"剀切而中窾"，称杜茂"蓬生麻中，不扶自直"，有"侠烈之风"。③ 在邓氏看来，承天地方官绅编刊体现杜茂税务新政的《榷楚录》，既是对杜茂的褒美和劝勉，又以其为"遄轨芳躅"，规劝天下矿监税使。

总之，万历二十九年至三十年，时值湖广矿税使陈奉激变地方前后，承天府地方官绅积极编刊体现杜茂德政和税务新政的《实政纪》与《榷楚录》。这既是承天地方对杜茂德政的报答，满足其"常依名节"的声名追求，又是地方士绅"奖成其美"、助成德政的方式，针砭并劝勉当时所在纷扰的矿监税使向善思齐。

二　肖像立祠：以太监党存仁生祠为例

除文本形态的"实政纪"，肖像立祠也是地方士民表达、针砭地方治理的方式。万历年间江南地区建立太监党存仁生祠，是为例证。

万历二十七年，马尚仁上奏南通州、如皋两地新涨洲田九万余亩。明神宗命南京守备太监邢隆、刘朝用"择委廉慎内官一员"，清查、征收南直隶沿江新涨芦田漏隐税课，④ 太监党存仁（号乂庵，陕西华阴人）得膺

① 王圻：《续文献通考》卷30《征榷考·杂征下·杂课》，《续修四库全书》第762册，第319～320页。
② 杨维新：《明故司礼监秉笔太监管监事瑞庵杜公墓志铭》，中国文物研究所等编《新中国出土墓志（北京卷）》，第289页。
③ 邓原岳：《西楼全集》卷11《榷楚录序》，第73页。
④ 《明神宗实录》卷341，万历二十七年十一月丁卯条，第6330页。

是选。《明史·李三才传》载："时矿税使四出，三才所部，榷税则徐州陈增、仪真暨禄，盐课则扬州鲁保，芦政则沿江邢隆，棋布千里间。延引奸徒，伪镂印符，所至若捕叛亡，公行攘夺，而增尤甚，数窘辱长吏。"① 可见，除党存仁接替邢隆之任外，江北另有三位税使，所在扰民，尤以陈增为甚。无怪乎冯琦大声疾呼："今天下最为民害，万人所指者，辽东之高淮，淮上之陈增，广东之李凤，陕西之梁永，云南之杨荣，五人之恶，皆不减陈奉……此五人不换，则此五方不宁，而国家之大忧集矣。"② 一言之，党存仁受命之际，矿税使星布海内，地方士民不胜其扰，怨声载道，民变风起云涌。

有别于其他矿税使飞扬跋扈、剥民肥己，党存仁体察民情，约束随从，持己廉洁，受到地方士民褒扬，纷纷建立生祠，以报其德。由冒日乾（1562～1636）为如皋党氏生祠所撰碑记可见，万历二十八年，党氏至如皋，不仅"度地必以实，毋伪增，埂环田之外者除勿与，沟亘田之中者除勿与，滩在水际而潮汐上下若见若灭者除勿与，先成田而后啮去者去其籍……于是皋之佃植岁课，得从末减"，而且"持己廉，邑中供帐，悉屏去不御，自出俸钱市薪菽，令从者自饬厨治具以进，而问遗交馈，一切谢绝之，义不以宠赂自点。盖自弭节以迄竣于事而去，不费民一钱也"。③

冒日乾的记载并非溢美。时任南京吏部右侍郎李廷机致信党存仁："遍历洲煮，冒风涛，而民不闻追乎供亿之扰，可谓贤劳矣。承教九万余亩一项，既查得四五万亩……即原奏数多，朝廷意广，而江南止有此洲，洲止有此数，若以无为有，以寡为多，不惟害民，亦为罔上。故一尽心外，更无别策，亦更无别忧虑也。"④ 马尚仁原奏"九万余亩"，党存仁实勘"四五万亩"，减其半数。李廷机建议党氏以实勘亩数上报，并称"芦洲幸守备公意合，可报安静"。⑤ 要之，党氏"综芦政，非不竞竞核

① 张廷玉等：《明史》卷 232《李三才传》，第 6062 页。
② 冯琦：《宗伯集》卷 56《为敬陈救急易行之策以收天下人心疏》，《四库禁毁书丛刊》集部第 15 册，第 698 页。
③ 冒日乾：《存笥小草》卷 2《督理芦政太监关西党公碑记》，《四库禁毁书丛刊》集部第 60 册，第 561～562 页。
④ 李廷机：《李文节集》卷 13《报芦洲党太监》，第 1252 页。
⑤ 李廷机：《李文节集》卷 13《报施二华主政》，第 1251 页。

欺剔蠹，而主于循拊黔黎，培持元气，不为一切督责之术"，① 是为可信。② 冒日乾比较党氏与其他矿监税使谓：

> 今天下言利事析秋毫矣，失不独在上……使者急逢上，而闾阎愁苦，类熬置之，以故民穷而敛愈亟。皮之不存，毛将焉附，不至上下俱敝不止也。公（党存仁）居恒语人："余幸管内枢，为天子心膂，休戚共之。内帑美溢，即岁进万镒，不为益多。而匹夫匹妇，营半菽以自润，一旦夺之，有束腹殒耳。希一人之旨，敛万姓之怨，觊一时之遇，不顾万世之名，余不为也。"……公之品在吕强、张承业上矣，行且勒大常，纪青史，垂之来祀，永永不磨。③

与其他矿监税使"急逢上""敛愈亟"不同，党存仁以"循拊黔黎"为心，二者判若天壤。党氏生祠之建既为报德，又意在针砭其他矿监税使扰民，并表达地方士民对矿税使的态度。

除如皋县外，长江下游也建有党氏生祠。吴伯与（万历四十一年进士）为镇江党氏生祠作《党常侍义庵生祠碑记》，称党存仁"不问利而问弊，不问利于商民而问弊于左右，赞以郡邑有司而身总焉，一洗巨奸宿蠹，以衷其平。用是千里颂义，自都门、金山而维扬，咸尸而祝之"。党存仁"囊无长物，携金山泉数瓶归"，吴伯与由此感慨：

> 使百姓怨咨嗷嗷，其民报之若仇雠。皆常侍辈也，何至常侍而讴谣咏歌之？……今日寻于公辈之难，无不欲斥之诛之。余以为斥之诛之，不若其风之愧之也。故因戴将军之请，纪其事而亭之五父之衢……是公论不在朝而在野也。④

---

① 冒日乾：《存笥小草》卷2《督理芦政太监关西党公碑记》，第562页。
② 党氏回南京"上书请罢榷役"事，见王锡祺《小方壶斋舆地丛钞》第六帙"金陵志地录九"，光绪十九年上海着易堂铅印本，第29页。
③ 冒日乾：《存笥小草》卷2《督理芦政太监关西党公碑记》，第561~562页。
④ 吴伯与：《素雯斋集》卷6《党常侍义庵生祠碑记》，台北"国家"图书馆藏天启间刊本，叶7。

可见，党氏生祠之建，不仅是南直隶地方舆论和公论的公开表达，更直接"风之愧之"天下矿税使扰乱地方，希望以此彰善瘅恶，达到"亲其贤者，则足以制其不贤者"之意，① 补救地方治理。

万历年间冯琦上疏撤还矿监税使谓："今文武官员满天下，而莫敢不奉约束者，有斥陟故也。独此内官乃无斥陟，贤者何所劝，不肖者何所惩，任其作恶，国事何堪?"② 明神宗对诸如此类谏诤一概置之不理。面对群臣谏君无果的局面，地方官绅竭力抗争矿监税使可能激化矛盾，明末儒臣邹元标、杨东明、李廷机等主张感召和教化矿监税使，使其"就吾条理"，补救地方治理。与此同时，湖北承天府和南直隶沿江地方士民，或编刻反映中官德政的"实政纪"，或建立矿税使生祠，褒扬惠政，既公开表达地方诉求与呼声，又以此劝贤惩不肖，构成教化矿监税使的独特舆论场域。

小　结

镇守中官兼具地方长官和内廷侍从的双重特性。一方面，明中期镇守中官制度是地方政治运作的关键一环；另一方面，镇守中官的任命和升迁却完全掌握自内廷，不受外廷左右，其直接受皇权支配，并受到内廷宦官政治影响。一旦皇权肆意妄为或内廷政治恶化，镇守中官便可能成为扰乱地方政治运作和治理的"毒瘤"。所以，明代朝野批评声音不断，痛斥镇守中官弊政的奏疏数不胜数，裁撤镇守中官的呼声屡现。但作为皇权延伸的镇守中官已深深介入明中期地方制度化进程，自不会被轻易裁撤，且时有过之而无不及，正德年间镇守中官规模和权力扩张即是明证。换言之，朝野痛斥镇守中官的情绪虽异常高涨，极言其弊的声音也一浪高过一浪，但这种诉诸谏诤的努力并不能改易地方权力结构，更不能缓解镇守中官给地方带来的弊政。

明代中后期以循吏文化褒扬镇守中官德政的现象，是地方官员和士绅

① 张凤翼：《处实堂集》卷6《奏记大宗伯陆师》，第381页。
② 冯琦：《宗伯集》卷56《为敬陈救急易行之策以收天下人心疏》，第698页。

以"彰善瘅恶，树之风声"的方式教化镇守中官的努力，以补救或助益地方治理。树立德政碑、撰作去思文、遮留哭送、肖像立祠等，是两汉以来形成的循吏理念与模范的产物和表征。明中期地方士民利用这一渊源久远的文化资源，对施惠于民、能行善政、镇静无扰的贤良镇守中官美政进行褒扬、播传，塑造和树立镇守中官模范，以达到彰善瘅恶的教化目的。弘治年间邓原、麦秀、蓝忠等先经地方颂扬认可，再经朝廷赐敕褒奖，成为全国性镇守中官模范，最后进入国史或地方历史书写，完整呈现镇守中官模范塑造的全过程。河南镇守太监吕宪同样经由地方士民普遍褒扬，而其治政事迹亦载录于河南省志名宦传之中。福建镇守中官尚春更被褒为今之"麦、邓"，显示模范与教化的实在联系。正德年间历任浙江、两广镇守太监的刘璟，不仅模仿镇守中官典范麦秀的行事，而且刻意施惠于民，谋求"德政"形象。至今留存的《萃美录》《两广去思录》既是刘璟主动谋求"美政"的结果，也是浙江、两广地方官民在权幸当道、风云诡谲的正德年间对"循良"镇守中官的认可与宣示，制造模范，用为世劝。万历年间矿监税使横行并屡屡引发民变，地方官员和士绅或汇集褒扬中官税使的美政文本，或建立纪念和报德性质的生祠，彰善瘅恶，劝贤惩不肖，构成教化矿监税使的独特舆论场域。进一步言之，第五章所述万历年间苏杭织造太监孙隆受到江南地方士绅一致褒美称颂，至在西湖建立生祠，以报其宽简惠民之政，也寓含彰善瘅恶的教化目的。浙江税使刘成"改邪归正"，安静无扰，便是受到中官"模范"孙隆的感召与影响。要之，明代中后期地方官绅以各种形式褒扬镇守中官善政，不仅是广义上施展教化的方式，而且彰显镇守中官与地方官绅乃至民众之间的交往互动，可见明代士人与宦官之间的关系绝非截然对立，二者在政治文化中存在遮蔽不显的良性互动和沟通。

结　语

　　明代洪武年间奠定宦官制度框架，加之朱元璋废除丞相，至仁、宣年间变为内阁票拟之制，不仅开启君主不必与廷臣面议的政治局面，而且使宦官二十四衙门之首——司礼监取得照内阁条旨"批红"的权力，掌握国家中枢。换言之，就制度规模和中枢权力结构而言，宦官俨然成为明代政治生活的关键一环和重要组成。中晚明士人教化宦官的思想和行动，是对这一政治结构和政治生态的正面回应。君权专制强化并滋生出发达的宦官政治制度是理解和把握明代政治文化的关键。明朝政治的"表相"不是士人为了玄远不切实际的"祖制"与宦官一味抗争而全无结果，就是他们为权力或派系斗争与宦官勾结而导致道德堕落，前者是"知其不可为而为之"，后者是"知其不当为而为之"。中晚明士人教化宦官行动，毋宁说是"知其有可为而勉强为之"，虽因居于政治的"表相"之下隐而不彰，却更接近明朝政治文化的深层实态。

　　处于明代中期的成化年间，宦官官僚体系发展成熟，君主更加独断专行且不与朝臣面见议政，成为明代政治文化的分水岭。儒臣王恕的名节即建基于成化年间任云南巡抚期间果敢弹劾云南镇守太监钱能。其后一直任官于南京或江南的王恕以"攻宦"来"格君"，虽于事无补，却越挫越勇，不断上疏直谏，既以敢于弹劾权贵名闻当时，又以直谏君主，制造极大政治声誉。而这可能还是王恕及其支持者为其进入权力中心——内阁所做的舆论准备。王恕在成化年间的政治活动揭示明代中后期政治文化普遍存在的吊诡现象：严厉"攻宦"或"格君"，除显示谏言者极具理想性政治姿态或成为政治运作的手段外，别无实际意义。而这是明代中后期士大夫另辟蹊径，改换思路与行动方式，以教化宦官为号召的"内在理路"。

　　明人对真德秀《大学衍义》一书宦官历史书写的回应和修正体现教化宦官的主旨变化。《大学衍义》极负盛名，是明代君臣必读的政治性图书。其书以惩戒宦官预政为第一要义，大衍特衍宦官历史恶例。然明代中后期士人对此并没有"照着讲"，而是考虑到宦官在现实政治架构中的独特位置和对君德提升的重要性，相信宦官可以教化得善，着重鼓励宦官为善。名儒湛若水根据《大学衍义》体例而作的《圣学格物通》，从儒家心性论出发，指出宦官"善心一而已矣"，重在教化为善，是其中代表。要之，与《大学衍义》强调尽力"赶走"宦官的政治影响不同，中晚明士人主张教化在政治上"赶不走"的宦官。

　　中晚明士人意识到宦官在政治体制中不可取代的地位与角色，重新省思宦官。宦官因生理残缺，饱受儒家主流文化与价值观念的冷落和鄙夷。司马迁称"刑余之人，无所比数，非一世也，所从来远矣……自古而耻之"，可谓由来已久。传统儒家文化认为宦官只是宫中洒扫使令的奴仆，并视其为理想政治的隐患，甚至不是完整意义上的"人"。然而，明代中后期丘濬、湛若水、何瑭、贡汝成、唐枢、王畿等人，重新认识原来被视为"刑余"的宦官，指出宦官并非异类，其具有常人一样的善端和本心，可以因教化提升道德。不将宦官看作政治对立面加以拒斥，教化宦官为仁人忠士，进而补救政治，是这一认知转变的核心要义。

　　明中后期士大夫既根据两宋以来理学形而上学的人性理论重新省思宦官具有"人"的一面，而且发扬近世儒者"万物一体之仁"的精神和宗旨，思考利用明代宦官教育机构——内书堂读书制度以及撰写宦官教化性专书，落实并展开教化宦官的行动，将改善政治和影响皇帝的希望寄托于在政治结构中处于重要位置且最能接近和影响皇帝的宦官身上。

　　内书堂为中晚明士人落实"化宦"行动提供制度平台。内书堂设置运行虽久，但明前期士人对其缺乏好感。中晚明士人普遍重视内书堂，视其为展开"化宦"实践进而间接裨益君德的重要机制。中晚明士人围绕内书堂展开的教化宦官"运动"，形式多样，内涵丰富。其不仅增添和加强道德教化，注重以古今善、恶宦官史例反复训化，而且专门针对宦官重要品行加以直接训示，寓道德教化于音乐歌诗之教中，还编纂适合内书堂宦官阅读的教化读本，如《思齐录》《中学始肄》等，并在万历年间推动王畿《中鉴录》和张世则《貂珰史鉴》成为内书堂官定课本。

王阳明得意弟子王畿于万历初年编纂的《中鉴录》是在晚明有影响力的宦官教化用书。《中鉴录》收录近百位古今宦官传记，分为忠、逆等十二类。王畿将致良知思想融入是书纲领和传记评论中。王畿撰作《中鉴录》，直接针对明神宗幼年即位的政情背景，试图通过此书感召并教化宦官，进而间接帮助辅养君德。王畿于万历初年竭力推广是书，向王门同志介绍是书要旨，但《中鉴录》首刊及重刊出自万历年间两位前后担任提督苏杭织造太监之手。万历九年前后首刊者太监孙隆，早年受过内书堂良好教育，隆庆年间进呈《陈善图册》，志于训育储君，万历即位擢升司礼监秉笔太监，是年幼登极的万历皇帝的内廷老师和身边有影响力的"红人"，万历初提督苏杭织造，表现可圈可点，受到地方官绅普遍好评。万历三十九年重刊者刘成则是孙隆的模仿者。旨在感召宦官来辅导君德的《中鉴录》，由志于辅导君德的内廷太监孙隆刊行，是晚明政治文化的独特景观。《中鉴录》为有志于"致君尧舜上"的晚明士人开辟了一条间接可行、务实积极的"格君"之路——编纂以古今宦官史例为内容的读本，令宦官阅读，教化和感召宦官，补裨政治。

明代宦官在东宫教育和帝王日讲、经筵乃至日常生活与政治实践中发挥切实影响，与此同时，明人亦强调宦官对于帝王教育不可或缺的作用。在明代特殊的政治文化背景下，内廷宦官不但可以在内书堂中接受历史教育，而且受到士人编纂史鉴书籍的教化，并转而影响君主。这些史鉴书籍主要于晚明集中涌现，除《中鉴录》外，还有张世则《貂珰史鉴》、徐学聚《历朝珰鉴》、李腾芳《宦寺考》、毛一公《历代内侍考》等多种。明末宦官（如孙隆、金忠等）接受历史教育之后，转而向帝王陈说明君德政之事和贤宦益国之故，可见历史教育成为儒臣、宦官与帝王三者相互沟通和影响的纽带。

明代中后期士人还在地方政治的广阔舞台上利用循吏文化资源教化宦官。镇守中官和守备太监是地方政治运作的重要一环。明代中后期地方官员和士绅，通过褒扬和播传镇静无扰、施惠于民的贤良镇守中官"美政"，塑造和树立镇守中官模范，彰善瘅恶，树之风声，助益地方治理。

弘治年间邓原和麦秀成为全国性镇守中官模范，正德年间反映镇守太监刘璟德政的文本——《萃美录》《两广去思录》的编刊以及明末守备太监杜茂美政文本《实政纪》的出现等，既构成教化镇守中官的广义场域，又是镇守中官与地方官员士绅乃至民众之间交往互动的表征。

以下再从明代思想史、文化史和政治史三个方面，总结本书研究所得到的历史认识和观察。第一，中晚明士人教化宦官行动是儒家"得君行道"理想的曲折延展和上层经世之学的内容要目。自孔子以来的中国士人阶层饱含一种以道自任的气魄，以"道"对抗政治权威，批判政治，力图将"道"推向人间社会。由于君主是整个封建统治和政治架构的中心，将救世和行道的理想落实在"引君于道"、"致君尧舜"或"得君行道"之上，成为宋代以来士人上层经世之学的核心要件。由于明代君主独裁加强，君臣悬隔严重，与君主亲密的宦官占据政治结构和权力运作关键位置，成为联系和沟通君臣的纽带。这一政治生态和政治现实如同横亘在明代士人"得君行道"理想面前不可移易的高山崖壁。从某种程度上说，法国小说家雨果（1802~1885）笔下的国王"底下的人"与明代宦官政治角色颇为相似：他们"能够随意打开和关闭国王的良心，爱把什么东西塞进这个良心就塞进去……国王是听从别人命令的……听从某一个不断在他耳边叨唠的丑恶的灵魂……统治不过是听从命令而已。高声说话的是统治者，低声说话的人是掌握统治权的人"。① 可以说，明代中后期士人"化宦"思想和行动的落脚点，是感召和教化出好的宦官来间接提升君德，借力打力，以迂回的方式"格君"。要之，明代中后期士人"得君行道"理想的施展，越来越曲折地寄托在教化和感召最能影响君主的宦官身上。可见中晚明士人"得君行道"的兴趣并未衰退，经世之学并不因君权的高涨与心学之流行而无所表现。

第二，明朝儒学思想与文化整体上具有强烈的实践性指向和下行性特征。被称为明学奠基人的吴与弼将理学化为人生和生活，岛田虔次称他的《日录》"是想要变化气质的执着努力和以圣贤为目标的气喘吁吁而又悲

---

① 雨果：《笑面人》，郑永慧译，人民文学出版社，2018年，第252~253页。

壮地奋发向上之记录"。① 明中期著名心学家王阳明"致良知"思想的要旨是鼓励人人敢于行动，成为"圣贤"。中晚明阳明学尤其是泰州学派的讲学讲会更是明显具有基层社会教化的面向。深受程朱理学思想影响的明初最高统治者——明太祖和明成祖，都非常重视社会教化，颁布《教民榜文》，敕撰《孝顺事实》《为善阴骘》《五伦书》等书。脱胎于《教民榜文》的明太祖"圣谕"六条，既是明代中后期士人推行乡约的精神内核，又是向基层民众宣讲和阐释的教化文本。② 为适应家族礼仪重建，明代士人还热衷于重编明初官方敕撰书《性理大全》收录的朱子《家礼》，以"冠婚丧祭"为内容的"四礼"学蔚然盛行。③ 与此同时，中晚明兴起宗族祠堂建设热潮，宗族族谱和族规家训不断吸纳理学价值观念和家礼程式，宗族成为承载和落实社会教化的基层组织。④ 可以说，整体而言，明代儒学与文化兼具走向"行动"的思想哲学和走向"社会"的教化事业的双重特性。中晚明士人重新思考向来被摈斥在儒家主流价值之外的宦官，强调宦官也有"人"的善端与本性，主张教化为善并付诸行动，这是明代儒学思想与文化兼具以上双重特性的逻辑使然和有力诠释。由孟子性善论发展而来的近世理学形而上学人性理论得以进一步充实，"万物一体之仁"的精神和时代热情得到充分彰显。

第三，明代宦官与士人在政治文化中日渐同一化。陈寅恪先生论历史上曹魏、司马晋两姓关系称：魏为东汉内廷阉宦阶级之代表，晋是外廷士大夫阶级之代表，出身为非儒家之寒族的东汉宦官，尚文辞而重智术，出身为地方豪门贵族的士大夫，尚经义而贵仁孝，二者渊源已异，衍变所

① 岛田虔次：《中国近代思维的挫折》，江苏人民出版社，2005年，第9页。
② 最新研究，见赵克生《从循道宣诵到乡约会讲：明代地方社会的圣谕宣讲》，《史学月刊》2012年第2期，第42~52页；陈时龙《圣谕的演绎：明代士大夫对太祖六谕的诠释》，《安徽师范大学学报》2015年第5期，第611~621页。
③ Patricia B. Ebrey, *Confucianism and Family Rituals in Imperial China: a Social History of Writing about Rite*, Princeton University Press, 1991；吾妻重二：《朱熹〈家礼〉实证研究》，吴震等译，华东师范大学出版社，2012年。
④ 常建华：《明代宗族组织化研究》，故宫出版社，2012年。

致，大不相同。① 与中古社会不同，明代处于中国近世社会。就出身而
论，宦官固然绝大多数来自民间，士人也多出身寒庶。明代宦官与士人既
在政治制度和权力运作层面互相协作、彼此牵扯，又在社会生活上存在千
丝万缕的联系，更因读书教育一端，在儒家思想文化方面彼此沟通互动。
二者在政治上的密切协作，无疑增强了其在文化上的沟通。反之亦然。明
代宦官作为精英文化的一分子，他们的诗歌水平足以与文臣相为酬唱，他
们与普通文士一样爱好舞文弄墨，甚至"俨然儒臣之致"，以儒家清流自
居，以辅导君德自任，成为君主的内廷老师，与"致君尧舜上"的外廷
儒士并无二致。中晚明士人教化宦官行动，与以上政治文化背景息息相
关，反过来又加强了士人与宦官在政治文化中趋于一体的走向。明神宗的
内廷老师孙隆刊刻志在感化宦官来辅导君主的《中鉴录》，受到内书堂教
化的明末太监金忠撰作辅导君主的帝学用书《御世仁风》，即是显证。要
之，明代士人与宦官在对抗或勾结的二元认识之下实际上存在着深层的良
性互动关系。认识这一点无疑有利于把握明代政治文化的基本内涵，推进
明代政治史和宦官史的深入研究。

---

① 陈寅恪：《书世说新语文学类钟会撰四本论始毕条后》，《金明馆丛稿初编》，三联书店，
2001 年，第 48 页。东汉宦官与民间社会文化关系，参王永平《汉晋间社会阶层升降与
历史变迁》第一章，社会科学文献出版社，2011 年。

附　录

一　新辑明代宦官诗二十六首

宦官简介	诗名	内容
天秀,印绶监太监	无题	湖水接天碧,山形壮帝基。登临兴不已,回首日晴时
臧恩,印绶监少监	无题	危壁悬岩水激声,双钟峙矗翠屏盈。江沱极目无余地,谁谓孤山是海峝
朱奉,印绶监太监,正德年间任云南金齿腾冲镇守太监	无题	圣景何劳说阜卢,层峦叠翠甚堪图。湖波激滟亘今古,石佛威灵自始初。顶并太华云外从,钟非铜铁世间无。贤哉邑令陪登览,共洗册心望帝都
扶安,弘治年间司礼监太监	登太和山	神仙峭拔近星天,殿阁坚高蔼碧烟。风静老猿攀柏啸,日明仙鹤傍人旋。文皇创建崇优礼,历代颙祈国祚延。奉命南来跻福地,幸踏云梯谒圣贤
杨友,弘治年间任贵州镇守太监	乐射亭诗	简命南来镇此城,敢忘制治恃清平。围标且为筹边结,高扁谁将乐射名。练武正期酬重寄,弯弓元不从闲情。近闻夷寇深深遁,遁笑何妨累紊觚
麦秀,弘治年间任浙江镇守太监	无题	浮世茫茫自古今,先生真不负光阴。孤坟草屋三秋泪,破镜鸳帏半夜心。白发无情随老至,青云有子嗣徽音。百千年后频回首,孝义堂前墨客吟
罗篇,正德年间任福建镇守太监	无题	叨镇将三载,层台始一临。石磴苍苔合,松阴僧径深。海天舒望眼,烟景动离心。明向南都去,无由再盍簪
尚春,嘉靖初年任福建镇守太监	无题	山屏耸翠法云宫,峭石高岩造化动。多少英雄题咏遍,大明文物宋朝同
董荣,内官监少监,成化年间任广西镇守太监	游龙隐岩诗	星轺远驾自天来,偶过仙岩亦快哉。潭水半浑龙欲起,山风微动鹤初回。多情黄鸟留人住,异种红桃隔岁开。好景独怜看未尽,此身先已在蓬莱

续表

宦官简介	诗名	内容
陈彬，内官监太监，正德年间任广西镇守太监	游龙隐岩诗	仙岩近在桂城东，公暇登临曙色融。龙去沧溟天湛湛，云来林壑树濛濛。满筵蝉豸衣冠肃，千里江山气象雄。四道澄清烽堠息，不妨樽俎夕阳红
	虞山题诗	大块□风已遍施，西瓯和煦浴□时。边陲烽静闲三略，舜景岩游约二司。古洞潜融元气积，韶音犹□后人思。何尝再拜虞山下，细听南薰解愠兮
	月牙山题诗	功到娲皇亦有偏，广寒补饰在儒贤。嫦娥有意烦中使，一度程书一赐筵
	龙隐岩题诗	曲径芳堤绕，黄花翠竹新。往来游宴宾，谈笑古今人
傅伦，都知监太监，正德、嘉靖年间任广西镇守太监	游象山诗	石岩穿透水流通，巧样生成天地工。尚有诗人包万象，琢磨苔藓注纹龙
	还珠洞题诗	铜柱高标镇远夷，班师驻节桂林时。谗言重载珍珠事，尚惹骚人不了诗
	叠彩山题诗	独寻春色上高台，极目凝神望几回。山拱周遭峰作障，云横四野雪成堆。渔舟泊岸沽村酒，墨客题诗寄垄梅。绝顶孤亭真似画，幽芳几阵暗香来
	七星岩题诗	七星山列靖江东，丹灶银床石窦中。一窍通天观法界，三生悟性出樊笼。纯阳有道登仙府，湘子无缘化叔公。洞口白云常变态，秋风暮雨落残红
	白龙洞题诗	白龙已去几千载，鳞甲犹存空洞中。神物有灵生气在，不施甘雨发狂风
	题南薰亭诗	皇泽湾前两岸舟，韶音风韵自悠悠。潇湘斑竹悲思泪，帝德无穷春复秋
	再题还珠洞诗为傅庆云出家题诗	城东峭壁插天荒，绿水洄流岁月长。六月西瓜收洞里，四时鱼艇系岩傍。眼前景物真堪乐，世上人生总是忙。骚客登临舒啸傲，数声横笛应沧浪。出家顿觉发玄机，洗却红尘了是非。苦海茫茫心似水，一轮明月两依依
	再题叠彩山诗	天成工巧点苔斑，聚景亭前水共山。漫数群峰寰独秀，先声百粤震诸蛮。升平岭海民安乐，潇洒林泉日放闲。何处更期来此醉，笙歌檀板尽清欢
	三题叠彩山诗	对面天开一段奇，桂林风景四时宜。虽无金谷园中树，别有丹崖洞里诗。绿水绕城消瘴雨，青山环郭壮边陲。登临此日开怀抱，莫笑狂夫老更痴
	四题叠彩山诗	丹青谁识辋川图，曙色微茫半有无。怪石倚空悬野寺，祥云连远护皇都。驱驰边徼初心壮，历览江湖老节孤。拾翠寻真来洞口，幽禽两两自相呼

宦官简介	诗名	内容
	五题叠彩山诗	风洞非凡境，望江亭不孤。风云上紫极，气色绕皇都。苑静芙蓉秀，城高彩凤舒。悠然见吾楚，乡思满平芜
	六题叠彩山诗	乍寒乍暖瘴烟开，残雪初消斗柄回。独秀巍峨云外现，群峰叠翠日边排。酒阑不觉归家晚，诗兴偏能动客怀。洞口烟萝明月挂，数声嘹唳鹤飞来
	七题叠彩山诗	邂逅凭栏看水流，海鸥飞下白 洲。青山雨过云窝冷，绿树风来洞口秋。洒落情怀诗遣兴，优游岁月酒相酬。烟波钓叟轻名利，不羡人间万户侯

二　新辑明代宦官作序跋文十一篇

（一）陈道《八闽通志跋》①

成化庚子，予奉命镇闽，欲知其风土俗尚，始求八郡之志观焉。然事多叠出，文无统纪，搜考之余，令人厌倦。乃欲鼎新修纂，顾难其人也。巡按暨藩、臬二司合谋而欲成之，以大理寺副莆田黄仲昭先生荐。予因致书币敦请，属以是书。其事皆因八郡所修之志而采辑者，然始而分类立例，终而删润去取，皆出于先生之手。自成化甲辰至弘治己酉，凡六阅岁而始成。夫郡国有志，实史氏之所资也。其所载善可劝，恶可惩，全闽风土之美，文物之盛，咸有足征，其所系岂小也哉！然自宋季迄于我朝，至于今日数百年，全志始得纂辑，通为一书，一览在目，先生之功亦大矣。予尝曰："非予无以成先生之功，非先生无以成予之志。"信矣哉！后之来者能相续而修之，俾传美于无穷，不亦韪欤？镂板既成，用跋其始末云。弘治三年岁在庚戌孟夏望奉敕镇守福建御用监太监五羊陈道书。

（二）晏宏《（资治通鉴）纲目集说本始》②

《纲目集说》，马平扶先生之所集也。集何书与胡三省《音注》、吕东莱《大事记》、少微《断章》、国朝丘琼台《世史正纲》之类，随《纲目》年次本文，入集之而已。其《纲目》内集览、质实、正误，原在逐段之末者，亦因而移之于各句之下。读其文，究其义，有难字音声，《纲目》未尽切证者，又详考诸韵，随文注于本简之上。凡此皆为学者便览之而已。先生留心是书，手自立稿垂成，间因老疾未竟，以宏在门下，丁宁属之。每念先生与予有师生之分、父子之情，不忍泯没之也，况是书之托，又有益于世耶！遂取诸前集，会二三宿儒，搜阅未完

① 黄仲昭纂弘治《八闽通志》卷末，《中国史学丛书·三编》第4辑第37册，台北：台湾学生书局，1987年，第4865～4868页。
② 扶安、晏宏纂《资治通鉴纲目集说》卷首，叶22。

者，依式补集明备，刊而传之，以成其志。先生讳安，字世宁，别号静斋，景泰甲戌六月十四日生，嘉靖乙酉十月十三日卒，年七十二云。门生束斋晏宏谨识。

（三）曾敏《诸葛孔明心书序》①

《武经七书》载籍，诚治安要典，御侮良谋，有家国者容可忽耶？亦皆有补于世道，然未有若蜀昭烈军师诸葛孔明《心书》尤切事焉。观其审因、戒备、试将、整师之句，与夫逐恶、知人性、南北蛮狄之篇，虽伊、吕、周、召复生，诲人不是过矣。大矣哉！且武侯当汉室颓败之际，权臣篡夺之时，犹能以区区之域，扫云翳，清霄汉，淳太古之风于西蜀者，良可谓不世出之贤才矣。予一寺人，焉敢妄意窃附鄙谈于篇端？但予侍觐清朝，济济师师，诚有年矣。其于圣经贤传、古今史籍，公余之暇，未尝不留意讨论焉。故于此集批阅再三而不能去手也。尝谓凡为人臣，苟膺顾命，付托一方，欲使佳禾无稊稗之扰，黎庶有讴歌之乐，舍是书何取焉？吁！故僭云。

（四）王佐《大岳太和山志序》②

天下之山多矣，未必皆有名也。志天下名山者有矣，未必如此山之志之当重也。盖此山之秀之灵之美绩，种种出奇，非他山比。是故志之不可以无作也。佐也承命恭祀神宫，十有八年于兹。考之旧志，询之耆老，观之风物，颇得其详。其来也，乾兑发源；其应也，翼轸二宿。房城护其南，汉水环其北。拱者七十二峰，袤延者八百余里，此之谓天下名山之拔出者也，然非真武不足以当之。是以玄帝禀天一之精，成无上道，飞升而溥灵光于八表，照应而达嘉瑞于累朝。此之谓地灵而神化也，至于我朝尤煊赫焉。是以太祖获其神佑于鄱阳，而外患以宁；成祖睹其旌旗于霄汉，而内难以靖。笃命勋戚大臣，创建宫殿，以昭答神护之庥。恐香火无以奉也，选道流以虔祀之。恐道流无以自给也，充佃户以供赡之。恐久而

---

① 沈津：《中国珍稀古籍善本书录》，第 193 页。
② 王佐等：《大岳太和山志》卷首，《武当山明代志书集注》，第 275 ~ 276 页。

弗新弗洁也，编军民以修葺洒扫之。恐民间之樵采也，特加敕以禁护之。又恐因袭而弛，错居而玩也，简内外守臣以提督之。列圣相承，祀仪益厚，此之谓圣神相感通也。及今圣上临御以来，玄帝之灵，愈显而愈真，崇奉之礼，视昔为独盛。出内帑之积，为重修之资，仍于入山初道，更扁"治世玄岳"。不烦民力，而废坠聿兴。不俟岁月，而工程具举。时则奉提督之命者，有工部亚卿陆公杰，任督理之责；作群僚之倡者，有少参今升河南宪副雷君贺，协赞以底绩。所当续纪以补旧志之未备者，不容已也。佐何敢辞，乃召知州范大儒，商理其事，因推学政慎旦、举人贾如愚、庠生徐麈、贾如鲁编次，复授郡宦陈君诏校之。始自乙卯九月，迄今丙辰四月，方成集焉。集成，庸是锓梓，以播扬圣世之盛。少参王君继洛序之于前矣，佐敢略述颠末，以俟后之君子云。嘉靖丙辰岁仲夏望吉前文书房奉敕提督太岳太和山兼分守湖广行都司等处地方内官监太监古燕王佐谨序。

（五）吕祥《续大岳太和山志序》①

夫志者，记其事也。若事物之集，无志以记之，而后人无所考证，取以为则，此志之所以作也。虽然，志则相同，而所记之事，盖有不同也。若《一统志》者，记我皇明舆图之广、版籍之盛。郡县志者，记其建制沿革之始末，与夫贡税、赋役、土产、人物、山川、风俗之详。若太岳志者，乃敬斋王公因旧志之缺略、新事之未辑，与郡庠官及乡之士夫，共订以成。记我成祖文皇帝肇建之制度，及列圣制敕之颁降，守臣章疏之奏陈，宫观之布列，峰峦之秀丽，神应之祯祥，草木之奇异，今上崇玄重道之重修，内外守臣所奉之纶音，士夫缙绅游谒之吟咏，凡有关于玄岳者，靡不悉载。诚为不刊之典，岂后人复能置咏于其间哉！嘉靖丁巳，适王公引年，具疏辞免提督，本山员缺，上命祥以代。祥虽庸劣之质，尸素备员，继王公之后尘，亦尝奉敕谕之责委，叨恩赉之频渥，兹特续入志内，非炫耀于人，实不敢忘君之赐焉。嘉靖辛酉夏孟之吉钦差提督大岳太和山兼分守湖广行都司等处地方内官监太监保定吕祥谨序。

---

① 王佐等：《大岳太和山志》卷首，《武当山明代志书集注》，第277页。

（六）冯保《跋经书音释后》①

经书难字，古人载之详矣。而复为此举，何哉？盖天下之道理无穷，而字体之真讹未尽。乃予独得之见，默识之几，字字而拣择之，意义而音释之，至于茫昧深怪者，举笔临书，罔知所措，不可一二枚举，况《（玉）篇》、《（广）韵》等书备载无遗。予缘浩繁，劳于检阅，于侍上之暇，会群书，叶声韵，去繁就简，集以成编，实以自便。定名曰《经书音释》，分为二帙，用锓诸梓。极知浅近，不为骚人墨客之图，使后之初学者则未必无小补云。隆庆辛未夏吉旦镇阳双林冯保识。

（七）孙隆《通鉴总类跋》②

皇上宪古为治，于历代史策无不覃精批阅，故与儒臣昕夕讲绎，迨遍秘府之藏矣。隆曩日侍蕭幄，甚惬遭逢。因获宋沈宪敏公所编《通鉴总类》二十卷，进之御前，以备九重燕闲之览。上嘉悦，欲镂之尚方，以播寰宇。会命隆来三吴，遂而不果。居恒思睿念则焜耀日星，固万禩所瞻仰哉！顾隆谫劣，鳃鳃以不能称上任使为惧。程工之暇，尝三复校雠是籍，遂捐俸，付剞劂，以仰副上意。既竣事，征师相申公序简端矣。隆幸观厥成，敢飏言于末曰：猗欤哉！今际右文之朝，玉管琅函，充斥于兰台石室者，足垂训于无穷，何事浮慕远古为哉！隆惟史家之言，必今昔兼贯，则考镜斯全，似不可偏废。司马公《通鉴》出而赤帜千古，为策甚夥矣。然艺苑大匠一握简，靡所不快，第世代相悬，善败异迹，便详览，不便会通。摘属之夫，卒若爱居之骇大吕，欲穷其乱无从也，盖其难哉！此宪敏《总类》之编，详而有体，简而靡遗，一展阅之，较若列眉，即大海齑渊，其浩淼莫测，而支分流别，莫非汇潴所从来。故读史者视《通鉴》于《总类》，则不殊观海之津涯。而考核之便，洞胸豁眸，免于洛阳浩叹矣，其神益岂浅尠耶？故宋跸而南，偏安多事，尚嘉定间刻之。胜国夷陋少文，尚至正间刻之。于今文明全盛为何如者，此上所以悯旧编

---

① 冯保：《经书音释》卷末，第 44～45 页。
② 沈枢：《通鉴总类》卷末，台北"国家"图书馆藏明万历二十三年孙隆刻本，叶 1a～4b。

之漫漶而欲新之也。矧迩者，阁臣亦尝奉旨纂《训录》四十类，是当宁以简捷示海内，预有宸断也。今兹之刻，隆特祇承之不悖焉耳，如师相所云则隆奚敢。虽然，宪敏，宋臣也，总其类，实自三晋开国以迄五代，而未竟宋元。我宪皇时虽续有《宋元纲目》，而未及《总类》，犹然阙典也。方今修正史，词臣侍从，秉如椽之笔者，列馆编摹，以成一代典章。如续《总类》，以仰体德意，则尚有俟于载笔者云。时万历二十三年岁在旃蒙协洽孟秋下浣奉敕苏杭等处提督织造兼提督文华殿中书房并御前作掌宝钞司印前东宫典玺乾清宫近侍司礼监管监事太监三河孙隆谨跋。

（八）刘成《通鉴总类跋》①

类书非古也。苏文忠致书王郎："学者如入海，鱼货具有，不能兼收尽取，只作一意求之，学成自八面受敌。"盖类书即不妨于此，而又故尽此矣。乃《艺文（类聚）》、《事文（类聚）》等集，亡虑数十百家，稗官野史，鸡跖牛毛，亦复浩衍。司马君实之著《资治通鉴》也，说者谓泣麟之笔，几以不绝。而沈敏公乃更分胪析缕，各从一意而类之，命曰《通鉴总类》。千古鸿裁，了了心目，使问奇者无庸载酒，而披誉者不羡悬金。《鉴》为经，《类》乃为纬，司马之为素王，而敏公且以素臣，与《春秋》三传相始终矣。书刻于宋之嘉定，至元至正重锓焉，迄于今漫漶无辨。不佞惧鲁鱼亥豕之以《总类》误也，资治谓何？程工之暇，为之三复校雠，而捐俸以付之剞劂。毋曰此一丘之貉也，或于黼黻皇猷，经纶鸿笔，岂尽无小补焉者？而敬以自附于资治之义云。时万历三十九年岁在重光大渊献姑洗月穀旦奉敕提督苏杭等处织造内官监太监关西刘成谨跋。

（九）李实《通鉴总类跋》②

当奉御前，窃读中秘书，虽鸿苞万有，第咄嗟间，而欲类证一事，引伸一义，功莫荟撮汇萃之编能矣。然又不免体裁猥屑，游戏墨华之趣多，综收典实之用少，未有正史而能一事比类如连珠贯玉者。有之如沈敏公

---

① 沈枢：《通鉴总类》卷末，首都图书馆藏明万历三十九年刻本，叶1。
② 沈枢：《通鉴总类》卷末，北京大学图书馆藏明万历二十三年孙隆刻天启二年李实重修本，叶1。

《通鉴总类》是已。卷凡二十，类凡二百七十有一，自帝至王后，以及礼乐、政刑、性行、节纂，条悉若指掌。上之可羽翼世道，下亦不失砥砺身心，犹之史而按事劝惩较捷矣。一展卷而烂然炫目，靡不毕陈，则五兵之于库也，百货之于市也，万花之于谷也，唯人所求而获焉。奚必钩珊瑚于海，撷翡翠于山，然后始得哉？当闲窗清昼，□花无事，对此编，真亦鉴纲中之新语，史册中之真珠舡也。比滥竽武林官舍，获有是板，时时讽赏之，喜跋其简。时皇明天启玄默奄茂之岁仲夏月既望钦差提督苏杭等处织造兼（后缺）。

（十）王体乾等《帝鉴图说叙》①

《帝鉴图说》一书，系上古圣帝明王创业中兴、安邦治国之规鉴，诚后世人君所当法戒者也。昔自儒臣进献以列经筵，随讲呈说，启沃圣心，前代之嘉言善行，与夫紊乱纲纪者，一一备载，较若日星。所以成就高明，辅翌德业者，岂浅鲜耶？今圣主冲龄，天纵睿资，媲美尧舜，日跻勋华。然万几之暇，正博采群书，上下今古，庶几见贤思齐焉，见不贤而内自省者也。于是圣主备览，特命所司刊印。此亦超轶千古，綦隆三代者矣。然善恶劝惩，发于一念，而芳规覆辙，顿自殊途。儒臣讽规，内舒悃诚，俾益圣治，以广皇仁，则日就月将，以致重熙累洽，于是书未尝无小补云耳。今差讹舛错，用是副之剖劂，裁定精严，恭膺御览，实万禩之盛典耶？时天启二年八月吉旦司礼监掌印太监臣王体乾，秉笔太监臣宋晋、臣魏进忠、臣梁栋、臣史宾、臣裴昇、臣张文元、臣李实覆奏，奉旨特刊。

（十一）宋晋《合刻字原正讹序》②

上古结绳，后因鸟迹以作书。嗣是行草隶篆，纷驰角逐，不可以数计。其体要溪径庞杂，和璧与碔砆并列，亦不可以数计，无论矣，若六书则其正宗也。古来鸿谟大训，诸史百家，植准树标，一脉千古。及夫操觚

---

① 张居正等纂《帝鉴图说》卷首，北京大学图书馆藏天启二年司礼监刊本，叶 1a～2b。
② 《六书字原》卷首，哈佛大学哈佛燕京图书馆藏明崇祯四年刊本，叶 1a～9a。

流衍，烂熳数行，靡不借是。至后之学者任便易，不究本原，所争几微，不啻寻丈，可乎？其所为六者，以形肖，以事指，以意合，以声和，而且转为流注，假以通融，操之约，用之当，无容窜而入也。世远时移，往往纰误，鲁鱼帝虎，曾不一析其毫芒，不以传信，益以传讹。即讹矣，而且无由以证其失。不观造物之于群品乎？飞走夭乔，形体不相似，种类不相杂。而凡隶于书者，必究其所从。盈天地间，林林总总，其化育无所遗，惟握其原于二气。万有之伦，于翰墨无不载，惟操其脉于六书。二气有因物付物之作用，六书亦有因物付物之精神。形体乖而作用不灵，字质讹而精神安托？假使胎卵湿化之族，不各归于鳞羽齿角之畴，泛而无宗矣。物相安于类，类分属于书，倘舛错其本来，是即变易其面目，岂古人作书之法乎？晋自少壮颇娱涉猎，得胜国时番阳周氏所著《说文字原》并《六书正讹》。晋合而观之，言简意明，喜而不寐。即捐资广购，奈坊无售者。遂命誊缮而付之剞劂，名以《合刻字原正讹》。说者曰："人心之不同，犹夫书焉。三代而上，多朴茂而黜虚浮。其下焉者，慕圆通而贱拘执，至于今江河之趋而日靡也。事事物物，真与伪持，伪足以敌真；是与非角，非足以乱是；经穷而变，变足以夺经。情稍拂则忤，示异则疑见，特不反唇则腹诽。当斯时也，书之讹，当一轨于正。窃恐讹之不能受正也。"晋则以为未然。夫以连城之璧，明月之珠，委诸途而鉴真伪，莫不知宝；国人饮泉而狂，更执不狂为狂，使傍观者定是非，莫不知辨参苓药石。以之补偏救弊则当，而为渴饮饥食则疏。是虽有变而无阂于经，理有必然，神且独往。且试聚千百人于一室，必有迈种绝伦者在。博文广览之下，岂无近里着己之功。必不以循俗为是，考古为非。晋不佞续之简端，以备士林之采择云。明崇祯四年岁次重光协洽仲春毂旦敕命总督东厂官旗办事司礼监掌印太监臣宋晋谨序。

三 丘濬《世史正纲》中的宦官条目评论与按语

序号	条目	评论	卷次、页码
1	（秦二世二年）秦以宦者赵高为中丞相	呜呼！此后世用宦者辅相之始。观二世之所以用高，高所以谋秦及其所以自为谋，万世之下，可以鉴矣	卷1，第167页
2	（秦二世三年）秦宦者赵高弑其主胡亥	呜呼！此万世宦者弑逆之始	卷1，第167页
3	（汉孝惠皇帝七年）以宦者张卿为大谒者，受宣诏命	此汉以来用宦官之始	卷3，第181页
4	（汉天汉二年）始用宦者主中书	用宦者典事始此。中书之名，因武帝游宴后庭，始以宦者典事尚书，谓之中书谒者，置令、仆射。首以司马迁为之	卷4，第205页
5	（汉神爵二年）以宦者弘恭为中书令，石显为仆射	宦者之设，三代以前已有之，本以给役而已。武帝游宴后庭，始命以典事，然所用者乃腐刑之。司马迁彼固知道义、识古今者也，如用之似亦无害。然迁不世有，后世遂袭以为故事，以国家枢机之任，委任昵近，其不至蔽聪明、窃威柄也几希。先儒谓宣帝开三大衅，终以亡国，用恭、显其一也。愚窃以为宣帝非但用之以亡汉，后世因之以亡人之国也多矣，岂但四百年之炎祚哉	卷5，第214页
6	（汉建始四年）罢中书宦官，置尚书员五人	自武帝用司马迁为中书令，宣帝因以授恭、显，国家枢机，遂属之宦官。元帝时，萧望之言："武帝始用宦者，非古制，宜更用士人。"元帝不听。至是，王凤欲专内外之政，始罢中书谒者，夺其所掌尚书之事，而增置尚书员，始以士人为之。按：尚书之名，起于秦。武帝初置四人，至是成帝增一人为五。五人者，常侍曹、二千石曹、民曹、主客曹、三公曹也。后世尚书分曹，始于此。夫中书枢机之任，罢宦者而用士人掌之，使政出于一而权归于上，是固朝廷美事。然外戚假此而合内外之权，以专国政，遂驯至于移国祚。其事虽若可喜，实若可伤也	卷6，第221页

续表

序号	条目	评论	卷次、页码
7	（汉永平九年）始置中官侍四人，小黄门十人	按《后汉书·宦者传序》："中兴之初，宦者悉用阉人，不复杂调他仕。永平中，始置员数。"则前此虽有中常侍之名，未有员数也，有员数始于此。然其数止十四人而已，后世有职名者，乃至数千焉。呜呼！国政欲不紊，民力欲无困，得乎	卷7，第244页
8	（汉永元四年）宦者郑众与诛宪谋，以为大长秋	此东汉宦者预政之始。真德秀曰："郑众为人虽贤其徒，然开端作俑，终为汉世大患，岂非孝、和之罪哉？"	卷7，第249页
9	（汉永元十四年）始封宦者郑众为侯	宦者封侯自此始	卷7，第250页
10	（汉延熹二年）以宦者单超为车骑将军	前此车骑将军专以授勋戚之用事者，至是以授宦者，则文武之权，尽归之矣	卷8，第263页
11	（汉建宁元年）太傅陈蕃、大将军窦武奏悉诛宦者曹节等，为节等所杀，遂迁太后于南宫	呜呼！人之生也，皆具天地之理，故其性莫不皆好善而恶恶。秉彝好德之心，不以彼此而殊也。当桓帝之时，宦者虽曰专权恣肆，其中岂无明理达义之人，知其党类之非者？而蕃、武不分轻重浅深，一概施之以诛戮，不复有所分别。是以人人自危，无由自白。缔构奋激，而奸谋愈深，遂为国家莫大之祸。呜呼！君子之举事，乌可以不深远虑哉？《书》不云乎："歼厥渠魁，胁从罔治。"非特以之待盗贼，其待小人亦当然也	卷8，第266页
12	（汉光和二年）封中常侍吕强为都乡侯，不受，上疏陈事，帝不能用	呜呼！秉彝好德之良心，人人所同有也。天地生人，初不以其人之所处而异其所禀。彼宦侍亦人也，同得天地之气以为体，同得天地之理以为性，其形体虽有不全，其心性初无少欠。论人者乌可因其所处之地，而遂疑其所存之心哉？观吕强之清忠奉公，虽士夫亦鲜其比。窃意古今宦臣如强比者，固亦不少。但作史者，因其类而并恶之，或至见遗，亦未可知也。后世秉史笔者，其存至公之心，片善不遗，寸长必录。使世之善人君子，不幸而处此，咸有向上之心，而无自绝之念。则内外皆得其人，而人君左右前后，莫非正人，天下后世，有阴受其赐者矣。虽然，所言者为中人以下者发也，若夫中人之资，其生生不息之心，固不以人之绝之而自绝也	卷9，第269页

续表

序号	条目	评论	卷次、页码
13	(汉中平六年)司隶校尉袁绍捕诸宦者,悉诛之,凡二千余人	按:苏轼曰:“国之有小人,犹人之有瘿。瘿必生于颈而附于咽,是以不可去。有贱丈夫者,不胜其患而决去之,是以瘿去而得死。汉唐之亡,由此故也。汉唐末世,议者以为天下患独在宦官,宦官去则天下无事。故汉之窦武、何进,唐之李训、郑注,击之不胜,止于身死;袁绍、崔胤,击之而胜,汉唐遂因之而亡。方其未去,是累然者瘿而已矣;及其既去,则溃裂四出,而死继之矣。”噫! 后之人君自谋其国者,其尚思所以消导解散之,毋使瘿生吾之颈,而至于不可去。谋人之国者,亦毋快吾之一决而伤人之命哉	卷9,第271页
14	(唐开元元年)以宦者高力士为右监门将军,知内侍省事	范祖禹曰:“国家之败,未有不由子孙废祖宗之业也。创业之君,得之难,故其防患深;虑之远,故其立法密。后世子孙,虽有聪明才智,高出群臣之表,然未若祖宗更事之多也。”夫中人不可假以威权,盖近而易以为奸也。明皇不戒履霜坚冰而轻变太宗之制,崇宠宦者,增多其员。自是以后,浸干国政,末流之祸,盖基于此。《书》曰:“监于先王成宪,其永无愆。”为人后嗣可不念之哉	卷18,第400~401页
15	(唐开元十年)安南乱,遣宦者杨思勖讨平之	此后世内臣专兵之始。真德秀曰:“唐世中人预国政,自玄宗任高力士始。中人预军政,自玄宗用杨思勖始。”	卷18,第403~404页
16	(唐开元十二年)以宦者杨思勖为辅国大将军	内臣为将军称大始此	卷18,第404页
17	(乾元三年)宦者李辅国矫帝诏,迁上皇于西内	真德秀曰:“玄宗始坏太宗之法,以重中人。而己之幽郁殂谢,乃出于中人之手,此可以为人君迩奸者之戒。”	卷18,第417页
18	(唐上元二年)宦者李辅国、程元振迁皇后于别殿,杀越王,系兖王僩。帝崩于长生殿,辅国弑后张氏	范祖禹曰:“肃宗信任宦官,上不保其父,中不保其身,下不保其妻子,此近小人之祸也,可不戒哉! 可不戒哉!”	卷18,第418页
19	(唐上元二年)号宦者李辅国为尚父而不名,以为司空兼中书令。寻进爵博陆王	宦者封王始见于此。真德秀曰:“以一阉尹而宠之以宰相,尊之以尚父,自有中人以来未之有也。其为可丑,不亦甚哉!”	卷18,第418页

序号	条目	评论	卷次、页码
20	（唐上元二年）帝遣盗，诛宦者李辅国，复遣使存问其家，仍赠太傅	真德秀曰："辅国专恣两朝，卒不免肢体殊分，投首溷厕之惨，其亦何利耶？其可以为小人稔恶者之戒。"	卷18，第419页
21	（唐广德元年）太常博士柳伉请诛程元振，诏放元振归田里，寻流溱州，道死	真德秀曰："憸人非人主借以声光，未有能自跋扈者也。既长其焰，然后从而扑灭之，所伤多矣。曷若制之于初，卑臣主两全之为得哉？"	卷19，第420页
22	（唐永泰元年）始置内枢密使，以宦者参掌其事	后世枢密之名兆于此。是时虽置是官而无司属，首以宦官董廷秀参掌其事，专主枢密文书，如汉之中书谒者令也。中有处分，则令内枢密宣付中书门下施行，然犹未用以专典武事也	卷19，第421页
23	（唐大历五年）帝以宦官鱼朝恩专恣，与宰臣元载谋诛之，犹赐钱以葬	胡寅曰："古今皆宦官难去者，以其掌兵也，是则然矣，而或不然。辅国、元振、朝恩相继掌兵，气势隆重，然代宗去之，而无肘腋反噬之变。是知宦官非难去，顾人主喜怒如何耳。其至于无可奈何者，以人主无意于可为之时，及不可为，然后为之故也。代宗之政，无可纪述，独诛三宦官及元载为最武。而就其事论之，皆不能尽善。岂非不若慎之于初之为美欤？既宠之，又杀之，复隐之，而厚赐之，非政刑矣。"	卷19，第422页
24	（唐贞元八年）监军窦文场恶神策大将军柏良器，迁为右领军	自是军政专掌于宦官。真德秀曰："宦官常主兵柄，自德宗始，然开其端，又自明皇、肃、代始。四君者，皆太宗之罪人欤！"	卷19，第430页
25	（唐贞元十三年）以宦者为宫市使	按：史谓宫中市外间物，名为市，实夺之也。呜呼！堂堂大朝，富有四海，乃与小人争分毫之利，甚至白夺而有之，是岂君人之道哉？胡寅曰："匹夫交易，价不相直，取而有之，旁观不平，廉者愧耻。富有四海，而行同匹夫，书之青史，千古不泯，岂非永监乎？"	卷19，第431页
26	（唐贞元十六年）监军薛盈珍遣吏诬节度使姚南仲罪，牙将曹文洽追杀吏，表伸南仲冤而自杀，诏征盈珍掌机密	范祖禹曰："德宗之心，常与宦者为一，故虽妄言，必听之。疏群臣而外之，故虽有实言，而人杀身以明之，亦不信也。是以其害如木之有蠹，人之有膏肓之疾。蠹深则木不可攻，疾久则与身为一，必俱亡而后已，可不为深戒哉！"	卷19，第432页

续表

序号	条目	评论	卷次、页码
27	（唐元和元年）以宦者刘光琦为知枢密院	枢密有院始此。代宗初置枢密使，以宦官参掌其事。至是，始以光琦知枢密院。其后，又以梁守谦为使，然皆内臣也。至于唐末，以枢密使与宰相同奏事，听进止。五季因以为二府，则又以处勋旧之臣。宋兴因之，委以兵柄，而与中书省并焉	卷19，第434页
28	（唐元和十五年）宦者陈弘志弑帝	范祖禹曰："宪宗伐叛讨逆，威令复张，而变生近习，身陷大祸，由任相非其人故也。可不为深戒哉！可不为深戒哉！然陈弘志弑宪宗，而穆宗不讨贼，故旧史传疑而已。其后文宗谋诛宦官，盖以讨乱。而宣宗追治逆党，戮之殆尽，其子孙皆以为弑，复何疑哉？"	卷19，第438页
29	（唐元和十五年）中尉梁守谦等立太子恒，杀宦者吐突承璀及沣王浑	唐世宦官弑君、立君始此。真德秀曰："宪宗，英主也，不知《春秋》书阍弑吴子余祭之义，而昵近刑人，以殒其身。又不知《（尚书·）顾命》吕伋等逆子钊之事，而使嗣子之立，出宦者之手。以是观之，人主其可以不学哉？"	卷19，第438页
30	（唐宝历二年）杀悟，立江王涵，更名昂	唐世宦官弑君、立君，再见于此	卷20，第441页
31	（唐太和九年）李训、舒元舆、郑注等谋诛宦官，不克。以郑覃、李石同平章事。宦官仇士良杀李训、注及王涯、贾餗等十一族，自是天下事皆决于宦官	范祖禹曰："文宗愤宦官之弑逆而欲除之，当择贤相而任之。朝廷既清，纪纲既正，赏罚之柄，出于人主，执其元恶，付之有司，正典刑而已矣。乃与训、注为诡计，欲用甲兵于陛城之间，不以有罪无罪，皆夷灭之，召外寇以攻内寇，是以一败涂地，几亡社稷，非徒无益，而愈重祸。盖用小人以去小人，未有不害及国家者也。"	卷20，第443~444页
32	（唐会昌三年）内侍监仇士良致仕，教其党，勿使人主读书近儒生	呜呼！人君一身，天地人物之主，百万生灵之命系焉。所以广其智虑，裨其政治者，当务之急，孰有要于读书亲贤哉？彼小人者，恐其君见古今治乱而知儆省，闻儒生论说而开悟，有以烛己之奸，而不得恣其欲，盖愚其君也。愚其君，将遂其所大欲也。苟惟遂己之欲，则虽致君于幽、厉，措世于乱亡，有弗暇顾焉者也。后世英明之主，尚当以士良斯言为戒，服之心胸，列于屏障，丁宁告戒于子孙。宫中暇日，只是读书，接贤士大夫之时多，亲宦官宫妾之时少，勿为小人所愚弄，而坠其术中。夫然则君道立，而天地人物有所倚赖，而不至于遗祸播恶于斯世斯民矣	卷20，第446页

续表

序号	条目	评论	卷次、页码
33	（唐乾符二年）以宦者田令孜为中尉，政事一委之	胡寅曰："唐自明皇以来，尊宠宦者。德宗始委以禁兵。文宗以后，天子由其所立。故其末流，子孙至于如此。夫国之兴也，未有不由亲贤。及其衰也，犹以小人取败。况祖宗所任不正，则后世必有甚焉者矣。是以明王必慎其所与，恐开祸乱之源也。"	卷21，第454～455页
34	（唐光启四年）宦者杨复恭立寿王杰为皇太弟，更名敏	范祖禹曰："宦者利于立幼弱，使己得以专威权。苟以长而立，则己无功矣。故必有所废置，而谓之定策。呜呼！立君以为天下，而使宦者专以为功，未有不乱国家者也。"胡寅曰："甚哉！宦竖之喜亡人之国也。如不以亡人国为喜，必以安其身为忧。思安其身，惟贤君可恃。君而不贤，乱所由生，何身之能保耶？"	卷21，第461页
35	（唐光启四年）宦官立太弟敏	欧阳修曰："唐自穆宗以来八世，而为宦官所立者七君。呜呼！唐之衰亡，岂止藩镇之患哉？盖朝廷，天下之本。人君，朝廷之本。始即位，人君之本。其本始不正，欲以正天下，其可得乎？"《史纲》于此七君，皆不书即位，所以正其始也	卷21，第461页
36	（唐龙纪元年）有事于南郊，宦官始服剑佩	胡寅曰："僭乱之事，未有不自微而著。故孔子曰：'惟名与器不可以假人。'皋陶曰：'五服五章哉。'故乱之所生，则衣服以为阶。"	卷21，第461页
37	（唐乾宁四年）韩建与宦者刘季述杀通王滋等十一人	胡寅曰："御得其道，则昆虫草木无札瘥夭阏之患，不然一身无所容于天地之间，况妻子哉？古之明君所以不敢不敬德，不敢不教子，不敢用小人，不敢失大柄，为易世之后，末流之若此也。唐室至此，岂非祖宗诒谋有未孙欤？"	卷21，第464页
38	（唐天复三年）朱全忠以兵驱宦者第五可范等七百余人，尽杀之，止留黄衣三十人备酒扫，以崔胤判六军十二卫事	司马光曰："宦者用权，为国家患，其来久矣。盖以出入宫禁，人主自幼及长，与之亲狎。非如公卿，进见有时，可严惮也。其间复有性识儇利，语言辨给，善伺候颜色，承迎志趣。受命则无违逆之患，使令则有称惬之效。自非上智之主，烛知物情，虑患深远，侍奉之外，不任以事，则近者日亲，远者日疏。甘言悲辞之请，有时而从；浸润肤受之诉，有时而听。于是黜陟刑赏之政，潜移于近习而不自知。如饮醇酒，嗜其味而亡其醉。黜陟刑赏之柄移，而国家不危乱者，未之有也。东汉之衰，宦官最名骄横，然皆假人主之权，依凭城社，以浊乱天下。未有能劫胁天子，如制婴儿，	卷21，第466～467页

序号	条目	评论	卷次、页码
		废置在其手，东西出其意，如唐世者也。所以然者非他，汉不握兵，唐握兵故也。盖其祸始于明皇，盛于肃、代，成于德宗，极于昭宗，而唐之庙社，因以丘墟矣。为国家者，可不慎其始哉！夫寺人之官，所以谨闺门之禁，通内外之言，安可无也？如巷伯之疾恶，寺人披之事君，郑众之辞赏，吕强之直谏，曹日升之救患，马存亮之弭乱，杨复光之讨贼，严遵美之避权，张承业之竭忠，其中岂无贤才乎！顾人主不当与之谋议，进退士大夫，使有威福足以动人耳。果或有罪，小则刑之，大则诛之，无所宽赦。如此，虽使之专横，孰敢哉！岂可不察臧否，不择是非，欲草薙而禽狝之，能无乱乎！是以袁绍行之于前而董卓弱汉，崔胤袭之于后而朱氏篡唐。虽快一时之忿而国随以亡。是犹恶衣之垢而焚之，患木之蠹而伐之，其为害岂不益多哉！"	
39	（周显德二年）周克蜀凤州，擒其节度使王环，都监赵崇溥死之	宦者死节，仅见于此	卷22，第493页
40	（宋宣和七年）封宦者童贯为广阳郡王	呜呼！宦者真封王，始见于此。王者封而至于嬖倖之臣，其君可知矣，其时世可知矣！噫！	卷26，第541页

四　张元忭《内馆训言》

万历戊寅秋，余奉命教习内馆。盖诸竖虽微眇，然必教之于童时，使知趋向，而后用之于他日，庶无愆违，此圣祖深意也。第往时率以尊官领之，而今则薄视其职，类用资浅者，又以五人轮番而入，分既不隆，任又不一，安望其有裨哉？余以为任无大小，莫非王事，矧兹教习，所关系非浅鲜者。故每如期而入，于常课之外，拟为训言八条，曰忠、廉、诚、慎、慈、俭、谦、和，各系以诗。又摘史传中贤宦事迹，各为训解。日取一条，令年长二人宣读二遍，诸童竖皆环立而听。讲毕歌诗，皆同声而和之。维时司礼老成者，闻馆中讲且歌，并相赞叹，诸竖亦勃勃鼓动。傥行之二三年，未必无补万一。惜余在馆两月，寻有管理诰敕之命，遂不复入。所著训言，仅仅数条耳。今录于此，以告同心者。

忠训　讲者讲此

凡为朝廷臣子，无论官之大小，地之内外，皆当以尽心报国为心。古人一饭不敢忘君，何况尔等自幼蒙恩，选入掖庭，一饮一衣，皆是朝廷所赐。又特命翰林官教习作养，盖欲尔等晓古今、识理义，他日可称任使，免于过愆。尔等受此天高地厚罔极之恩，可不焚香自誓，做个忠良之臣？且说如何为忠，只是一心为着朝廷，不为一己私图而已。尔等今日聚于一堂，先须各存此心，他日一有官守，即当各尽其职。或蒙主上简拔，衣蟒腰玉，益宜殚竭忠贞，小心敬畏，不可怙宠自恣。或时命不齐，官职卑小，亦宜随缘守分，思报主恩，不可少有怨望。或在主上左右，务要保祐圣躬，劝以亲贤勤政，不可导以非义。或蒙差遣出外，务要简约安静，体恤小民，布宣朝廷德意，不可横作威福。凡此皆是尽忠之事，尔等果能若此，则富贵可保于生前，名誉且垂于身后。岂不美哉？岂不荣哉！

训忠吟　讲毕歌此

圣主恩波海样深，无分中外重词林。欲将涓滴酬沧海，但愿诸君矢赤心。

一饭之恩不可忘，君恩况乃比穹苍。请看自古忠良辈，青史标题姓字香。

廉训

人臣欲事君以忠，必先守己以廉。其或败名丧节，未有不由于贪者。官无大小，朝廷皆有俸给，以养其廉。苟务省约，日用自充，此外妄求滥取，皆为不义。非鼠窃于公家，则渔侵于私室。明有人非，幽有鬼责。忠良之臣，必不如此。且人之贪得无厌者，将为目前计乎？则高堂大厦，夜卧不过一床。五鼎八珍，日食不过一饱。一身之外，悉为剩物。徒自营营，于我何益？将为身后计乎？则贵贱同归于黄土，资财顿属于他人。一身之外，尽将不去。向来碌碌，祇成一笑。以此两端，日夜细思。则廉靖为乐，贪黩为忧。不待智者，当自了然。古昔中贵如东汉丁肃等，以清谨称。后魏赵海领节镇，人或以赂干之。海曰："高官厚禄，足以自给，卖公营私，本非情愿。"终无所受。皇太后闻之，奖赐甚隆。此等贤珰，享福于当时，流芳于百世，乃是尔曹的师范。其当勉哉！勉哉！

训廉吟

清白由来世所钦，莫将阿堵坏良心。古人见利能思义，留得芳名直到今。

诚训

人生世间，处心行事，全以诚为主。古圣贤立下掀天揭地的功业也，都从诚上起。若还不诚，则根本先坏。纵然用计用数，毕竟做不得好人，济不得大事。且说如何是诚，只真实不欺而已。即尔等蒙恩作养，选入读书，若真要自己进益，着实用功。真要朋友大家进益，着实劝勉。后来受了官职之时，或管理事务，用心干办，或给事御前，加意保护。才于道理上不安，断不妄想；于法度上有碍，誓不胡行。这便是不欺而诚。若徒具目前，苟且塞责，专事机械，背公营私，以小恶之无妨，谓非道之可妄，这便是欺而不诚。所以《大学》释"诚意"，只说"毋自欺"。而孔圣人论"事君"，亦只说"毋欺"。夫臣而欺君，莫大之罪，在人岂肯蹈之者？

始初只缘一念不诚，以渐弥缝掩覆，便至不可收拾耳。今尔等正宜存诚不欺，立定根本，乘此时会，辅以才能，他日必然与国家出力，济得大事，做得好人，亦不虚此一生矣。其相与勖之哉！

训诚吟

爱国忠君仗至诚，休将一念坏平生。勿欺请绎宣尼训，留取丹心答圣明。

东汉李巡

汝阳李巡以为诸博士试甲乙科，争第高下，更相告言，至有行赂定兰台漆书经字，以合其私文者，乃白帝，与诸儒共刻五经文于石。于是诏蔡邕等正其文字，自后五经一定，争者用息。

汝阳即今汝宁府属县。汉时置有五经博士，甲乙科是明经、射策科，署为小大两等，有甲乙科之辨。兰台即秘书省，所藏孔壁汲冢科斗文，皆漆书。东汉史上说，李巡因做博士来试甲乙科的，专一争论等第高下，互相言说，各要求胜，甚至有用了贿赂，反定过兰台漆书经字，去合着那人的私文者。国家试科，最是公典，于此尚然，纳贿何所不至。只因当时五经不定，所以贿赂得行。李巡乃奏闻灵帝，使与诸儒刊刻经文于石。于是诏议郎蔡邕等订正经文字样，用三体书之，立于太学门外，今相传石经便是。自后五经定而文教明，争端息而士风正矣。此皆李巡建议之功也。其行事如此，又安肯自开贿赂之门，以塞众正之路哉？史称清忠，有以也夫！

东汉曹腾

曹腾，沛国谯人也，用事省闼三十余年，奉事四帝，未尝有过，所进达皆海内名人。蜀郡太守因计吏赂遗于腾。益州刺史种暠，搜得其书，上奏太守，并以劾腾。腾不为纤介，尝称暠为能吏。时人嗟美之。

沛国即今凤阳府地方。谯是谯县，今之亳州是也。用事省闼，是指他在内里管事。东汉史上说，曹腾是沛国所属谯县人，在内里管事三十余年，奉事汉家四朝皇帝。这等年久，始终未有过失，在帝前惟知荐贤为国。所进达的人，都是四海之内有名望的，不肯引用邪人，坏了国事。蜀郡即今四川地方。计吏就与今之朝觐官一般。益州是四川所属的州名。太守、刺史都是官名。种暠是益州刺史的姓名。赂遗是私送礼物。那时有个蜀郡的太守因考满官来京，寄些礼物，私送与腾。益州刺史种暠搜得那太守送礼的私书，便上奏疏劾他不该私送也，曾劾着腾不该私交外官。似常人记仇的，日后岂不忌恨种暠？腾却无纤毫介意，时常只称说种暠是个有才能的好官。当时人见腾这等至公，都嗟叹称美，以腾为难及。大凡人臣在君上前论人贤否，都该付之公道。自己的私恩私仇，都不可存在心间，才是忠臣。观曹腾只此一事也，记在史书，留名百代，况能秉公持正过于曹腾者乎！

东汉吕强

吕强，河南成皋人也，自小黄门迁中常侍，为人清忠奉公。灵帝时以例封强为都乡侯，强辞让恳恻，固不敢当。乃听之。因上疏陈事书奏，帝知其忠。

河南成皋，即今开封府所属汜水县。小黄门、中常侍，都是内里的官衔。东汉史上说，吕强是河南成皋人，从小黄门升中常侍之职，金珰右貂，官已尊了。他平日为人清谨忠亮，奉公守法，是个忠臣。汉灵帝时尝封中常侍曹节等为列侯，已有这个例，故要把强也封做都乡侯。吕强自思汉高帝定下盟约，原说非功臣不侯，我等虽在御前给事，岂是汗马功劳，可当侯爵？再三辞让，词义恳恻，固执不敢当。灵帝方才听允，不封他了。强因上疏陈说此事，大约谓封侯之例，断不宜开，须得从此停止，其言激切详尽。奏入，灵帝省览也，知他纯心为国，是个忠臣，但不能用之耳。使当时能进用吕强，汉室之隆，可计日而待也。今遇圣明在上，简任忠良，果有吕强此人，何患不行其志哉！

后魏赵默

赵默，河内温人也，有容貌，恭谨小心，赐爵关内侯。出为定州刺史，克己清俭，忧济公私。时或有人欲行私赂，默曰："官高禄厚，足以自给，卖公营私，本非情愿。"终无所纳。帝闻之，赐帛五百匹，谷一千石。

温县属怀庆府，定州属真定府。刺史，就是太守官。《魏书》上说，赵默是温县人，有容貌，小心谨慎，朝廷信任他，赐爵位至关内侯上。后来升出监定州刺史，在官克己清俭，不为身图，惟苦心干办，一切政务，忧济公私，又肯任事，是个好刺史。那时有人要行贿赂，干他以私。赵默说道："凡人坏了操守，或者为贫所累，或原是好利的人。我官高禄厚，自足赡给，况卖公法，营己私，本非情愿，安用贿？"竟却而不纳。孝文帝闻知，道有这等清操，须是赏赉优奖，因赐他帛五百匹，谷一千石。古人说"非澹泊无以明志"，又说"人生最难克是利欲"。故要做好人，全在操守上。要励操守，全在俭约上。若专务靡丽奢华，必得钱神用事，用之无节，不免取之无道，贿赂所以公行也。史称赵默却贿，而言其克己清俭。然则俭之为务，其亦克己之一端与？

东汉良贺

良贺，清俭退厚，位至大长秋。阳嘉中，诏九卿举武猛，贺独无所荐。帝引问其故。对曰："臣生自草茅，长于宫掖，既无知人之明，又未尝交知士类。昔卫鞅因景监以见，有识知其不终。今得臣举者，匪荣伊辱。"固辞之。及卒，帝思贺忠。

大长秋是内里尊官，阳嘉是汉顺帝年号。东汉史上说，良贺为人清谨俭约，谦退敦厚，历官至大长秋位。阳嘉年间，曾下诏书，令九卿举武猛可任将帅的人，贺独无所荐拔。顺帝怪问其故。贺对说："臣生田野草茅之中，长而给事宫掖之内，既无知人明哲，又未尝与士类私交，何从荐之？且于事理亦有不可，昔卫国商鞅，因嬖人景监以见秦王，那时有识之士，已知他不能善终，后竟有车裂之祸。今得臣之举者，万一如鞅，无荣无辱，此臣所以不敢也。"因固辞之。看来良贺惟恐引用匪人，以致败事。此正其忠于朝廷处，故卒而帝思焉。

五 孙隆《进陈善图表》

东宫处典玺局司房写字司礼监奉御臣孙隆谨以《陈善图》上进者。伏以圣胤龙潜，学懋知新之益。愚臣蠡测图陈稽古之规事，虽采于先朝，善可法于今日。欲输芹曝，敬绘明良，谨摘粹以成编，敢披衷而进上。臣隆诚惶诚恐，稽首顿首。

窃惟学于古训乃有获，臣子悟主之初心。鉴诸成宪永无愆，皇储省躬之首务。故泰山不让土壤，益见其高。而河海不择细流，乃成其大。圣如周武叙畴，尚访于殷箕。德懋高宗，犹咨乎傅说。《新语》制于陆贾，汉高涤马上之风。《内则》呈于刘生，元、成洗家法之陋。千秋进《录》，九龄振藻于唐廷。无逸陈《图》，孙奭流芳于宋室。凡居左右，宜竭箴规。振古如斯，匪今云尔。

兹盖伏遇千秋殿下聪明天启，仁孝生知。毓德于青宫，蒙泉养正。潜心于黄卷，震德声闻。亲闻躬膳寝之仪，讲幄笃咨询之志。百神咸仰，万国攸瞻。学无方而主善为师，道有见而羹墙在念。如隆驽劣，窃荷优荣。彤管霜毫，数捧奎章之灿烂。芸台暖阁，时闻法语之琳琅。感激弥深，涓埃莫报。思方册之昭垂，有关启沃。惧简编之浩瀚，无补敷陈。乃祖孟氏陈善之辞，敢云得乎遗教？仍仿羲皇尚象之旨，岂谓熟于精思？关政本者，细亦不遗。助观感者，详而弗厌。或一朝而止绘一君，或一君而兼举数事。由陶唐迄于赵宋，上下三千余年。自太宗溯乎帝尧，先后一十余主。言欲明而不嫌于纂述，迹欲显而必假夫丹青。谊主临轩，备写圣明之景象。贤臣纳陛，仿模忠诲之仪容。按图不虑无稽，开卷殊为有益。恭陈睿览，仰赞鸿猷。惟求常置于座隅，何敢望铭于户牖。冰渊是惧，荙菲增惭。伏愿取人为善，法三王五帝之芳规。能自得师，绵二祖九宗之大统。转圜纳谏，恒虚己于忠贞。明镜澄心，罔溺情于燕逸。则将来大有为之君，不世出之主，可卜于今日矣。臣隆无任，瞻仰激切，屏营之至。谨以所辑陈善图，随表上进以闻。

隆庆五年十二月初一日臣孙隆谨上表。

六 《陈善图册》内容条目

条目	内容
1	谨按通鉴:帝尧其仁如天,其智如神。就之如日,望之如云。富而不骄,贵而不舒。黄收纯衣,彤车白马。茅茨不剪,朴桷不斫,素题不枅。金银珠玉不饰,锦绣文绮不展,奇怪异物不视,玩好之器不宝,淫佚之乐不听,宫垣室屋不堊色。存心于天下,加志于穷民。一民饥,曰我饥之也;一民寒,曰我寒之也;一民有罪,曰我陷之也。百姓戴之如日月,亲之如父母。仁昭而义立,德博而化广。故不赏而民劝,不罚而民治
2	谨按通鉴:帝舜广开视听,求贤人以自辅,立诽谤之木。恭己无为,弹五弦之琴,歌南风之诗。曰:"南风之熏兮,可以解吾民之愠兮。南风之时兮,可以阜吾民之财兮。"四海之内,咸戴帝舜之功。于是禹兴九招乐,致异物凤凰来翔,天下明德,皆自帝始
3	谨按通鉴:帝禹能大尧舜之德,悬钟鼓磬铎鼗,以待四方之士。曰教寡人以道者击鼓,谕以义者击钟,告以事者振铎,语以忧者击磬,有狱讼者摇鼗。一馈而十起,一沐三捉发,以劳天下之民。出见罪人,下车问而泣之。左右曰:"罪人不顺道,君王何为痛之。"禹曰:"尧舜之人,皆以尧舜之心为心。寡人为君,百姓各自以其心为心,是以痛之。"
4	谨按通鉴:汤时大旱七年。太史占之曰:"当以人祷。"汤曰:"吾所为请雨者,民也,若以人祷,吾请自当。"遂斋戒、剪发、断爪,素车白马,身婴白茅,以为牺牲,祷于桑林之野。祝曰:"无以予一人之不敏,伤民之命。"以六事自责曰:"政不节欤?民失职欤?宫室崇欤?女谒盛欤?苞苴行欤?谗夫昌欤?"言未已,大雨方数千里
5	谨按通鉴:商武丁恭默思道,梦上帝赍以良弼。乃使人以形,旁求于天下。得傅说于版筑之间,命以为相,进谏论列天下之事。君臣道合,政事修举
6	谨按史记:周文王之为世子,朝于王季日三。鸡初鸣而衣服,至于寝门外,问内竖之御者曰:"今日安否,何如?"内竖曰:"安。"文王乃喜。日中又至,亦如之。及暮又至,亦如之。其有不安节,则内竖以告文王。文王色忧,行不能正履。王季复膳,然后亦复初。食上,必在,视寒暖之节。食下,问所膳。命膳宰曰:"末有原。"应曰:"诺。"然后退
7	谨按通鉴:周武王既伐商,纵马于华山之阳,放牛于桃林之野。偃干戈,振兵释旅,华鼓旗井兵,藏之府库,以示天下不复用。通道于九夷八蛮,各以其方贿来贡,使无忘职业。肃慎氏贡楛矢、石砮,其长尺有咫。王欲昭其令德之致远,以示后人,使永监焉。故铭其栝曰:"肃慎氏之贡矢。"分同姓以珍玉,展亲也。分异姓以远方之职贡,使无忘服也
8	谨按通鉴:汉文帝元年二月,诏曰:"方春时和,草木群生之物,皆有以自乐,而吾百姓鳏寡孤独穷困之人,或阽于危亡,而莫之省忧,为民父母将何如?其议所以振贷之。"二年九月,诏曰:"农者,天下之大本也,民所恃以生也。而民或不务本而事末,故生不遂。今兹亲率群臣,农以劝之,其赐民今年田租之半。"十二年六月,诏曰:"农,天下之本,务莫大焉。今勤身从事,而有租税之赋,是谓本末者无以异也。其于劝农之道未备,其除田之租税。"后元年,诏曰:"间者,数年不登,又有水旱疾疫之灾,朕甚忧之。愚而不明,未达其咎。意者朕之政有所失而行有过欤?乃天道有不顺、地利或不得、人事多失和、鬼神废不享欤?何以至此?将百官之奉养或费、无用之事或多欤?何其民食之寡乏也?夫度田非益寡,而计民未加益,以口量地,其于古犹有余,而食之甚不足者,其咎安在?无乃百姓之从事于末、以害农者蕃、为酒醪以靡谷者多、六畜之食焉者众与?细大之义,吾未能得其中。其与丞相、列侯、吏二千石、博士议之,有可以佐百姓者,率意远思,无有所隐。"

续表

条目	内容
9	谨按通鉴：上辇过郎署，问冯唐曰："父家安在？"对曰："臣大父赵人。"上曰："昔有为我言，赵将李齐之贤，战于巨鹿下。今吾每饭，意未尝不在巨鹿也。"唐对曰："尚不如廉颇、李牧之为将也。"上搏髀曰："嗟夫！吾独不得廉颇、李牧为将！吾岂忧匈奴哉！"唐曰："陛下虽得廉颇、李牧，弗能用也。"上怒，让唐。唐曰："上古王者之遣将也，跪而推毂，曰：'阃以内，寡人制之，阃以外，将军制之。军功爵赏，皆决于外。'李牧是以北逐单于，破东胡，灭澹林，西抑强秦，南支韩魏。今魏尚为云中守，其军市租尽以享士卒，匈奴远避不敢近。塞虏曾一入，尚率车击之，所杀甚众。上功幕府，一言不相应，文吏以法绳之，其赏不行。陛下赏太轻、罚太重也。尚坐上功首虏差六级，陛下下之吏，削其爵，罚作之。由此言之，陛下虽得廉颇、李牧，弗能用也。"上说。是日令唐持节赦魏尚，复以为云中守，而拜唐为车骑都尉
10	谨按通鉴：汉武帝建元元年冬十月，诏举贤良方正、直言极谏之士。上亲策问以古今治道。广川董仲舒对曰："臣观天人相与之际，甚可畏也。自非大亡道之世，天尽欲扶持全安之，事在强勉而已。强勉学问则闻见博而知益明，强勉行道则德日起而大有功。道者，所由适于治之路也。仁义礼乐，皆其具也。故圣王已没，而子孙长久，安宁数百岁，此皆礼乐教化之功也。夫周道衰于幽、厉，非道亡也，幽厉不由也。至于宣王，思昔先王之德，兴滞补敝，明文、武之功业，周道粲然复兴，此夙夜不懈行善之所致也。为人君者，正心以正朝廷，正朝廷以正百官，正百官以正万民，正万民以正四方。四方正，远近莫敢不一于正，而亡有邪气奸其间者。是以阴阳调而风雨时，群生和而万民殖。诸福之物，可致之祥，莫不毕至，而王道终矣。"
11	谨按通鉴：汉光武，初起太学，车驾还宫，幸太学，稽式古典，修明礼乐，焕然文物，可观矣
12	谨按通鉴：汉光武少与严光同游学，及即位，以物色访之。得于齐国，累征不至。拜谏议大夫，不肯受，去，耕钓于富春山中
13	谨按通鉴：唐太宗神采英毅，群臣进见者，皆失举措。上知之，每见人奏事，必假以辞色，冀闻规谏。尝谓公卿曰："人欲自见其形，必资明镜。君欲自知其过，必待忠臣。苟其君愎谏自贤，其臣阿谀顺旨，君既失国，臣岂能独全？如虞世基等谄事炀帝，以保富贵，炀帝既弑，世基等亦诛。公辈宜用此为戒，事有得失，无惜尽言。"
14	谨按通鉴：唐太宗谓太子少师萧瑀曰："朕少好弓矢，得良弓十数，自谓无以加。近以示弓工，乃曰：'皆非良材。'朕问其故，工曰：'木心不正，则脉理皆邪，弓虽劲而发矢不直。'朕始寤向者辨之未精也。朕以弓矢定四方，识之犹未能尽，况天下之务，其能遍知乎？"乃命京官五品以上，更宿中书内省，数延见，问以民间疾苦及政事得失
15	谨按通鉴：唐太宗谓裴寂曰："比多上书言事者，朕皆粘之于屋壁，得出入省览。每思治道，或深夜方寝。公辈亦当恪勤职业，副朕此意。"
16	谨按通鉴：唐太宗时，畿内有蝗。上入苑中，见蝗掇数枚，祝之曰："民以谷为命，而汝食之，宁食吾之肺肠。"举手欲吞之。左右谏曰："恶物或成疾。"上曰："朕为民受灾，何疾之避？"遂吞之。是岁，蝗不为灾
17	谨按通鉴：唐玄宗素友爱，近世帝王莫能及。初即位，为长枕大被，与兄弟同寝殿中。设五幄，与诸王更处其中，谓之五王帐。薛王业有疾，上亲为煮药，回飙吹火，误燃上须，左右惊救之。上曰："但使王饮此药而愈，须何足惜？"

条目	内容
18	谨按通鉴:宋太祖初,王全斌之伐蜀也,属汴京大雪,太祖设毡帷于讲武殿,衣紫貂裘帽以视事。忽谓左右曰:"我被服如此,体尚觉寒,念西征将士,冲冒霜雪,何以堪处?"即解裘帽,遣中使驰赐全斌。仍谕诸将曰:"不能遍及也。"全斌拜赐感泣,故所向有功
19	谨按通鉴:宋太祖性严重寡言,独喜观书。虽在军中手不释卷,闻人间有奇书,不吝千金购之
20	谨按通鉴:宋太宗以吕文仲为翰林侍读、王著为侍书。帝勤于读书,自己至申,然后释卷。诏史馆修《太平御览》一千卷,日进三卷。宋琪以劳瘁为谏,帝曰:"开卷有益,不为劳也。朕欲周岁读遍是书耳!"

七 《御世仁风》序跋、卷次目录

刘铎《御世仁风序》

余惟古之谏者，至引裾折槛，解衣赴汤，极矣。然犹以为危言易拂，转圜难冀。固不如援经据传，而微以中之，于入人尤深乎？故或以显净，或以隐讽，又或以谲谏。使言之者无罪，而听之者足以诫。道故委蛇，衷乃独苦。昔张九龄上《千秋金鉴录》，以伸讽谕。宋璟手写《尚书·无逸图》，以动帝勤省。郑侠绘《流民图》，以导仁爱。以至笔谏、诗谏，是不一术，要期于格君而止，则奚必贵批鳞哉？

今上聪明神圣，轶驾前王。迩年以来，雅慕静摄，至不闻声。章疏杂沓，一切留中。虽挽斗为喉、箕为舌，靡所争之。圣衷渊微，故不可测。而持净之过，致伤雅道，或亦言者实甚。吾友金公，叨侍中秘，有概于中久矣。近者奉差出守凤阳，因集贤圣往迹，编刻成编，名曰《御世仁风》，绘之图像，以便批阅。书成，因走价都城，索余文以序之。余览之未竟，辄跃然有会。大要谓心为政府，衅孽萌生，一动于机。而旱灾符瑞，兵农财用，用人行政，遂至于得失顿殊。利害攸变，而不可方物。爰是渔猎古史，撷采今闻。凡夫法语绪论，寓言卮说，为邺侯宝阅，靡不收之。而令圈套陈迹，焕然一新。洋洋圣模，实基之矣。唐太宗有言曰："鉴于铜，正衣冠；鉴于古，知兴废；鉴于人，正得失。"故有画《云汉图》，见者皆热；画《北风图》，见者皆寒。兹何以故？触目儆心，生恶可已矣。嗟嗟！人主惟未见兹刻尔，见之未有不发耸神悸，翻然图维者。

中贵无言官之责，然宫府内外，脉理相通，如衣之近褕。故天文四星，在帝左右，五侯贵近，实切肖之。身逾狎而言逾易入，往往得人主之昵信，福及天下而已。不尸虽然稽之往古，未数数见也。明帝时，惟中常侍蔡伦数犯颜匡弼，至今以为美谈。至人忠无逆，至言不忤，以远追吁咈赓歌之遗意，如兹集者，古长秋可若是几与？金公为人淡素儒雅，绰有道气，无尘俗腻郁之态，斯其品有足多者。诵其诗，读其书，不知其人，可乎？金公讳忠，字敏恕，方城人。

万历己未腊月吉旦赐进士第承德郎刑部山西员外友弟刘铎顿首书。

周诗《御世仁风序》

是刻也，乃中都镇守金葵庵公所手摘往昔懿行最关于人心风俗者，而且缀之以图，题之曰《御世仁风》云。盖宇宙间动物惟风，而动物之尤神者，惟仁风。何也？仁，人心也；风，君子之德也。民之归仁，沛然莫御，风以偃草，无所不靡。是故其风温如，足以使人怡情而悦志。其风穆如，足以使人释怀而宣郁。其风凛如肃如，足以使人廉顽而立懦。故曰天下之物以形用，而是风独以神用，以言乎妙天下之感也。

检阅集内先哲，其当年之行事，生平之辙迹，久与骨俱朽。兹者偶一披览，不觉缅焉怀想，眷焉神游，忻慕焉而愿为执鞭。是何物也？曰仁也，此心终古不死，此理四海皆同。彼其树为风声，流为风韵者，百千年后，与日星为烈，霜雪争严，与我相遭于不言之喻，相结为素交之知，是品物自然之流形，而化工自然之吹嘘也。故知宇宙虽大，生民虽夥，有不陨蓼莪之涕，而堕岘山之泪者，必非人心矣。

公故内纶丝纶，恒以辅养君德为念。其来临兹土，实悼风教阏抑不振，风俗痿痹不仁。凡人士接遇，謦咳所及，无不殷殷回心，皆有向风之感，惟仁也，是以风也。况乎据文诵说，按图指示，有不且悲且喜、且歌且舞、凭而吊、感而兴者乎？信乎！为御世之善物也。余又闻公之言曰："吾将上之青宫，以达宸览。"今青宫初御紫极，一二新政，海内业已引领而望。果以贤哲之型范，仰成圣明之美墙，必且仁覆天下，风动六合。是刻也，余且以为知风之自矣。

万历庚申中秋日渤海周诗书于凤阳分司署悬鱼斋中。

金忠《御世仁风自跋》

余观御世之道，本乎仁德，畏天康民，明德乐道，自求福善，永享无穷。在天则为元亨利贞，运行四时，万物生焉，岁功成焉，大德彰焉。此天地之道德，默行乎宇宙之间，成乎妙用自然之道。在人则为仁义礼智，操存涵养，是以谓之德业。忠孝廉节，行之于世，则谓之事功。德业事功，即人之本然之性，成乎谦雅自然之礼。天人和合，服以尧景舜风之教。奈何徒诵圣贤之书，不明天地之德，不味圣贤之道，何不正乎此心？所欲而重者誉利，所忽而轻者道德。衔章句以显姓，掇拾余以道名。非良知之能，失却本体之质……非明德亲民之验，其道焉得正乎？其世何得宁乎？自心未制，焉然致治？是以不泯道德廉耻，焉能免蠹鱼之笑哉？老子有云："愚而好自用，贱而好自专，生乎今之世，返古之道，灾及其身者也。"宋方蛟峰云："富莫大于道德，贵莫大于圣贤。贫莫大于不闻道，贱莫大于不知耻。士能行道之谓达，贫不安分之谓穷，流芳百世之谓寿，得志一时之谓夭。"余惟鄙陋，深味斯言，尝诵之于口，省之于心，因阅诸书，采择古之圣帝明王，圣贤格言，纂成三百六十条，余有廿四条，以取闰余之意，绘图成说，为名《御世仁风》。咸是修齐治平之道，切要身心之传，起居修摄之则。昔思禄享之熙，无以报国，是以装演书屏，为启万圣之览。今增岁农之艺，节俗之□，聊以为自度修命之陈，处厚居实之应。复刻成稿，可为屏帏座右之观。公诸宇内同志者，清玩期继。尝忆邵子诗云："何事堪为席上珍，都缘当日得师真。是知佚我无如老，惟喜放怀长侠春。得志当为天下士，退居聊作水云身。胸中一点分明处，不负高天不负人。"嗟乎！若此心有负无惭，夜气不察，清明不悟，扰扰浮生，攘攘囊案，深可惜哉！万历庚申孟春毂旦方城金忠书。

《御世仁风》卷次分布

卷1：君道（41条）、储训（9条）、贤后（2条）、纳谏（3条）

卷2：任贤（7条）、予夺（4条）、去佞（4条）、重民（4条）、文事（1条）、武备（1条）、臣道（7条）、贤宦（2条）、讽谏（5条）、务德（4条）、崇俭（5条）、用才（3条）、礼让（1条）、重农（4条）、好生（2条）、仁爱（3条）、谦恭（2条）、警贪（5条）、达观（4条）

卷3：积德（3条）、谨微（1条）、去伪（1条）、道学（1条）、恬澹（2条）、三教（4条）、戒忿（2条）、性学（1条）、清廉（1条）、孝友（5条）、感应（4条）、重本（3条）、悯农（4条）、天道（2条）、养生（5条）、操存（3条）、见道（4条）、高尚（2条）、友道（1条）、蒙养（2条）、自修（3条）、重师（1条）、趋向（1条）、续纂（24条）

卷4：摄养（13条）、农事（12条）、蚕事（5条）、节候（2条）

八 《御世仁风》征引书籍

征引书籍	征引次数（次）	著作时代	编著者
《皇明宝训》	33	明代	敕撰
《通鉴》《续通鉴》	24	—	—
《资治通鉴纲目》	19	南宋	朱熹
《太平御览》	18	北宋	敕撰
《问奇类林》	16	明中后期	郭良翰
《贞观政要》	11	唐代	吴兢
《事文类聚》	9	南宋	祝穆
《历代君鉴》	9	景泰年间	敕撰
《群书集事渊海》	9	明初	佚名
《册府元龟》	8	北宋	敕撰
《性理大全》	8	明初	敕撰
《山堂肆考》	8	明中后期	彭大翼
《天中记》	8	明中后期	陈耀文
《云笈七签》	8	北宋	张君房
《白孔六帖》	7	唐以后	白居易
《通鉴总类》	7	南宋	沈枢
《大学衍义补》	7	明中期	丘濬
《孔子家语》	6	先秦	—
《唐类函》	5	明中后期	俞安期
《古今逸史》	5	明	吴琯
《说苑》	4	西汉	刘向
《自警编》	4	南宋	赵善璙
《明太祖御制文集》	4	明代	朱元璋
《圣学心法》	4	明初	敕撰
《艺林粹言》	4	明中后期	陈继儒
《五百家名书》	4	明中后期	胡文焕
《知非录》	4	明中后期	黄时熠

注：仅列《御世仁风》征引 4 次以上的书籍，其他从略。

九　王畿《中鉴录·中鉴答问》

（一）

客有问于予曰：中鉴者何？

外史氏曰：中鉴者，中官之鉴也。以铜为鉴，可辨妍媸，以古为鉴，可辨善恶。今历观中官之列而入鉴者，某也为善，某也为恶，既昭然明矣，其善者必获福，恶者必获祸，又的然应矣。故善恶者，祸福之因也，祸福者，善恶之报也。因缘果报，犹影之随形，不可逃也。孔子曰："择其善者而从之，其不善者改之。"从之可以趋福，改之可以免祸，善恶皆吾师也。

（二）

客曰：善与恶，孰从而明之。

外史氏曰：明诸此心而已。是非者，人之本心，善恶之则也。是非之心，人皆有之，所谓良知也。自尧舜以至途人，一也。小人闲居为不善，无所不至，及见君子，则掩其不善而著其善，指以为小人则拂然怒，是小人未尝无良知也。忤逆不孝之人，平时殴辱其亲，无所不至，及指为不孝则拂然怒，是忤逆不孝之人未尝无良知也。行道之人，至死不受呼蹴之食，虽行道之人未尝无良知也。吾人不知自致其良知，习于不善，溺于自好，渐渍传染，迷而忘反，非其本心也。本心之明，譬之白日。蔽于习，夺于欲，譬之浮云。浮云撤，则白日自见。欲习去，则本心自复。小人之可进于君子，途之人可入于尧舜，非自外来也。自反自求，即自得之。所谓明诸心者，此也。

（三）

客曰：中官生质和平，亦有念佛好善，求福田利益者，如此则亦知为善矣，如何？

外史氏曰：圣学不明，此辈未尝得闻大道之要，其好善之念无所寄泊，故托而逃于此。苟圣学明，此辈深惩旧习，报主德如报佛恩。且将纯心归依，不生妒害，同类以善相劝，彼此以善相观，内外相成，共享平康之福，明无人非，幽无鬼责。只此便是福田利益，何必逃于佛而后为得哉？

（四）

客曰：中官亦有违众独立，力行善事，反被同类相挤而受祸者，岂因果报应亦有不足信与？

外史氏曰：此亦圣学不明之故。所谓力行善事，须与众同善，与众同过，善则归人，过则反己，使同类不相忌害，而后吾之事可成也。若徒倖倖然以善矜己，以过责人，甚至攻发人之阴私，以致人人自救，反以为交通外臣，势危机迫，反遭祸机。如近时盖有类此者，可以鉴矣。然则祸福皆己所自召，非可以尤夫人也。

（五）

客曰：世间多为子孙而积聚，今中官既在刑余，无子孙传体之累。顾好货纳赂，厚务积聚，一息尚存，贪嗜不止，还归之后，一旦散去。自古以来，岂无聪明知慧之夫，而终未有能悟者，何耶？

外史氏曰：此所谓习也。习气移人，虽贤者不免矣。以世界论之，是千百年积习。以人身论之，是一生积习。嗜积敛，受积报，以故身死未寒，尽为有力者之所攘夺，虽弟侄亦不得而有。昔人谓"为子孙作马牛"，今乃为他人作马牛，是可叹也。然此犹为得善其终者言也。有等作恶蠹国之徒，生遭戮辱，死遭族灭，谓之见报，殊可叹也。予昔处京师，出游西山，见佛宇琳宫，拟于宫阙。问之则曰："此大阉香火院也。"一生精神干当，死后一番空门，无补之业，养此一辈素餐无藉之徒，无异梦幻，于自己无些子利益。使其生前有知，将自愧自悔之不暇，奚待人言而后觉也？

（六）

客曰：中官乘势，擅作威福，鲜有不遭夷灭之祸，何也？

外史氏曰：此因果之说也。佛氏谓之因果，吾儒谓之报应。迪吉逆凶，捷于影响。《（洪）范》有之，"惟辟作福，惟辟作威"。臣而有作福作威，其害于而家，凶于而国。夫人君威福之柄，而敢夺之以为声势，借之以资货贿，是逆天矣。《易》曰："天道亏盈而益谦，地道变盈而流谦，鬼神害盈而福谦。"老氏曰："水善利万物而不争，处众人之所恶。"今欲乘窃人主之威福，不以谦下自处，是违《大易》之戒，而犯老氏之所忌也，其致凶害，宜矣！

（七）

客曰：中官始于何时？

余曰：自古有之。古者宫刑，下蚕室，谓之阉人。王者不忍以刑余弃之，使之典守服桃，司门户扫除之役。因其所职，以食其饩，随其所养，以安其身，未尝使之干于外政。《周官》所纪，不过百人。其所选用，皆慎于职守，安心饩养，未尝有希宠慕外之心。故曰："左右前后，罔匪正人。"此周家王业所以盛也。至汉武帝，驰骋游牧，出入无度，供应浩穰，宦侍给使令者，始多至千余人。邓太后以女主临朝，不接公卿，乃以宦者为常侍、黄门，以便顾访，无猜忌之嫌，传制将命，权倾人主。汉唐以来，多至万余。认为私家之人，使典守兵政，谓之北司神策，甚至擅生杀，专废立，无复忌惮。夫数多则党盛，权重则势尊。其在国家，如城狐社鼠。其在人主之身，如喉瘿腹痞。既不知为履霜之戒，驯至于坚冰而不可解，此其害在吾党亦与有过焉。盖驭之不得其术，养之不由其道，未可专以责彼为也。何谓驭之之术？中官消息进退，常视人主昏明强弱以为盛衰。惟其昏弱，不能为主，然后因以行其蛊惑，窃其威福。孔氏云："女子、小人为难养也。近则不逊，远则有怨。"当制驭此辈，不视以为私人，复其典司之职，收其干与之权，有善则奖之，有恶则惩之，使知所劝阻。彼方兢兢守职，方以并立荣名为幸，何暇兴邪谋而奸正法，此大公之心也。前世人主，昏弱而不振者，任其凌虐玩肆，如偶人在技儿之手，密制其命，而不觉其刚暴猜狠。又有忿其纵恣，欲有以尽去其党，而贤愚不分，转展相激，至贻甘露之变，皆不明于防驭之道也。何谓养之之道？此无巧法，惟先开其是非本心，使知善恶之报，皆心所造。是非不昧，则好恶公而善恶自明。存之则为圣贤，悖之则为愚不肖，亡之则为禽兽。此辈但蔽于欲，沿于习，由之而不自知耳。譬诸睡梦之人，喑呓颠倒，无所不至，一旦呼之使醒，划然昭苏。追忆平时种种颠倒，何异昨梦，但欠一醒耳。苟有善呼者，随其根性之利钝，蔽习之浅深，援古证今，指其是非之良，疏其利害之端，彼将自知善之不可不为，恶之不可不去矣。此吾《中鉴录》之所以由作也。何谓吾党有过？古云："豹死留皮，人死留名。"此辈皆得天地之灵，以为本心之聪明知觉者也，岂肯甘心以贪暴为事哉？吾党不能包荒，不与分别玉石，一切以刑余寺人鄙弃而恶绝之。彼既不见与于君子，虽有灿然为石中之玉者，亦且安于染习，无复自爱。既不能成圭璋瑚琏之名，固将浑于尘土而自不惜。此吾党激之也。古如赵高、石显、曹节、王甫、仇士良、童贯之徒，作恶过甚，所谓下愚不移，其见鄙绝，宜也。有如吕强之直谏，李巡之通经，马存亮之让权，严遵美之避位，张承业之尽忠之数人者，皆所谓杰然求以名节自见者也。吾党豪杰且将为之形之奏章，书之史册，彼亦真能无负天地君亲之恩矣。后之人鉴于善恶成败之迹而相谅，吾党之心，宁不憬然而悟矣。

（八）

客曰：子之述《中鉴》，似矣，亦将何所稽乎？

外史氏曰：予稽诸往代盛衰兴废之故，昭然可鉴者，既如彼矣，又窃伏睹我圣祖开基，深惩前代宦官之祸，凡所谓防驭驯养之方，灿然备矣。用心公而为虑远，不以姑恤为爱。岂惟此辈闻之益知所修省，凡我继体神孙，亦当视为成鉴。其周防训养之法，弗致玩易而忽之也。内学堂之制，相传谓起于宣德年间，选集小侍敦朴颖敏者三四百人，群聚其中，外取翰林五六品以上官六员教之，内设司礼监一员提督之，每日轮班入主教事。教之写字、读书，谨其礼节，开其知见，随其根性高下，乘其机而导之。敦朴者务为疏通，颖敏者务于笃厚，悟疾徐于甘苦之外，使之潜消默化，习与性成，日入于善而不自知。今日年少之中官，即他日可用之近侍也。因与提督中官讲究教养之法，使知所以自爱，亦以信吾辈之为可亲，而不欲自外于缙绅。其法未尝不善，盖内外夹持之意也。后来人情玩弛，渐非初意，学者俱失其初，饮食宴游，习为玩嬉。彼提督者，绝不相见，盖文存而实废也。是岂立法之意哉？吾党与有过焉，不可不分任其责也。

（九）

客曰：先儒云"人主接贤士大夫之时多，近宦官宫妾之时少。然后可以涵养气质，成就德性"，则何如？

予曰：此亦概言之耳，未究其势也。国初有起居注、弘文馆，左右载笔，以纪人主之言动；有翰林、春坊，朝夕轮次入直，以备顾问。今皆无之。与外臣相接之时益罕，纵使日御经帏，相临不过片时。讲官掇取世儒之常谈，申缀数语，谓之纳诲。片时馨欬，欲以收启沃之功，吾见其亦难矣。外此皆深宫燕处，耳目之所役，食息之所需，不得不与宦官、宫妾相接。人主刚明，不惑他志，又能素教预养，前后左右，俱取端良老成之人，譬之鱼贯以宠，众有得舆之载，其视人主，休戚系焉。非惟无所投间，脱遇人主邪思欲念之萌，且将随事箴规，多方引譬，较之外廷献纳谏诤，事半而功且倍之。夫外庭之臣逖而情疏，宦官、宫妾昵而情亲。情疏则志睽，其言有所讳而难尽；亲情则志应，其言无所疑而易入。言，一也，内外难易，势之不同，则人心变矣。昔者周公知恤于缀衣、虎贲，至与左右常伯、常任、准人三事，每举以为首务。缀衣，掌服器者也；虎贲，掌射御者也，即今尚衣、御马诸监之属也。周公立政之意深也。予之《中鉴》，窃有附于斯义，欲使辅养君德，以成穆清之化。此谓内外皆得其人，而辅弼承顺之责得矣。孟子云："在于王所，皆薛居州，王谁与为不善？皆非薛居州也，王谁与为善？"善与不善，系于所导之是非，非偶然也。夫亲贤士大夫以成其德者，同人之亨。教宦官宫妾以补其过者，纳约之牖。其机微矣！

客唯唯而退。予既纂宦者传，并以古今沿革，揭诸左方，用垂永鉴云。

十 王畿《中鉴录》按语

卷次	传记	按语内容
卷2忠类	寺人披	(外史氏曰)君命无二，披之事君，可以为难矣。文公能忘斩袪与射钩之仇而用之，以成大业，其继齐桓而伯，宜哉
	吴阍	(外史氏曰)不忘主仇，豫让、高渐离之流也。见为人臣而忍于二心，可以愧死矣。虽然，用仇人之俘而不防其报复，犬戎之祸，所由以兆也，可不慎乎
	吕强	(外史氏曰)予读吕强疏中所陈慎爵赏，悲民穷，节公费，斥私藏，公选举，辨诬党，侃侃论议，皆救时之急务，经世之远猷。虽使忠荩士所言，亦不能出此。帝知其忠而不能用，惜哉！时帝方列肆后宫，与诸彩女贩赏饮燕为乐，日以驾驴操觜为事。志有所役，其不能用，无足怪也
	丁肃(等)五人	(外史氏曰)五人清忠，不事威权，从容养志，士人好修者之所难。皆为(吕)强友，其忠固有自也。后之人，既居此地，各有灵性，审知利害之原，岂无豪杰出于其间。若不甘于自弃，择其善者，相与为朋，相观尚友，上之可以希强辈之贤，次不失令名，下可以无咎。兰室鲍肆之喻，当知所警矣
	赵黑	(外史氏曰)黑不惮显祖之怒，以死奉戴，卒定皇储，有古烈士之风，可谓批逆鳞矣。其处李䜣之事，不忘夙怨，亦中人常情，未可尽责于黑也
	张承业	(外史氏曰)承业积库钱，佐庄宗，成霸业，不敢私用。劝庄宗报国家之仇，复唐社稷，元凶未灭，遂以尊名自居，失天下望。至不食而死，始终全节，即张文成为韩之心，可谓纯臣矣
	杨复光	(外史氏曰)复光不避利害，泣语周岌北面臣贼之言，凛如烈日。其为王重荣画策，诏召李克用出兵，并力平京师，谋猷尽逮，谥曰忠肃，非过情也
		(外史氏曰总曰)先正有言："忠而不诲，妇寺之忠也。"余列宦官之忠者，得晋披、吴阍、吕强、赵黑、马存亮、张承业、杨复光，若我明怀恩、张永之八人者，非以身批逆鳞，即以言作良药，皆侃侃谔谔，有古巷伯孟子风，岂直阉竖所不能拘哉？谓之曰不诲，吾不信也。就其中而论之，在他朝吕强最优，赵黑差劣，何者？黑之于李䜣也，始难以公而致嫌，终则以嫌而招怨，此则未免客气用事，少快其私。乃若强之诸疏，启心沃心，即大雅不是过矣。顾自负直秉短于用巽，适以售其党外交之谗，身死非罪，惜也。盖余所谓不善与人同过者，胡以(吕)强之贤而亦不能免耶
卷3贤类	张居翰	(外史氏曰)居翰性和而静，有仁者之心，明于进退，让而有礼，可谓全节矣
		(外史氏曰总曰)汉顺帝令良贺举所知，贺之对有曰："得臣举者，匪荣伊辱。"其崇重士类也，至矣！我明覃吉之优礼讲官，与金英之推敬薛文清也，实类之。张居翰奉唐庄宗之命，往诛王衍族党，翰特改敕字，止及衍族，而赦其党，全活千人。其爱惜人命也，至矣！我明陈准司厂而首禁官校之罗织也，实类之。此四人者，其他善行，互有长短，未可以缕合，然即兹一端，古今人岂遽不相及耶

续表

卷次	传记	按语内容
卷3让类	良贺	(外史氏曰)贺谓得臣举者,匪荣伊辱,今之士人有乞哀以求援者,可以自愧矣
	马存亮、严遵美	(外史氏曰)存亮功高,推委权势,求监淮南。遵美安于裤衫,给事以执笏为过,士人之所难,庶几大雅君子也
	刘承规	(外史氏曰)承规历事三朝,以精力闻。自掌内藏三十年,检察精密,动著条式。率师屯定州,以备契丹,护滑州决河,请益环州戍兵,以为诸路之援,督运汾阴,决议水运,议更茶法,制定权衡法,具见经画规制之略。遇事详察,亦存宽恕,屡膺宠秩,安于退让。每引疾,表求致仕。颇好儒学,喜聚书,间接文士,质访故实,或密为延荐。生平以公家之务为念,方之外臣,亦为端良雅饬之士。谥曰忠肃,配享功臣,特诏塑像太宗之侧,荣宠可谓至矣
		(外史氏曰总曰)让,谦退也,横,凶傲也,相反若水火。然水为善,火为恶。水善利万物而不争,故几于道,火则亢而害矣。恭敬撙节,所以明善,骄泰纵恣,所以长恶。(《尚书》)《谦》之六爻,无凶德,君子有终而吉也。是故为子而谦则为孝,为臣而谦则为忠。谦之反为傲。傲,凶德也。不忠不孝,皆从傲生。君子、小人之所由分,吉凶之机也。推其极,尧之允恭,舜之温恭,禹之不矜,孔之温良,亦不外此。丹朱、商均之不肖,只一傲字结果一生,辨之不可不早也。予于中官列其让者六人,表以为例,使之自考,以远恶而迁善,将以古圣人之道望人,而不忍以刑人薄待之也
卷3劳类	杨思勖、刘景宣、西门重遂	(外史氏曰)杨思勖负殊资,握戎柄,东征西讨,所至克捷。于内官中所习为逆、擅赂、多货之事,一未尝染。唐李中材之将,未见有角其雄者。独刻深残瘃,轻视人命,似不免于阴惨之习耳。然所芟夷者,类皆稂莠,不及嘉禾,故得以寿终也。盖蹄啮而善走,固马之病,亦马之才与?刘景宣、西门重遂,其驰驱未及思州,然卒能以兵定难于呼吸,亦劳之类也,故附之
	窦神宝	(外史氏曰)神宝屡立战功,未尝蹉跌。和治原州,接战之役,谏止攻契丹,生边隙之虑,经画皆非徒勇寡谋者。莅职精恪,而性吝啬,亦中人之常,未可以是少之也
	阎承翰	(外史氏曰)承翰自周入事太祖,以谨愿称。太宗、真宗朝,治财募兵,徙河凿渠,修城筑垒,莅事勤恪。时契丹结好,领主交际之事,请于蒲洛置馆,以待夏台之使,皆有补于经略。史谓其性刚强,所至过于检察,乏和懿之誉,似亦求全之过也
	秦翰	(外史氏曰)翰为都监,击契丹,以善战闻。太宗赏异,谓可属任,故尽以兵事委之。前后转战、排阵、钤辖,屡立战功,计擒赵保忠之功尤奇。管勾大阵,督众环城,浚沟洫以拒契丹,规度要害,凿巨堑以为西鄙藩篱,具见方略。性温良谦慎,接人以诚信,轻财乐施。与将士同休戚,得众心,非徒倜傥恃武力而已也。虽古名将,庶几近之,讵谓此无人哉
		(外史氏曰总曰)训有之:"宦官不可使之将兵有功,将兵则易恣,有功则易骄。骄且恣,逆节擅权,所由以生。"及观宋朝窦神宝诸人,皆以武功成名,循循守礼,不敢逾越,若处女然者,岂尽其性使然哉?亦由盛世之君,善用其才,有以制之,使不敢肆耳。若纵虎出闸,而任其啮噬不制,难矣哉

续表

卷次	传记	按语内容
卷4 能类	蔡伦	(外史氏曰)蔡伦豫参帷幄，数犯严颜，有辅弼之功。监典东观，正定经传，有文字之望。及帝亲万机，敕使使自致廷尉。伦耻受辱，沐浴衣冠，饮药而死。虽非得正而毙，亦非苟逃生者，未可专以造纸之能概之也
		(外史氏曰总曰)李延年之造新声，吴伉之善风角，一艺之能。若夫李巡之正刻石文，田敬宣之好学，感激节义。蔡伦监典东观经传，有文字之望，非可专以技能少之也。阿丑用其巧于剧，以谲为讽，有东方朔之风焉，亦奇哉
卷4 准类	孙程	(外史氏曰)程有返储之忠，功过于罪。呵叱怨怼，恃功而然，乃其不学之故，中人之常态，较之逆节者有间矣。君子当有以谅之也
	高力士	(外史氏曰)甚矣，人之难全才也。夫以力士起摹竖，乃能用口舌争，挽既去之权于奸相，定将危之机于储君，早见逆萌，不昵亲故，至其晚节，又竟以悲悼上皇而死。即兹数事，亦章章可观矣。独其奔趋王公，有如奴隶，敛致资货，等藏丘山，厥罪顾不浮于王甫、曹节等哉？良由人主假借太过，遂使趋附云起，蚁膻鸢腐，固其所宜。此以之责中才士人，亦所不免，而况区区之摹竖哉？向使其思患预图，则虽方以吕强、张承业之辈，未有以加，而今固不能也，是非人之难全才哉
	俱文珍	(外史氏曰)功过不相掩，逐王叔文，是其功，杀高崇文，是其过。使非宪宗之明，不知文珍之专横为何如也
	吐突承璀	(外史氏曰)承璀之恶，不若鱼朝恩、田令孜之甚，而死与之等，故人往往冤之，此亦可见人心之公矣。虽然，终唐之世，宦寺有甚于此者，故于承璀可以末减。使律以治朝之法，则亦不免于死者也。噫！此非宪宗英明，宰臣严正，权不下移之效哉？乃知宦者之检肆，非其自为之也，皆由于君相耳。故狐之崇人也，可否视人。彼宣献媚之，而赖以得官，李廊之得官，耻之而辞秩，人品不同，固如此哉
	王继恩	(外史氏曰)继恩功大而罪小，稍为朋结，即得贬窜，可以观治朝之政矣
		(外史氏曰总曰)时有寒燠，日有盈昃，璧有瑕瑜，木有曲直。故孙程定济阴，正矣，卒以怨望疵。力士卫上皇，忠矣，乃以骄黩戾。文珍逐叔文，直矣，顾以专悍訾。承璀擒（卢）从史，功矣，竟以擅兵忒。继恩定李顺，烈矣，晚以恣闯败。此五人者，欲列之恶，则所长如此，欲列之善，则所短如彼。故以短权长，以长权短，不相掩也，其略相准乎？故名曰准。准也者，其居于贤不肖之间耶。凡人莫不欲纯于贤，亦不欲杂于不肖。彼中官，同此人心也，亦臣也。志为纯人纯臣者，其甘十杂不肖，而令评者准之耶？抑务尽去其不肖而令评者纯之耶

续表

卷次	传记	按语内容
卷5 逆类	伊戾	(外史氏曰)太子痤美而狠,合左师畏而恶之,伊戾为内师而无宠,平公惑于盟楚之潜,问诸夫人,左师即因之。公子不悟佐之婉,犹望其免矣,愚哉!要之,平公内嬖不弃,内外合谋,以酿成之也。后虽闻其无罪而烹伊戾,亦无及矣
	赵高	(外史氏曰)今人徒知高教二世,杀诸公子大臣,忍矣,而不知二世之忍于杀其兄。人徒知高蒙蔽伪诬,误及鹿马,使贼不得闻,变不得达,伪矣,而不知二世伪诸其父之诏。高知其然,以为兄且可杀,何杀不可施,父且可伪,何伪不可售,故敢于行其贼而弗顾也。虽然,其萌则固不在是也。始皇令高教二世以律与书,而二世私而幸之。高当其时,固知帝之易与以为恶矣。为人君者,鉴此,其毋泄于迩哉
	曹节、王甫	(外史氏曰)士人之于宦竖,不阿之则激之,举非循中道者,是以欲取胜而多败。夫以节等之顽狠,至迫主后以售其仇,宜无所施其椎凿矣。然陈球议礼之正,而继以李咸,则节等亦不敢屈。如使刘猛捕诽之宽,而不继以段颎,则士类何至酬其夺如此哉?由此观之,则吾党亦不可为全得也。至于阳球则又有激而过惩,辟诸以石击石,不彼折则此折。噫!虎狼异类耳,梁鸯善养之则驯,况同类乎?故曰:"以善养人,未有不心服者也。"
	张让、赵忠	(外史氏曰)张钧上书劝诛常侍,让等请囚,彼既认罪矣,不可谓无良心也。帝自纵之,亦独奈且何哉!其后诏使诸臣拷通张角者,诸臣乃坐钧以重辜,反噬其藩,自决其藩,成劫质之乱,未可以尽罪宦人也
	宗爱	(外史氏曰)自古宦竖作逆,未有不以贵者。独宗爱则以贱弑一帝,贼诸相、一王,又易帝,且易王也。于乎!履霜之渐,可不戒哉!及立吴王余,群情疑有赵高、阎乐之祸,夜复杀余。文成立诛爱等,皆具五刑,夷三族。天之报应,显矣
	仇士良	(外史氏曰)士良杀四相一妃,又尝欲易宣宗,其逆甚矣!教其党以蔽君之术,其奸神矣!此其罪可胜诛哉?然而卒免于身戮,仅偿于死后之报者,良由刘从谏制之于外,敬宗制之于内,束不得肆,故祸亦不炽云。孟子曰:"生于忧患,而死于安乐。"信矣
	王守澄	(外史氏曰)守澄弑帝,乃以药死给天下,而守澄之死也,果以药。虽贵贱不同,其果报则真有不可诬者。训、注始附守澄,卒用狡以祸之。士类如此,安责宦竖之不如彼哉?且守澄辈结成申锡与漳王反状,凭构虚诡,莫省其诈。若非内官马存亮同入见争,力请南司会议,申锡之家,即已就屠矣。夫申锡召对之言,守澄与存亮皆所窃闻。在守澄则力害之,以快己私。在存亮则力争之,以定国是。一以为邪,一以为忠,人品不同有如此。夫宰相之进退,系朝政之臧否、天下之安危。而奸宦文织互构,以忠为邪,尤不可以不辨。予故详纂其事,以为世戒。为人君者,所当深省,不可以为细而忽之也
	刘克明	(外史氏曰)宦官之作逆也,每因君相全戮尽去大不堪之祸始,不得已而为远祸之计。今已游戏,不及责辱。削秩小事耳,竖奸之常也,而忽然反噬,此其罪可胜诛?然不踵旋而灭,亦快矣。虽然,人主之于小赏罚不当,反致此,可不慎哉
	刘季述	(外史氏曰)季述,宦品中之至贱者耳。又以小疑因帝与后,贼杀帝弟如婴儿,使无两都侍之隙,则弑成矣。毙于万梃,夷及三族,谓足尽其辜耶?彼汲汲焉,用重赏以邀附,用重法以立威,谓耳目可以术宠也,而其祸乃起于肘腋,报施之巧,天道故如此哉

卷次	传记	按语内容
卷5 逆类	杨复恭	（外史氏曰）复恭稍涉学术，定庞勋之乱，又能轧抗田令孜，乘舆出狩，劳苦居多。帝厌奢华，成俭德，欲官外姓，举从事以为鉴，亦美质之人也。独攮取朝权，贼杀忤己，既以自取讨伐，乃不束身归罪。始则称兵相向，继则背奔兴元，恃养子以为援。所谓据防以叛，虽曰不要君，吾不信也。循至父子伏辜，复何说哉？并其先美而尽弃之矣。由前观之，犹不失兄复光之家矩。由后观之，乃其流辈所习之故态也
	任守忠	（外史氏曰）守忠罪当死，侥幸而免，以赍志未发，如盗贼杀人而未行。故薄其谴，亦以开悔罪之门也
		（外史氏曰总曰）予传逆阉，自春秋至我明，得十五人。扼腕而叹曰：今日亲执帚以扫其庭，既乃亲操刃以加其颈，即施之同类，莫不以大无道目之，将不食其余矣，而况于阉竖加之人主与其族属乎？语曰："杀老牛，莫之敢尸。"然则为是者，岂十五人者本来之面目哉？一念之差，循至千里，辨之不早故也。然类皆镮裂诛斩，爰及其支，未有幸而免者，彼亦何乐利而为此耶？虽然，言刑以惧其已放之心，不若微诱而启其本良之念，此则不能无望于典司者也
卷6 乱类	寺人貂	（外史氏曰）貂始漏师于多鱼，继以荐竖，有宠于公。后因内宠，杀群吏而立无亏。齐遂大扰，三世不息，谗夫交乱人国有如此。管仲曰："自宫以适君，非人情，不可亲。"信夫
	宿沙卫	（外史氏曰）卫受贿辱师，卒至奔高唐以叛。醢卫于军，尚奚足赎其罪哉
	韩全海、张彦弘	（外史氏曰）全海、彦弘与宰相争权，乃各召镇兵以迫胁天子，遂使乘舆远播，社稷为墟。自古宫竖之祸，未有甚于此者也！首恶者，既已伏辜，而根连余党，芟夷殆尽。虽不免于滥及，然诛鲸鲵而及鱼虾，亦安能顾恤哉？盖唐之亡也，实亡于此。由斯以谈，犹为未尽其辜矣
	田令孜	（外史氏曰）令孜以黄巢之乱，归罪宰相，吝黄头之赏，致愤边将，又获其养子骄倨之庆，激怒藩镇，屡致兵乱，三逼乘舆。推原其故，大抵皆恃其兄敬瑄与其养子建之所致也。卒之父子自戕，兄弟同死，获罪于天，何所恃乎？虽然，宰相以奸而激怒之，边将以剧而激怒之，藩镇以讦而激怒之，则所以致此祸，未可尽归于令孜也 （又曰）崔胤志欲尽除宦官，中书舍人韩偓屡谏曰："事禁太甚，此辈亦不可全无，恐其党迫切，更生他变。"昭宗问："敕使中而恶者如林，何以处之？"偓对曰："不若择其尤无良者数人，明示其罪，置之于法。然后抚谕其余，择其忠厚者，使为之长。其徒有善则奖之，有罪则惩之，咸自安矣。夫帝王之道，当以厚重镇之，公正御之，至于琐细机巧，此机生则彼机应矣，终不能成大功，所谓理乱丝而焚之者也。"此皆制御宦官之名言。胤不能用，卒用关中军穷讨暴诛，君侧虽清，而强臣之势遂以张，唐室因之以遂亡，哀哉
	周怀政	（外史氏曰）怀政常侍内廷，权任日盛，附会者众。同列位望在右者，必排斥之。内外帑库，皆得专取，多入其家。怙恃招权，圯族纳货，阉之习态也。性识凡近，酷好妖妄，引用朱能，托言神怪，造符命以惑世，倚宠准旧望，欲实其事。因朝臣屡言怀政之妄，真宗渐疏远之。会准逾年罢相，愈畏获谴，潜谋窃发，为杀相易君之图，几于逆矣。其得论死，仅免镮裂族诛，亦幸矣

续表

卷次	传记	按语内容
卷6乱类		(外史氏总曰)阉宦之祸,乱与逆二者而已。然余叙逆之祸,甚于乱者,何也? 盖乱虽祸天下,而其心犹有所顾而不忍为,其势可以尽纵矣,而犹有所不敢为,故乱而不逆者有矣,未有逆而不乱者也。辟之人家然,毁其田宅,逐其宾客,残其仆役,而犹忌其主人,是之为乱。悴其主人,毁其族属,则谓之逆矣。孰轻孰重,可得而知也。虽然,萌逆念者,一念作顺,即不为逆。萌乱念者,一念守分,亦何从而有乱耶? 而况于其心尚有不忍不敢者存,然则其为取效也,乱不更易于逆者耶
卷6奸类	寺人柳	(外史氏曰)伊戾之故智也
	石显	(外史氏曰)显巧慧习事,能探得人主微意。内深贼,持诡辩,以中伤人,设诈变,以取信人主,可谓善写奸人形状。读其传,千载之下,令人振腕兴叹而已
	梁师成	(外史氏曰)梁师成,慧黠习文法,高自标榜,以翰墨为己任,都人目为隐相。欺君导佞,嗜利招权,奸欺恣肆,至窜名进士籍中。自言苏轼出子,尤为可恶。其得贬死,亦幸矣
		(外史氏总曰)奸竖之逆与乱也,何殊? 逆者祸若细于乱,而心则纵而无忌。乱者祸若浮于逆,而心则犹知有忌而不敢为。至于奸,则逆可为也,乱亦可为也,而有顾恤之心,则尤竞竞于乱者。然逆、乱之萌,在中才之主,犹能觉之。奸之孽,非至明者不能察也。然则奸为甚乎? 曰:以其有顾恤之心,而为奸,以弥其迹,然则人之于奸为难觉,而奸之自为也则易返。何者? 小人闲居为不善,见君子而厌然,掩其不善而著其善。知善知不善,人之本心也。使能充其本心而慎于一念之微,善本自善,不必著其善,恶本当自改,不必掩其恶。是即所谓诚意圣贤之学,亦不外是。顾恤甚,则几于诚矣,诚则匪奸矣。奸其毋自弃哉
卷7横类	侯览	(外史氏曰)侯览以猾进,倚势贪放,受纳货遗。托以与议诛梁冀功,进封列侯。济北相滕延收捕从宾客,则坐以多杀征免。督邮张俭劾览奢纵贪侈,诬其钩党伏诛。骄横僭侈,其罪浮于曹节。有司举奏专权,策免自杀,未足以偿其罪也
	鱼朝恩	(外史氏曰)古称文武若诗书所载者,惟周公、吉甫其人耳。朝恩以险猾小人,顾乃欲兼而冒之。其于武也,邀取麾下以攘功;其于文也,滥引轻薄以饰誉。渐至毁败宿将,诋侮宰臣,其源涓涓,其祸滔天。虽小人负乘所致,然假以观军容,诏判国子,投之太阿,而责以不割,可乎? 由此观之,君主始不可忘自反也,不能以法正之于始,而徒以诡杀之于终,虽于恶人处之不为过,然非英君贤相之所为矣
	窦文场、霍仙鸣	(外史氏曰)窦、霍主军额,权振朝廷,大将多出其门。藩镇赠遗,累百巨万,略杀士女无所惮,其隆赫如此。左右护军中卫自文场、仙鸣始,可谓横之极矣。其得善终,免于韲裂之惨,幸也
	程元振	(外史氏曰)语有之:"种豆得豆。"言行与报之不爽也。元振诛斥将相,毁疾元勋,其恶非不稔也。然以方诸弑君亡国、毒一朝、灾四海,若前篇诸阉之为,则彼犹豹虎,而此尚狐狸。故其偿之也,止于贬死,未有韲裂夷灭之惨。虽然,罪之大小虽殊,亦五十步百步之间耳。先正有言:"勿以恶小而为之。"谅矣

续表

卷次	传记	按语内容
卷7横类	童贯	(外史氏曰)林莽弥深则虫蛇蝥。童贯之毒流四海,自古所无。然而位号礼数,人主之假之者,亦岂自古所有哉？赵高虽崇,不是过也,醢而脔之,尚不足以酬其怨矣。虽然,纵虫蛇以林莽,伊谁之咎哉
		(外史氏曰总曰)横之为恶,最粗而易见,然其得祸也,亦最惨而不可言。故曰:傲,凶德也,横之谓欤！然横者必擅而后横。夫制权在主,为之主者,使人擅其权而至于横,其来也岂一朝一夕故耶？是故余列横竖,不列擅者,盖作横者未有不擅者也。擅,其恶宦之虚位耶,抑通病耶
卷7贪类		(外史氏曰总曰)黩货为贪,贪者心侈而用奢,非此不足以济其欲,败德污行,有所不顾。譬之攫金于市,见金而不见人,忘其耻也。以孔门之贤,犹不能免于货殖之讥,以成汤之圣,犹以不殖利为戒,岂可以为粗迹细行而谩忽之乎？去贪有道,知足则心自不侈,知止则用自不奢。知足知止,非知耻者不能也。故曰:耻之于人大矣。耻者,好恶之本心,寡欲之机也。乞人与行道之人,虽至于死生之际,能不受呼蹴之食,知耻故也。然而以晏安失之者多矣,故曰此之谓失其本心。是士人之所难,固不可尽责于他辈也。然欲令此辈之不贪,亦无巧法,惟在兴其羞恶之心,使之知止知足,而又示之利害,以要其终,庶乎其可耳。孟氏云:"上下交征利而国危。"明皇侈于琼林大盈之积,而其内臣甘受孽胡之赂,以欺其君,至于播迁失国而不悟,此万世君臣之昭鉴也
卷7残类	单超	(外史氏曰)帝忿梁冀专擅逼畏,密召单超等五人,言议诛冀。五人同受封,世谓之五侯。自是权归宦官,朝廷日乱,此古今未尝有之事。爵赏名器之滥,至此可谓极矣。李云上书,梁冀持权专擅,毒流天下,今以罪行诛,犹召家臣杀之耳,而猥封万户以上云云,可与日月争光,人君之昭鉴也。五侯宗族宾客,纵恣横虐,财货公行,民不堪命,起为盗贼,汉室遂以不竞,五侯不能不伏其辜也
		(外史氏曰总曰)宦之贪者,货归于家,其残者,则货归于国。归于家者,损其君,归于国者,损其民,损一也,而损民者病甚矣。献子曰:"与其有聚敛之臣,宁有盗臣。"超、戬之谓也

参考文献

一 传统文献

敖文祯：《薜荔山房藏稿》，《续修四库全书》第 1359 册，影印明万历牛应元刻本，上海古籍出版社，1995 年。

班固：《汉书》，中华书局，1962 年。

曹学佺编《石仓历代诗选》，《四库全书》第 1392 册，上海古籍出版社，1987 年。

曹允源等纂民国《吴县志》，《中国地方志集成·江苏府县志辑》第 11 册，影印民国 22 年印本，江苏古籍出版社，1991 年。

晁瑮：《宝文堂书目》，上海古籍出版社，2005 年。

陈察：《都御史陈虞山先生集》，中研院傅斯年图书馆影印日本内阁文库藏明陈于陛序刻本。

陈昌锡：《湖山胜概》，法国国家图书馆藏明万历彩色套印本。

陈鼎：《东林列传》，《四库全书》第 458 册。

陈弘绪：《陈士业先生集》，《四库全书存目丛书补编》第 54 册，影印清康熙二十六年刻本，齐鲁书社，2001 年。

陈建：《皇明通纪》，中华书局，2011 年。

陈龙正：《几亭全书》，《四库禁毁书丛刊》集部第 12 册，影印清康熙云间阁刻本，北京出版社，2000 年。

陈音：《愧斋文粹》，香港大学图书馆藏美国国会图书馆摄制北平图书馆藏明嘉靖刻本胶片。

陈与郊：《隅园集》，《四库全书存目丛书》集部第 160 册，影印明万历四十五年至天启元年赐绯堂刻本，齐鲁书社，1996 年。

陈玉琛：《学文堂集》，《四库全书存目丛书补编》第 47 册，影印清康熙刻本。

陈子龙：《明经世文编》，中华书局，1962 年。

程敏政：《篁墩文集》，《四库全书》第 1252 ~ 1253 册。

程敏政：《明文衡》，《四库全书》第 1374 册。

程子鏊纂万历《兰溪县志》，《故宫珍本丛刊》史部第 97 册，海南出版社，2001 年。

褚人获：《坚瓠集》，《续修四库全书》第 1260 ~ 1262 册，影印清康熙刻本。

崔铣：《洹词》，《四库全书》第 1267 册。

《萃美录》，香港大学图书馆藏美国国会图书馆摄制北平图书馆藏明正德年间刻本胶片。

戴冠：《濯缨亭笔记》，《续修四库全书》第 1170 册，影印明嘉靖二十六年华察刻本。

邓球：《皇明泳化类编》，台北：明文书局，1991 年。

邓元锡：《皇明书》，《四库全书存目丛书》史部第 29 册，影印明万历刻本。

邓原岳：《西楼全集》，《四库全书存目丛书》集部第 173 ~ 174 册，影印明崇祯元年邓庆寀刻本。

丁元荐：《西山日记》，《续修四库全书》第 1172 册，影印康熙二十八年先醒斋刻本。

董其昌：《容台集》，《四库禁毁书丛刊》集部第 32 册，影印明崇祯三年董庭刻本。

范景文：《范文忠集》，《四库全书》第 1295 册。

方鹏：《矫亭存稿》，《四库全书存目丛书》集部第 61 ~ 62 册，影印明嘉靖十四年刻十八年续刻本。

方鹏：《责备余录》，《四库全书存目丛书》史部第 282 册，影印清乾隆道光年间长塘鲍氏刻本。

方升等编《大岳志略》,《武当山明代志书集注》, 陶真典、范雪锋点校, 中国地图出版社, 2006 年。

方以智:《浮山集》,《续修四库全书》第 1398 册, 影印清康熙此藏轩刻本。

房玄龄等:《晋书》, 中华书局, 1974 年。

费宏:《费宏集》, 吴长庚等校, 上海古籍出版社, 2007 年。

冯保:《经书音释》,《四库全书存目丛书》经部第 150 册, 影印明隆庆五年刻本。

冯桂芬纂同治《苏州府志》,《中国方志丛书》, 影印清光绪九年刻本, 台北:成文出版社, 1970 年。

冯惠民、李万健等编选《明代书目题跋丛刊》, 书目文献出版社, 1994 年。

冯梦祯:《快雪堂集》,《四库全书存目丛书》集部第 164~165 册, 影印明万历四十四年黄汝亨、朱之蕃等刻本。

冯琦:《宗伯集》,《四库禁毁书丛刊》集部第 15~16 册, 影印明万历刻本。

扶安、晏宏:《资治通鉴纲目集说》, 哈佛大学哈佛燕京图书馆藏明嘉靖八年陕西刻本。

傅增湘:《藏园群书经眼录》, 中华书局, 1983 年。

耿定向:《耿天台先生文集》,《四库全书存目丛书》集部第 131 册, 影印明万历二十六年刘元卿刻本。

宫懋让等修, 李文藻等纂《诸城县志》,《中国方志丛书》, 影印清乾隆二十九年刻本, 台北:成文出版社, 1976 年。

贡汝成:《三礼纂注》,《四库全书存目丛书》经部第 105~106 册, 影印明万历三年陈俊刻本。

谷应泰:《明史纪事本末》, 中华书局, 1977 年。

顾大韶:《炳烛斋稿》,《四库禁毁书丛刊》集部第 104 册, 影印清道光二十年抄本。

顾尔迈:《明珰彰瘅录》,《四库全书存目丛书》史部第 90 册, 影印清抄本。

顾璘：《息园存稿文》，《四库全书》第 1263 册。

顾天埈：《顾太史文集》，《四库禁毁书丛刊》集部第 9 册，影印明崇祯刻本。

顾炎武：《日知录》，张京华校释，岳麓书社，2011 年。

顾应祥：《静虚斋惜阴录》，《四库全书存目丛书》子部第 84 册，影印明刻本。

管律修嘉靖《宁夏新志》，《天一阁藏明代方志选刊》第 68 册，上海古籍书店，1981 年。

郭朴：《郭文简公文集》，《四库未收书辑刊》第 5 辑第 19 册，影印清康熙十三年思齐轩刻增修本，北京出版社，2000 年。

郭汝诚修，冯奉初等纂《顺德县志》，《中国方志丛书》，影印清咸丰三年刻本，台北：成文出版社，1974 年。

郭正域：《合并黄离草》，《四库禁毁书丛刊》集部第 14 册，影印明万历四十年史记事刻本。

过庭训：《本朝分省人物考》，《续修四库全书》第 533～536 册，影印明天启刻本。

韩邦奇：《韩邦奇集》，魏冬点校，西北大学出版社，2015 年。

韩琛、吴宝铭等纂民国《三河县志》，《中国地方志集成·河北府县志辑》第 33 册，上海书店，2006 年。

韩雍：《襄毅文集》，《四库全书》第 1245 册。

何孟春：《何文简疏议》，《四库全书》第 429 册。

何乔新：《椒邱文集》，《四库全书珍本》第 5 集第 1073～1088 册，台北：台湾商务印书馆，1974 年。

何乔新：《周礼集注》，《四库全书存目丛书》经部第 81 册，影印明嘉靖七年褚选刻本。

何乔远：《闽书》，福建人民出版社，1994 年。

何绍基纂修光绪《重修安徽通志》，《续修四库全书》第 655 册，影印清光绪四年刻本。

何瑭：《何瑭集》，王永宽点校，中州古籍出版社，1999 年。

贺钦：《医闾先生集》，武玉梅校注，辽宁人民出版社，2011 年。

洪亮吉等纂嘉庆《宁国府志》,《续修四库全书》第 710~711 册,影印清嘉庆二十年刻本。

胡谧等纂成化《河南总志》,香港大学图书馆藏美国国会图书馆摄制北平图书馆藏明刻本胶片。

胡汝砺修弘治《宁夏新志》,《天一阁藏明代方志选刊续编》第 72 册,上海书店,1990 年。

胡维霖:《胡维霖集》,《四库禁毁书丛刊》集部第 164 册,影印明崇祯刻本。

胡忻:《欲焚草》,《四库禁毁书丛刊》史部第 31 册,影印清康熙四十二年胡恒升刻本。

胡寅:《致堂读史管见》,《续修四库全书》第 448~449 册,影印宋宝祐二年宛陵邵斋刻本。

黄道周:《博物典汇》,《续修四库全书》第 1246 册,影印明崇祯刻本。

黄凤翔:《田亭草》,《续修四库全书》第 1356 册,影印明万历四十年刻本。

黄洪宪:《碧山学士集》,《四库禁毁书丛刊》集部第 30 册,影印明万历刻本。

黄景昉:《国史唯疑》,《续修四库全书》第 432 册,影印清康熙三十年抄本。

黄训:《名臣经济录》,《四库全书》第 443 册。

黄瑜:《双槐岁抄》,《四库全书存目丛书》子部第 239 册,影印明嘉靖三十八年陆延枝刻本。

黄虞稷著,瞿凤起、潘景郑整理《千顷堂书目(附索引)》,上海古籍出版社,2001 年。

黄仲昭纂弘治《八闽通志》,《中国史学丛书·三编》第 4 辑第 37 册,台北:台湾学生书局,1987 年。

黄仲昭:《未轩文集》,《四库全书》第 1254 册。

黄宗羲:《明儒学案》,沈芝盈点校,中华书局,2008 年。

黄宗羲编《明文海》,《四库全书》第 1453~1458 册。

黄佐：《广州人物传》，陈宪猷点校，广东高等教育出版社，1991 年。

黄佐：《翰林记》，《丛书集成初编》第 882～884 册，商务印书馆，1936 年。

悔堂老人：《越中杂识》，浙江人民出版社，1983 年。

霍韬：《霍文敏公全集》，广西师范大学出版社，2015 年。

贾三近：《皇明两朝疏钞》，《续修四库全书》第 465 册，影印明万历十四年蒋科等刻本。

江盈科：《皇明十六种小传》，《四库全书存目丛书》史部第 107 册，影印明万历二十九年刻本。

蒋曙：《竹塘先生遗稿》，日本内阁文库藏万历九年刻本。

蒋以化：《西台漫纪》，《四库全书存目丛书》子部第 242 册，影印明万历刻本。

焦竑：《澹园集》，李剑雄点校，中华书局，1999 年。

焦竑：《国朝献征录》，《续修四库全书》第 525～531 册，影印明万历四十四年徐象橒曼山馆刻本。

金日升：《颂天胪笔》，《续修四库全书》第 439 册，影印明崇祯二年刻本。

金忠：《瑞世良英》，《中国古代版画丛刊》第 2 编第 9 辑，影印明崇祯十一年刻本，上海古籍出版社，1994 年。

金忠：《御世仁风》，香港大学藏美国国会图书馆摄制北平图书馆藏万历四十八年刻本。

《精忠录》，上海古籍出版社，2014 年。

觉罗石麟等监修《山西通志》，《四库全书》第 549 册。

亢思谦：《慎修堂集》，《四库未收书辑刊》第 5 辑第 21 册，影印明万历詹思虞刻本。

来斯行：《槎庵小乘》，《四库禁毁书丛刊》子部第 10 册，影印明崇祯四年刻本。

劳堪：《宪章类编》，《北京图书馆古籍珍本丛刊》史部第 46 册，影印明万历六年自刻本，书目文献出版社，1988 年。

李邦华：《文水李忠肃先生集》，《四库禁毁书丛刊》集部第 81 册，影印清乾隆七年徐大坤刻本。

李春芳：《贻安堂集》，《四库全书存目丛书》集部第 113 册，影印明万历十七年李戴刻本。

李东阳：《怀麓堂集》，《四库全书》第 1250 册。

李光缙：《景璧集》，《福建丛书》，影印明崇祯十年刻本，江苏广陵古籍刻印社，1996 年。

李光缙：《景璧集》，福建人民出版社，2012 年。

李贽：《浣所李公文集》，台湾"国家"图书馆藏明万历十年湖广刻本。

李乐：《见闻杂纪》，《四库全书存目丛书》子部第 242 册，影印明万历刻本。

李濂：《嵩渚文集》，《四库全书存目丛书》集部第 70 册，影印明嘉靖刻本。

李梦阳：《空同集》，《四库全书》第 1262 册。

李培：《水西全集》，《四库未收书辑刊》第 6 辑第 24 册，影印明天启元年刻本。

李清馥：《闽中理学渊源考》，《四库全书》第 460 册。

李榕纂民国《杭州府志》，《中国方志丛书》，影印民国 11 年铅印本，台北：成文出版社，1974 年。

李腾芳：《宦寺考》，北京大学图书馆藏明万历刻本。

李腾芳：《李宫保湘洲先生集》，《四库全书存目丛书》集部第 173 册，影印清刻本。

李廷机：《李文节集》，《明人文集丛刊》，影印明崇祯刻本，台北：文海出版社，1970 年。

李廷机：《李文节燕居录》，《四库禁毁书丛刊》史部第 44 册，影印明末刻本。

李维桢：《大泌山房集》，《四库全书存目丛书》集部第 150～151 册，影印明万历三十九年刻本。

李贤：《古穰集》，《四库全书》第 1244 册。

李贽：《藏书》，《四库全书存目丛书》史部第 24 册。

《两广去思录》，香港大学图书馆藏美国国会图书馆摄制北平图书馆藏明正德年间刻本胶片。

林俊：《见素集》，《四库全书》第 1257 册。

林庭㭿等纂修嘉靖《江西通志》，《四库全书存目丛书》史部第 182 册，影印明嘉靖刻本。

林文俊：《方斋存稿》，《四库全书》第 1271 册。

凌云翼修，卢重华纂《大岳太和山志》，《明代武当山志二种》，杨立志点校，湖北人民出版社，1999 年。

刘从龙等纂康熙《遂安县志》，《国家图书馆藏地方志珍本丛刊》，天津古籍出版社，2016 年。

刘大夏：《刘忠宣公文集》，《四库未收书辑刊》第 6 辑第 29 册，影印清光绪元年刘乙燃刻本。

刘大夏：《刘忠宣公宣召录》，《四库未收书辑刊》第 6 辑第 29 册，影印清光绪元年刘乙燃刻本。

刘凤：《刘子威集》，《四库全书存目丛书》集部第 119～120 册，影印明万历刻本。

刘若愚：《酌中志》，《四库禁毁书丛刊》史部第 71 册，影印清钞本。

刘若愚：《酌中志》，《续修四库全书》第 437 册，影印清道光二十五年潘氏刻海山仙馆丛书本。

刘玱：《古直先生文集》，《四库全书存目丛书》集部第 36 册，影印明嘉靖三年刘銑刻本。

刘元卿：《刘聘君全集》，《四库全书存目丛书》集部第 154 册，影印清咸丰二年重刻本。

《六书字原》，哈佛大学哈佛燕京图书馆藏明崇祯四年刊本。

卢格：《荷亭文集后录》，台北"国家"图书馆藏明崇祯十三年卢叔惠刻本。

陆容：《菽园杂记》，中华书局，1997 年。

陆深：《陆文裕公行远集》，《四库全书存目丛书》集部第 59 册，影印明陆起龙刻清康熙六十一年陆瀛龄补修本。

陆深：《俨山集》，《四库全书》第 1268 册。

陆深：《俨山续集》，《四库全书》第 1268 册。

陆应阳：《广舆记》，《四库全书存目丛书》史部第 173 册，影印清康熙五十六年聚锦堂刻本。

陆云龙：《翠娱阁近言》，《续修四库全书》第 1389 册，影印明崇祯刻本。

吕本：《期斋吕先生集》，《四库全书存目丛书》集部第 99 册，影印明万历三年郑云鋈刻本。

吕本：《期斋吕先生集》，台湾"国家"图书馆汉学研究中心影印日本内阁文库藏明万历刻本。

吕坤：《吕坤全集》，王国轩等点校，中华书局，2008 年。

吕原：《吕文懿公全集》，《故宫珍本丛刊》集部第 533 册，影印明刻本。

罗大纮：《紫原文集》，《四库全书禁毁书丛刊》集部第 139 册，影印明末刻本。

罗洪先著，徐儒宗编校《罗洪先集》，凤凰出版社，2007 年。

罗玘：《圭峰集》，《四库全书》第 1259 册。

罗汝芳著，方祖猷等编校《罗汝芳集》，凤凰出版社，2007 年。

罗曰褧：《咸宾录》，《续修四库全书》第 736 册，影印明万历刻本。

毛宪撰，吴亮增补《毗陵人品记》，《四库全书存目丛书》史部第 110 册，影印明万历刻本。

毛一公：《历代内侍考》，《四库全书存目丛书》史部第 107 册，影印清抄本。

冒日乾：《存笥小草》，《四库禁毁书丛刊》集部第 60 册，影印清康熙六十年冒春溶刻本。

梅鼎祚：《宛雅初编》，《四库全书存目丛书》集部第 373 册，影印清乾隆十四年西陂草堂刻本。

《明实录》，台北：中研院历史语言研究所，1962 年。

倪涛：《六艺之一录》，《四库全书》第 830～838 册。

聂豹著，吴可为编校《聂豹集》，凤凰出版社，2007 年。

欧阳德著，陈永革编校整理《欧阳德集》，凤凰出版社，2007 年。

平如等修乾隆《绍兴府志》，《中国方志丛书》，影印清乾隆五十七年刻本，台北：成文出版社，1975 年。

祁彪佳：《祁彪佳日记》，浙江古籍出版社，2016 年。

钱谦益：《牧斋初学集》，上海古籍出版社，2009 年。

钱士升：《赐余堂集》，《四库禁毁书丛刊》集部第 10 册，影印清乾隆四年钱佳刻本。

钱一本：《不如妇寺钞》，线装书局，2003 年，

乔溁修，贺熙龄纂道光《浮梁县志》，《中国地方志集成·江西府县志辑》第 7 册，影印道光十二年补刻本，江苏古籍出版社，1996 年。

丘濬：《大学衍义补》，《四库全书》第 712～713 册。

丘濬：《世史正纲》，《四库全书存目丛书》史部第 6 册，影印明嘉靖四十二年孙应鳌刻本。

《全宋文》，上海辞书出版社，2006 年。

《群书集事渊海》，《四库全书存目丛书》子部第 176 册，影印明弘治十八年贾性刻本。

任洛等纂《辽东志》，《丛书集成续编》史地类第 277 册，影印辽海丛书本，台北：新文丰出版公司，1989 年。

商辂：《商文毅疏稿》，《四库全书》第 427 册。

申时行：《赐闲堂集》，《四库全书存目丛书》集部第 134 册，影印明万历刻本。

沈长卿：《沈氏日旦》，《四库禁毁书丛刊》子部第 12 册，影印明崇祯刻本。

沈长卿：《沈氏弋说》，《四库禁毁书丛刊》子部第 21 册，影印明万历刻本。

沈德符：《顾曲杂言》，《四库全书》第 1496 册。

沈德符：《万历野获编》，中华书局，1959 年。

沈复灿著，潘景郑校订《鸣野山房书目》，上海古籍出版社，2005 年。

沈国元：《皇明从信录》，《四库禁毁书丛刊》史部第 1 册，影印明刻本。

沈鲤：《亦玉堂稿》，《四库全书》第 1288 册。

沈守正：《雪堂集》，《四库禁毁书丛刊》集部第 70 册，影印明崇祯沈尤含等刻本。

沈枢：《通鉴总类》，北京大学图书馆藏明万历二十三年孙隆刻天启重修本。

沈枢：《通鉴总类》，首都图书馆藏万历三十九年刘成刻本。

沈枢：《通鉴总类》，台北"国家"图书馆藏明万历二十三年孙隆刻本。

沈庠、赵瓒等纂弘治《贵州图经新志》，《四库全书存目丛书》史部第 199 册，影印明刻本。

沈一贯：《喙鸣文集》，《续修四库全书》第 1357 ～ 1358 册，影印明刻本。

沈翼机等纂雍正《浙江通志》，《四库全书》第 520 ～ 525 册。

沈周：《客座新闻》，《续修四库全书》第 1167 册，影印清抄本。

史鉴：《西村集》，《四库全书》第 1259 册。

释大壑：《南屏静慈寺志》，《四库全书存目丛书》史部第 243 册，影印明万历四十四年吴敬等刻清康熙增修本。

宋濂等：《元史》，中华书局，1976 年。

苏名望修万历《永安县志》，《日本藏中国罕见地方志丛刊》，影印明万历二十二年刻本，书目文献出版社，1991 年。

孙承恩：《文简集》，《四库全书》第 1271 册。

孙承宗：《孙承宗集》，李红权点校，学苑出版社，2014 年。

孙隆：《陈善图册》，雅昌拍卖网，http：//auction. artron. net/paimai-art5088115052/，2018 年 4 月 7 日。

孙奇逢：《孙奇逢集》，王惠敏点校，中州古籍出版社，2003 年。

孙文龙纂修万历《承天府志》，《日本藏中国罕见地方志丛刊》，影印明万历三十年刻本，书目文献出版社，1990 年。

孙旬：《皇明疏钞》，《续修四库全书》第 464 册，影印明万历十二年自刻本。

谈迁：《国榷》，张宗祥校点，古籍出版社，1958 年。

唐伯元：《醉经楼集》，朱鸿林点校，台北：中研院历史语言研究所，2010 年。

唐鼎元：《明唐荆川先生年谱》，《北京图书馆珍本年谱丛刊》第 48 册，北京图书馆出版社，1999 年。

唐鹤徵：《皇明辅世编》，《续修四库全书》第 524 册，影印明崇祯十五年陈瑞谟刻本。

唐锦：《龙江集》，《续修四库全书》第 1334 册，影印明隆庆三年唐氏听雨山房刻本。

唐壬森纂光绪《兰溪县志》，《中国方志丛书》，影印光绪十四年刻本，台北：成文出版社，1974 年。

唐枢：《国琛集》，《明代传记资料丛刊》第 115 册，影印明刊纪录汇编本，台北：明文书局，1991 年。

唐顺之：《历代史纂左编》，《四库全书存目丛书》史部第 133～137 册，影印明嘉靖四十年胡宗宪刻本。

唐顺之：《左氏始末》，台湾"国家"图书馆藏嘉靖四十一年唐氏家刻本。

唐文灿：《垣署四六存稿》，台湾"国家"图书馆汉学研究中心影印日本尊经阁文库藏明万历刻本。

陶汝鼐：《荣木堂合集》，《四库禁毁书丛刊》集部第 85 册，影印清康熙世彩堂汇印本。

田文镜等修，孙灏等纂雍正《河南通志》，《四库全书》第 537 册。

童时明：《昭代明良录》，美国国会图书馆藏明万历刻本。

涂山：《明政统宗》，《四库禁毁书丛刊》史部第 3 册，影印明万历间刻本。

屠勋：《屠康僖公文集》，台北"国家图书馆"藏万历四十三年刊屠氏家藏二集本。

脱脱等：《宋史》，中华书局，1977 年。

万斯同：《明史》，《续修四库全书》第 324～331 册，影印清抄本。

汪舜民：《静轩先生文集》，《续修四库全书》第 1331 册，影印明正德刻本。

汪循：《汪仁峰先生外集》，《四库全书存目丛书》集部第 47 册，影印清康熙刻本。

王偁：《思轩文集》，《续修四库全书》第 1329 册，影印明弘治刻本。

王鏊：《王鏊集》，吴建华点校，上海古籍出版社，2013 年。

王鏊：《震泽集》，《四库全书》第 1256 册。

王崇献修正德《宣府镇志》，《南京图书馆孤本善本丛刊·明代孤本方志专辑》，影印明正德刻嘉靖增修本，线装书局，2003 年。

王畿：《龙溪王先生全集》，《明别集丛刊》第 2 辑第 49 册，影印明万历四十三年丁宾刻本，黄山书社，2016 年。

王畿：《王畿集》，吴震点校，凤凰出版社，2007 年。

王畿：《中鉴录》，《故宫珍本丛刊》史部第 61 册，影印明万历刻本。

王畿：《中鉴录》，日本内阁文库藏明万历三十九年刘成刻本。

王九思：《渼陂集》，《续修四库全书》第 1334 册，影印嘉靖刻崇祯补修本。

王圻：《稗史汇编》，《四库全书存目丛书》子部第 139～142 册，影印明万历刻本。

王圻：《续文献通考》，《续修四库全书》第 762 册，影印明万历三十年松江府刻本。

王钦若等纂，周勋初等校订《册府元龟》，凤凰出版社，2006 年。

王琼：《双溪杂记》，《四库全书存目丛书》子部第 239 册，影印明刻今献汇言本。

王森：《粤西文载》，《四库全书》第 1466 册。

王尚忠：《石钟山集》，《四库全书存目丛书补编》第 75 册，影印明刻本。

王慎中：《遵严集》，《四库全书》第 1274 册。

王世贞：《凤州笔记》，《四库全书存目丛书》集部第 114 册，影印明黄美中刻本。

王世贞：《凤州笔记续集》，《四库全书存目丛书》集部第 114 册，影印明黄美中刻本。

王世贞：《皇明名臣琬琰录》，《四库禁毁书丛刊补编》第 24 册，影印明抄本，北京出版社，2005 年。

王世贞：《嘉靖以来首辅传》，《四库全书珍本》第 5 集第 317 册，台北：台湾商务印书馆，1974 年。

王世贞：《弇山堂别集》，中华书局，2006 年。

王世贞：《弇州史料后集》，《四库禁毁书丛刊》史部第 48～50 册，影印明万历四十二年刻本。

王世贞：《弇州四部稿》，《四库全书》第 1279 册。

王世贞：《弇州四部续稿》，《四库全书》第 1284 册。

王守仁著，吴光等编校《王阳明全集》，上海古籍出版社，2006 年。

王恕：《太师王端毅公奏议》，日本东京大学东洋文化研究所藏明正德十六年原刊清嘉庆十一年补刻本。

王恕：《王端毅公文集》，《四库全书存目丛书》集部第 36 册，影印明万历三十一年乔世宁刻本。

王恕：《王端毅奏议》，《四库全书》第 427 册。

王恕：《王公奏议》，台湾"国家"图书馆汉学研究中心影印日本内阁文库藏嘉靖二十六年谢应徵刻本。

王廷相：《王氏家藏集》，《四库全书存目丛书》集部第 53 册，影印明嘉靖至隆庆刻本。

王锡爵：《王文肃公文集》，《四库禁毁书丛刊》集部第 7～8 册，影印明万历王时敏刻本。

王锡祺：《小方壶斋舆地丛钞》，清光绪十九年上海署易堂铅印本。

王源：《居业堂文集》，《续修四库全书》第 1418 册，影印清道光十一年读学山房刻本。

王在晋：《兰江集》，《四库禁毁书丛刊补编》第 66 册，影印明万历刻本。

王诤：《大学衍义通略》，《四库全书存目丛书》子部第 5 册，影印明嘉靖四十三年云南刻本。

王洙：《宋史质》，台北：大化书局，1977 年。

王祖嫡：《师竹堂集》，《四库未收书辑刊》第 5 辑第 23 册，影印明天启刻本。

文徵明：《甫田集》，《四库全书》第 1273 册。

吴伯与：《国朝内阁名臣事略》，《北京图书馆古籍珍本丛刊》史部第

15 册，影印明刻本，书目文献出版社，1998 年。

吴伯与：《素雯斋集》，台北"国家"图书馆藏天启间刻本。

吴道南：《吴文恪公文集》，《四库禁毁书丛刊》集部第 31 册，影印明崇祯吴之京刻本。

吴宽：《家藏集》，《四库全书》第 1255 册。

吴瑞登：《皇明绳武编》，《四库全书存目丛书》史部第 53 册，影印明万历二十二年刻本。

吴肃公：《阐义》，《四库禁毁书丛刊》子部第 11 册，影印清康熙四十六年慕园刻本。

吴中等修，王文凤等纂成化《广州志》，《北京图书馆古籍珍本丛刊》史部第 38 册，影印明成化刻本。

夏燮：《明通鉴》，《续修四库全书》第 365 册，影印清同治十二年宜黄官廨刻本。

谢东山修，张道等纂嘉靖《贵州通志》，《四库全书存目丛书》史部第 193 册，影印明嘉靖三十二年刻本。

《新刊宪台考正通鉴节要大成》，哈佛大学哈佛燕京图书馆藏明隆庆三年余氏敬贤堂刻本。

熊人霖：《熊山文选》，台湾"国家"图书馆汉学研究中心影印内阁文库藏明刻本。

徐阶：《世经堂集》，《四库全书存目丛书》集部第 79 册，影印明万历徐氏刻本。

徐阶：《世经堂续集》，《明别集丛刊》第 2 辑第 44 册，影印明万历三十六年徐肇惠刻本，黄山书社，2016 年。

徐阶：《世经堂续集》，南京图书馆藏明万历刻本。

徐溥：《谦斋文录》，《四库全书》第 1248 册。

徐溥：《徐文靖公谦斋集》，台湾"国家"图书馆藏明嘉靖八年义兴徐氏家刻本。

徐乾学：《传是楼书目》，《续修四库全书》第 920 册，影印清道光八年刘氏味经书屋抄本。

徐善述：《书经直指》，《四库全书存目丛书》经部第 49 册，影印明成化刻本。

徐渭：《徐渭集》，中华书局，1983年。

徐学聚：《国朝典汇》，台北：台湾学生书局，1965年。

徐元梅等修嘉庆《山阴县志》，《中国地方志集成·浙江府县志辑》第37册，影印嘉庆八年刻本，上海书店，1993年。

薛应旂著，展龙等校注《宪章录校注》，凤凰出版社，2014年。

严嵩：《钤山堂集》，《四库全书存目丛书》集部第56册，影印明嘉靖二十四年刻增修本。

颜季亨：《经世急切时务九十九筹》，《四库禁毁书丛刊》史部第51册，影印明天启刻本。

颜茂猷：《迪吉录》，《四库全书存目丛书》子部第150册，影印明末刻本。

杨东明等著，邹建锋等编校《北方王门集》，上海古籍出版社，2017年。

杨廉：《大学衍义节略》，东京大学东洋文化研究所藏明嘉靖四年刻本。

杨绍和：《楹书隅录》，《续修四库全书》第926～927册，影印清光绪二十年聊城海源阁刻本。

杨守陈：《杨文懿公文集》，《四库未收书辑刊》第5辑第17册，影印明弘治十二年杨茂仁刻本。

杨守阯：《碧川文选》，《四库全书存目丛书》集部第42册，影印明嘉靖四年陆钶刻本。

杨瀹：《杨翰林集》，香港大学图书馆藏美国国会图书馆摄制北平图书馆藏明隆庆四年杨九经刻递修本胶片。

叶溥、张孟敬纂修正德《福州府志》，海风出版社，2001年。

叶向高：《纶扉奏草》，《四库禁毁书丛刊》史部第37册，影印明刻本。

叶向高：《蘧编》，《北京图书馆藏珍本年谱丛刊》第54册，影印民国24年乌丝栏抄本，北京图书馆出版社，1999年。

叶永盛：《浙鹾纪事》，《四库全书存目丛书》集部第172册，影印清道光十二年泾县赵氏古墨斋刻本。

尹守衡：《皇明史窃》，《续修四库全书》第316～317册，影印明崇祯刻本。

英廉、于敏中纂《钦定日下旧闻考》，《四库全书》第 498 册。

永瑢等：《四库全书总目》，中华书局，1965 年。

于敏中等：《天禄琳琅书目》，《清人书目题跋丛刊》第 10 册，影印光绪十年长沙王氏刻本，中华书局，1995 年。

于慎行：《谷山笔麈》，《续修四库全书》第 1128 册，影印明万历于纬刻本。

俞宪：《盛明百家诗》，《四库全书存目丛书》集部第 306 册，影印嘉靖至万历刻本。

虞淳熙：《虞德园先生集》，《四库禁毁书丛刊》集部第 43 册，影印明末刻本。

《御选明臣奏议》，《四库全书》第 445 册。

袁宏道：《袁中郎全集》，《四库全书存目丛书》集部第 174 册，影印明崇祯二年武林佩兰居刻本。

查继佐：《罪惟录》，浙江古籍出版社，2012 年。

曾大奇：《治平言》，《四库全书存目丛书》子部第 91 册，影印明刻本。

湛若水：《甘泉先生文集》，北京大学图书馆藏嘉靖十五年刻本。

湛若水：《格物通》，《四库全书》第 716 册。

湛若水：《泉翁大全集》，钟彩钧、游腾达点校，台北：中研院中国文哲研究所，2017 年。

湛若水：《湛甘泉先生文集》，《四库全书存目丛书》集部第 56 ~ 57 册，影印清康熙二十年黄楷刻本。

张邦奇：《张文定公纡玉楼集》《续修四库全书》第 1336 册，影印明刻本。

张大复：《闻雁斋笔谈》，《四库全书存目丛书》子部第 104 册，影印明万历三十三年顾孟兆等刻本。

张岱：《石匮书》，《续修四库全书》第 318 ~ 320 册，影印清抄本。

张岱：《西湖梦寻》，《续修四库全书》第 729 册，影印清康熙刻本。

张凤翼：《处实堂集》，《四库全书存目丛书》集部第 137 册，影印明万历刻本。

张居正：《帝鉴图说》，北京大学图书馆藏天启二年司礼监刻本。

张居正：《新刻张太岳先生文集》，《续修四库全书》第 1345 ~ 1346 册，影印明万历四十年唐国达刻本。

张居正：《张太岳文集》，上海古籍出版社，1984 年。

张居正著，陈生玺等编注《帝鉴图说评注》，中州古籍出版社，1996 年。

张时彻：《芝园集》，《四库全书存目丛书》集部第 81 ~ 82 册，影印明嘉靖刻本。

张世则：《貂珰史鉴》，《四库全书存目丛书》史部第 98 册，影印明万历刻本。

张世则：《张准斋遗集》，青岛博物馆藏明万历刻本。

张四维：《条麓堂集》，《续修四库全书》第 1351 册，影印明万历二十三年张泰征刻本。

张廷玉等：《明史》，中华书局，1974 年。

张夏：《洛闽源流录》，《四库全书存目丛书》史部第 123 册，影印清康熙二十一年黄昌衢彝叙堂刻本。

张信纂修嘉靖《重修三原志》，《中国地方志集成·陕西府县志辑》第 8 册，凤凰出版社，2007 年。

张元忭：《不二斋文选》，《四库全书存目丛书》集部第 154 册，影印明万历张汝霖刻本。

张元祯：《东白张先生文集》，《四库全书存目丛书补编》第 75 册，影印明正德十二年刻本。

张自烈：《芑山文集》，《四库禁毁书丛刊》集部第 166 册，影印清初刻本。

赵弼：《雪航肤见》，《四库全书存目丛书补编》第 94 册，影印旧抄本。

赵宁等纂《长沙府岳麓志》，《续修四库全书》第 720 册，影印清康熙二十六年镜水堂刻本。

赵用贤：《松石斋集》，《四库禁毁书丛刊》集部第 41 册，影印明万历刻本。

赵贞吉：《赵文肃公文集》，《四库全书存日丛书》集部第 100 册，影印明万历十三年赵德仲刻本。

赵志皋：《赵文懿公文集》，《四库禁毁书丛刊》集部第 180 册，影印明崇祯赵世溥刻本。

赵志皋：《赵志皋集》，夏勇点校，浙江古籍出版社，2012 年。

真德秀：《大学衍义》，朱人求点校，华东师范大学出版社，2010 年。

郑达：《野史无文》，中华书局，1962 年。

郑晓：《今言》，《四库全书存目丛书》史部第 48 册，影印明嘉靖四十五年项笃寿刻本。

郑元勋：《媚幽阁文娱二集》，《四库禁毁书丛刊》集部第 172 册，影印明崇祯刻本。

钟芳：《筼溪文集》，《四库全书存目丛书》集部第 64 册，影印明嘉靖二十七年钟允谦刻本。

周家楣等修，张之洞等纂光绪《顺天府志》，《续修四库全书》第 683～686 册，影印清光绪十二年刻十五年重印本。

周如砥：《周季平先生青藜馆集》，《四库全书存目丛书》集部第 172 册，影印明崇祯十五年周爆刻本。

朱棣：《圣学心法》，《四库全书存目丛书》子部第 6 册，影印永乐七年内府刻本。

朱国祯：《涌幢小品》，《四库全书存目丛书》史部第 106 册，影印明天启二年刻本。

朱鸿：《孝经总类》，《续修四库全书》第 151 册，影印明抄本。

朱鉴：《朱简斋愿学稿》，台北"国家"图书馆汉学研究中心影印日本尊经阁文库藏清雍正刻本。

朱熹：《四书章句集注》，中华书局，1983 年。

朱熹著，朱杰人等主编《朱子全书》，上海古籍出版社，2010 年。

朱彝尊：《明诗综》，台北：世界书局，1962 年。

朱昱纂修嘉靖《重修三原志》，《四库全书存目丛书》史部第 180 册，影印明嘉靖十四年刻本。

庄泉：《庄定山集》，《四库全书》第 1254 册。

卓明卿：《卓澂甫诗续集》，《四库全书存目丛书》集部第 158 册，影印明万历崧斋刻本。

邹德涵：《邹聚所先生外集》，《四库全书存目丛书》集部第 157 册，影印明万历刻本。

邹德涵：《邹聚所先生文集》，《四库全书存目丛书》集部第 157 册，影印明万历刻本。

邹守益著，董平编校整理《邹守益集》，凤凰出版社，2007 年。

邹守愚修，李濂等纂嘉靖《河南通志》，香港大学图书馆藏美国国会图书馆摄制北平图书馆藏明嘉靖刻本胶片。

邹元标：《邹公存真集》，《四库禁毁书丛刊补编》第 76 册，影印清乾隆十二年特恩堂刻本。

二 研究专著

北京图书馆金石组编《北京图书馆藏中国历代石刻拓本汇编》，中州古籍出版社，1989 年。

常建华：《明代宗族组织化研究》，故宫出版社，2012 年。

陈荣捷：《近思录详注集评》，台北：台湾学生书局，1992 年。

陈时龙：《明代中晚期讲学运动》，复旦大学出版社，2007 年。

陈寅恪：《金明馆丛稿初编》，三联书店，2001 年。

陈玉女：《明代二十四衙门宦官与北京佛教》，台北：如闻出版社，2001 年。

岛田虔次：《中国近代思维的挫折》，甘万萍译，江苏人民出版社，2005 年。

岛田虔次：《中国思想史研究》，邓红译，上海古籍出版社，2009 年。

邓志峰：《王学与晚明的师道复兴运动》，社会科学文献出版社，2004 年。

丁易：《明代特务政治》，群众出版社，1983 年。

杜海军辑校《桂林石刻总集辑校》，中华书局，2013 年。

杜乃济：《明代内阁制度》，台北：台湾商务印书馆，1967 年。

杜婉言：《失衡的天平：明代宦官与党争》，台北：万卷楼图书有限公司，1999 年。

杜泽逊：《四库存目标注》，上海古籍出版社，2007 年。

方志远：《明代国家权力结构及运行机制》，科学出版社，2008 年。

方祖猷：《王畿评传》，南京大学出版社，2001 年。

冯天瑜：《明清文化史散论》，华中工学院出版社，1984 年。

高志忠：《明代宦官文学与宫廷文艺》，商务印书馆，2012 年。

顾蓉、葛金芳：《雾横帷墙：古代宦官群体的文化考察》，陕西人民
教育出版社，1992 年。

"国立中央"图书馆编印《国立中央图书馆善本序跋集录·经部》，
台北："国立中央"图书馆，1992 年。

"国立中央"图书馆编印《国立中央图书馆善本序跋集录·史部》，
台北："国立中央"图书馆，1993 年。

韩大成：《魏忠贤传》，人民出版社，1997 年。

何伟帜：《明初的宦官政治（增订本）》，香港：文星图书有限公司，
2002 年。

何孝荣：《明代北京佛教寺院修建研究》，南开大学出版社，2007 年。

侯旭东：《宠：信—任型君臣关系与西汉历史的展开》，北京师范大
学出版社，2018 年。

怀效锋：《明清法制初探》，法制出版社，1998 年。

黄进兴：《李绂与清代陆王学派》，郝素玲、杨慧娟译，江苏教育出
版社，2010 年。

黄进兴：《优入圣域：权力、信仰与正当性》，中华书局，2010 年。

黄仁宇：《万历十五年》，中华书局，1982 年。

姜德成：《徐阶与嘉隆政治》，天津古籍出版社，2002 年。

金恩辉、胡述兆主编《中国地方志总目提要》，台北：汉美图书有限
公司，1996 年。

酒井忠夫：《中国善书研究（增补版）》，刘岳兵、何英莺译，江苏人
民出版社，2010 年。

康世统：《真德秀〈大学衍义〉之研究》，台北：花木兰文化出版社，
2009 年。

冷冬：《被阉割的守护神：宦官与中国政治》，吉林教育出版社，
1990 年。

李建武：《明代镇守内官研究》，天津古籍出版社，2016 年。

李晋华：《明代敕撰书考》，燕京大学图书馆，1932 年。

李小林：《万历官修本朝正史研究》，南开大学出版社，1999 年。

李洵：《下学集》，中国社会科学出版社，1995 年。

梁绍杰：《明代宦官碑传录》，香港：香港大学中文系，1997 年。

刘勇：《变动不居的经典：明代〈大学〉改本研究》，三联书店，2016 年。

刘勇：《中晚明士人的讲学活动与学派建构——以李材（1529～1607）为中心的研究》，商务印书馆，2015 年。

吕妙芬：《孝治天下：〈孝经〉与近世中国的政治与文化》，台北：联经出版公司，2011 年。

吕妙芬：《阳明学士人社群——历史、思想与实践》，台北：中研院近代史研究所，2003 年。

马良怀：《士人 皇帝 宦官》，岳麓书社，2003 年。

孟森：《明史讲义》，中华书局，2008 年。

苗棣：《魏忠贤专权研究》，中国社会科学出版社，1994 年。

牟复礼、崔瑞德编《剑桥中国明代史》，张书生等译，中国社会科学出版社，2006 年。

彭国翔：《近世儒学史的辨正与钩沉》，台北：允晨文化公司，2013 年。

彭国翔：《良知学的展开——王龙溪与中晚明的阳明学》，三联书店，2005 年。

齐畅：《宫内、朝廷与边疆——社会史视野下的明代宦官研究》，中国社会科学出版社，2014 年。

三田村泰助：《宦官秘史》，王家成译，台北：新理想出版社，1977 年。

上海图书馆编《中国家谱资料选编：传记卷》，上海古籍出版社，2013 年。

沈津：《中国珍稀古籍善本书录》，广西师范大学出版社，2006 年。

孙卫国：《王世贞史学研究》，人民文学出版社，2006 年。

谭天星：《明代内阁政治》，中国社会科学出版社，1996 年。

王春瑜：《明清史散论》，东方出版中心，1996 年。

王春瑜、杜婉言：《明朝宦官》，紫禁城出版社，1989 年。

王春瑜、杜婉言：《明代宦官与经济史料初探》，中国社会科学出版社，1986年。

王其榘：《明代内阁制度史》，中华书局，1989年。

王寿南：《唐代的宦官》，台北：台湾商务印书馆，2004年。

王天有：《明代国家机构研究》，北京大学出版社，1992年。

王永平：《汉晋间社会阶层升降与历史变迁》，社会科学文献出版社，2011年。

韦庆远：《明代的锦衣卫和东西厂》，中华书局，1985年。

韦庆远：《张居正和明代中后期的政局》，广东高等教育出版社，1999年。

卫建林：《明代宦官政治（增订本）》，花山文艺出版社，1998年。

吾妻重二：《朱熹〈家礼〉实证研究》，吴震等译，华东师范大学出版社，2012年。

吴晗：《吴晗史学论文选集》，人民出版社，1984年。

吴震：《明代知识界讲学活动系年（1522～1602）》，学林出版社，2004年。

吴震：《明末清初劝善运动思想研究》，台北：台湾大学出版社，2009年。

吴震：《颜茂猷思想研究》，东方出版社，2015年。

解扬：《事君与治政：吕坤〈实政录〉及其经世思想研究》，三联书店，2011年。

向鸿全：《真德秀及其〈大学衍义〉之研究》，台北：花木兰文化出版社，2008年。

向燕南：《中国史学思想通史（明代卷）》，黄山书社，2002年。

小野和子：《明季党社考》，李庆、张荣湄译，上海古籍出版社，2006年。

谢国桢：《明清之际党社运动考》，中华书局，1982年。

严绍璗：《日藏汉籍善本书录》，中华书局，2007年。

杨艳秋：《明代史学探研》，人民出版社，2005年。

杨永安：《明史管窥杂稿》，香港：先锋出版社，1987年。

衣若兰：《史学与性别：〈明史·列女传〉与明代女性史之建构》，山西教育出版社，2011 年。

游子安：《善与人同：明清以来的慈善和教化》，中华书局，2005 年。

余华青：《中国宦官制度史》，上海古籍出版社，1993 年。

余英时：《宋明理学与政治文化》，广西师范大学出版社，2006 年。

余英时：《中国思想传统的现代诠释》，台北：联经出版事业有限公司，1987 年。

余英时：《中国思想传统及其现代变迁》，广西师范大学出版社，2004 年。

余英时：《中国知识人之史的考察》，广西师范大学出版社，2004 年。

雨果：《笑面人》，郑永慧译，人民文学出版社，2018 年。

张邦炜：《宋代政治文化史论》，人民出版社，2005 年。

张金梁：《明代书学铨选制度研究》，上海书画出版社，2008 年。

张秀民著，韩琦增订《中国印刷史》，浙江古籍出版社，2007 年。

张艺曦：《社群、家族与王学的乡里实践——以明中晚期江西吉水、安福县为例》，台北：台湾大学出版委员会，2006 年。

郑克晟：《明代政争探源》，天津古籍出版社，1988 年。

中国第一历史档案馆编《纂修四库全书档案》，上海古籍出版社，1997 年。

中国古籍善本书目编委会编《中国古籍善本书目》，上海古籍出版社，1991 年。

中国文物研究所等编《新中国出土墓志（北京卷）》，文物出版社，2003 年。

中国文物研究所等编《新中国出土墓志（河北卷）》，文物出版社，2004 年。

朱保炯、谢沛霖：《明清进士题名碑录索引》，上海古籍出版社，1998 年。

朱鸿林：《中国近世儒学实质的思辨与习学》，北京大学出版社，2005 年。

朱冶：《元明朱子学的递嬗——〈四书五经性理大全〉研究》，人民出版社，2019 年。

尊经阁文库编《尊经阁文库汉籍分类目录》，尊经阁文库，1935 年。

荒木見悟『中國思想史の諸相』中國書店、1989 年。

間野潜龍『明代文化史研究』同朋舎、1979 年。

清水泰次『明代土地制度史研究』大安株式会社、1968 年。

Goodrich，L. Carrington and Fang，Chaoying eds.，*Dictionary of Ming Biography，1368－1644*，New York：Columbia University Press，1976.

Joanna F. Handlin，*Action in Late Ming Thought：the Reorientation of Lü K'un and Other Scholar-Officials*，Berkeley：University of California Press，1983.

John W. Dardess，*Blood and History in China：The Donglin Faction and Its Repression 1620－1627*，Honolulu：University of Hawaii Press，2002.

Patricia B. Ebrey，*Confucianism and Family Rituals in Imperial China：a Social History of Writing about Rite*，Princeton University Press ，1991.

Shih-shan Henry Tsai，*The Eunuchs in the Ming Dynasty*，New York：The State University of New York Press，1996.

Wm. Theodore De Bary，*Neo-Confucian Orthodoxy and the Learning of the Mind-and-Heart*，New York：Columbia University Press，1981.

三 论文

包诗卿：《明代宦官教育新析》，《史学月刊》2013 年第 10 期，第 46～54 页。

暴鸿昌：《李贤与天顺政局——兼论李贤的理学及经世思想》，《求是学刊》1997 年第 6 期，第 103～108 页。

陈恭让：《明代太监与佛教关系考述（上、下）》，《首都师范大学学报》2002 年第 3、4 期，第 13～18 页、第 6～10 页。

陈建勤：《论明代的宦官庄田》，《扬州师院学报》1991 年第 4 期，第 105～110 页。

陈金花：《论循吏在汉、隋两代的变化及其原因》，《惠州学院学报》2006 年第 5 期，第 22～26 页。

陈清泉、金成基：《略论明代中后期的宦官擅权》，《历史教学》1980

年第 3 期，第 25 ~ 29 页。

陈时龙：《圣谕的演绎：明代士大夫对太祖六谕的诠释》，《安徽师范大学学报》2015 年第 5 期，第 611 ~ 621 页。

陈世英：《赵贞吉的学术思想》，《内江师范学院学报》2008 年第 3 期，第 18 ~ 27 页。

陈雯怡：《从朝廷到地方——元代去思碑的盛行与应用场域的转移》，《台大历史学报》第 54 期，2014 年，第 47 ~ 122 页。

陈雯怡：《从去思碑到言行录——元代士人的政绩颂扬、交游文化与身份形塑》，《中央研究院历史语言研究所集刊》第 86 本第 1 分，2015 年，第 1 ~ 52 页。

陈怡行：《明中期镇守中官陈道在福建的活动》，《政大史粹》第 20 期，2011 年，第 51 ~ 94 页。

陈玉女：《明代中叶以前宦官·僧官与廷臣的连结关系——透过对"坟寺"与"地缘"问题的探讨》，《国立成功大学历史学报》第 22 期，1996 年，第 283 ~ 303 页。

陈支平：《新发现的明代太监张敏资料释读》，《史学月刊》2011 年第 6 期，第 85 ~ 90 页。

邓刚：《陈弘绪年谱》，《江西教育学院学报》1989 年第 3 期，第 25 ~ 30 页。

杜常顺：《明代宦官与藏传佛教》，《西北师大学报》2006 年第 1 期，第 64 ~ 69 页。

杜常顺：《明代宦官中的非汉族成分》，《青海师范大学学报》2004 年第 6 期，第 60 ~ 64 页。

杜婉言：《明代宦官与广东经济》，《中国社会经济史研究》1992 年第 2 期，第 40 ~ 49 页。

杜婉言：《明代宦官与浙江经济述论》，《浙江学刊》1988 年第 6 期，第 47 ~ 53 页。

方弘仁：《明代之尚宝司和尚宝监》，《明史研究专刊》第 3 卷，台北：明史研究小组，1980 年，第 75 ~ 101 页。

方志远：《明代的御马监》，《中国史研究》1997 年第 2 期，第 140 ~

148 页。

方志远：《明代的镇守中官制度》，《文史》第 40 辑，1994 年，第 131 ~ 145 页。

方志远：《明代宦官的知识化问题》，《江西师范大学学报》1989 年第 3 期，第 75 ~ 81 页。

高志忠：《明代宦官的文学作为——以诗文创作与作品存佚为中心》，《海南大学学报》2019 年第 5 期，第 549 ~ 555 页。

高志忠、阮玉麟：《明代宦官诗考论》，《广播电视大学学报》2010 年第 3 期，第 49 ~ 53 页。

古永继：《明代驻滇宦官考》，《中国边疆史地研究》1999 年第 4 期，第 39 ~ 48 页。

官长弛：《赵贞吉与隆万革新》，《社会科学研究》1999 年第 2 期，第 122 ~ 126 页。

桂始馨：《论唐宋之际题名记、诗文总集与方志转型关系》，《广西地方志》2014 年第 4 期，第 27 ~ 31、53 页。

郭厚安：《假皇权以肆虐的奴才——论明代的宦官》，《甘肃师范大学学报》1980 年第 1 期，第 60 ~ 71 页。

郭厚安：《略论仁宣时期中枢权力结构的变化》，《明史研究》第 2 辑，黄山书社，1992 年，第 93 ~ 100 页。

郭晓航：《元明时期云南的出镇藩王与镇守中官》，博士学位论文，复旦大学，2010 年。

郝黎：《再论明代宦官教育机构的名称和初设时间》，《北京文博》2006 年第 2 期，第 70 ~ 72 页。

何冠彪：《一百二十二年的疏请：万历复置起居注溯源》，《中国文化研究所学报》第 47 期，2007 年，第 135 ~ 162 页。

何淑宜：《晚明的地方官生祠与地方社会——以嘉兴府为例》，《中央研究院历史语言研究所集刊》第 86 本第 4 分，2015 年，第 811 ~ 854 页。

何威萱：《张居正的学术及其禁毁书院研究》，硕士学位论文，台湾大学，2009 年。

何伟帜：《试论内书堂的建置与明代政治的关系》，《明清史集刊》第

3 卷，1997 年，第 97 ~ 118 页。

何孝荣：《明代宦官与佛教》，《南开学报》2000 年第 1 期，第 18 ~ 27 页。

何孝荣：《太监王振曾做过儒学教官吗?》，《文史知识》2010 年第 10 期，第 143 ~ 147 页。

何孝荣：《一部明代宦官史、佛教史研究的力作》，《明史研究》第 9 辑，黄山书社，2005 年，第 304 ~ 306 页。

胡丹：《洪武朝内府官制之变与明初的宦权》，《史学月刊》2008 年第 5 期，第 41 ~ 47 页。

胡丹：《明代"三堂体制"的建构与解体——以镇守内官为中心》，《国立政治大学历史学报》第 32 期，2009 年，第 1 ~ 40 页。

胡丹：《明代宦官研究：成果、困境和思考》，《中国史研究动态》2010 年第 2 期，第 8 ~ 14 页。

胡丹：《明代九变镇守内官考论》，《中国边疆史地研究》2009 年第 2 期，第 22 ~ 30 页。

胡丹：《明代司礼监研究》，《明史研究论丛》第 9 辑，紫禁城出版社，2011 年，第 63 ~ 85 页。

胡丹：《明太祖禁止宦官干政"祖制"之考辨》，《济南大学学报》2010 年第 2 期，第 40 ~ 43 页。

黄彰健：《论〈祖训录〉所记明初宦官制度》，《中央研究院历史语言研究所集刊》第 32 本，1961 年，第 77 ~ 98 页。

黄卓越：《明儒赵贞吉的经世出世论：学渊与间架——兼论一种思想史的线索》，《明清论丛》第 10 辑，紫禁城出版社，2010 年，第 259 ~ 274 页。

姜广辉：《梅鷟〈尚书考异〉考辨方法的检讨》，《历史研究》2007 年第 5 期，第 95 ~ 118 页。

姜胜洪：《舆情视角下的古代民谣》，《社科纵横》2014 年第 3 期，第 84 ~ 87 页。

姜纬堂：《〈国朝典汇〉及其编者徐学聚》，《国家图书馆出版社古籍影印图书序跋精选》，国家图书馆出版社，2009 年，第 34 ~ 38 页。

蒋丰：《洪武年间委权宦官考实》，《南开学报》1982年第1期，第78～79页。

康义勇：《丘濬理学及史学思想研究》，硕士学位论文，高雄师范大学，2006年。

雷闻：《唐代地方祠祀的分层与运作——以生祠与城隍神为中心》，《历史研究》2004年第2期，第27～41页。

冷冬：《建国以来宦官制度研究综述》，《中国史研究动态》1989年第9期，第9～15页。

冷东：《二十世纪九十年代中国宦官研究综述》，《史学月刊》2000年第3期，第123～132页。

冷东：《明代思想家与宦官制度论略》，《学术月刊》1994年第10期，第56～62页。

冷东：《明代政治家与宦官关系论略》，《广东社会科学》1995年第2期，第60～66页。

冷东：《严嵩与宦官关系论略》，《赣南师范学院学报》1998年第4期，第52～57页。

冷东：《叶向高与宦官关系略论》，《汕头大学学报》1995年第2期，第45～52页。

冷东：《张居正与宦官关系述评》，《汕头大学学报》1990年第2期，第31～37页。

黎宏韬：《明代广东的市舶太监》，《汕头大学学报》2008年第1期，第80～85页。

李军：《拉名下：明代宦官政治权力之传承与派系生成》，《史学月刊》2015年第2期，第30～41页。

李娜：《〈湖山胜概〉与晚明西湖的艺术风尚》，《浙江学刊》2011年第6期，第62～68页。

李庆新：《明前期市舶宦官与朝贡贸易》，《学术研究》2005年第8期，第102～107页。

李绍强：《皇帝、儒臣、宦官间的关系与明朝政局》，《齐鲁学刊》1988年第2期，第14～17页。

李天佑：《明代的内阁内监与君主专制》，《历史教学》1981 年第 1 期，第 18～22 页。

李熊：《简论明代言官与宦官的关系》，《安徽大学学报》1991 年第 4 期，第 87～92 页。

李焯然：《丘濬之史学——读丘濬〈世史正纲〉札记》，《明史研究专刊》第 7 卷，台北：明史研究小组，1984 年，第 163～208 页。

李焯然：《治国之道——明成祖及其〈圣学心法〉》，《汉学研究》第 9 卷第 1 期，第 211～227 页。

梁绍杰：《明代宦官教育机构的名称和初设时间新证》，《史学集刊》1996 年第 3 期，第 18～23 页。

梁绍杰：《明代内书堂的设立与祖制》，李焯然等主编《赵令扬教授上庠讲学五十周年纪念论文集》，香港：中华书局，2015 年，第 161～188 页。

林存光：《儒家的仁爱政治观与循吏文化》，《孔子研究》2008 年第 5 期，第 93～98 页。

林枫：《万历矿监税使原因再探》，《中国社会经济史研究》2002 年第 1 期，第 13～19 页。

林丽江：《明代版画〈养正图解〉之研究》，《美术史研究集刊》第 33 期，2012 年，第 163～224 页。

林丽月：《"击内"抑或"调和"？——试论东林领袖的制宦策略》，《师大历史学报》第 14 期，1986 年，第 35～56 页。

林展：《明万历年间儒士刘元卿的出处考虑与其〈大学新编〉的编撰用意》，《中国文化研究所学报》第 64 期，2017 年，第 113～137 页。

刘琴丽：《表彰抑或利用：唐代德政碑刻立的政治意图》，《江西社会科学》2014 年第 12 期，第 146～152 页。

刘晓东：《监阁共理与相权游移——明代监阁体制探赜》，《东北师大学报》1998 年第 4 期，第 54～60 页。

刘晓东：《明代承相制度新论》，《明史研究》第 7 辑，黄山书社，2001 年，第 28～38 页。

刘馨珺：《从生祠立碑谈唐代地方官的考课》，高明士编《东亚传统

教育与法制研究》（二），台北：台湾大学出版中心，2005 年，第 241 ~
284 页。

刘训茜：《晚明版画〈瑞世良英〉考略》，《美术与设计》2017 年第 1
期，第 56 ~ 59 页。

刘训茜：《晚明宦官的致君之学——〈御世仁风〉思想史意义》，《北
京社会科学》2017 年第 12 期，第 54 ~ 63 页。

刘咏聪、冷东：《近四十年来港台地区宦官史研究述评》，《中国史研
究动态》1990 年第 12 期，第 21 ~ 26 页。

陆永胜、刘小伟：《王阳明的艺术美论》，《贵阳学院学报》2016 年
第 4 期，第 20 ~ 28 页。

吕妙芬：《晚明〈孝经〉论述的宗教性意涵：虞淳熙的孝论及其文化
脉络》，《中央研究院近代史研究所集刊》第 48 期，2005 年，第 1 ~
46 页。

栾成显：《洪武时期宦官考略》，《明史研究论丛》第 2 辑，江苏人民
出版社，1983 年，第 90 ~ 113 页。

栾成显：《论厂卫制度》，《明史研究论丛》第 1 辑，江苏人民出版
社，1982 年，第 226 ~ 247 页。

马明达、杜常顺：《明代宦官与佛教寺院》，《暨南学报》2004 年第 5
期，第 108 ~ 116 页。

毛佩琦：《从〈圣学心法〉看明成祖朱棣的治国思想》，《明史研究》
第 1 辑，黄山书社，1991 年，第 119 ~ 130 页。

南炳文、李小林：《关于万历时期的矿监税使》，《社会科学辑刊》
1990 年第 3 期，第 95 ~ 101 页。

欧阳琛，《明太祖不许内侍识字之说的由来》，《江西师范大学学报》
1986 年第 3 期，第 24 ~ 26 页。

欧阳琛：《明代的司礼监》，《江西师院学报》1983 年第 4 期，第12 ~
21 页。

欧阳琛：《明内府内书堂考略——兼论明司礼监和内阁共理朝政》，
《江西师范大学学报》1990 年第 2 期，第 56 ~ 61 页。

彭国翔：《王龙溪的〈中鉴录〉及其思想史意义》，《汉学研究》第

19 卷第 2 期，第 59 ~ 81 页。

彭国翔：《周海门的学派归属与〈明儒学案〉相关问题之检讨》，《清华学报》第 31 卷第 3 期，第 339 ~ 374 页。

彭新武：《论循吏与时代精神》，《政治学研究》2015 年第 5 期，第 46 ~ 54 页。

仇鹿鸣：《权力与观众——德政碑所见唐代的中央与地方》，《唐研究》第 19 卷，北京大学出版社，2013 年，第 79 ~ 111 页。

仇鹿鸣：《事件、过程与政治文化——近年来中古政治史研究的评述与思考》，《学术月刊》2019 年第 10 期，第 160 ~ 171 页。

齐畅：《从碑刻材料看明代宦官与士大夫的几种交往方式》，《아시아연구》2009 年第 4 期，第 43 ~ 59 页。

齐畅：《明代宦官与士大夫关系的另一面》，《史学集刊》2008 年第 4 期，第 107 ~ 112 页。

钱茂伟：《童时明〈昭代明良录〉述略》，《文献》1990 年第 2 期，第 225 ~ 228 页。

钱明：《王阳明的音乐戏曲思想与实践》，《孔子研究》2006 年第 1 期，第 64 ~ 71 页。

乔志忠：《李东阳〈历代通鉴纂要〉及其在清代的境遇》，《中国史研究》2014 年第 4 期，第 177 ~ 191 页。

沈定平：《西方学者研究中国明史的开创性著作》，《中国社会科学》1994 年第 4 期，第 131 ~ 146 页。

舒习龙：《明末宫廷史实研究的力作——〈酌中志〉评介》，《长江论坛》2007 年第 3 期，第 91 ~ 95 页。

孙先英：《〈大学衍义〉成书时间及版本考述》，《图书馆理论与实践》2008 年第 5 期，第 67 ~ 69 页。

孙正军：《中古良吏书写的两种模式》，《历史研究》2014 年第 3 期，第 4 ~ 21 页。

唐圣玲：《王恕研究》，硕士学位论文，安徽大学，2010 年。

田口宏二郎：《畿辅矿税初探》，《中国社会经济史研究》2002 年第 1 期，第 20 ~ 31 页。

田澍:《八十年代以来明代政治中枢模式研究述评》,《政治学研究》2005 年第 1 期,第 96 ~ 106 页。

田澍:《嘉靖前期革除镇守中官考论——兼与方志远先生商榷》,《文史》第 49 辑,1999 年,第 203 ~ 220 页。

汪高鑫:《中国古代历史教育若干理论问题的思考》,《史学史研究》2018 年第 2 期,第 1 ~ 9 页。

王天有:《有关明史地位的四个问题》,《明清论丛》第 7 辑,紫禁城出版社,2006 年。

王问靖:《两京十二部 独有一王恕——王恕(1416 ~ 1508)评传》,《孝感学院学报》2002 年第 1 期,第 28 ~ 32 页。

王晓骊:《宋代题名与题名记考论》,《北京社会科学》2016 年第 2 期,第 70 ~ 75 页。

巫仁恕:《民间信仰与集体抗争:万历承天府民变与岳飞信仰》,《江海学刊》2005 年第 1 期,第 126 ~ 133 页。

吴缉华:《明仁宣时内阁之变与宦官僭越相权之祸》,《中央研究院历史语言研究所集刊》第 31 本,1960 年,第 381 ~ 403 页。

吴金成:《宦官与无赖:反矿税使"民变"的再检讨——兼答巫仁恕先生承天府民变的认识》,《第十一届明史国际学术讨论会论文集》,天津古籍出版社,2007 年,第 120 ~ 128 页。

吴兆丰:《变动的文本:明人徐阶撰王畿传的文本差异》,《华中国学》第 11 卷,2018 年,第 125 ~ 131 页。

吴兆丰:《明儒薛应旂的生平及其学术思想的演进》,《燕京学报》新 27 期,2009 年,第 169 ~ 204 页。

向德彩:《民众意识抑或舆论话语——民谣的民众性论析》,《浙江学刊》2008 年第 1 期,第 66 ~ 70 页。

解扬:《冀复祖制与〈皇明四大法〉对明太祖政事的梳理》,《明史研究论丛》第 8 辑,紫禁城出版社,2010 年,第 229 ~ 243 页。

解扬:《近三十年来有关中国近世"经世思想"研究述评》,《新史学》第 19 卷第 4 期,第 121 ~ 152 页。

谢贵安:《论明代儒臣与宦官在皇帝娱乐中的影响和较量》,《故宫博物院院刊》2008 年第 6 期，第 6 ~ 21 页。

　　谢景芳：《假皇帝与代管家——朱元璋废相后的明代阁权之争及其批判》，《齐鲁学刊》1996 年第 2 期，第 42 ~ 47 页。

　　谢正光：《新君旧主与遗臣》，《中国社会科学》2009 年第 3 期，第 186 ~ 203 页。

　　许冰彬：《明代苏杭织造太监孙隆考略》，《湖南科技学院学报》2013 年第 1 期，第 57 ~ 63 页。

　　杨剑利：《清乾隆末年扑毁去思德政碑考》，《史学月刊》2018 年第 1 期，第 32 ~ 43 页。

　　杨立志：《明代宦官咏武当山诗考释》，《郧阳师范高等专科学校学报》2001 年第 4 期，第 33 ~ 36 页。

　　杨三寿：《明宪宗时期的云南镇守太监钱能》，《云南师范大学学报》2002 年第 3 期，第 53 ~ 55 页。

　　杨涛：《明朝万历年间矿税大兴的原因初探》，《云南师范大学学报》1985 年第 6 期，第 23 ~ 28 页。

　　杨绪敏：《颜季亨与明代军事史编纂成就初探》，《史学史研究》2013 年第 2 期，第 24 ~ 29 页。

　　尹崇儒：《从〈册府元龟·内臣部〉看汉至五代宦官活动的特色兼论其史料价值》，《史化》第 30 期，2009 年，第 1 ~ 16 页。

　　尤学工：《论史学价值观与历史教育》，《中国史研究》2017 年第 2 期，第 17 ~ 30 页。

　　尤学工：《明君德政：中国古代历史教育的一个面向》，《史学史研究》2018 年第 2 期，第 16 ~ 24 页。

　　游子安：《论明代宦官的出身与其政治表现的关系》，《新亚书院历史系系刊》第 6 期，1983 年，第 26 ~ 34 页。

　　张存武：《说明代宦官》，《幼狮学志》第 3 卷第 2 期，1964 年，第 21 ~ 43 页。

　　张吉寅：《唐宋"循吏"的历史书写与身份变迁》，《沈阳大学学报》2015 年第 3 期，第 335 ~ 338 页。

　　张剑葳：《明代社会金属建筑的项目运作及其象征性的实现——以咸

阳铁塔为例》,《建筑学报》2014 年第 9 期,第 142 ~ 149 页。

张自成:《明代双轨运行中央辅政体制述论》,《求是学刊》1996 年第 3 期,第 104 ~ 109 页。

赵春婷:《从三本明代太监所作琴谱集看明代宫廷琴乐的演变》,《中央音乐学院学报》2009 年第 1 期,第 58 ~ 68、75 页。

赵凯:《明末宫廷内幕的珍贵史料——〈酌中志〉》,《云南大学学报》1987 年第 3 期,第 52 ~ 55 页。

赵克生:《从循道宣诵到乡约会讲:明代地方社会的圣谕宣讲》,《史学月刊》2012 年第 2 期,第 42 ~ 52 页。

赵克生:《明代生祠现象探析》,《求是学刊》2006 年第 2 期,第 126 ~ 131 页。

赵克生:《明代私阉之禁》,《安徽大学学报》2002 年第 1 期,第 28 ~ 33 页。

赵连稳:《矿税监高淮乱辽事评》,《东北地方史研究》1991 年第 3 期,第 65 ~ 71 页。

赵连稳:《明万历年间矿税监乱鲁述略》,《齐鲁学刊》1991 年第 4 期,第 102 ~ 106 页。

赵令扬:《论明代之宦祸》,(香港)《联合书院学报》第 3 期,1964 年,第 1 ~ 34 页。

赵世瑜、张宏艳:《黑山会的故事:明清宦官政治与民间社会》,《历史研究》2000 年第 4 期,第 127 ~ 139 页。

赵洋:《唐代德政碑再探》,《碑林集刊》第 20 辑,三秦出版社,2014 年,第 163 ~ 171 页。

郑克晟:《明代中官及中官庄田》,《社会科学战线》1981 年第 2 期,第 155 ~ 160 页。

郑威:《试析明代宦官籍贯的分布与变化》,《中国历史地理论丛》2004 年第 4 期,第 78 ~ 83 页。

周保明:《〈中鉴录〉的编辑、刊布与存藏》,《文献》2016 年第 1 期,第 169 ~ 178 页。

周保明:《晚明时期宦官传记类文献的编辑与流传》,《商丘师范学院学报》2016 年第 7 期，第 40～43 页。

周昌龙：《良知与经世——从王龙溪良知经世思想看晚明王学的真貌》，贺照田主编《在历史的缠绕中解读知识与思想》，吉林人民出版社，2003 年，第 122～155 页。

周裕兴：《明代宦官与南京》，《江苏社会科学》1995 年第 3 期，第 88～93 页。

朱鸿林：《传记、文书与宋元明思想史研究》，《中华文史论丛》第 82 辑，2006 年，第 201～223 页。

朱鸿林：《高拱与明穆宗的经筵讲读初探》，《中国史研究》2009 年第 1 期，第 131～147 页。

朱鸿林：《黄佐与王阳明之会》，《燕京学报》新 21 期，2006 年，第 69～84 页。

朱鸿林：《明神宗经筵进讲书考》，《华学》第 9、10 辑，上海古籍出版社，2008 年，第 1367～1378 页。

朱鸿林：《明太祖的教化性敕撰书》，《徐苹芳先生纪念文集》，上海古籍出版社，2012 年，第 577～600 页。

朱鸿林：《明太祖的经史讲论情形》，《中国文化研究所学报》第 45 期，2005 年，第 141～171 页。

朱鸿林：《丘濬与成化元年（1465）大藤峡之役的关系》，《中国文化研究所学报》第 47 期，2007 年，第 115～134 页。

朱鸿林：《申时行的经筵讲章》，《屈万理先生百岁诞辰国际学术研讨会论文集》，台北：台湾"国家"图书馆，2006 年，第 509～533 页。

朱诗琳：《明代宦官在政治上的地位及其影响》，《史学会刊》第 12 期，1983 年，第 155～183 页。

朱冶：《王鸿儒与明中期河东理学》，《廊坊师范学院学报》2018 年第 2 期，第 51～59 页。

谷光隆「成化時代における司禮監の地位」『東洋史研究』第 13 卷第 13 号、163—179 页。

荒木見悟「王龍溪の『中鑑録』について」『九州中國學會報』1967 年第 13 卷、14—23 页。

野田徹「明代在外宦官の一形態について：鎮守宦官をめぐって」『九州大學東洋史論集』1996 年第 24 巻、25—54 頁。

Chu, Hung-lam. "Ch'iu Chün and the *Ta-hsüeh yen-i pu*: Statecraft Thought in Fifteenth-century China," PhD diss., Princeton University, 1984, Ann Arbor: University Microfilm International, 1984.

Chu, Hung-lam. "The Jiajing Emperor's Interaction with His Lecturers," David M. Robinson eds., *Culture, Courtiers, and Competition: The Ming Court (1368 – 1644)*, Cambridge, MA: Harvard University Press, 2008, pp. 186 – 230.

Crawford, Robert B., "Eunuch Power in the Ming Dynasty," *T'oung Pao* 49.3 (1961), pp. 115 – 148.

Jang, Scarlett. "The Eunuch Agency Directorate of Ceremonial and the Ming Imperial Publishing Enterprise," David M. Robinson eds., *Culture, Courtiers, and Competition: The Ming Court (1368 – 1644)*, pp. 116 – 185.

Julia K. Murray, "Didactic Picture Books for Late Ming Emperors and Princes," David M. Robinson eds., *Culture, Courtiers, and Competition: The Ming Court (1368 – 1644)*, pp. 231 – 268.

Mammitzsch, Ulrich Hans Richard, "Wei Chung hsien (1568 – 1628): a Reappraisal of the Eunuch and the Factional Strife at the Late Ming Court," PhD Thesis, University of Hawaii, 1968.

后 记

　　这本小书源自 2012 年 6 月我在香港中文大学完成答辩的博士学位论文，原题为《有教无类：中晚明士大夫对宦官态度的转变及其行动的意义》。

　　2007 年夏杪，一个云霞满天的傍晚，在深圳罗湖关口前面的广场，不曾谋面的师兄刘勇和邓国亮特地接我通关赴港，开启了五年在港读博的生活。博士导师朱鸿林先生是一位"望之俨然，即之也温，听其言也厉"的儒雅君子。学术研究上要求严厉，一丝不苟，从师受教，无形中如程门立雪景象。生活日常上又诗情画意，师生同游，山海之间，览胜观澜，常有浴沂风雩之趣，如坐春风之中。朱先生对论文选题与方向，并不干涉，引而不发，主张体悟自得，强调考证新知。而他对学生提交的每一篇初稿新作，都批改极详，大到文理结构，小到遣词造句、句读标点，"体无完肤"，细致入微。这本小书若有一丝一毫价值的话，都得益于朱先生的悉心指导。在港学习期间，还得到了香港中文大学叶汉明、梁元生、黎明钊、卜永坚等老师的指教，以及香港大学梁绍杰、何伟帜等老师的帮助。博士学位论文答辩主席王春瑜先生提出许多中肯的建议和意见，耳提面命，颇受教益。

　　有幸赴港求学，缘于硕士导师何孝荣教授的大力推荐和指引。2005 年我从安徽师范大学考入南开大学历史学院，跟随何师研读明史。还记得刚入校，何师命读《明通鉴》，每读完一朝之史则撰写读书报告，到家中汇报。写在方格子稿纸上的读书报告，至今珍存在身边。何师学问扎实，做人实在，不尚玄远之谈，亲切随和，坦诚以待。从读博到毕业工作，何师始终关心我的学业、生活和工作，如同家人。南开大学南炳文、林延清等先生时常关怀后生晚学的成长，也让我感怀于心。

回想起来，与明史研究的结缘，最初是在安徽师范大学学习期间得到王世华、周晓光等老师的教诲和启发。王老师专精制度研究，周老师专长于学术文化，在向两位老师的请教与交流中，增强了我对明史的兴趣。安徽师范大学的韩家炳老师，当年在得知我报考南开大学而提供的无私帮助，至今感激。

一路走来，自感有幸遇到教我育我的良师，结识直谅多闻的益友。在港读书期间，解扬、刘勇、邓国亮等师兄在学业和生活上的指引、照顾和帮助，多不可数。与陈健成、杨吟、卢志虹、朱冶、何威萱、陈冠华、谭卫华等同门常相切磋与交流，更留下了至为宝贵的香江记忆。

在港求学到毕业工作，与爱人朱冶，相识而相知，相知而相爱，相爱而相守，情意相通，同甘共苦，游戏天真，好如一人，仿佛体会到巴尔扎克所说恋爱是我们的第二次脱胎换骨的真谛。

我的每一点收获和成长都离不开父母的无言大爱。爷爷年轻时喜欢自由不羁的漂泊生活，后来也不是一位操家能手。父亲自幼丧母，寄人篱下，吃了不少苦楚。自小看到父母起早摸黑，披星戴月，时至今日，劝之仍不辍劳作，偶然想到，莫名垂涕，劳动不息的崇高，不言而尽。父母都是质朴敦厚的农民，教我做事为人，支持我读书进学，有时竟能启我愧赧，鞭策前进。父亲常把"文不能测地，武不能担糠"挂在嘴边。母亲在我不可理喻时总是说"你的书是怎么念的？"文武相宜，知行合一，目标不可谓不伟大，又谈何容易，不觉愧责。

父母之爱总与熟悉美丽的乡土相融。家乡四面山丘，高低起伏，丘陵田地，居于其中，河塘溪池，大小散布。自幼三五成朋，探幽访奇，上山取花采果，下水捞鱼钓虾，农闲上学上堂，农忙割稻插秧，牵牛于草色青青的田畔，摘茶于风声树声的东山，嬉闹于萤火虫鸣的夜晚，抢收于大雨欲来的谷场。家乡的一山一水，一草一木，一风一雨，都定型在我的神思之中，魂牵梦萦，挥之不去。

本书出版之际，要感谢的人其实还有很多。青岛市委党校的张松梅师姐为我赴青岛博物馆查阅张世则文集提供了极大帮助，故宫博物院赵中男教授为我查阅博物院图书馆所藏《中鉴录》原本给予了无私支持。武汉大学王萌老师、东京大学陈健成博士、台湾元智大学何威萱博士、北京师范大学出版社岳蕾女士等抽出宝贵时间，代劳查阅相关资料。

本书的出版得到国家社科基金后期资助项目的支持，感谢五位匿名评审专家对小书的肯定和认可，尤要感谢社会科学文献出版社历史学分社的郑庆寰社长。从项目申报到小书出版的全过程，都得到郑社长的鼎力支持、悉心审定和专业编校。当然还要感谢武汉大学历史学院同事黄楼老师的引荐。博士毕业来汉工作至今，在学习和生活上，得到了武汉大学历史学院领导、前辈老师和同事朋友的关照、指教和帮助，在此一并致谢。最后，感谢社会科学文献出版社赵晨编辑，向他认真负责、周密细致的编校工作致敬。

何兆武先生说，对人生的理解，乃是对历史理解的前提，对人生一无所知的人，对于历史也会一无所知。希望我没有错解历史的精神，空负师友家人的恩情。是为记。

吴兆丰

2021 年元旦于珞珈山振华楼初稿

2021 年中秋于中国历史研究院修订

图书在版编目（CIP）数据

有教无类：中晚明士人教化宦官行动研究／吴兆丰
著 . -- 北京：社会科学文献出版社，2021.11
国家社科基金后期资助项目
ISBN 978 - 7 - 5201 - 9329 - 0

Ⅰ . ①有…　Ⅱ . ①吴…　Ⅲ . ①宦官 - 政治制度 - 研究
- 中国 - 明代　Ⅳ . ①D691. 2②D691. 42

中国版本图书馆 CIP 数据核字（2021）第 221767 号

· 国家社科基金后期资助项目·

有教无类：中晚明士人教化宦官行动研究

著　　者／吴兆丰

出 版 人／王利民
责任编辑／赵　晨
责任印制／王京美

出　　版／社会科学文献出版社·历史学分社（010）59367256
　　　　　地址：北京市北三环中路甲 29 号院华龙大厦　邮编：100029
　　　　　网址：www. ssap. com. cn
发　　行／市场营销中心（010）59367081　59367083
印　　装／三河市龙林印务有限公司

规　　格／开　本：787mm × 1092mm　1/16
　　　　　印　张：24　字　数：379 千字
版　　次／2021 年 11 月第 1 版　2021 年 11 月第 1 次印刷
书　　号／ISBN 978 - 7 - 5201 - 9329 - 0
定　　价／98. 00 元

本书如有印装质量问题，请与读者服务中心（010 - 59367028）联系